"十二五"国家重点图书

新能源法律与政策研究丛书

总主编 杨泽伟

国际法视阈下
美国核安全法律制度研究

郭冉 著

WUHAN UNIVERSITY PRESS

武汉大学出版社

图书在版编目(CIP)数据

国际法视阈下美国核安全法律制度研究/郭冉著. —武汉：武汉大学
出版社,2016.7

（新能源法律与政策研究丛书/杨泽伟主编）

"十二五"国家重点图书

ISBN 978-7-307-18226-4

Ⅰ.国…　Ⅱ.郭…　Ⅲ.核安全—法律—研究—美国　Ⅳ.D971.225

中国版本图书馆 CIP 数据核字（2016）第 152265 号

责任编辑:张　欣　　　责任校对:汪欣怡　　　版式设计:马　佳

出版发行：**武汉大学出版社**　　（430072　武昌　珞珈山）

　　　　　（电子邮件：cbs22@whu.edu.cn　网址：www.wdp.com.cn）

印刷：虎彩印艺股份有限公司

开本：720×1000　　1/16　　印张:24.5　字数:351 千字　插页:1

版次：2016 年 7 月第 1 版　　　2016 年 7 月第 1 次印刷

ISBN 978-7-307-18226-4　　　定价:68.00 元

国家社会科学基金重大项目"发达国家新能源法律与政策研究及中国的战略选择"（项目批准号为：09&ZD048）研究成果

总　序

新能源是一个广义的概念。它不但包括风能、太阳能、水能、核能、地热能和生物质能等可再生能源或清洁能源，而且包括通过新技术对传统化石能源的再利用，如从化石能源中提取氢、二甲醚和甲醇等。同时，能源资源的高效、综合利用以及节能等（如分布式能源、智能电网），也为新能源体系中的重要组成部分。

进入 21 世纪以来，在能源需求增长、油价攀升和气候变化问题日益突出等因素的推动下，新能源再次引起世界各国的重视，掀起了新一轮发展高潮。特别是在 2008 年全球性金融危机的影响下，发展新能源已成为发达国家促进经济复苏和创造就业的重要举措。例如，美国推出了"绿"与"新"的能源新政，并在众议院通过了《2009 年美国清洁能源与安全法》（*American Clean Energy and Security Act* 2009）；英国相继出台了《低碳转型计划》（*The UK Low Carbon Transition Plan：National Strategy for Climate and Energy*）、《2009 年英国可再生能源战略》（*UK Renewable Energy Strategy* 2009）和《2010 年英国能源法》（*UK Energy Act* 2010）；澳大利亚推出了《2010 年可再生能源（电力）法》（*Renewable Energy（Electricity）Act* 2000）；欧洲议会也在 2009 年通过了《欧盟第三次能源改革方案》（它包括三个条例和两个指令）等，引起了世界各国的广泛关注。

面对世界能源体系向新能源系统的过渡和转变，中国作为世界第二大能源消费国，在国际石油市场不断强势震荡，中国国内石油、煤炭、电力资源供应日趋紧张的形势下，特别是在温室气体减排的国际压力不断加大的背景下，开发利用绿色环保的新能源，已经成为缓解制约中国能源发展瓶颈的当务之急。

　　因此，研究新能源法律与政策问题，在深入比较、借鉴分析欧美发达国家和地区新能源法律与政策的基础上，根据中国新能源产业和法律发展的现状，提出我国应如何发展新能源、提高能源使用效率、制定和实施新能源发展战略、构建新能源的法律与政策体系，无疑具有重要的现实意义。

　　其实，研究新能源法律与政策问题，也具有重要的理论价值。早在 20 世纪 80 年代初，国际能源法律问题，就引起了学界的关注。1984 年，"国际律师协会能源与自然资源法分会"（International Bar Association Section on Energy and Natural Resources Law）就出版了一本名为《国际能源法》（International Energy Law）的著作。这或许是"国际能源法"一词的首次出现与运用。近些年来，包括能源安全、国际（新）能源法律与政策问题，更是受到国内外学者们的重视。① 国际能源法（International Energy Law）也有成为一个新的、特殊的国际法分支之势。可以说，国际能源法的兴起，突破了传统部门法的分野，是国际法发展的新突破。②

　　首先，国际能源法体现了当今经济全球化背景下部门法的界限日益模糊的客观事实。国际能源法作为一个特殊的国际法分支，它打破了传统部门法中被人为划定的界限，其实体规范包含了国际公法、国际经济法、国际环境法、国内能源法等部门法的一些具体内

---

　　① 英国邓迪大学"能源、石油和矿产法律与政策研究中心"沃尔德（Thomas W. Wälde）教授认为，国际能源法有狭义和广义之分：狭义的国际能源法是指调整国际法主体间有关能源活动的法律制度；而广义的国际能源法是指调整所有跨国间有关能源活动的法律制度，它由国际公法、国际经济法、比较能源法等部门法的一些内容所组成。See Thomas W. Wälde, *International Energy Law: Concepts, Context and Players*, available at http://www. dundee. ac. uk/cepmlp/journal/htm/vol9/vol9-21. html, last visit on April 9, 2011; Thomas W. Wälde, *International Energy Law and Policy*, in Cutler J. Cleveland Editor -in Chief, *Encyclopedia of Energy*, Vol. 3, Elsevier Inc. 2004, pp. 557-582.

　　② 参见杨泽伟：《国际能源法：国际法的一个新分支》，载台湾《华冈法萃》2008 年第 40 期，第 185~205 页；杨泽伟著：《中国能源安全法律保障研究》，中国政法大学出版社 2009 年版，第 226~245 页。

容。因此，它不是任何一个传统法律部门所能涵盖的。国际能源法的这一特点也是经济全球化的客观要求。

其次，国际能源法反应了国际法与国内法相互渗透、相互转化和相互影响的发展趋势。例如，国际能源法和国内能源法虽然是两个不同的法律体系，但由于国内能源法的制定者和国际能源法的制定者都是国家，因此这两个体系之间有着密切的联系，彼此不是互相对立而是互相渗透和互相补充的。一方面，国际能源法的部分内容来源于国内能源法，如一些国际能源公约的制定就参考了某些国家能源法的规定，国内能源法还是国际能源法的渊源之一；另一方面，国内能源法的制定一般也参照国际能源公约的有关规定，从而使与该国承担的国际义务相一致。此外，国际能源法有助于各国国内能源法的趋同与完善。

最后，国际能源法印证了"国际法不成体系"或曰"碎片化"（Fragmentation of International Law）的时代潮流。近些年来，国际法发展呈两种态势：一方面，国际法的调整范围不断扩大，国际法的发展日益多样化；另一方面，在国际法的一些领域或一些分支，出现了各种专门的和相对自治的规则和规则复合体。因此，国际法"不成体系成为一种现象"。国际能源法的产生和发展，就是其中一例。

为了进一步推动中国新能源法律与政策问题的研究，2009年9月，全国哲学社会科学规划办公室以"美、日等西方国家新能源政策跟踪研究及我国新能源产业发展战略"作为国家社科基金重大项目，面向全国招标。在武汉大学国际法研究所的大力支持下，我以首席专家的身份，组织国家发展与改革委员会、国务院法制办、外交部、中国能源法研究会、煤炭信息研究院法律研究所、湖南省高级人民法院、中国人民大学、华北电力大学、北京理工大学、中南财经政法大学、郑州大学、辽宁大学、英国邓迪大学"能源、石油和矿产法律与政策研究中心"（Centre for Energy, Petroleum and Mineral Law & Policy）等国内外一些研究新能源问题的学者和实务部门的专家，成功申报了国家社科基金重大招标项目"发达国家新能源法律政策研究及中国的战略选择"，并获准立项。

经过近几年的潜心研究，我们推出了《新能源法律与政策研究丛书》，作为该项目的阶段性研究成果之一。

《新能源法律与政策研究丛书》，以 21 世纪以来国际能源关系的发展为背景，从新能源涉及的主要法律与政策问题入手，兼用法学与政治学的研究方法，探讨发达国家和地区新能源的最新立法特点、发展趋势、政策取向及其对中国的启示，阐明中国新能源发展过程中的法律问题，提出完善中国新能源法律制度的若干建议等。

由于新能源法律与政策问题，是法学、特别是国际法学很少涉足的领域，加上我们研究水平的限制，因此《新能源法律与政策研究丛书》必然会存在诸多不足之处，请读者不吝指正。

杨泽伟①

2011 年 6 月

于武汉大学国际法研究所

---

① 武汉大学珞珈特聘教授、法学博士、博士生导师、国家社科基金重大招标项目"发达国家新能源法律政策研究及中国的战略选择"首席专家。

目　录

导　　论

一、美国核安全法律制度研究的意义和价值

（一）美国核安全法律制度研究的由来

核能的重要性及核事故的严重危害性是本研究的直接动因。

首先，核能是解决世界能源危机的重要路径。据国际原子能机构统计，2014 年核发电量达 24103.7 亿千瓦时，占世界总发电量的 14%。2014 年核发电量在国内总发电量中所占比例超过 20% 的国家有 14 个，其中，法国最高，达到 76.9%；斯洛伐克（56.8%）和匈牙利（53.6%）超过 50%；乌克兰（49.4%）、比利时（47.5%）和瑞典（41.5%）超过 40%；而瑞士、斯洛文尼亚、韩国、亚美尼亚、保加利亚、捷克、芬兰也都在 30% 以上。截至 2015 年 6 月 22 日，世界在运核反应堆共 438 座，其中美国 99 座，法国 58 座，俄罗斯 34 座。世界上在建核反应堆 67 座，计划建设（8-10 年投产）核反应堆 160 座，拟建核反应堆 319 座。在建的 67 座核反应堆中有 58 座分布在亚洲和中东欧地区。[1] 国际原子能机构秘书处和经合组织核能署预计，到 2035 年，世界核电总装机容量将从 2010 年底的 3750 亿瓦增加到 5400~7460 亿瓦，增长 44%~99%。

其次，日本福岛核事故加剧了人们对核能安全性的担忧。世界上出现两种相反的态势。一是随着对核安全问题担忧的加剧，少数发达国家开始减少甚至放弃核电。2011 年 5 月，德国政府就宣布

---

① See IAEA, "Reactor Status Reports", available at https://www.iaea. org/PRIS/WorldStatistics/OperationalReactorsByCountry. aspx（last visited on June 22, 2015）.

将于 2022 年前关闭德国所有核电站；二是为了满足能源需求、减少碳排放，许多国家对核能的兴趣日益增强。预计未来 15 年内，世界核电站数量可能翻倍。因此，加强国际核安全法律制度的研究刻不容缓。

再次，中国能源政策迫切需要加强国内外核安全法律制度研究。中国《核电中长期发展规划（2005—2020 年）》确定了大力发展核电的基本方针。中国核电的总体规模较小，发展潜力巨大。20 世纪 80 年代以来，中国以惊人的速度和规模发展核电，成效卓著。1991 年，中国第一座核电站——秦山核电站建成投产，装机容量 30 万千瓦。20 年后的 2011 年中国核发电量已达 863.5 亿千瓦时。2015 年 6 月，中国共有 27 座核反应堆投入运行（2302.5 万千瓦），在建核反应堆 24 个（2373.8 万千瓦），计划建设核反应堆 49 个（5602 万千瓦）。[①] 2011 年核电占总发电量的 1.8%，2014 年增长到 2.4%。到 2020 年，核电装机容量将达到 4000 万千瓦，增长 235.8%；核电年发电量达到 2600-2800 亿千瓦时。[②] 鉴于此，中国需要建立和健全与核电发展速度和规模相适应的核安全法律法规，完善科学、有效的核安全监管机制。"他山之石，可以攻玉"，中国需全面深入地研究国际核安全法律和监管体制，借鉴美国等核能大国在核安全治理方面的经验和教训，进行系统的比较研究，取长补短，推动相关立法和监管体制的完善，保障核安全。

最后，中美核能利用及核安全发展水平的不平衡性为中国借鉴美国法律制度提供了可能性。美国核能利用的规模最大、历史最长，核能发展水平高于中国。美国利用核能的历史最早可以追溯到 1953 年美国总统艾森豪威尔在联合国发表题为"原子能为和平服务"（Atoms for Peace）的演讲，"美国被认为是传统上原子能法立

[①] See IAEA, "Reactor Status Reports", available at https://www. iaea. org/PRIS/WorldStatistics/OperationalReactorsByCountry. aspx（last visited on June 22, 2015）.

[②] 参见国家发改委在 2007 年 10 月发布的《核电中长期发展规划（2005-2020》。

法的代表国家"①，现已制定完备的法律法规，形成合理的监管体制，积累了丰富的管理经验。2000 年以来，由于美国天然气价格快速上涨、煤电排放管制日趋严格；而在运核反应堆的状况良好、核燃料价格相对稳定、碳排放几乎为零，使核电优势凸显。因此，美国和中国一样采取了大力发展核电的政策。美国《2005 年能源政策法》通过许可证申请程序改革、税收优惠、贷款担保以及迟延赔偿等措施，重新开始鼓励建造新的核反应堆。2006 年 5 月，美国核管会主席尼尔斯·迪亚兹（Nils J. Diaz）在向参议院能源和自然资源委员会作证时说，反应堆建造许可证申请已达 25 个。2010 年 1 月，美国核管会收到了 13 个新的核反应堆建造和运行许可申请，一共要建设 22 座反应堆，还有 5 个新型反应堆的设计批准证书申请。2014 年美国核电总量达 7986 亿千瓦时，占世界核能发电总量的 33%。截至 2015 年 6 月，美国在建核反应堆 5 个（563万千瓦），计划建设的核反应堆有 9 个，拟建核反应堆有 15 个。②总之，中美拥有相似的核电发展战略，两国核安全监管水平的不平衡性以及监管目标的一致性，为中国借鉴美国核安全法律提供了可能性，这正是本文的价值基础。

（二）美国核安全法律制度研究的现实意义

"对于核电而言最大的挑战是安全问题。我们必须确保所有核电厂都根据国际原子能机构安全标准实现最高级别的核安全，必须促使所有营运者、监管机构和政府部门都坚定不移地做到'安全第一'。"③ 然而，核事故时有发生，危害严重，核安全仍是全世界关注的重大问题。

---

① 汪劲：《论〈核安全法〉与〈原子能法〉的关系》，载《科技与法律》2014 年第 2 期，第 168~182 页。

② See IAEA, "Reactor Status Reports", available at https://www.iaea.org/PRIS/WorldStatistics/OperationalReactorsByCountry.aspx（last visited on June 22, 2015）.

③ IAEA, "Statement at IAEA Ministerial Conference on Nuclear Power in the 21st Century"（St. Petersburg, Russia）by IAEA Director General Yukiya Amano on 27 June 2013, available on IAEA official Website, available at http://www.iaea.org/newscenter/statements/2013/amsp2013n13.html（last visited on Oct. 16, 2014）.

　　1979 年 3 月 28 日，美国三里岛核电站因机件故障和人为处理不当造成核反应堆冷却系统失灵，导致堆芯熔溶 50%，发生五级核泄漏事故。此次核事故清理费用高达 9 亿美元①，超过任何核电企业的承受范围，从而产生两大后果，其一是营运者——通用公用事业公司（GPU）宣布无力承担清理核事故的责任；其二是直接导致美国核电进入 20 多年的停滞期。

　　1986 年，苏联切尔诺贝利核电站 4 号反应堆在进行半烘烤实验时突然失火爆炸，机组完全损坏，造成 30 人当场死亡，8 吨强辐射物质泄漏，放射性释放高达 5200 帕贝克（PBq），相当于广岛原子弹的 400 倍，被国际原子能机构认定为七级核事故。事故造成的影响是灾难性的：1992 年 6 月，核辐射已造成 6000～8000 名乌克兰人死亡，60 万～80 万人成为放射性人（liquidators），核事故后划定的无人区由最初的 2900 平方公里扩大到 4300 平方公里。当时疏散人口 11.6 万人，后又疏散 21 万人。截至 1995 年，疏散人口中 15 岁以下儿童中甲状腺癌（thyroid cancer）共发生 800 例，3 人死亡。周边野生动物生育畸形。至今，乌克兰政府每年还要耗费巨资维护封存核电站的石棺，但仍无法阻止核物质泄漏，而建造新的防护罩共需耗费 7.4 亿欧元资金，成为乌克兰政府无法承受之重。

　　日本核电站曾被公认为最安全的核电站，但在 1999—2009 年的 10 年间也发生过 8 次泄漏事件。日本福岛核电站是世界上最大的核电站，由福岛一站、福岛二站组成，共 10 座机组。2011 年，地震和海啸致使福岛核电站断电，外部冷却系统完全失效并导致核反应堆快速升温爆炸，一至三号核反应堆分别受损 55%、35% 和30%。事故造成 900 帕贝克（PBq）放射性物质释放到大气或海洋，被国际原子能机构评定为七级核事故。

---

　　① 9 亿美元由两部分构成：其一是经营人 GPU 公司的项目保险费 3 亿美元；其二是美国政府的责任保险：1957 年《安德森—普莱斯法》（*Price-Anderson Act*）规定美国能源委员会向民用核反应堆事故提供 5 亿美元责任保险，再加上 1 亿美元的法律赔偿责任。

　　三次重大核事故证明，无论是预防还是减灾都超出民用核电企业的责任能力。中美等核能大国都要应对福岛核事故造成的负面影响，继续利用核能。中美也都需要进一步健全核安全法律体系，完善监管体制，利用国家强制手段进行核安全监管，防治结合，确保核能利用安全。这是本书研究的现实意义。

　　（三）美国核安全法律制度研究的理论价值

　　核安全问题不仅仅是主权国家的内部事务。历次重大核事故都产生了深远的跨境影响，并最终促进相关国际核安全公约的制定、修订及完善。国际核安全立法权是国际话语权的重要体现，是核能大国博弈的核心。本书的理论价值主要体现在以下三个方面：

　　1. 本书有助于厘清国际核安全峰会机制的国际地位与价值。

　　2009 年 4 月 5 日，美国总统奥巴马在布拉格发表演说，承诺美国将致力于建立一个无核武器世界，宣布美国将主办核安全峰会。2010 年 4 月，由奥巴马召集的首届核安全峰会在华盛顿举行，此次峰会是自富兰克林·罗斯福 1945 年在旧金山举办联合国创建大会以来，由美国主办的规模最大的一次世界领袖聚会。

　　首届核安全峰会通过的《华盛顿核安全峰会工作计划》强调通过国际合作维护核安全，呼吁各国及国际组织为增进核安全共同努力，力争在 4 年内确保所有易失控核材料的安全；支持把修订后的《核材料实物保护公约》和《制止核恐怖主义行为国际公约》等国际条约的目标作为全球核安全体系的实质要素。此后的两届核安全峰会继续以“核安保”（Nuclear Security）和“核安全”（Nuclear Safety）为主题，从“共识”走向“行动”，使国际核安全峰会逐步机制化。核安全峰会已成为国际核安全治理的最高层次磋商和对话机制。

　　国际核安全峰会确认国际原子能机构在核安全领域的中心地位，主张在铀燃料低浓化方面加强国际合作，建立核材料非法贸易数据库和国际核燃料库，这些都面临众多亟待解决的国际法理论问题。例如，如何在不侵害国家主权及其和平利用核能权利的同时加强国际核查与监督？这既是国际政治力量的博弈，也是全球治理观念和方式的转变问题，还是国际法的现实和理论问题。

2. 本书有利于构建和完善国际核安全法律制度

首先，当今的国际核安全法律制度是美国主导建立起来的，体现出鲜明的西方特性。其一，国际核安全法律制度的内容偏重于防扩散，轻视防事故。广义的核安全包括核"安全"和核"安保"。现有的国际核安全体系侧重于核"安保"，注重防止核扩散、未授权接触放射性材料以及放射性材料的丢失、盗窃和擅自转让；而对核"安全"，即防止核事故的重视不够，不能最大限度地减少放射性事故的可能性并减轻事故后果，对放射性物质管理、核材料开采利用设施安全、核电站安全、核事故预防、乏燃料处理设施安全等方面重视不够。其二，国际核安全立法的话语权由以美国为首的西方国家掌握，发展中国家由于研究基础薄弱、核技术落后，只能接受现有的国际法律制度。

其次，国际核安全法律制度在防止核事故方面存在严重缺陷。国际原子能机构缺乏有效监督和惩罚机制，无权处理国家监管不力或违法行为。例如，日本缺乏对超设计基准事故的预防和应对能力，而且东京电力公司在核电站安全运行管理上存在不规范行为，处理事故时也存在过错，但国际原子能机构却无法进行有效监督。而且，日本政府在未事先向国际社会与周边邻国通报的情况下，违法批准营运公司向海里排放上万吨超标 500 倍的放射性废水，也未受到任何惩罚。虽然在福岛核事故发生后，国际社会更加重视预防核事故，然而，从总体上对国际核安全体系采取的制度性改进措施仍显不足。

最后，国际核安全法律制度本身缺乏体系性和普遍性。国际核安全法律制度的基本框架虽已初步建立，但仍未形成全球、区域、次区域、国家等多个层次相互协调的体系，未能完全覆盖核安全的所有领域，也未能充分发挥防止核事故和防止核恐怖主义的多重功能。目前，《核材料实物保护公约》修订案的签约国只有 55 个，不到联合国会员国总数的 1/3，缺乏普遍性。同样，国际核安全法律的具体规定也存在一些漏洞。根据《1963 年关于核损害民事责任的维也纳公约》等国际条约，核事故致使海洋环境遭受严重放射性污染时，受害人可通过核电站装置国的法院提起损害赔偿之诉，如果装置国并非缔约国，受害人可通过本国法院要求装置国承

6

担损害赔偿责任。由于日本当时并未签署相关国际条约，中韩等国民众本来可以在本国法院提起诉讼，要求日本政府赔偿，但是，为了限制中国、韩国、俄罗斯等周边国家民众就福岛核电站泄漏、排污入海等行为向日本政府和企业索赔，日本政府在福岛核事故发生后加入《核损害补充赔偿公约》，如此一来，周边国家民众就只能通过日本法院提起损害赔偿之诉。

总之，本书有助于加强核安全领域的理论研究，推动构建一个多层次、多功能和全方位的国际核安全法律制度，建立全球、区域和次区域、国家三个层次的核安全治理机制，覆盖整个核安全领域。

3. 本书有益于推动国际核安全法律制度的发展，维护中国的核安全

2011 年 9 月，国际原子能机构成员国大会审议并通过了《国际原子能机构核安全行动计划》（以下简称《核安全行动计划》），其目的是在后福岛时代"为巩固全球核安全框架确定一个工作安排"，从而提高世界范围的核安全和应急水平，加强对人类和环境的核辐射防护。工作重点包括结合福岛核事故对核电站安全薄弱环节做出评估、加强原子能机构同行评审、加强应急准备和响应等。这些也要求中国加强国际核安全法学理论研究，提出合理化主张，扩大自己的国际立法话语权，维护我国的核安全利益。

首先，中国需推动国际核安全公约的完善，协助核电国家加强核安全能力建设，提高其监管能力以及核事故准备与应急能力等。推动《核材料实物保护公约》修订案尽早生效，扩大《制止核恐怖主义行为国际公约》的普遍性，有效打击核材料非法贩运。其次，中国需推进新型区域核安全协作机制的构建和完善。例如，中国倡导建立了中日韩核电安全合作机制，为提升本区域核安全水平做出了贡献。中国的核安全示范中心①已经具备人员培训、技术研

---

①　这里实际上是核安保示范中心（Nuclear Security Demonstration Center）。中国国家主席在华盛顿核安全峰会上指出，中国已签署一系列条约和协议，有能力与国际社会一起确保核设施安全并在促进核安全领域给很多国家树立核能安全利用的典范。

发、国际交流等多项职能，涵盖核安全、保障监督、核材料管制、实物保护等多个领域。现在中国正努力把该中心建成技术交流和教育培训的区域中心，推动与邻国示范中心的互联合作，提升核安全水平。最后，中国应加强核安全领域基本国际法理论问题的研究。例如，国际核安全法律制度的主体问题、高浓缩铀燃料低浓化问题和核电厂铀燃料低浓化改造等。

二、美国核安全法律制度研究的现状

（一）国内研究现状

第一，对美国核安全法律制度的研究，国内学界尚无系统、具体的研究。只有阎政撰写的《美国核法律与国家能源政策》属于这类著作。该书对民用核能利用领域的政府管理手段和原理进行了全面梳理，构建了一个研究美国核法律体系的"大全手册"①，但它侧重于能源法律与政策，并未专门对核与辐射安全法律进行系统阐述，而后者属环境法的范畴。况且该书出版于 2006 年，没有涉及 2011 年福岛核事故给美国乃至国际核安全法律制度带来的深刻变化，因此，有必要结合这些新的变化专门针对美国核安全法律制度及其与国际核安全法律制度的互动关系进行系统研究。

第二，对美国核安全法律制度的研究，国内已有相关论文发表，但为数不多。如曹霞撰写的《美国核电安全与法律规制》、薛澜、彭志国以及美国人 Keith Florig 合撰的《美国核能工业管制体系的演变及其借鉴分析》、马成辉的《美国核能政策的分析与借鉴》等。这些论文强调法律体系和监管制度建设对核安全的保障作用，但以政策性介绍为主，对于法律制度成因及其互动关系的分析论证较少，对于美国核安全法律制度的发展与完善的剖析还不深入。

第三，对于美国核能法律制度，国内学者已经进行了比较全面的研究，论著颇丰。例如，胡德胜编著的《美国能源法律与政

---

① 参见阎政著：《美国核法律与国家能源政策》，北京大学出版社 2006年版，前言。

策》、杨泽伟著的《中国能源安全法律保障研究》、陈春生著的《核能利用与法之规制》等。有学者集中于国际原子能机构及其法律制度：如薛洪涛的《国际原子能机构与国际核能利用法律制度研究》、高宁的《国际原子能机构与核能利用的国际法律控制》、陈刚的《国际原子能法》以及张铭的博士论文《民用核能安全利用的国际法规制——以福岛核事故为例》等。这些论著从能源法或国际法的角度对核能进行了研究，但是普遍存在军民不分、促管不分、重军轻民的问题，而且都未触及美国核安全法律制度与国际核安全法律制度的互动关系。

（二）国外研究现状

对于美国核能及其法律制度的研究，美国学者的论著很多，例如，Emily S. Fisher（ed.）：*Nuclear Regulation in the U. S. ：A Short History*（2012）、Kenneth A. Vellis（ed.）：*Rethinking Nuclear Power In The United States*（2010）、J. Samuel Walker：*Containing the Atom：Nuclear Regulation in a Changing Environment*（1963-1971）（1992）、George T. Mazuzan & J. Samuel Walker：*Controlling the Atom：The Beginnings of Nuclear Regulation*（1985）等。这些论著从历史、能源安全和政治学的角度阐释了美国核安全法律具体内容，为本书奠定了资料基础，但同样缺乏系统性和时效性，对美国核安全法律制度的整体分析尚缺乏一个权威性著述，特别是对后福岛时代美国核安全法律制度的完善，尚无深入探讨。

对于后福岛时代的美国核安全问题，国外已发表了一些论著，例如，David Elliott：*Fukushima：Impacts and Implications*（2013）、Lincoln L. Davies：Beyond Fukushima：Disasters, Nuclear Energy, and Energy Law、Arjun Makhijani：Post-Tsunami Situation at Fukushima Daiichi Nuclear Power Plant in Japan：Facts, Analysis, and Some Potential Outcomes、Robert J. Halstend：Nuclear Waste Transportation Security and Safety Issues 以及国际原子能机构的报告 *Report of IAEA International Fact Finding Expert Mission of the Fukushima Dai-Ichi NPP Accident Following the Great East Japan Earthquake and Tsunami* 等，这些论著对探索福岛核事故的原因、影响及对策而言具有重要

意义，为本文的核应急法律制度部分提供了最新素材，但它们并未对后福岛时代国际核安全法律制度的动态发展历程进行追踪研究。

总之，国内外学界对美国核安全法律制度尚无全面系统的论述，特别是对后福岛时代的研究更是一片空白。中国迫切需要吸取欧美各国核安全治理的经验教训，推行大力发展核电战略和"走出去"战略。本书从国际法和比较法的视角对后福岛时代美国核安全法律制度进行专项研究，专门对其立法体系、基本原则、实施机制、具体内容等方面进行深入研究，探讨福岛核事故对美国和国际核安全法律制度的影响以及双方的互动关系，为我国制定核能发展战略、完善核安全法律制度提供借鉴，为扩大我国在国际核安全立法方面的话语权做好法理准备。

三、美国核安全法律制度研究的方法

本书主要采用以下研究方法：

1. 比较的研究方法

以国际核安全公约为参照，对比美国核安全法律体系与监管体制，为完善中国核安全法律制度提供参考。

2. 国内法与国际法相结合的研究方法

核安全不仅涉及诸多国际法律制度，还涉及中美的国内法，国内法和国际法相互影响、相互制约的共生关系尤其明显。因此，采用国际法与国内法相结合的研究方法，有利于正确认识和处理二者之间的互动机制。

3. 条约解释与国际实践相结合的研究方法

国际核安全法律制度主要为激励性质的规范。因此，本书结合国家实践，采用历史解释和目的解释等条约解释方法，阐释相关国际法律制度，提出具体的改进意见。

4. 国际法基本理论联系中国实际的方法

本书研究具有特殊性和专业性，必须运用具有代表性的国际法基本理论，结合中国核安全治理的具体实践，才能完善中国核安全法律制度，扩大国际话语权，维护国家利益并推动国际法的发展。

第一章　美国核安全法律体系

第一节　核能与核安全

一、世界核能

（一）核能的性质

世界能源委员会（World Energy Council）根据来源不同把能源分为有限能源和无限能源。有限能源包括来自各种矿物质的能源，包括煤、原油、页岩油、油砂、天然气、铀、钍和泥煤等；无限能源又称可再生能源，包括太阳能、风能、生物质能、水能、海洋能和地热能等。①

按照形成条件，能源又可以分成一次能源与二次能源。前者又称天然能源，是指自然界中直接存在并可直接获取利用而无须改变其形态和性质的能源，包括太阳能、风能、水能、地热能、生物能等可再生能源，也包括煤炭、石油、核能等不可再生的矿物能源。后者指通过对一次能源进行加工、转换或改质后产生的能源，包括电能、氢能、汽油、煤油、柴油、沼气等。

按照应用规模，能源可以分为常规能源和新能源。常规能源又称传统能源，是"指在相当长的历史时期和一定的科学技术条件下，已经被人类大规模生产和广泛利用的能源，如煤炭、石油和天

---

① See WEC, "WEC 2010 Survey of Energy Resources", available on World Energy Council Official Website, available at http：//www.worldenergy.org/wp-content/uploads/2012/09/ser_2010_report_11.pdf（last visited on Oct. 28, 2014）.

然气等"①；新能源是以新技术为基础而正在进行开发与应用的能源，"不但包括风能、太阳能、水能、核能、地热能和生物质能等可再生能源或清洁能源，而且包括通过新技术对传统化石能源的再利用，如从化石能源中提取氢、二甲醚和甲醇等"。②常规能源与新能源之间并非泾渭分明，一成不变，如今的新能源会随着技术的进步和利用程度的提高而归入常规能源的范畴。事实上，随着核裂变技术的日益成熟，核能被广泛利用，核能可能转变成常规能源，而非新能源。

根据数量多寡，能源又可以分为可再生能源与不可再生能源。前者是大自然不断再生补充、取之不尽、用之不竭的能源，如太阳能、风能、水能、潮汐能、地热能等；与之相对的则是不可再生能源，主要指来源于长期地质运动形成、短期之内无法恢复的矿物能源，如煤炭、石油、核能等。

最近，为了推动全世界减少污染，保护环境，又出现了一种新的分类，即污染型能源和清洁能源。③ 前者主要是指在使用后可以造成环境污染的能源，如煤、石油等；而后者则主要是指水力能、风能、氢能、太阳能等不会造成环境污染的能源。实际上，很难说这种划分方法是科学的，例如，太阳能是最典型的清洁能源，但是，太阳能电池板的污染问题却越来越引人关注。

一般认为，核能是不可再生能源，必须节约利用，促进回收利用；核能是一次能源，可以缓解国际能源短缺问题；核能是清洁能源，有助于解决国际环境污染和气候变化问题；核能还是新能源，仍需不断推进技术应用和改进，确保核能安全利用。当今世界的能源结构正在发生革命性变化，正在从以石油、天然气为主的常规能源系统转向化石燃料、核能、可再生能源等构成的多元化能源系

① 刘涛等主编：《能源利用与环境保护——能源结构的思考》，冶金工业出版社2011年版，第31页。
② 杨泽伟主编：《发达国家新能源法律与政策研究》，武汉大学出版社2011年版，第1页。
③ 参见张兆响：《煤炭地下气化技术——由污染型能源向洁净能源转化的重要选择》，载《煤炭经济研究》第8期。

统。在这场能源革命中，世界各国都把法律与政策作为推动能源发展的制度动因①，鉴于核能的特殊性，无论国际法还是国内法都格外重视核安全法律制度建设。

（二）世界核能利用的现状

截至 2015 年 6 月，全世界 30 个国家和地区共有 438 座在运核电机组，总装机容量 3.79 亿千瓦（379261 MW），其中美国 99 座，法国 58 座，日本 43 座，俄罗斯 34 座。世界上在建核反应堆 67 座，总装机容量 0.66 亿千瓦（65482 MW），计划建设（8-10 年投产）核反应堆 160 座，拟建核反应堆 319 座。据国际原子能机构统计，2014 年世界核发电量达 24103.7 亿度，占世界总发电量的14%。2014 年核发电量在国内总发电量中所占比例超过 20% 的国家有 14 个，其中，法国最高，达到 76.9%；斯洛伐克（56.8%）和匈牙利（53.6%）超过 50%；乌克兰（49.4%）、比利时（47.5%）和瑞典（41.5%）超过 40%；而瑞士、斯洛文尼亚、韩国、亚美尼亚、保加利亚、捷克、芬兰也都在 30% 以上。尽管迄今核电站主要分布在工业化国家，但 67 座在建核反应堆中有 58 座分布在亚洲和中东欧地区。预计到 2035 年，世界核电总装机容量将从 2010 年底的 3750 亿瓦增加到 5400～7460 亿瓦之间，增长44%～99%。②

二、美国核能

（一）美国核能利用现状

美国是世界上最早发展核电的国家。1957 年 10 月，世界上第一个沸水堆原型示范机组在美国通用电气公司加利福尼亚州瓦列西

---

① 参见吕江著：《英国新能源法律与政策研究》，武汉大学出版社 2012 年版，第 1 页。

② See IAEA, "Reactor Status Reports", available at https：//www. iaea. org/PRIS/WorldStatistics/OperationalReactorsByCountry. aspx（last visited on June 22, 2015）.

托斯核电中心（Vallecitos Nuclear Center）①投入发电之后，美国核电发展迅速。20世纪60—80年代是美国核电建设的鼎盛时期，1970年美国只有7座核反应堆，发电量为220亿千瓦时，仅占总发电量的1.4%；1980年增至52座，发电量升至2511亿千瓦时，在总发电量中的比例升至11%；到1990年，美国建成100座核反应堆，核电总量高达5769亿千瓦时，占总发电量的19%，1995年，核电在总发电量中的比例达到创纪录的22.5%。此后，美国核电总装机容量和发电量稳居世界第一。②

2015年，美国有65个核电站共99座民用核反应堆，分布在31个州。2014年，美国100座在运核反应堆的发电量达7986亿千瓦时，占其总发电量的19.5%，占世界核能发电总量的33%③。几乎是世界核电第二大国法国核电规模的两倍。2014年法国58座在运核反应堆的发电量是4180亿千瓦时④。2015年6月，美国在建核反应堆5座，总装机容量5633兆瓦，计划建设的核反应堆有9座，拟建核反应堆15座。核电在美国电力构成中的地位不可忽视。

三里岛核事故后，美国虽然暂停审批新的核电站申请，但核电

---

①　瓦列西托斯核电站于1957年10月19日投入运行，1963年12月9日永久关闭。See IAEA, "PRIS Reactor Statistics", available on IAEA official Website（Oct. 14, 2013）, available at http：//www. iaea. org/PRIS/CountryStatistics/ReactorDetails. aspx？ current = 893（last visited on Oct. 28, 2014）.

②　See IAEA, "PRIS USA Statistics", available on IAEA official Website（Oct. 14, 2013）, available at http：//www. iaea. org/PRIS/CountryStatistics/CountryDetails. aspx？ current=US（last visited on Oct. 28, 2014）.

③　See IAEA, "PRIS USA Statistics", available on IAEA official Website（June 24, 2015）, available at https：//www. iaea. org/PRIS/WorldStatistics/NuclearShareofElectricityGeneration. aspx（last visited on June 24, 2015）.

④　See IAEA, "PRIS France Statistics", available on IAEA official Website（June 24, 2015）, available at https：//www. iaea. org/PRIS/CountryStatistics/CountryDetails. aspx？ current=FR（last visited on June 24, 2015）.

建设并未随即停止。美国最后一座投入商业运营的核电站——田纳西河流域管理局（Tennessee Valley Authority）的沃兹巴核电站 1 号核反应堆（Watts Bar-1）在延期 23 年后才于 1996 年建成并网供电。此后，美国并没有再上新的核电项目，而是继续完成后续建设工作。例如，原定 2013 年投产的沃兹巴 2 号核反应堆（Watts Bar-2）在停滞数年后才在 2007 年再度恢复施工建设，2013 年 7 月田纳西河流域管理局宣布，该 2 号反应堆目前进展顺利，预计 2015 年 12 月投入商业运营。[1] 2007 年，田纳西河流域管理局重启 1985 年关闭的布郎斯费里 1 号核反应堆（Browns Ferry Unit 1）。[2] 田纳西河流域管理局已经投入 60 亿美元建设阿拉巴马州的贝尔丰特（Bellefonte）核电站 1 号机组（已建设 88%）和 2 号机组（已建设 58%），但自 1988 年以来这两个机组长期处于停建状态。2009 年 8 月田纳西河流域管理局决定只建设 1 号机组。2011 年 10 月 3 日，美国核管会批准贝尔丰特核电站 1 号机组建造许可证的有效期延长至 2020 年 10 月 1 日。

同时，美国还采取更新维护措施提高核反应堆的运行效率，提升发电能力。1980 年，美国核电站的容量因子（Capacity Factor）为 56%，1991 年提高到 70%，2001 年则高达 89.4%。2011 年，美国核电站通过功率提升共新增 169 万千瓦的发电能力。美国电力研究协会（Electric Power Research Institute）在 2007 年研究报告中指出，到 2020 年，美国核电需求量将增加 2400 万千瓦，到 2030 年，美国核电需求量将增加 6400 万千瓦。[3]如图一所示，1977 年以来，

① See IAEA "PRIS Reactor Statistics", available on IAEA official Website (Oct. 14, 2013), available at http：//www. iaea. org/PRIS/CountryStatistics/ReactorDetails. aspx？current=700 (last visited on Oct. 28, 2014).

② See IAEA "PRIS Reactor Statistics", available on IAEA official Website (Oct. 14, 2013), available at http：//www. iaea. org/PRIS/CountryStatistics/ReactorDetails. aspx？current=617 (last visited on Oct. 28, 2014).

③ See WNA, "US Nuclear Power Industry", World Nuclear Association, Dec. 2007.

美国不断改进核电站的性能,挖掘发电潜力,不断提升核电站的业绩。截至 2012 年 7 月,核管会共批准了 144 个、总计超过 650 万千瓦(MWe)的改造升级项目,累计提升的功率相当于新建 6 座核反应堆。①

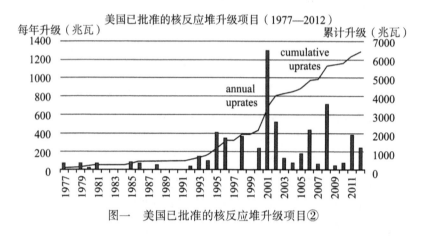

图一 美国已批准的核反应堆升级项目②

为满足美国快速增长的电力需求,2012 年 2 月核管会批准南方核电运营公司(SNC)建造并运行沃格特(Vogtle)核电站第 3、4 号核反应堆,这是 30 多年来核管会批准建设的第一批核反应堆,预计 2016—2017 年建成投产。

同时,众多核电站也因种种原因退役。目前,美国已有 33 座核反应堆被永久关闭。美国 65 个在运核电站中内陆核电站占 60%

① See EIA, "Uprates Can Increase U.S. Nuclear Capacity Substantially Without Building New Reactors", available on U.S. Energy Information Administration official Website (January 2, 2013), available at http://www.eia.gov/todayinenergy/detail.cfm? id = 7130 (last visited on Oct. 2, 2014).

② See EIA, "Uprates Can Increase U.S. Nuclear Capacity Substantially Without Building New Reactors", available on U.S. Energy Information Administration official Website (January 2, 2013), available at http://www.eia.gov/todayinenergy/detail.cfm? id = 7130 (last visited on Oct. 2, 2014).

以上。例如，加利福尼亚州有 2 个核电站：代阿布洛峡谷（Diablo Canyon）核电站（1 号、2 号核反应堆总装机容量 2160 MW）和圣奥诺弗雷（The San Onofre）核电站（2 号、3 号核反应堆总装机容量 2150 MW）。加利福尼亚州位于地震最为频繁的环太平洋地震带上，这是时刻令加州人提心吊胆的隐患。福岛核事故之后，加州人抗议不断，最终在 2012 年 1 月迫使核管会永久关闭圣奥诺弗雷核电站。①实际上，这在加利福尼亚州并非第一次，之前还曾有 5 座核反应堆先后被关闭：1963 年 12 月关闭的瓦列西托斯核电站（GE Vallecitos）、1964 年 2 月关闭的圣苏珊娜钠冷实验堆（Santa Susana Sodium Reactor Experimental）、1976 年 7 月关闭的洪堡湾（Humboldt Bay）核电站、1989 年 6 月公投关闭的兰乔·赛科（Rancho Seco）核电站、1992 年 12 月关闭的圣奥诺弗雷核电站 1 号机组（The San Onofre Unit 1）。

（二）美国的铀矿资源

澳大利亚、哈萨克斯坦和加拿大是铀矿大国，铀矿资源丰富，分别占 2011 年世界已探明可开采铀矿总量的 31%、12% 和 9%。这三个国家在世界铀矿开采总量中的比重更是高达约 64%。2011 年美国已探明可开采铀矿 207400 吨，占 2011 年世界可开采总量的 4%。如果单从这些数据来看，美国也属"贫铀"国家。然而，事实并非如此。

如表一所示，美国铀矿开发量在 2006 年曾一度高达 1672 吨，是中国的 2.23 倍，此后略有回调，但 2012 年的铀矿开采量仍维持在 1596 吨。而中国的铀矿开采量在 2012 年之前一直只有美国开采量的 50% 左右，直到 2012 年，随着中国核工业的快速发展，才达到 1500 吨。1984 年前，中国国内铀生产一直供大于求；而 1984 年后，中国国内铀生产量则供小于求，需从国外进口核燃料。

---

① See California Nuclear Commission, "Nuclear Energy in California", available on California Nuclear Commission official Website, available at http://www.energy.ca.gov/nuclear/california.html (last visited on Oct. 15, 2014).

表一   铀矿开采量（公吨）①

Country	2005	2006	2007	2008	2009	2010	2011	2012
Kazakhstan	4357	5279	6637	8521	14020	17803	19451	21317
Canada	11628	9862	9476	9000	10173	9783	9145	8999
Australia	9516	7593	8611	8430	7982	5900	5983	6991
Niger（Est）	3093	3434	3153	3032	3243	4198	4351	4667
Namibia	3147	3067	2879	4366	4626	4496	3258	4495
Russia	3431	3262	3413	3521	3564	3562	2993	2872
Uzbekistan	2300	2260	2320	2338	2429	2400	2500	2400
USA	**1039**	**1672**	**1654**	**1430**	**1453**	**1660**	**1537**	**1596**
China	**750**	**750**	**712**	**769**	**750**	**827**	**885**	**1500**
Malawi					104	670	846	1101
Ukraine（Est）	800	800	846	800	840	850	890	960
South Africa	674	534	539	655	563	583	582	465
India（Est）	230	177	270	271	290	400	400	385
Brazil	110	190	299	330	345	148	265	231
Czech Republic	408	359	306	263	258	254	229	228
Romania（Est）	90	90	77	77	75	77	77	90
Germany	94	65	41	0	0	8	51	50
Pakistan（Est）	45	45	45	45	50	45	45	45
France	7	5	4	5	8	7	6	3
Total World	41719	39444	41282	43764	50 772	53671	53493	58394
Tonnes U_3O_8	49199	46516	48683	51611	59875	63295	63 084	68864
Percentage Of World Demand *	65%	63%	64%	68%	78%	78%	85%	86%

---

① See WNA, "World Uranium Mining Production", available on World Nuclear Association official Website（Updated July 2013）, available at http：// www. world-nuclear. org/info/Nuclear-Fuel-Cycle/Mining-of-Uranium/World-Uranium-Mining-Production/#. Ulz_F7K1uw0 (last visited on Oct. 16, 2014).

值得一提的是，1993 年，美国和俄罗斯签署了一个"兆吨到兆瓦项目"协议（Megatons to Megawatts program），由俄罗斯核燃料公司（Tenex）把 500 吨核武器级别的高浓缩铀转化为低浓缩铀后卖给美国铀浓缩公司（US Enrichment Corporation）。本协议最后一批 25 吨的高浓缩铀已经在 2013 年 8 月份由俄罗斯电化学厂（ElectroChemical Plant）完成低浓化处理，于 2013 年 11 月执行完毕，这样一来，在过去的 20 年中，美国单单从该项目中就获取了15259 吨 U-235 为 4.4% 的核燃料。[1]

2013 年，美国能源信息署（U.S. Energy Information Administration）预计美国核发电量将从 2011 年的 7900 亿千瓦时增加到 2040 年的 9030 亿千瓦时，届时，仍将占美国总发电量的 17%（如图二所示）。2011 年美国核发电能力为 101 千兆瓦（gigawatts），未来十多年的时间里，美国将新建 5.5 千兆瓦的核电站，同时通过对现有核电站进行升级改造，可新增 8 千兆瓦的发电能力。到 2025 年，美国核发电能力将达到 114 千兆瓦。随着部分核电站将在 2025 年之后退役，2040 年美国核发电能力将回落至113 千兆瓦。[2]

（三）核能在美国能源体系中的地位和作用

核能在美国能源体系中的地位举足轻重。"随着化石燃料（特别是煤）的污染问题、煤炭的大量开发、贮存以及运输的限制，

---

[1] See WNA, "Military Warheads as a Source of Nuclear Fuel", available on World Nuclear Association official Website（Updated July 2013），available at http：//www. world-nuclear. org/info/Nuclear-Fuel-Cycle/Uranium-Resources/Military-Warheads-as-a-Source-of-Nuclear-Fuel/#. Ul0IDbK1uw0（last visited on Oct. 16, 2014）.

[2] See AEO, "AEO 2013 Early Release Overview：Electricity Generation", available on U. S. Energy Information Administration official Website（December 5, 2012），available at http：//www. eia. gov/forecasts/aeo/er/early_elecgen. cfm? src = Electricity-f3. See also "Electricity Generating Capacity", available on U. S. Energy Information Administration official Website（December 5, 2012），available at http：//www. eia. gov/forecasts/aeo/er/pdf/tbla9. pdf（last visited on Oct. 2, 2014）.

促使人们重新认识到核能的优势，核能更多的替代化石燃料以及在电力结构中的高可靠性的价值重新被评估和挖掘。"① 核电对美国提高能源安全、减少温室气体排放、改善环境质量做出了巨大贡献。

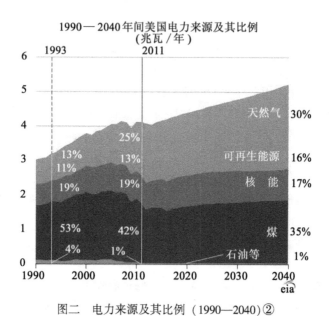

图二　电力来源及其比例（1990—2040）②

　　首先，核电在成本上具有竞争优势。美国核电在 1987 年达到平均每度电 3 美分的峰值后，成本持续下降，1996 年降到 2 美分，

　　①　马成辉：《美国核能政策的分析与借鉴》，载《核安全》2007 年第 3 期，第 46~54 页。

　　②　See AEO, "AEO 2013 Early Release Overview: Electricity Generation", available on U. S. Energy Information Administration official Website (December 5, 2012), available at http://www.eia.gov/forecasts/aeo/er/early_elecgen.cfm? src =Electricity-f3. See also "Electricity Generating Capacity", available on U. S. Energy Information Administration official Website (December 5, 2012), available at http://www.eia.gov/forecasts/aeo/er/pdf/tbla9.pdf. (last visited on Oct. 2, 2014)

目前平均不足 1.5 美分，在 2018 年将降至 1 美分①，而同期的煤电则为 1.35 美分/千瓦时，太阳能电力成本则达 1.44 美分/千瓦时。这么低的成本，再加上其持续稳定的大量电力供应，使核电具有明显的竞争优势。而且，随着核电站延寿、性能改进和持续安全运行，核电的竞争优势会更加明显。

其次，核电具有显著的环境优势。在降低空气污染方面，核电每年可以减少 530 万吨的 SO_2、250 万吨的 NO_2 和 1.68 亿吨的碳排放，这对在不造成严重环境污染的情况下满足美国持续的电力增长需求发挥了至关重要的作用。另外，核电的贡献相当于美国《京都议定书》年减排量目标值的 60%。美国能源部曾预计，对在运核电站进行许可证更新、延寿的基础上新增 400 亿瓦核电，就能实现美国《京都议定书》的碳减排量。

最后，美国核电的技术储备与研发能力不断提升，性能和安全持续改进。容量因子（Capacity Factor）是核电连续、稳定、安全运行的综合衡量指标，在过去 10 多年来，美国核反应堆的平均容量因子已超过 90%，而同期的燃煤电厂只有 71%，风电仅为 33%。②美国核电研发与创新能力实力雄厚，核电技术一直处于世界领先地位，美国在世界核工业拥有霸主地位。例如，美国能源部在铀浓缩技术和核废物后处理技术方面，包括对超铀元素的分离、锕系元素的嬗变、防核扩散等，都取得丰硕成果，从而使美国在国际上倡导建立的"全球核能合作伙伴"多边机制中拥有绝

---

① See EIA, "Levelized Cost of New Generation Resources in the Annual Energy Outlook 2013", available on the US Energy Information Administration (EIA) of the U. S. Department of Energy (DOE) official website (January, 2013), available at http：//www. eia. gov/forecasts/aeo/pdf/electricity ＿ generation. pdf (last visited on Oct. 22, 2014).

② 还有一项指标可以反映核电的安全性，即每 20 万个工作小时发生导致丧失劳动能力、限制继续工作或死亡的事故数量。核电是 0.22，而其他电力工业则达 5.9；制造业则更高达 6.3。

对的话语权。① 2015 年，美国 40%以上核反应堆的服役期都已达
40 年。虽然反应堆最初设计的最长服役期是 40 年，但是随着反
应堆技术的进步，服役期可增加 20 年。截至 2015 年 6 月，美国
99 个在运反应堆中有 75 个已经获准延寿，另有 18 个延寿申请正
在核管会审批，此外还有 5 座反应堆将在到期后提出延寿申
请。②

美国总统乔治·W. 布什认为新型核反应堆是最有竞争力的发
电方式。然而，事实是自 1973 年以来，美国再未批准新的核反应
堆建设计划，因此，2002 年美国总统乔治·W. 布什推出"2010
年核计划"：通过政府补贴建设 3 个三代示范核反应堆③，从而帮
助人们重拾对核电的信心。《2005 年能源政策法》又推出了三种激
励措施，促进美国核电发展。（1）部分核电站可以获得 1.8 美分/
千瓦时的核能生产税抵免（PTC），该措施为期 8 年，最高可达
1.25 亿美元/1000 兆瓦，相当于核电站在 100%运行情况下所获得
利润的 80%；（2）政府对先进核反应堆或其他没有碳释放的技术
提供项目总价 80%的联邦贷款担保；（3）为新建的首批 6 座先进
核电站提供 20 亿美元的联邦风险担保，其中，第一座和第二座可
获得 5 亿美元的联邦风险担保，其余 4 座分别可获得 2.5 亿美元的
联邦风险担保，用于支付非许可证持有者的原因所导致的迟延损
失。

其中，联邦贷款担保是最关键的补贴措施，使贷款利率降到国
债的利率水平。2009 年，南卡罗来纳州电气公司萨默核电站
（South Carolina Electric & Gas' Summer）、乔治亚州的沃格特
（Vogtle）核电站、马里兰州的卡尔弗特·克里夫斯核电站
（Calvert Cliffs）和南得克萨斯核电站（South Texas）这四个核电站

---

① 参见马成辉：《美国核能政策的分析与借鉴》，载《核安全》2007
年第 3 期，第 46~54 页。

② See USNRC, "Status of License Renewal Applications and Industry
Activities", available at http：//www.nrc.gov/reactors/operating/licensing/
renewal/applications.html（last visited on July 22, 2015）.

③ 按照当时的计划，第一个示范核反应堆将于 2010 年建成。

通过联邦贷款担保的初选，但至今还未成功。主要原因有二：其一，要想获得联邦贷款担保，核电站必须交纳高额费用，例如卡尔弗特·克里夫斯核电站需交纳的费用占贷款担保总额的 11.6%，最终它不得不放弃核电项目。其二是核电站的产权问题。美国法律禁止外国公司控制核电站，2011 年 4 月，南得克萨斯核电站项目的主要开发商美国 NRG 公司退出后，东芝美国核能公司（Toshiba America Nuclear Energy Corporation）成为项目的实际控制人，虽然它只占项目开发商北美核创公司（Nuclear Innovation North America）10%的股份，但核管会仍然认为："东芝拥有资金的主导地位，它在该项目的影响力远远超过其持股比例。"① 2013 年 4 月，核管会最终以外国公司控制南德克萨斯核电项目为由终止该项目的审批。2012 年 11 月，核管会曾以同样理由终止了卡尔弗特·克里夫斯核电项目。

沃格特（Vogtle）核电站②和萨默（Summer）③ 核电项目获得强有力的州法律的支持：无论造价多高，也无论它最终能否运行发电，消费者都会承担核电站建设的费用。这看似降低了核电站业主的风险，但历史证明这绝非万全之策，20 世纪 70—80 年代核电繁

① See "US Ownership Rules Hurdle for South Texas Project", available at http：//www. worldnuclearreport. org/US-Ownership-Rules-Hurdle-for. html （last visited on June19, 2014）.

② The current Vogtle project was given a conditional offer of ＄8. 3 billion in loan guarantees in 2010. The Georgia Public Service Commission（PSC）would allow full cost recovery. The Georgia PSC allowed Southern Company to begin to recover the costs of the plant from consumers in 2011.

③ The Summer project has even stronger backing from the state regulatory body in South Carolina that the South Carolina Public Service Commission allows recovery of ＄300m from consumers for expenses related to construction of Summer. Construction of the first unit started in March 2013 with a targeted completion date of 2017 and 2018 for the second unit.

盛之时，类似安排实际上却增加了业主的风险：价格弹性（Price Elasticity）① 的作用并不明显，对核电需求可能低于预期，从而造成核电站利润减少，而且价格上涨、投入超标都会使消费者和监管机构产生不满。事实上，虽然核管会已经批准威斯康星州科瓦尼核电站（Kewaunee）和佛罗里达州克里斯特河核电站（Crystal River）延寿20年，但是，2012/13年度这两个核电站仍然宣布将关闭核电站。②究其原因在于核电运行费用已经抵销它在燃料方面的成本优势，这两个核电站的关闭预示着更多核电站将退出竞争日益激烈的电力市场。③

三、福岛核事故对核能及核安全的影响

（一）福岛核事故对世界核能发展的影响

福岛核事故发生后，世界各国采取了不同的核电发展政策。自从1956年日本原子能委员会颁布《原子能开发利用长期计划》以来，核能一直是日本的基础能源。福岛核事故发生前，日本持续发展核能的基本战略已经形成，还推出一系列具体实施战略，包括核电站新增计划、在运机组延寿、以现有轻水堆为主的核燃料循环体系、快中子增殖堆燃料循环商业化等。事故发生后，日本核能遭受灭顶之灾。2011年7月13日，日本宣布将有计划、阶段性地降低对核能的依赖，直至实现无核社会；2012年日本《能源基本计划》和《原子能政策大纲》提出大力发展清洁能源的口号。2012年9月，日本又出台"创新能源及环境战略"，提出2030年前实现

---

① 价格弹性：需求量对价格的弹性，指某一产品价格变动时，该种产品需求量相应变动的灵敏度。而价格弹性分析，就是应用弹性原理，就产品需求量对价格变动的反应程度进行分析、计算、预测、决策。

② See Mycle Schneider, "The World Nuclear Industry Status Report 2013" (30 July 2013), available at http：//www. worldnuclearreport. org/World-Nuclear-Report-2013. html#annex_1_overview_by_region_and_country (last visited on Feb. 1, 2015).

③ See UBS Investment Research, "Re-evaluating merchant nuclear" (2 January 2013).

"零核电"的战略目标并提出核电发展的三项原则：严格执行核反应堆40年的运行期限；只有在安全得到保证的情况下才可重启现有核电站①；不制定新的核电建设计划。②

德国和意大利等国迫于国内政治竞选压力，也不得不作出弃核的决定，但是，核电发展并未陷入停滞。"多数国家仍将继续按原计划建造核电站，并将认真总结福岛核事故的经验和教训，进一步加强核安全监管，检查核设施的防灾能力，调整核应急措施，并将积极开发先进核电技术。"③"很多国家仍在继续建设新的核电站，一些国家对核能的兴趣有增无减。"④2012年初，美国政府先后批准两个项目共4个AP1000机组的联合许可证。2012年7月，奥巴马重启美国核工业，着力推进相关科学技术、工程设计和教育培训等工作；美国能源部宣布投资1300万美元用于核能创新，投资1090万美元资助13个核能项目，帮助核工业解决普遍性挑战，改进反应堆安全性能，提高其经济竞争力。⑤英国将核能作为能源供应的战略重点，加快国内核电更新换代的步伐。2012年5月，英国能源与气候变化部（DECC）公布英国《能源改革法》（草案），

---

① 直到2015年8月11日，在福岛核事故发生将近4年之后，日本才重启鹿儿岛县川内核电站1号机组，结束了约两年的"零核电"状态。

② 参见《2012年世界核能工业发展回顾——核电政策》，载核能信息实时网（2013年1月10日），网址http://realtime.xmuenergy.com/newsdetail.aspx? newsid=107017（最后访问日期2014年10月16日）。

③《2012年世界核能工业发展回顾——核电政策》，载核能信息实时网（2013年1月10日），网址http://realtime.xmuenergy.com/newsdetail.aspx? newsid=107017（最后访问日期2014年10月16日）。

④ IAEA, "Statement at IAEA Ministerial Conference on Nuclear Power in the 21st Century" (St. Petersburg, Russia) by IAEA Director General Yukiya Amano on 27 June 2013, available on IAEA official Website, available at http://www.iaea.org/newscenter/statements/2013/amsp2013n13.html (last visited on Oct. 16, 2014).

⑤ 参见《2012年世界核能工业发展回顾——核电政策》，载核能信息实时网（2013年1月10日），网址http://realtime.xmuenergy.com/newsdetail.aspx? newsid=107017（最后访问日期2014年10月16日）。

提出英国将全力扶植低碳电力，其中核电将成为重中之重。① 俄罗斯、法国也加大了国际核电市场的开发力度；诸多新兴经济体，如韩国、印度、南非、巴西、捷克、波兰、土耳其、越南、印尼等，都是未来核电市场的新增长点。即使像阿联酋和沙特阿拉伯这样的石油富国，也出于非能源因素的战略考虑而开始发展核能产业。"阿联酋已经开始建设 2 个核反应堆，使其成为切尔诺贝利核事故发生后 27 年来第一个加入核电行业的国家。"②

　　如图三所示，2030 年，世界主要国家核电装机容量将会大幅度增加，核电在世界总发电量中的比重将增长 23% ~ 100%。亚洲（特别是中国）在未来 10~20 年内，是全球核电最具增长潜力的市场。核电"不仅可以提供廉价的充足电力，而且还有用之不竭的燃料——如果采用快堆发电的话，核燃料——铀的储量足够使用几千年。核电的优势显而易见，有助于维护能源安全，降低化石能源价格波动的影响，应对气候变化，提高各国的经济竞争力。"③因此，"世界能源将逐步跨入石油、天然气、煤炭、可再生能源和核能并驾齐驱的新时代。"④ 页岩气和可再生能源都不能取代核电在

---

　　① 参见《2012 年世界核能工业发展回顾——核电政策》，载核能信息实时网（2013 年 1 月 10 日），网址 http: //realtime. xmuenergy. com/ newsdetail. aspx? newsid＝107017（最后访问日期 2014 年 10 月 16 日）。

　　② IAEA, "Statement at IAEA Ministerial Conference on Nuclear Power in the 21st Century" (St. Petersburg, Russia) by IAEA Director General Yukiya Amano on 27 June 2013, available on IAEA official Website, available at http: // www. iaea. org/newscenter/statements/2013/amsp2013n13. html （last visited on Oct. 16, 2014).

　　③ IAEA, "Statement at IAEA Ministerial Conference on Nuclear Power in the 21st" Century (St. Petersburg, Russia) by IAEA Director General Yukiya Amano on 27 June 2013, available on IAEA official Website, available at http: // www. iaea. org/newscenter/statements/2013/amsp2013n13. html （last visited on Oct. 16, 2014).

　　④ 中华人民共和国国务院：《中国能源发展"十二五"规划》，网址 http: //www. energylaw. org. cn/_d275857775. htm（最后访问日期 2015 年 2 月 1 日）。

国际能源中的地位，核电发展也不会长期停滞不前。

图三 世界主要核电国家装机容量预测

（二）福岛核事故对国际核安全治理的影响

福岛核事故发生后，国际社会启动一系列应对机制。国际原子能机构在2011年6月召开部长级会议，商讨加强核电站安全的措施。2011年9月13日，国际原子能机构理事会会议审议并通过了《核安全行动计划》（*IAEA Action Plan on Nuclear Safety*），以提高国际核安全和应急水平，加强对人类和环境的核辐射防护。此后，国际原子能机构针对核电站应急准备及响应计划开展全面评估工作，并派出专家组进行同行评审，以期把福岛核事故对世界核工业的影响降到最低。

国际社会也着手完善现有的国际核安全法律制度。《核安全公约》缔约方提出修正案提议，赋予核安全标准的法律拘束力、增强国际原子能机构的检查监督权、增加公约的有效性，更为重要的是，在修正案暂时无法通过时，世界各国利用现有国际协作机制（如国际原子能机构）或新的国际协作机制（如核安全峰会）不断凝聚核安全共识，推进国际核安全法律制度的发展。其中，欧盟在核安全治理中取得的进展尤其值得关注。在《为核设施的核安全建立一个共同体框架指令》（2009/71/Euratom）的基础上，2011年7月，欧盟理事会通过《为核废料和放射性废物建立一个负责任和安全管理的共同体框架指令》（2011/70/Euratom），2011年9

月，欧盟委员会又提出新的《基本安全标准指令》提案，并于2013 年 12 月获得欧盟理事会通过（2013/59/Euratom），这三个指令是欧盟构建的安全和可持续利用核能的最先进法律框架的三根支柱。通过建立共同核安全标准，公开透明地寻求安全措施，已经成为欧盟核安全立法的方向。①

四、核安全的概念及特征

（一）核安全的概念

《国际原子能机构安全术语》② 把"核安全"（Nuclear Safety）定义为"实现正常的运行工况，防止事故或减轻事故后果，从而保护工作人员、公众和环境免受不当的辐射危害"。它包含核装置安全、辐射安全、放射性废物管理安全和放射性物质运输安全等，它不包含与辐射无关的安全方面；核安全既涉及正常情况下的辐射危险，也涉及由核事件、核事故或未经授权的行为（包括恶意和非恶意行为）所导致的辐射危险，还涉及因核反应堆、链式反应、放射源的失控而产生的电离辐射后果。本书所用"核安全"的意义为"在核能开发利用过程中实现正常的运行工况，预防或控制核事故，保护工作人员和公众健康以及环境免受辐射危害，而不包括由未经授权的行为或恐怖主义所导致的核安全问题"。

"核安全"不同于"核保安"（Nuclear Security）。核保安是"防止、侦查和应对涉及核材料和其他放射性物质或相关设施的偷窃、蓄意破坏、未经授权的接触、非法转让或其他恶意行为"。它也不同于"保障协定"（Safeguards Agreement）。保障协定是指"原子能机构与一个或多个成员国缔结的载有该国或多个成员国承诺不利用某些物项推进任何军事目的和授权原子能机构监督履行这

---

① 参见杨泽伟主编：《从产业到革命：发达国家新能源法律政策与中国的战略选择》，武汉大学出版社 2015 年版，第 41~46 页。

② 国际原子能机构：《国际原子能机构安全术语——核安全和辐射防护系列》（2007 年版）（STI/PUB/1290）。

种承诺的协定"。核安全和核安保都具有保护人类生命与健康、保护环境的共同目的，都要通过采取"安全保障"（Safeguards）措施，如对核装置和其他设施的设计和建造作出适当规定、对进入核装置和其他设施实施控制、为减轻事故和故障的后果作出安排、对放射源和放射性物质的保安管理采取措施等。

国际核安全法律制度从本质上来讲属于国际环境法。"国际环境法是调整国家或国际组织之间为保护、改善和合理利用环境资源而发生的国际关系的法律，包括《国际自然资源环境法》、《国际外层空间环境保护法》、《国际野生生物资源保护法》、《国际公地环境保护法》以及《核污染、化学品污染防治法》等。"① 虽然历史实践已经证明核事故的概率及其人员伤亡数量远低于火力发电等常规能源开发利用活动，但人们仍然质疑核能的安全性，根本原因是人们对核辐射危害的恐惧感。随着核能在国际能源体系中的地位不断提高以及三次严重核事故的接连发生，国际核安全法律制度在国际环境法体系中的地位愈发重要。

（二）核安全的特征

核安全问题是一种全球性的公共问题，具有国际性、共同性和联系性的特点。

核安全问题具有国际性。切尔诺贝利核事故与福岛核事故使世界清晰地认识到，在一个国家发生的核事故会对所有国家产生灾难性的后果。其一是放射性核素释放对周边国家环境产生直接的跨境影响；其二是核事故对全世界所有的核电业产生灾难性影响。

核安全问题具有共同性。核安全的国际性意味着国际社会在这个问题上具有广泛的共同利益，同时凸显开展国际协作、共享经验的重要性。国际协作的形式多样，包括缔结有约束力的国际公约、制定国际公认的但却不具有约束力的安全准则以及在世界范围内广泛地交流技术信息和专门知识。国际核安全协作与交流的目的是打

---

① 王晓丹：《浅谈国际核安全立法现状》，载《中国核工业》2003 年第 4 期，第 39~41 页。

破核安全领域的无政府状态，形成共识，构建有效的国际核安全法律制度，采取集体行动进行核安全治理。

联系性是指核安全问题在国际和国内之间具有很强的传递效应。它既是国内问题又是国际问题，受到国内法和国际法的双重约束；而且它还兼具高级政治和低级政治的双重属性：一方面，核与辐射安全属于低级政治的环境领域；另一方面，核材料与核设施安全会对核不扩散产生直接影响，属于高级政治的安全和军事领域。核安全问题在国际和国内、高级政治和低级政治之间存在很强的联系性。

正是由于核安全问题的国际性、共同性和联系性，国际社会需要采用一种联系的、综合的、跨越国界、跨越国际法和国内法的范式来研究并解决核安全问题。

第二节　美国核安全法律体系的渊源

美国法属于英美法系，联邦宪法具有最高的法律效力，任何联邦法律和州法律都不得违背联邦宪法。美国法的法律形式包括成文法和判例法，二者具有同等法律地位。除联邦宪法之外，美国成文法主要有三类：（1）国会通过并生效的法律；（2）总统发布的行政命令；（3）联邦行政机构制定的行政法规、规则、标准或命令。一般而言，国会立法高于行政命令，而行政命令又高于行政机构制定的法规，但是如果行政机构根据国会授权而制定的法规则需要区别对待，它们有时与总统行政命令具有同等效力。①而所有法规都要接受司法审查，判例法对法规的制定和发展发挥着积极的推动作用。②

---

① 参见胡德胜编著：《美国能源法律与政策》，郑州大学出版社 2010 年版，第 31~32 页。

② 参见［美］罗伯特·V. 珀西瓦尔著：《美国环境法》，法律出版社 2014 年版，第 29 页。

一、美国核安全领域的成文法

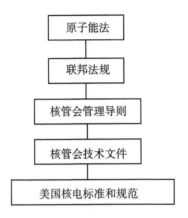

如上图所示，美国核安全领域的法律法规可以分为五个层次：第一层次是以原子能基本法为主导的国会立法；第二层次是核管会根据国会授权而制定的联邦法规；在此之下是众多的支撑性规范文件，包括核管会制定的管理导则、技术文件以及相关核电标准和规范性文件。

（一）第一层次：美国国会原子能立法

美国核安全国会立法（Congress Laws）在世界上是最多的。国会立法包括《1946、1954 年原子能法》、《1955 年原子能社区法》、1957 年《普莱斯—安德森法》、《1969 年美国环境政策法》、《1974 年能源重组法》、《1978 年铀水冶尾矿辐射控制法》、《1978 年核不扩散法》、《西谷示范项目法》、《1980 年核安全、研究、发展和演示法》、《1982 年核废物政策法》、《1983 年核管会授权法》、《1985 年低水平核废物政策法》、《1992 年能源政策法》、《2005 年能源政策法》、《核废物隔离试验厂土地征收法》、《为健康和安全辐射控制法》等。核安全监管机构的监管程序法主要涉及《行政程序法》和《1969 年美国环境政策法》。

另外，美国还缔结众多双边和多边国际公约。美国 1970 年批准的《核不扩散条约》，是核管会颁发出口许可证的重要法律依据。1980 年批准的《美利坚合众国和国际原子能机构关于在美国实施保障的协定》要求部分核设施报告相关核材料的会计数据，甚至要接受国际原子能机构的核查，而国际原子能机构的这些权利在该协定 2004 年《附加议定书》中得到进一步加强。1982 年批准的《核材料实物保护公约》要求，核管会许可证持有者应采取有效措施，切实保护核材料的国际运输安全。1988 年批准的《及早通报核事故公约》规定，核管会有义务协助国务院向国际原子能机构以及受到跨界辐射影响的国家通报美国发生的重大核事故。1988 年批准的《核事故或辐射紧急情况援助公约》规定，当发生核事故或辐射紧急情况的国家请求美国提供援助时，核管会需协助国务院及时制定应对措施。1999 年《核安全公约》对美国生效后，美国开始定期向缔约方审议会议提交国家报告，详细阐述美国维护核安全的各项法律与政策。2003 年批准的《乏燃料管理安全和放射性废物管理安全联合公约》（以下简称《联合公约》）要求美国采取切实措施妥善管理放射性废物和乏燃料，确保公民人身和环境免受辐射威胁，该公约进而要求所有缔约国定期向缔约方审议会议提交国家报告，说明为履行公约义务所采取的措施。2008 年美国还批准了《核损害补充赔偿公约》，保证对核事故导致的所有核损害提供充分赔偿。

　　除此之外，美国历届总统还发布诸多与核安全相关的行政命令和指令。例如，里根总统于 1988 年发布第 12656 号行政命令——《应急责任分配方案》（*Assignment of Emergency Preparedness Responsibilities*），细化核管会的核应急职责。三里岛核事故后，卡特总统指令联邦应急管理局领导所有核电厂场外应急活动，审核州政府应急方案。1994 年，克林顿总统发布第 12898 号行政命令——《联邦政府保障少数群体及低收入群体环境正义的行动方案》（*Federal Actions to Address Environmental Justice in Minority Populations and Low-Income Populations*），由核管会负责评估其法规与政策对少数群体人身健康及环境正义的影响。

（二）第二层次：美国核管会联邦法规

"行政法被认为是美国对法律制度的一项贡献。美国行政法包括行政机构及其职权、制定规则、行政裁决和司法审查四个方面。"① 其中，"规则是指监管机构对其普遍适用的或者仅限于特定目的的一份陈述的全部或者一部分，陈述在于实施、解释或制定对未来产生影响的法律或政策，或者建立惯例规则。规则的表现形式有监管办法、政策声明及其他形式"②。通常情况下，美国核管会制定联邦法规（NRC Regulations）是为了落实国会制定的法律或总统行政命令。此外，根据相关部门的请求、核管会内部技术人员的建议或者核管会最高委员会的指示，核管会也会制定一定的监管规则。美国核管会发布的一般性和永久性法规，具有普遍适用性。

根据《行政程序法》之规定，规则制定程序主要有两种：（1）正式程序，即依法定程序根据听证记录而制定规则的程序，因耗时、耗力而较少使用；（2）非正式程序，即"公告和评论程序"（Notice and Comment Procedure），"在制定规则时，行政机构首先发布关于提议的规则的通知，说明提议的规则的条款或实质性内容，或是对涉及的主题或问题进行描述，以便从受监管的产业、竞争对手、利益相关的公民和机构处获取评论意见"③。核管会制定法规就是依据"公告和评论程序"，确保公众充分参与法规制定过程并发表意见的机会。简言之，核管会法规制定程序包括：（1）为拟定法规确立一个技术和法律基础；（2）在《联邦公报》上公告拟定法规条文，公众通常在75～90天的期限内可以发表书面评论④。然而，如果这些法规或规则仅仅涉及核管会的组织结构、程

---

① 胡德胜编著：《美国能源法律与政策》，郑州大学出版社2010年版，第32页。

② 胡德胜编著：《美国能源法律与政策》，郑州大学出版社2010年版，第33页。

③ 胡德胜编著：《美国能源法律与政策》，郑州大学出版社2010年版，第33页。

④ 核管会在联邦立法文件管理系统（Federal Docket Management System）网站上公布拟定法规条文草案，公众可以登录网站并发表评论。

序或内部事务，或者仅属解释性条款或一般性政策声明，或者该"公告和评论程序"将有损于公共利益的，则无须公告和公众评论。（3）在充分考虑公众评论的基础上，修正并颁布最终法规或规则。一旦法规正式生效，即对核设施营运者等主体产生约束力，而且非经法定的"公告和评论程序"不得修改。其目的是确保利益相关方能够掌握核管会监管规则，充分参与规则制定及修订过程，维护各自权益。

核管会制定的联邦法规内容广泛，涵盖核管会及核安全监管的方方面面，具体法规编纂到《联邦法规》第 10 篇——"能源篇"中。"能源篇"第一章"核管会法规"一共包括 199 个部分（Title 10 "Energy" of the Code of Federal Regulations（CFR）①，Chapter I），每一个部分则是具体的核安全监管法规。例如，适用于所有许可证持有者的监管规则是第 2、19、20、21、51、71、170 和 171 部分。再如，专门适用于核电厂设计的监管规则主要包括《辐射防护标准》（第 20 部分）、《核材料生产和应用设施的执照发放》（第 50 部分）、《核电厂的执照、资质证明和核准书》（第 52 部分）、《核电厂运行许可证展期的条件》（第 54 部分）、《操作员执照》（第 55 部分）、《特殊核材料》（第 70 部分）、《放射性材料的运输和包装》（第 71 部分）、《关于独立贮存乏燃料、高放射性废物和 C 级以上反应堆废物的许可条件》（第 72 部分）、《核电厂和核材料的实物保护》（第 73 部分）、《反应堆选址标准》（第 100 部分）以及《反应堆执照、燃料环执照和核材料执照的年费》（第 171 部分）。其中，《核材料生产和应用设施的执照发放》（第 50 部分）还包括下图所示的 14 个附件，作为补充性文件要求。

---

① 《联邦法规》（Code of Federal Regulations，简称 CFR）是美国联邦政府各个机构和部门在"联邦公报"（Federal Register，简称 FR）上发布的一般性和永久性规则的法规汇编。《联邦法规》内容广泛，按照联邦机构管理的内容分为 50 个主题，每个主题之下也分卷、章、部分、节、条。其中，第 10 个主题是"能源篇"，它的第一章（第 1~199 部分）是核管会职权及其发布的所有法规；第二章（第 200~499 部分）是能源部职权及其发布的所有法规。

《生产和应用设施的执照发放》（10CFR50）附录	
附录 A	《核电厂的一般设计准则》
附录 B	《核电厂和核燃料后处理厂质量保证准则》
附录 C	《建造许可和联合执照的财务审核所需财务数据及相关信息导则》
附录 E	《生产和应用设施的应急计划和准备》
附录 F	《核燃料后处理厂和有关废物管理设施的厂址选择政策》
附录 G	《断裂韧性要求》
附录 H	《反应堆容器材料监督要求》
附录 I	《轻水冷却动力堆排出流实现放射性物质"尽可能低"原则的设计目标和操作限制条件的数值导则》
附录 J	《水冷动力堆安全壳密封性试验》
附录 K	《水冷堆堆芯应急冷却系统（ECCS）的评估模型》
附录 N	《核电厂设计标准化：多个厂址建设同种设计核反应堆的建造许可和运行执照》
附录 Q	《厂址合适性问题的提前审查》
附录 R	《1979 年 1 月 1 日前运行的核动力设施的防火标准》
附录 S	《核电厂地震工程标准》

　　核电厂选址标准包括《厂址的地震学、气象学、地质学和水文学标准》（10 CFR 100.20）、《假定事故对核电厂非居住区、低人口区和人口中心的公众所产生的辐射剂量》（10 CFR 100.11）、《非地震厂址标准》（10 CFR 100.21）等；而地质和地震选址标准又包括《核电厂地震工程标准》（10 CFR 50 附录 S）、《安全停堆地震地面运动基准》① （10 CFR 100.23）和《核电厂地震和地质

---

　　① 安全停堆地震地面运动（The Safe Shutdown Earthquake Ground Motion）是美国核电厂地震地面运动的设计基准。

选址标准》（10 CFR 100 附录 A）等。

（三）第三层次：美国核管会的管理导则

美国核管会制定了一整套体系庞杂、涵盖核能安全利用所有领域的管理导则（NRC Regulatory Guides, R. G）①。核管会管理导则分为 10 个部分，分别规定以下 10 个领域的内容：（1）反应堆；（2）研究和实验堆；（3）燃料和材料设施；（4）环境和选址；（5）材料和电厂保护；（6）产品；（7）运输；（8）职业健康；（9）反垄断和财务审查；（10）一般问题。例如，涉及核反应堆的内容编为第一部分，编号为 R. G. 1，现有 221 项监管导则，按照 R. G. 1. 1—R. G. 1. 221 排列②。例如，R. G. 1. 8 是《核电厂工作人员资质和培训》、R. G. 1. 32 是《核电厂电力系统标准》（2011 年 11 月更新）、R. G. 1. 64 是《核电厂设计的质量保证要求》、R. G. 1. 68 是《水冷核电厂初始试验项目》（2013 年 6 月第 4 次修订）、R. G. 1. 70 是《核电厂安全分析报告的标准格式和内容》（2009 年 4 月更新）、R. G. 1. 189 是《核电厂消防》、R. G. 1. 220 是《核电厂应急方案修正导则》等。

核管会管理导则每五年更新一次，为许可证持有者和申请人遵守核管会法规和技术标准提供指导性原则以及可行性方案。"这些导则不是法定要求，但从中可以了解现时核管会审查人员在执行核管会规章的指定部分时共同使用的方法。管理导则的用途如下：（1）扩大联邦法规；（2）补充工业标准；（3）在确保满足指定规章要求方面提供指导。"③ 核管会据此评估特定问题或假定事故，审查许可证和执照申请所需的数据。

---

① 美国核管会的管理导则分为十大类，内容庞杂，具体内容可参见美国核管会官方网站：http：//www. nrc. gov/reading-rm/doc-collections/reg-guides/（最后访问日期 2014 年 11 月 5 日）。

② 部分监管导则已经被撤销，例如 2010 年 9 月撤销了《轻水堆核电厂各物项的包装、运输、接受、贮存和装卸的质量保证要求》（R. G. 1. 38）。

③ 朱继洲、单建强主编：《核电厂安全》，中国电力出版社 2010 年版，第 25 页。

（四）第四层次：美国核管会的技术文件

在实施法律、联邦法规和管理导则的过程中，核管会还编制了 NUREG 系列技术文件。核管会的技术文件主要包括两大类：（1）NUREG 文件：美国核管会下设的反应堆管理局负责编制的技术文件；（2）NUREG/CR 文件：委托各种研究机构完成的技术文件。NUREG 文件和 NUREG/CR 文件的性质都是建议性的参考文件，监管部门可以参照技术文件审查相关申请文件，如核电厂安全分析报告。从某种意义上讲，NUREG 文件与 R.G. 具有同样的作用，不同之处在于前者主要用作核管会的审查依据，而后者主要供监管对象参照使用。例如，"NUREG-0800" 文件（《核电厂安全分析报告的标准审查大纲》）是核管会对申请者按照管理导则 "R. G. 1. 70"（《核电厂安全分析报告的标准格式和内容》）要求编写的 "初步/最终安全分析报告" 进行审查的指导性文件。中国国家核安全局也是参照该技术文件审查核电站的安全分析报告。

（五）第五层次：美国核电标准和规范

"由于美国《联邦法规》中只有原则性规定，故需补充文件进一步明确在法规中所述的要求。"[1]这就需要采用相关核电标准和规范来具体贯彻法规和导则的技术文件，其中包括国家标准，也包括行业标准和工业标准。

美国国家标准学会（ANSI）通过其核标准管理委员会领导国家标准的研究和编制工作，例如委托美国核学会（ANS）进行标准的研究和编制，在得到美国国家标准学会的审查认可后，成为国家标准，如《核电站技术规格书准则》（ANSI/ANS-58.4）。美国工业界行业协会或学会编制大量行业标准[2]。美国机械工程师学会（ASME）、电气与电子工程师学会（IEEE）、美国材料和试验学会（ASTM）、美国混凝土学会（ACI）等都参与核电标准的编制工作。

---

① 朱继洲、单建强主编：《核电厂安全》，中国电力出版社 2010 年版，第 24 页。

② 各类协会或学会及其标准可详见美国国家标准学会官方网站 http：//webstore. ansi. org/sdo. aspx。

例如，美国国家标准学会（ANSI）制定了《核电厂核安全相关的测量管道的性能监测》（*Performance Monitoring for Nuclear Safety-Related Instrument Channels in Nuclear Power Plants*，ANSI/ISA 67.06.01-2002）；美国材料和实验学会（American Society for Testing and Materials）制定了《核电厂保护涂料标准使用的准则》（*Standard Guide for Use of Protective Coating Standards in Nuclear Power Plants*，ASTM D5144-08e1）；美国机械工程师学会（ASME）制定了《核电厂运行和维护》（*Operation and Maintenance of Nuclear Power Plants*）以及《核电厂运行和维护标准和导则》（ASME OM-S/G-2003）（后经多次修改更新形成 ANSI/ASME OM-S/G-2007、ASME OM-2009、ASME OMa-2011 和 ASME OM-2012 等系列标准文件）；电气与电子工程师学会（IEEE）制定了《核电厂：安全仪表和控制——电气设备状态检测方法（第三部分：断裂延伸率）》（IEEE/IEC 62582-3-2012）（*Nuclear Power Plants - Instrumentation and Control Important to Safety—Electrical Equipment Condition Monitoring Methods—Part* 3：*Elongation at Break*）。此外，大量的工业标准是国家和行业标准的基础，支持着核电标准的发展。

　　大量核电相关的国家标准、行业标准和工业标准为核电标准的制定发挥着不可替代的支撑作用，是美国核安全监管法律法规的基础。《联邦法规》第 10 篇第 34 部分《工业放射照相作业的工业放射照相法许可证和辐射安全要求》[①] 第 34.20.C.8 段就曾明确要求："导管暴露连接头必须通过美国国家标准学会《γ 射线照相仪器的设计和结构的放射学安全》（ANSI N432-1980）规定的关于控制件的拉伸测试。"《联邦法规》第 10 篇第 50 部分《核材料生产和应用设施的执照发放》的第 50.55a 部分《规范和标准》明确要求"沸水和压水核反应堆的系统和部件必须达到美国机械工程师学会（ASME）《锅炉和压力容器规范》的标准，并

---

　　① Part 34.20—Licenses For Industrial Radiography And Radiation Safety Requirements For Industrial Radiographic Operations, Chapter I, Title 10 "Energy" of the Code of Federal Regulations (CFR).

在第 50. 55a. XV 段中限定了适用规范的时间范围，即第 1995—2001 年版本的《锅炉和压力容器规范》。①

　　美国核能技术在世界上处于领先地位，其核设备设计与制造技术标准也随之走向世界，"美国的核电标准几乎成了所有发展核电国家的通用标准，这种先天优势无疑增加了美国核电发展的竞争优势"。②综上所述，美国已经建立完备的核安全法律法规体系、制定了完善的监管导则和技术性规范，出台了国际通用的核安全标准体系，这在客观上都增加了美国及其核安全法律规范的国际影响力。

二、美国核安全领域的判例法

（一）美国判例法

　　美国最初的法律制度主要来源于英国普通法，判例法是其主要法律形式。19 世纪末以来，美国制定大量成文法，原因之一是需要明确新设行政管理范围及其监管机构的职责、权限和执法机制等问题，并最终"在法律渊源上形成成文法和判例法并重的双元化格局，二者相互影响、相互促进、相互制衡，共同促进美国法的发展"③。

　　在美国，无论是行政法规，还是具体行政行为，都要依法接受司法审查。美国《行政程序法》详细规定了司法审查的范围以及审查标准等内容。对于法律明确规定法院无权审查的事项或者属于行政机构自由裁量权之内的事项，法院不得审查；对于"行政机构对法律规定范围内的以其评价事实为基础上所作出的行为"，法院可以进行司法审查。经法院审查，如果存在"专断、奇想和滥

---

　　①　Part 50. 55—Conditions of Construction Permits, Early Site Permits, Combined Licenses, And Manufacturing Licenses, Chapter I, Title 10 " Energy" of the Code of Federal Regulations (CFR).

　　②　马成辉：《美国核能政策的分析与借鉴》，载《核安全》2007 年第 3 期，第 46~54 页。

　　③　李盛：《法治实践过程中的功能区分》，载《中国发展观察》2012 年第 3 期，第 52~53 页。

用权力和其他不合法情况"、"不被实质性证据支持"、"违背宪法权利"以及《行政程序法》第 706 条规定的若干其他标准",法院有权推翻行政机关的裁决。①

美国联邦法院涉及或适用成文法的判决,"并不是对成文法的简单适用,而是对公平和正义理念的深刻阐释,以及在具体案件中如何考察各种应当纳入考虑的因素、问题或者方面,说明法官如何对它们进行衡量和取舍……在成文法同判例法之间的关系上,联邦判例法可以否定前者(不包括美国宪法)的效力"②。因此,在探讨美国核安全领域的成文法时,必须考证成文法的规定是否被联邦法院的判例法认可、修正、甚至宣布违法。

(二)美国判例法的作用

判例法在美国法中的地位举足轻重。法院有权通过司法程序审查、裁定立法机关和司法机关的行为是否违反宪法及相关法律,有权在具体案件审理过程中解释成文法条文的确切含义及其适用范围等内容,以适应具体案件涉及的新情况;法院也可以通过司法审查推翻成文法、支持或推翻联邦政府机构的裁决。③

判例法对美国核安全监管体制的完善发挥了重要作用。例如,美国联邦最高法院在其审理的第一个核能案件——1961 年"动力反应堆发展公司诉美国电气、无线电和机械工人国际联合会案"④中确认,美国原子能委员会(AEC)在签发核电厂建造许可证时有权自主决定采用符合相关法规的安全标准。再如,1971 年,"卡

---

① 参见胡德胜编著:《美国能源法律与政策》,郑州大学出版社 2010 年版,第 33 页。

② 胡德胜编著:《美国能源法律与政策》,郑州大学出版社 2010 年版,第 31 页。

③ 参见李盛:《法治实践过程中的功能区分》,载《中国发展观察》2012 年第 3 期,第 52~53 页。

④ See Power Reactor Development Co. v. International Union of Electical, Radio and Machine Worders, AFL-CIO (S. Ct. 1961).

尔弗特·克利夫协调委员会公司诉美国原子能委员会案"① 判决确认《1969 年美国环境政策法》适用于美国原子能委员会，1989年，美国联邦第三巡回上诉法院判决该法同样适用于核管会②。这些判例法明确了核安全监管机构的职权范围，保证法律实施的实效。

另外，判例法还有助于厘清联邦政府和州政府的核安全监管权限。明尼苏达州成文法规定的核电厂放射性废物排放标准高于原子能委员会的标准，1971 年"北方州电力公司诉明尼苏达州案"涉及适用哪个标准的问题。最后联邦上诉法院判决联邦政府对核电厂的建设以及其放射性废料排放具有排他性的监管权。③但是，"太平洋天然气和电力公司诉州能源节约和开发署案"中，原告是一家建设核电厂的公用设施公司，它认为美国国会通过的《1954 年原子能法》应当优于加州法律，但是加州法规却妨碍联邦政府支持核电开发利用的措施，因此它提起诉讼，后上诉至联邦最高法院。联邦最高法院认为，联邦政府不应独占对核电厂建设的决策权，各州对包括能源需求等与核能相关事宜也具有重要决策权。这标志着联邦政府和州政府分享核能决策权时代的开始。在联邦政府与各州政府分享核能决策权的背景下，核管会在 2014 年底前共与 37 个州签订协议④，授权协议州对一定数量放射性材料的民用活动进行监管，保证全国监管框架的一致性。这些协议州实施与核管会相一致的监管措施，2007 年颁发了全美 22000 多份放射性材料许可中的80%。⑤

总之，判例法在明确核安全法律法规的具体内涵、监管机构及其职权范围、监管程序等方面发挥了重要的解释、说明和推动作

---

① See Calvert Cliff's Coordinating Committee, Inc. *v.* AEC (D. C. Cir. 1971).

② See Limerick Ecology Action, Inc. *v.* NRC (3rd Cir. 1989).

③ See Northern States Power Co. *v.* Minnesota (8th Cir. 1971).

④ 所有协议州的名单请参见美国核管会官方网站 http：//nrc-stp. ornl. gov/reviews. html （最后访问日期 2015 年 2 月 1 日）。

⑤ 参见胡德胜编著：《美国能源法律与政策》，郑州大学出版社 2010 年版，第 127 页。

用，是美国核安全法律体系的重要组成部分。

第三节 美国核安全法律体系的规范分析

美国核法律体系采用单独原子能法的立法模式，仅制定原子能法，而不制定单行核安全法。原子能基本法虽未涵盖国际原子能机构《核法手册》所述的全部内容，但它是"以原子能法为主导、在原子能法中规定部分核安全内容"的大原子能法的立法模式①。因此，《1954 年原子能法》既是美国的核能基本法，又是美国的核安全基本法。

一、美国核安全法的基本原则

《1954 年原子能法》② 是规范核能和平利用和军事利用的综合性法律。美国国会参、众两院于 1954 年 8 月 30 日通过，共 19 章。《1954 年原子能法》修正了《1946 年原子能法》，终止美国政府对原子能技术的垄断，开始鼓励民用核能的开发利用。它允许私人在获得美国原子能委员会许可的情况下拥有核反应堆，通过私有公用事业公司开发民用核技术，标志着"美国原子能工业从政府垄断核材料生产和使用的体制过渡到私营企业参与的新阶段，在原子能法指导下，国会制定了管理原子能发展的总体法律框架"③。此后，美国国会通过《1974 年能源重组法》、1977 年《能源部组织法》、《1992 年能源政策法》等法律对其进行多次修正。

《1954 年原子能法》第一编是关于核能的规定，条文涉及核能利用活动的各个方面，包括监管机构、技术研发、核材料的生产和

---

① 参见汪劲：《论〈核安全法〉与〈原子能法〉的关系》，载《科技与法律》2014 年第 2 期，第 168~182 页。

② U. S. Statutes at Large（1954），Vol. 68，p. 919，available at http：// www. constitution. org/uslaw/sal/068_statutes_at_large. pdf（last visited on Oct. 31, 2014）.

③ 陈刚主编：《世界原子能法律解析与编译》，法律出版社 2011 年版，第 7 页。

使用、核能军事利用、许可制度、国际活动、信息控制、核损害赔偿责任、专利和发明、司法审查和行政程序、执行程序、国防核设施安全委员会等；第二编和第三编是关于美国铀浓缩公司（United States Enrichment Corporation）的相关规定，包括公司职权、组织构架、资产、私有化、铀浓缩技术和设施等。该法对核能利用的所有主体进行了规定，内容涉及核能军事和民事利用的各个环节，具有很强的操作性和实用性，是世界上条文最多、内容最翔实的核能基本法。

《1954 年原子能法》在核能发展之初就设定了美国促进核能发展及维护核安全的三大基本原则，为核安全法律制度奠定了坚实的基础。

第一，和平利用原则。《1954 年原子能法》规定开发、利用和管理核能的基本原则是"促进世界和平、增加社会福利、提高生活水平并增强私营企业间的自由竞争"。该法规定任何民用核材料和核设施都必须获得许可，并授权美国原子能委员会依法制定、实施许可标准，在核能开发利用过程中"保障健康与安全，减少对人身与财产的危害"。该法还规定了原子能委员会的职责范围，为听证会制度和联邦司法审查提供了法律依据。

第二，许可管理原则。许可证（Licence）是监管机构向申请者颁发的批准其从事核装置选址、设计、建造、调试、运行和退役等活动的法律文件①。许可证包括监管机构"核发的执照、批准书、证书、注册证书、成员资格证书、法定豁免以及其他形式的许可文书的部分或全部内容"，而监管机构"核发许可证"的行为则包括"批准、拒绝批准、延续、暂停、吊销、收回、废止、修改、限制、变更许可证的行为以及为许可证设定具体条件的行为"②。《1954 年原子能法》创立适用于民用核反应堆的两步许可制度：第一步是建造许可证；第二步是运行许可证，这种分布式管理制度是

---

① 参见国际原子能机构：《国际原子能机构安全术语——核安全和辐射防护系列》（2007 年版）（STI/PUB/1290）。

② 美国《联邦行政程序法》第五编第 551 条。

美国民用核工业许可证管理的基础。

第三，预防原则。无论是美国《1954年原子能法》，还是国际核安全法律制度，都把预防原则当作核安全领域的一项基本原则。[①] 国际社会制定《核安全公约》的目的是为了"在核设施内建立和维持防止潜在辐射危害的有效防御措施，以保护个人、社会和环境免受来自此类设施的电离辐射的有害影响；防止带有放射后果的事故发生和一旦发生事故时减轻此种后果"。国际原子能机构《基本安全原则》也强调预防原则是一项基本安全原则，"必须做出一切实际努力防止和减轻核事故或辐射事故"。包括美国在内的国家立法实践都体现了预防原则，而贯彻落实这一原则则主要通过"纵深防御"——"设定一系列连续和独立的防护层次或实物屏障，如果某一层防护或屏障失效，后续防护层或屏障就会发挥作用"，这就需要在核电技术研发的基础上设计有效的安全管理制度[②]，如许可证管理制度、国家标准体系、质量保证体系、环境影响评价制度、应急制度等。

"美国《1954年原子能法》是第一个规范美国民用核事务的法律文件……也是世界上第一个全面规范民用涉核事务的管理法。"[③] 它建立的核安全监管法律体系，不仅促进美国核能的发展，确保核能的安全利用，而且还对世界核能利用安全做出了不可磨灭的贡献。在《1954年原子能法》及其修正案的基础上，美国国会通过一系列涉及核安全的法律，制定了核安全监管的总体法律框

①　目前，对于风险预防原则的国际法地位主要有三种观点：（1）认为它为诸多国际法律文件所援引，并适用于国际司法实践，因此，它已经发展成为国际环境法的基本原则；（2）认为其内容不确定且缺乏普遍性和执行力，因此，它不是国际习惯法的基本原则；（3）采取折中说，认为它是正在形成中的国际习惯法的基本原则。参见孙法柏等著：《国际环境法基本理论专题研究》，对外经济贸易大学出版社2013年版，第153页。

②　参见胡帮达：《中国核安全法制度构建的定位》，载《重庆大学学报（社会科学版）》2014年第4期，第129~134页。

③　曹霞：《美国核电安全与法律规制》，载《政法论丛》2012年第1期，第103~110页。

架。美国核安全法律体系的内容涵盖核燃料环的所有环节，从铀矿勘探与开发、放射性物质的许可与利用、核电厂许可、核废物处置到环境保护和核应急准备与响应，再到核事故损害赔偿，都形成了完善的法律制度，从而可以在确保核安全的同时促进核能发展。①

二、美国铀矿开采安全管理法律制度

（一）铀矿勘探与开采安全

铀水冶厂对富集铀矿（Ore Concentrates）和贫铀（Depleted Uranium）进行加工后获得铀。美国大约有105座核管会许可的源材料加工设施，包括铀水冶厂和其他的燃料循环设施②。在铀回收设施（Uranium Recovery Facilities）内，铀矿经过采矿、转化和提纯等步骤，制成"黄饼"（Yellowcake），并产生大量低放射性废物—核副产品（Byproduct Materials）。随后，"黄饼"被送到燃料循环设施（Fuel Cycle Facilities），被制成核反应堆燃料。在铀回收阶段，核管会针对不同的铀回收方法，采取不同的安全监管措施。

铀矿开采有常规采矿法和非常规采矿法。（1）常规采矿法是由铀矿厂采用常规露天或地下采矿方法，把铀矿石挖掘出来，并进行粉碎，然后再送到加工厂进行处理，用硫酸溶液溶解矿石中的铀，然后把铀从溶液中分离，然后再浓缩加工成黄饼。截至2013年底，美国核管会共批准了18座铀矿厂，其中11座是常规铀矿厂，7座是地浸厂，这18座铀矿厂中有10座正在退役处理，还有1座处于停产备用状态。③（2）非常规采矿法是地浸采矿法（In-

---

① 本节部分内容参考经合组织核能署（NEA）核法律研究报告。See NEA, "Nuclear Legislation in OECD and NEA Countries: USA", OECD Publications, 2015；此外还参阅陈刚主编：《世界原子能法律解析与编译》，法律出版社2011年版，第8~15页。

② See NRC, "Source Material Facilities", available at http://www.nrc.gov/materials/src-materialsfac.html (last visited on July 4, 2014).

③ See NRC, "Operating Uranium Recovery Facilities", available at http://www.nrc.gov/info-finder/materials/uranium/index.html (last visited on July 4, 2014).

Situ Solution Mining) 和堆浸采矿法（Heap Leaching）。堆浸法是把铀矿石在底垫材料上筑堆，通过硫酸溶液循环喷淋，使矿石中的铀溶解出来。含铀的溶液送到铀加工厂经过萃取、浓缩后制成"黄饼"。美国核管会至今尚未审批任何堆浸厂。对于那些用常规铀矿厂和堆浸厂进行开采成本过高的铀矿，通常采用地浸法：把含有过氧化氢和碳酸氢钠/二氧化碳的溶浸液通过钻孔注入天然埋藏条件下的可渗透岩石，使溶浸液在岩石空隙内的渗透过程中与铀接触并进行溶解反应，生成含铀溶液后抽至地表，加工成"黄饼"。截至2013年底，美国共有14座地浸采铀厂，其中，核管会和协议州各批准许可7座。[①]

铀矿开采与其他采矿方式的不同之处在于铀矿开采需要进行放射性检测和控制。在铀矿开采过程中除了要考虑常规的噪音、振动、塌方、水患、通风、自燃等危害以外，还必须考虑辐射防护和环保问题。这是铀矿开采的最大特点。铀矿开采中的放射性防护跟铀矿品位密切相关。铀矿中铀、钍、镭及其子体所放出的 β、γ 射线，对矿工形成全身外照射。尤其当矿石品位超过 1% 时，γ 射线成为对矿工形成直接辐射的主要原因。一般情况下，在品位为0.1% 的铀矿体的水平巷道中央，剂量率约为 $5\mu Gy/h$；当品位超过0.5% 时，矿工受到的辐射剂量就会超过 50 毫西弗（mSv）的年允许剂量[②]。

（二）铀矿勘探与开采安全监管职责

在铀矿勘探与开采方面，美国核管会、能源部和内政部的职责，既有联系又有区别。

美国能源部有权全面掌握美国核源材料的储量信息，有权购买任何可能含有源材料矿床的地产，并通过颁布租赁契约和许可证，授权

---

① See NEA, "Nuclear Legislation in OECD and NEA Countries: USA", OECD Publications, 2015, available at http://www.oecd-nea.org/law/legislation/usa.pdf (last visited on October 20, 2015).

② 国际原子能机构：《铀提取工艺》（1995 年版）第 26~28 页。转引自《铀矿开采》，参见网址 http://wenku.baidu.com/view/0e01030ef12d2af90342e605.html（最后访问日期 2015 年 2 月 14 日）。

相关主体在联邦土地上进行铀矿勘探活动。但是，法律并未规定它享有铀矿开采的权利，核管会则负责签发铀、钍等矿石开采许可证。①

美国内政部地表采矿局（Office of Surface Mining, U.S. Department of the Interior）控制着所有含有铀矿的土地，这些土地的对外租赁权归联邦政府拥有。对于用常规采矿方法开采铀矿的矿厂，美国内政部地表采矿局和矿厂所在州政府负责监管。而对于用地浸法开采铀矿的矿厂则由核管会负责监管。二者监管职责的界限在于矿石是否发生化学变化：常规采矿方法只是把铀矿从地下/地表挖掘出来，并未改变铀矿的化学属性；而地浸法则用溶剂改变矿石的化学属性后才抽至地面。②同理，常规方法开采出来的铀矿一旦送至铀加工厂（Uranium Mill）、尾矿加工厂和核废物处理厂，就由核管会负责监管。③

总之，核管会有权颁发许可证，批准许可证持有者转移、运输、接收、拥有、进口和出口核材料、核源材料和核副产品；除此之外，核管会还有权颁发许可证或批准延长许可证的期限，批准许可证持有者建造和运行铀回收设施、燃料循环设施和贫铀转化处理设施（Deconversion Facilities）。根据联邦法规，铀回收设施的许可证有效期为10年，期满后可申请展期10年④。2013年9月，核管会正在对多个铀回收设施申请进行审核，其中包括7个新建铀回收设施申请和15个扩建和展期申请⑤。根据《1954年原子能法》、

---

①　能源部和核管会在此问题上职责分工的法律依据是 42 U. S. Code § 2097 - Operations on lands belonging to United States。

②　See NRC, "Uranium Recovery", available at http：//www. nrc. gov/materials/uranium-recovery. html (last visited on July 4, 2014).

③　See NEA, "Nuclear Legislation in OECD and NEA Countries：USA", OECD Publications, 2015, available at http：//www. oecd-nea. org/law/legislation/usa. pdf (last visited on October 20, 2015).

④　See 10 CFR 40. 32.

⑤　See NRC, "Major Uranium Recovery Licensing Applications", available at http：//www. nrc. gov/materials/uranium-recovery/license-apps/ur-projects-list-public. pdf (last visited on July 4, 2014).

《1969 年美国环境政策法》和核管会法规，核管会对申请人的资质、设计安全、环境影响、运行管理和设施安全等方面进行全面审查①，通知所有利益相关人有权参与监管程序，并通过官方途径发布会议通知②，保障其请求召开听证会的权利③。

（三）铀矿勘探与开采安全监管方法

核管会负责监管铀回收过程的每个环节。具体而言，核管会负责制定监管法规和导则、审批许可证、开展环境评估，制作环境影响报告、对铀回收设施进行检查，最后，核管会还要负责审批并监督铀回收设施的退役。

美国联邦法规第 10 篇"能源篇"第一章第 20 部分《放射性防护标准》（10 CFR Part 20）和第 40 部分《源材料的国内许可》（10 CFR Part 40）及其附件 A④ 对铀回收和铀副产品的处理作出了专门规定。特别是对于对铀矿石进行加工过程中的铀回收以及尾矿和废物处理，附件 A 设定了详细的安全标准，以有效管控风险，保证铀回收的安全。

在此阶段，铀回收设施面对的主要安全问题不是放射性辐射，而是处理剧毒化学品的职业风险。铀回收设施中处理的铀纯度极低，与自然状态下的铀矿并无太大区别，因此，一般不具有易燃易爆的性质，而且也不存在放射性辐射危险，几乎没有贯穿辐射，仅有较弱的非贯穿辐射。

---

① See NRC, "License Applications for New Uranium Recovery Facilities, Expansions, Restarts, and Renewals", available at http://www.nrc.gov/materials/uranium-recovery/license-apps.html (last visited on July 4, 2014).

② See NRC, "Public Meeting Schedule", available on NRC Official website, available at http://meetings.nrc.gov/pmns/mtg (last visited on July 4, 2014).

③ See NRC, "Public Involvement in Hearings", available on NRC Official website, available at http://www.nrc.gov/about-nrc/regulatory/adjudicatory/hearing.html (last visited on July 4, 2014).

④ Appendixa To Part 40—Criteria relating to the operation of uranium mills and the disposition of tailings or wastes produced by the extraction or concentration of source material from ores processed primarily for their source material content

与铀回收设施不同的是，核管会核材料安全和保障办公室对铀循环设施设定了更加严格的监管标准，严把许可证审批关，通过检查、评估和强制执行对铀循环设施进行安全监督，并开展生产经验诊断等多种监管支持行为，力保燃料循环设施及环境安全，确保工作人员和公众的健康和安全。①

三、美国放射性物质安全管理法律制度

放射性物质（Radioactive Material）是"因其放射性而被国家法律或监管机构指定需要接受监管控制的材料"②。放射性物质的范围十分广泛，包括核源材料、核材料以及放射性废物。源材料（Source Material）是指"含有自然界中同位素混合物的铀；贫同位素 235 的铀；钍；呈金属、合金、化合物或浓缩物形态的上述各项材料；含有上述一种或数种材料的任何其他材料，其浓度应由国际原子能机构理事会确定；以及由理事会确定的其他材料。"③源材料经过加工可以产生核材料及核废物等放射性物质。核材料（Nuclear Material）包括"钚，但钚-238 同位素浓度超过 80%者除外；铀-233；浓缩铀（铀-235 或铀-233）；非矿石或矿渣形式的含天然存在的同位素混合物的铀；任何含有上述一种或多种成分的材料。"④核材料经过加工或使用后可生产出特殊核材料和核副产品。特殊核材料是"钚、浓缩铀-233 或铀-235，以及核管会认定为特殊核材料的其他材料，但不包括核源材料"⑤；而核副产品

---

① See NEA, "Nuclear Legislation in OECD and NEA Countries：USA", OECD Publications, 2015, available at http：//www. oecd-nea. org/law/legislation/ usa. pdf（last visited on October 20, 2015）.

② 国际原子能机构：《国际原子能机构安全术语—核安全和辐射防护系列》（2007 年版）（STI/PUB/1290）。

③ 国际原子能机构：《国际原子能机构安全术语—核安全和辐射防护系列》（2007 年版）（STI/PUB/1290）。

④ 国际原子能机构：《国际原子能机构安全术语—核安全和辐射防护系列》（2007 年版）（STI/PUB/1290）。

⑤ See 42 USC 2014（aa）.

（Byproduct Material）是在特殊核材料生产或利用过程中因受到辐射而产生的放射性材料（特殊核材料除外），主要是提取或浓缩铀或钍而产生的尾矿或废物。①

因为核材料是制造核武器所必需的物质，所以《国际原子能机构规约》和《核能领域第三方责任巴黎公约》等国际公约都对此进行了相应的规定。其中值得一提的是，国际原子能机构有权根据全面保障协定对所有受保障的核材料进行核查，确认缔约方是否已经申报并且实施充分的保障措施。②

（一）放射性物质的许可证管理

核管会依法对特殊核材料、核源材料以及核副产品实行许可证管理。核管会必须证明核材料能释放足以影响公众健康与安全的原子能，经总统批准后才能列为特殊核材料，而国会在 30 天内有权否决核管会决定③。核管会有权根据特殊核材料的物理特征、数量和预定用途，颁发特殊或一般许可证，批准特殊核材料在国内研究机构、医疗机构和商业机构的分配，维护公共健康和安全。④ 核管会为特殊核材料的所有权设定详细而具体的限制条件，禁止拥有许可证规定以外的任何权利，禁止许可证转让，禁止制造核武器，政府拥有回购权，确保许可证持有者严格按照许可范围行使权利。⑤

核管会报经总统批准后也能把某种物质列为核源材料，同样，美国国会有权否决核管会的决定⑥。所有转移、拥有、进出口或加工核源材料的活动都必须获得核管会颁发的特殊或一般许可证。许可证的限制条件与特殊核材料相似⑦。核管会有权在它认为有必要

① See 42 USC 2014（e）.

② See NEA, "Nuclear Legislation in OECD and NEA Countries: USA", OECD Publications, 2015, available at http://www.oecd-nea.org/law/legislation/usa.pdf（last visited on October 20, 2015）.

③ See 42 USC 2014（aa）, 2071.

④ See 42 USC 2073（a）-（c）.

⑤ See 42 USC 2073（e）.

⑥ See 42 USC 2091.

⑦ See 42 USC 2092-2094.

时要求相关方提供核源材料所有权、加工、运输等方面的报告①。

核副产品是在生产和利用特殊核材料的过程中所产生的所有放射性材料（特殊核材料除外），主要是为了提取或浓缩铀或钍而产生的尾矿或废物，也包括因生产事故而产生的放射性材料②。核副产品的许可条件与特殊核材料及核源材料类似，然而，因为美国能源部鼓励最大限度地开发利用核副产品，减少核废物，所以，除非出于公众健康和国防安全的考虑，能源部必须为核副产品设定有市场竞争力的价格，核管会也需要设定尽可能低的许可标准并采用简易许可程序。当然，尾矿所有权是一个例外，核管会仍需设定严格的许可条件，确保许可证持有者具备法定的设施去污及退役条件。③

根据《1954 年原子能法》第 274 条的规定，核管会主席与州政府州长签署协议④，分担特殊核材料、核源材料和核副产品的监管职责，但是以下事项只能由核管会颁发许可证，协议不得涉及：任何生产和利用设施的建造和运行；特殊核材料、核源材料、核副产品及其生产利用设施的进出口；特殊核材料、核源材料和核副产品在海洋中的处置；特殊核材料生产和利用过程中所产生的放射性废物的转移、贮存和处置。⑤ 目前，核管会管理着 6850 个许可证，37 个协议州管理着 15823 个许可证。⑥

（二）放射性物质的运输安全管理法律制度

美国交通部和核管会共同承担对放射性物质运输安全的监管职责。核管会的主要监管依据是《1954 年原子能法》和《1982 年核

---

① See 42 USC 2095.

② See 42 USC 2014（e）.

③ See 42 USC 2113.

④ 1962 年 3 月 26 日，肯塔基州与美国核管会签署协议，成为第一个协议州。

⑤ See 42 USC 2021.

⑥ See NEA, "Nuclear Legislation in OECD and NEA Countries: USA", OECD Publications, 2015, available at http://www.oecd-nea.org/law/legislation/usa.pdf (last visited on October 20, 2015).

51

废物政策法》。交通部的监管依据是《1974 年交通安全法》及其修正案——《1990 年危险材料运输统一安全法》和《1994 年危险材料运输授权法》。

核管会主要负责为大宗放射性物质（Type B packages）和裂变物质的国内运输包装制定安全标准。《联邦法规》第 10 篇①对核管会许可证持有者提出了相关要求。其中，《放射性物质的包装和运输》（第 71 部分）规定了 B 类物质包装和可裂变物质包装必须达到的安全标准，并要求包装使用者和生产者作出质量保证，而且要求部分废物的承运人必须承担及时通知的义务。《核电厂和核材料的实物保护》（第 73 部分）针对特殊核材料失窃及破坏问题提出详细的安保要求。例如，核管会要求运输特殊核材料必须严格按照规划路线，采取武装押运的形式，车辆冻结并配备通讯设备，进行监控并定期报告，而且运输乏燃料入境还需要提前通知该州州长。②

《1974 年能源重组法》修正案③禁止核管会批准通过空运方式运输钚元素，除非是医疗用途或使用经核管会许可的容器。此后，核管会分别于 1978 年和 1981 年批准了两种用于空运钚元素的容器：即使从飞机上坠落，容器也不会发生泄漏。1987 年，美国国会又通过两个限制性规定：其一，如未使用核管会批准的特殊包装，能源部不得运输乏燃料或高放射性废物④；其二，除非核管会向国会证明容器已通过坠落测试——从最高飞机飞行高度坠落而不破裂——且容器能承受飞机相撞产生的最大压力，否则，在他国之间空

---

① See 10 CFR Section 71-Packaging and Transportation of Radioactive Material; Section 73-Physical Protection of Plants and Materials.

② See NEA, "Nuclear Legislation in OECD and NEA Countries: USA", OECD Publications, 2015, available at http://www.oecd-nea.org/law/legislation/usa.pdf (last visited on October 20, 2015).

③ 参见《钚元素的空运》（Air Transportation of Plutonium—Public Law 94-79）。

④ See USC 10175.

运钚的飞机禁止飞越美国领空。①

交通部则负责为少量运输包装（Type A packages）的制定国内安全标准，制定并实施运输工具安全标准，负责实施有关进出口运输包装安全标准。此外，交通部也被授权代表美国参与国际原子能机构制定国际运输安全标准的程序，核管会需为交通部提供技术方面的建议。②

交通部法规对放射性物质运输作出全面详细的规定，包括运输包装要求、包装标签和标记、运输工具危险告示标志、承运人绩效及培训状况、应急信息、货运路线安排与货运单据。不同运输方式由不同部门负责：空运由联邦航空管理局负责，铁路运输由联邦铁路管理局负责，公路运输由联邦公路管理局负责，水路运输由美国海岸警卫队负责。美国交通部法规还详细规定放射性物质的安全距离，包括每次运输的放射性物质数量、放射性物质包装与人或其他动物之间的最短距离、仓储放射性物质之间的最短距离以及运输车辆之间的最短距离，还规定了运输工具内的放射性物质之间的最短距离以及特殊的事故报告制度。③ 此外，交通部法规还为铁路运输设定了特殊去污要求④，为公路运输制定了放射性物质的贮存、装卸以及载重量标准。美国国家货物局公证行（National Cargo Bureau, Inc.）⑤ 协助美国海岸警卫队对水上运输货物进行检查，

---

① See NEA, "Nuclear Legislation in OECD and NEA Countries: USA", OECD Publications, 2015, available at http://www.oecd-nea.org/law/legislation/usa.pdf（last visited on October 20, 2015）.

② See NEA, "Nuclear Legislation in OECD and NEA Countries: USA", OECD Publications, 2015, available at http://www.oecd-nea.org/law/legislation/usa.pdf（last visited on October 20, 2015）.

③ See 49 CFR 177.834, 177.842-843.

④ See 49 CFR 174.700.

⑤ 美国国家货物局公证行（National Cargo Bureau, Inc.）是美国最大的商品检验公司，主要从事货物的监装、监卸、配装、船舶起吊设备的安全鉴定、危险品的包装鉴定及租船、货舱情况鉴定、水尺计重等。参见《商检机构的设置》，载 "110 法律咨询网"，网址：http://www.110.com/falv/baoguanshangjian/baoguanshangjianjg/sjjg/2010/0722/159553_3.html（最后访问日期 2015 年 1 月 13 日）。

确保放射性物质的包装符合美国法规要求，但是，在领海通行的外国船舶，只要不进入美国内水且符合国际海事组织（IMO）规则，所载放射性物质的包装就不必满足美国法规要求。①

四、美国核电厂安全管理法律制度

（一）核电厂许可证管理法律制度

1. 核电厂许可证制度的法律依据

根据《1954 年原子能法》第 103 条商业许可证、第 104 条医疗及研究发展许可证、第 161 条委员会总权限的一般规定、第 182 条许可证申请以及《联邦法规》第 50 部分《核材料生产和应用设施的执照发放》、第 51 部分《国内许可及其他监管职能的环境保护法规》、第 52 部分《核电厂的执照、资质证明和核准书》等法律文件，核管会制定了《核反应堆厂址标准》（10 CFR 100)② 对核电厂选址进行了详细规定。核管会管理导则《核电厂联合执照申请导则》（R. G. 1. 206）和《环境和选址问题》（R. G. 4）为许可证持有者和申请人实施选址规定和标准提供了具体指引。这些法律法规成为核电厂选址、建造、运行许可证制度的法律依据。

2. 新建核电厂许可证审批流程

《1954 年原子能法》规定非经许可任何人不得建造或运行核设施，授权核管会审批所有商业核反应堆的许可证③；《1974 年能源重组法》重新确认这一点并授权核管会制定法规，细化许可条件，以实现《1954 年原子能法》的立法宗旨。④在内部职责划分上，核

---

① See NEA, "Nuclear Legislation in OECD and NEA Countries: USA", OECD Publications, 2015, available at http://www.oecd-nea.org/law/legislation/usa.pdf (last visited on October 20, 2015).

② Part 100—Reactor Site Criteria, Chapter I, Title 10 "Energy" of the Code of Federal Regulations (CFR).

③ 根据《1954 年原子能法》和《1974 年能源重组法》，美国能源部运行或管理的核设施无需核管会颁发许可证，除非法律明确规定需经核管会许可。

④ 参见《1954 年原子能法》第 101 条和第 103 条。

管会下设的"核反应堆规范办公室"具体负责核反应堆许可证的审批事项，而"核材料安全和保障办公室"则负责审批核燃料循环设施许可证。

公众参与权是许可证审批流程的重要组成部分。对于美国境内所有核生产设施以及利用设施的"任何许可证或建造许可的批准、暂停使用、撤销、修正或转让控制权申请"，核管会应根据利害关系人的申请批准召开听证会。经过 30 天公告且在《联邦公报》上公示一次之后，核管会应当召开听证。①"核管会实践与程序规则"（10 CFR Part 2）对听证会规则作出详细规定，包括核管会司法听证会的申请、干涉诉求、文件公开、听证程序、主持人权限及一般管理办法等。绝大多数听证会都需要核管会工作人员全程参与。通常情况下，听证会由"原子安全与许可理事会"召开，一般由一名律师和两名技术型专家组成，特殊情况下也可由一名委员担任主持人或由核管会最高委员会负责召开。

3. 新建核电厂许可证审批方法

核管会采用两种不同的核电厂许可证审批方法。

（1）两步审批法。《联邦法规》第 10 篇第 50 部分《生产和利用设施的国内许可》规定，核管会对初步申请审核合格后首先签发建造许可证；在核电厂建造完成后，核管会再审核最终申请并签发运行许可证，允许核电站投入运营。美国目前在运的所有核电厂都是通过两步审批法获得许可证。建造许可证的审批包括以下几个步骤：

①提交建造许可证申请书，包括有关拟建核电厂的安全性、环境保护和实物保护等方面的详细信息。核管会对申请书进行审查合格后，正式接受申请并在《联邦公报》上刊登公告，同时将申请书报送负责的各级政府机构。

②核管会工作人员根据标准审查方案（Standard Review Plan）审查核电厂设计，重点是与核电厂安全密切相关的系统和部件，并出具安全评估报告（Safety Evaluation Report）。

---

① 参见《1954 年原子能法》第 189 条 a 款。

③根据《1954年原子能法》成立的独立国家职能机构——反应堆安全保障咨询委员会（ACRS）负责审核核反应堆的安全问题。委员会有权会见核管会工作人员和申请人，向核管会出具独立的安全审查报告，并就是否应该颁发建造许可证向核管会提出建议。①

④核管会工作人员评估拟建核电厂的环境影响，形成环境影响报告（EIS）。环境影响审查与核电厂安全审查相互独立，同步进行。

⑤召开听证会是建造许可证申请的必备程序。原子安全与许可理事会主持听证会，听取利益相关方在安全问题和环境影响方面的主张，并就是否颁发建造许可证做出初步决定。利益相关方不服初步决定的，可以向核管会申诉；对于核管会的最终决定不服的，还可以向联邦上诉法院提起诉讼。如无异议，核反应堆规范办公室将签发建造许可证。

在核电厂建造完成之前2~3年，公用事业公司就需要提出运行许可证申请。核管会审查重点是确定核电厂是否严格按照监管法律及建造许可证进行建设，明确核电厂运行是否会对公众健康与安全造成不利影响。核管会需要评估核电厂运行产生的环境影响，针对建造过程中的情势变迁形成补充环境影响报告。在此过程中，核管会有权自主决定是否召开听证会听取利益相关方的意见。②

（2）联合许可证审批法。1989年核管会公布了一种新的许可证审批方法，其基本理念是通过制定通用规则实现核电厂设计的标准化，一旦该核电厂设计被授予标准设计证书，任何申请人都可以直接援引该标准设计，而无须对相关设计问题重复解释说明，如此就可以大幅度加快审批流程。《联邦法规》第10篇第52部分——《核电厂的许可、认证及审批》采用经核管会认证的标准设计和联

---

① See 42 USC 2039.

② See NEA, "Nuclear Legislation in OECD and NEA Countries: USA", OECD Publications, 2015, available at http://www.oecd-nea.org/law/legislation/usa.pdf (last visited on October 20, 2015).

合许可证，可以确保在核电厂建设之前就解决设计问题；同时，通过采用早期厂址许可又可以在核电厂开工建设几年以前解决厂址适当性问题。

根据这种新的审批流程，核管会首先审批核电厂验收标准，颁发早期厂址许可和核电厂设计批准证书；然后核管会在核电厂开工建设前再颁发建造与运行联合许可证；核电厂建设完工后，核管会负责根据许可证标准对核电厂进行验收，合格后批准投入运行。概言之，核管会需审批三个许可证：早期厂址许可：审核拟建核电厂厂址的应急准备方案、厂址周围生态环境，从而确定厂址的安全性和适当性；核电厂设计批准证书：为具体的核电厂设计方案制定具体的规则，促进核电厂设计方案的标准化；建造与运行联合许可证：简化审批程序，将建造许可证与运行许可证合二为一，缩短审批时限。具体如下：

①申请人在提出核反应堆具体建设方案之前，首先向核管会提出某一厂址预设申请，核管会对其安全性、环保、地质等条件是否符合核电厂要求进行审查，审查合格后颁发早期厂址许可，有效期自签发之日起10~20年，经核管会批准可延期10~20年。

核管会制定的反应堆选址标准有助于在核电厂正常运行及发生事故时保持尽可能低的辐射量，有助于避免因自然或人为因素导致的事故，也有助于制定和实施有效的核应急方案。在评估厂址时需要考虑的因素包括厂址附近区域的人口密度及其分布特点、人因风险的性质和距离以及厂址的地震学、气象学、地质学和水文学特点（10 CFR 100. 20）等。确定核电厂非居住区、低人口区和人口中心距离的范围需要考虑发生假定事故对各个区域边界上的公众所产生的辐射剂量。例如，对于非居住区边界上的居民在事故后 2 小时内可能受到的辐射剂量不能超过 25 雷姆（rem^2），甲状腺辐射剂量应控制在 300 雷姆（rem^2）以下（10 CFR 100. 11）。非地震厂址标准包括非居住区、低人口区和人口中心距离标准、厂址大气扩散特点、放射性流出物排放限值、厂址的物理特点、附近交通、军事和工业设施的潜在风险、核应急计划和核安全保障措施（10 CFR 100. 21）；而地震选址标准包括《核电厂地震工程标准》（10 CFR

50 附录 S)、《核电厂地震和地质选址标准》(10 CFR 100 附录 A)、安全停堆地震地面运动基准①、地表构造和非构造变形的可能性、地震引发洪水的设计基准以及土壤、岩石的稳定性和冷却水供应量等标准 (10 CFR 100.23) 等。

此外,根据《1969 年美国环境政策法》,核管会在审批早期厂址许可和联合许可证时必须制定环境影响报告。目前,核管会参照《环境标准审查方案》(NUREG-1555) 进行环境影响审查程序,包括审核、起草报告、公开征询意见、发表最终报告等,共需 24 个月。这些标准是申请早期厂址许可、建造许可证和运行许可证的必备要求。只有达到反应堆选址标准,才能获准建设和运行民用核反应堆和实验堆。

②任何人都可以向核管会提出申请,要求为某个核电厂设计制定认证的规则。申请书必须充分论证核电厂设计的合理性和安全可靠性。申请人必须提供详细的"检查、测试、分析和验收标准"(ITAACs),以用于评估核电厂是否按照该设计方案进行建设。设计方案的安全性问题则根据《联邦法规》第 10 篇第 50 部分的相关技术标准进行判断。一旦核管会通过这个设计方案的认证规则,所有建造许可证、运行许可证以及联合许可证的申请人都可以援引此规则;并且,在此后的审核程序中,所有与此设计方案有关的问题都参照这个规则执行。②

③核管会负责审核并签发建造与运行联合许可证。联合许可证申请书必须包括第 50 部分规定的所有行政和技术信息。申请人可以选择参照设计批准证书 (DC),即使不参照设计批准证书,申请书也必须包括"检查、测试、分析和验收标准"(ITAAC),以便在建造完工之后评估该核电厂是否按照联合许可证的条款进行建

---

① 安全停堆地震地面运动 (The Safe Shutdown Earthquake Ground Motion) 是美国核电厂地震地面运动的设计基准。

② See NEA, "Nuclear Legislation in OECD and NEA Countries: USA", OECD Publications, 2015, available at http://www.oecd-nea.org/law/legislation/usa.pdf (last visited on October 20, 2015).

设，是否满足核管会的要求，从而判断是否可以开始投入运营发电。核管会签发建造许可证前必须举行听证会，为利益相关方提供发表意见的机会。只有在核管会确认核电厂已经达到"检查、测试、分析和验收标准"（ITAAC）之后才能投入运营，同时，公众也有权要求举行听证会以确定核电厂已达到验收标准。①

自 2007 年实施联合许可审批程序以来，核管会共收到 28 个核反应堆联合许可证申请。2008 年 3 月 27 日，南卡罗来纳州电气公司（SCE&G）提出萨默核电站（Virgil C. Summer Nuclear Station）第 2、3 号反应堆建造与运行联合许可证申请。2011 年 8 月 11 日，核管会发布最终安全评估报告；2011 年 4 月 15 日，核管会发布最终环境影响报告，2012 年 3 月 30 日，核管会颁发联合许可证。② 2008 年 3 月 28 日，南方核电运营公司（SNC）提出沃格特电电站（Vogtle Electric Generating Plant）第 3、4 号反应堆联合许可证申请。2012 年 2 月 10 日，核管会颁发联合许可证。目前，核管会正在审核的田纳西河流域管理局（Tennessee Valley Authority）的沃兹巴核电站 2 号核反应堆（The Watts Bar Nuclear Power Plant）运行许可证经历了一个曲折复杂的过程。1973 年，核管会根据《联邦法规》第 10 篇第 50 部分之规定颁发了 2 号反应堆的建造许可证，1985 年起 2 号反应堆建设因种种原因陷入停滞，其建造许可证随后也过期失效。2000 年，核管会批准将其建造许可证展期到 2010 年年底。2009 年 3 月，核管会收到田纳西河流域管理局修订后的运行许可证申请，审核程序仍在进行之中。沃茨坝 2 号反应堆是唯一一个根据建造许可证而非联合许可证建设的在建核反应堆。

联合许可证程序旨在保证核电建设安全，鼓励核电企业进行工程整体设计，提高核管会许可效率，减少申请人负担，激发企业发展核电的积极性，推动美国民用核工业的发展。

①　See NEA, "Nuclear Legislation in OECD and NEA Countries: USA", OECD Publications, 2015, available at http://www.oecd-nea.org/law/legislation/usa.pdf (last visited on October 20, 2015).

②　See NRC, "Issued Combined Licenses for Virgil C. Summer Nuclear Station, Units 2 and 3", available at http://www.nrc.gov/reactors/new-reactors/col/summer.html (last visited on Nov. 8, 2014).

4. 核电厂许可证展期

获得运行许可证之后，许可证持有者可以根据实际运行情况，申请提升反应堆功率、延长反应堆寿命等事宜。核管会依法审批核反应堆运行许可证的修正、变更、展期以及转让事宜。核电厂运行许可证有效期 40 年，期满后可向核管会申请延长 20 年。根据 1995 年制定的《关于核反应堆运行许可证展期的规定》(*Requirements for Renewal of Operating Licenses For Nuclear Power Plants*, 10 CFR 54)，核管会创立一套简单易行的延寿管理流程，规定许可证展期申请的各项要求，确保核心系统和关键部件在延展期内的运行安全，消除反应堆老化问题带来的不利影响，并保证利益相关方申请召开听证会的权利。1996 年 12 月，联邦法规《国内许可及其他监管职能的环境保护法规》（10 CFR 51）也进行了修订，以推进许可证更新中的环境审查，编制一般环境影响报告 (Generic Environmental Impact Statement)，评估核电厂延寿对环境产生的影响及其范围。① 截至 2015 年 6 月，核管会已批准 75 个核反应堆延寿申请，正在审核 18 个反应堆延寿申请。

（二）核反应堆安全监督制度

核管会有权进行"研究和调查、获取有关信息、召开有关会议或听证会"，"有权管理宣誓和主张，或者通过传票要求任何人在指定地点出席并且证明，或者出席出示证据"，有权对核电厂开展各项检查，从而保护公众健康与安全（《1954 年原子能法》第 161 条第 3 款）。《1974 年能源重组法》在核管会内增设核反应堆规范办公室 (Office of Nuclear Reactor Regulation)，其基本职责是审批许可证，对在建核反应堆、试运行核反应堆以及在运核反应堆进行检查，确保其遵守监管法规和许可要求。在此基础上，核管会对核电厂的各项活动及设备安全进行全面评估，对于在检查中发现的违规行为，核管会有权采取相应的强制措施。

核反应堆规范办公室主要通过核电厂常驻监察员与区域巡查监

---

① See NEA, "Nuclear Legislation in OECD and NEA Countries: USA", OECD Publications, 2015, available at http://www.oecd-nea.org/law/legislation/usa.pdf (last visited on October 20, 2015).

察员相结合的方式，开展核反应堆的安全监督和检查工作。监察员对核电厂运行、放射控制、维护保养、监控和应急准备等方面进行全方位检查，综合评估核电厂的安全和安保工作。核电厂运行许可证载有详细的设施安全和环境保护条款，核设施在运行期间需进行定期检查。每个核电厂至少派驻一个高级常驻监察员和一个常驻监察员，负责根据核管会基准监察项目（Baseline Inspection Program）对核电厂进行常规性安全检查，持续监控许可证持有者的活动。核管会区域办公室会开展众多专项检查；总部和区域办公室也会派专家进行不定期检查。在核电厂发生特定运行事件时，核管会可以根据事件的性质和严重程度，抽调一些运行事件相关专业的专家，组建强力监察小组（Augmented Inspection Team）或事故调查小组（Incident Investigation Team），对事件进行调查研究，查明核电厂存在的具体问题，并为核电产业的监管法规与政策提出修改建议。检查结束后，核管会按季度将检查报告发送给核电厂。核管会高级经理负责对存在严重问题的核电厂进行审核，并在"核管会行动年度审核会议"（Agency Action Review Meeting）上向核管会最高委员会汇报审核结果，对重大运行事件、许可证持有者绩效以及安全改进措施等事项进行探讨。所有检查报告向公众公开，从而推动人们关注检查中发现的问题，尽快研究并制定对策。

　　除了核管会组织的各种检查之外，许可证持有者也要进行自我检查，并按照监管法规和许可证条款的要求，定期向核管会提交相关信息文件；特别是核电厂运行事件发生后，许可证持有者需向核管会提交事故应对报告。许可证持有者有权改进核设施及其运行规范，但是，如果改进措施可能导致重大安全问题，就必须通过正式修订程序获得核管会的事先批准。

　　目前，核管会通过"核反应堆监督程序"（Reactor Oversight Process）①对所有核电厂进行持续性监管，确保核电厂遵守其法规

---

　　① See NRC, "The United States of America Sixth National Report for the Convention on Nuclear Safety" (September 2013), p. 62, available at http://www.nrc.gov/reading-rm/doc-collections/nuregs/staff/sr1650/r5/ (last visited on October 4, 2014).

及政策，实现安全运营。核管会主要从三个方面监控核电厂的安全运行状况：反应堆安全、核辐射安全以及核安保措施。初期事件、减灾系统、完整的风险防范体系、核应急准备、公共辐射安全、职业辐射安全以及核设施的安全保障被视为核安全与安保的7大基石。核管会通过检查评估和运行数据分析对这7项工作进行全面考察。此外，核管会还采用动态的"行为矩阵模型"（Action Matrix），在检查评估和运行数据分析的基础上掌握核电厂的动态运行状况，从而及时采取客观公正的监管措施。事实上，许可证持有者的运行状况越糟，核管会监督管理的力度就越大。一旦运行数据超出既定标准，或者安全监察员发现核电厂运行已经给公众健康与安全造成现实威胁，核管会可以进行特别检查，采取特别措施确保许可证持有者改善运行状况。

根据"行为矩阵模型"，核电厂运行状况可以分为5个级别：一级最优，表示核电厂运行已经实现核安全与安保的所有7大标准；五级最差，表示核电厂运行状况糟糕，无法接受。以2012年为例，美国99座在运核反应堆的运行状况良好，被评为一级和二级；3座核反应堆的安全标准有所下降，被评为三级；只有1座核反应堆的运行存在多项重复性安全问题，被评为四级。[1] 核管会定期公开评估结果，具体途径包括在其官方网站上发布公告、向许可证持有者通报评估结果以及在年度审核会议上发布。核管会每年对"核反应堆监督程序"进行定期评估，结果显示该程序经过十多年的完善已臻成熟，具有较强的客观性、可行性、可预测性以及风险指引能力，可以有效地推进核管会实现其战略目标。[2]

（三）核管会监察制度

2001年8月，核管会指令压水堆业主在2001年12月31日前完成对控制棒驱动机构喷嘴（The Drive Mechanism Nozzles）的安全

---

① 另外还有一座核反应堆的运行存在重大问题，处于停机状态。

② See NEA, "Nuclear Legislation in OECD and NEA Countries: USA", OECD Publications, 2015, available at http://www.oecd-nea.org/law/legislation/usa.pdf (last visited on October 20, 2015).

检查。因该检测必须在核反应堆停堆换料时才能进行，所以，俄亥俄州戴维斯—贝斯核电站（Davis-Besse）的营运者——第一能源核能运营公司（First Energy Nuclear Operating Company）向核管会申请将检查日期推迟到 2002 年 3 月 31 日，并获得核管会批准。然而，2002 年 2 月，戴维斯—贝斯核电站就发生压力容器顶盖因硼酸泄漏腐蚀而变薄的事件，险些酿成严重后果。核管会总监察长立即启动对核管会可能存在的渎职问题进行调查，并于当年 12 月提交调查报告。在报告中，总监察长认为核管会的渎职行为极有可能导致严重的冷却剂流失事故，猛烈抨击核管会把许可证持有者的经济利益放在首位，而置公众健康与安全于不顾。这不仅导致核管会全面改革其核反应堆监督工作，而且也成为事故追责的重要基础。① 2004 年 3 月，美国司法部对戴维斯—贝斯核电站违反核安全法规和报告义务问题进行调查后处以 2800 万美元的罚款；核管会对第一能源核能运营公司处以 500 万美元的罚款；2006 年 1 月，戴维斯-贝斯核电站的 2 名前工作人员和 1 个承包商因隐瞒硼酸泄漏事件而被起诉。从戴维斯—贝斯核电站事件可以看出，核管会总监察长的职责具有三大显著特点：独立性、综合性和间接性。

第一，核管会总监察长组织机构的独立性。根据《1978 年总监察长法》（Inspector General Act of 1978）的 1988 年修正案，1989 年 4 月 15 日，核管会设立总监察长办公室（NRC's Office of the Inspector General）②。组织机构的独立性是总监察长履行法定职责的基础。核管会总监察长由总统经参议院同意后任命，总统须向国会书面说明原因后方可解除其职务。核管会总检察长向核管会主席报告并接受其监督，但其人事任免权和财政预算权都独立于核管

① See J. S. Walker & T. R. Wellock, "A Short History of Nuclear Regulation (1946-1997) ", in Emily S. Fisher edited *Nuclear Regulation in the U. S. : A Short History*, 2012, p. 67.

② 参见 1988 年修正案（A Bill to Amend the Inspector General Act of 1978）、2008 年修正案《2008 年总监察长改革法》（Inspector General Act of 2008, sec. 2 - sec. 9）和 2012 年修正案。Also see NRC, Inspector General, available at http: //www.nrc.gov/insp-gen.html (last visited on July 4, 2014)。

会，总监察长有权雇佣自己所需的工作人员，有权获取相关信息，推进审计和调查工作。核管会主席不得阻止或者干涉总监察长行使审计、调查等职责。核管会总监察长每年向国会提交两份关于核管会监管活动的监察报告，该报告通过核管会主席转呈国会，后者不得变更报告内容，仅可附加对该报告的评论意见。

第二，核管会总监察长职责范围的综合性。核管会总监察长的职能主要是调查、审计和检查。总监察长有权对核管会 10 多亿美元的年度预算、约 4000 名员工、所有核管会部门及其项目进行独立的审计和调查，有效地防止核管会贪污、浪费、滥用权力和渎职行为，也有权审查核管会所有法规及政策，确保核管会监管机制的高效率、经济性和有效性。核管会总监察长可以依职权主动开展调查，也可以根据核电厂工作人员（Whistleblower）的举报以及社会团体的指控开展调查。例如，1995 年核管会总监察长调查后认定核管会常驻监察员（Resident Inspector）无法基于日常运行情况及时有效地对核电厂进行检查和监督，核管会随后对监察导则进行修订并完善监察员培训制度。①再如，1996 年核管会总监察长对核管会提出了批评，指责其对迈尔斯通核电厂（Millstone，Unit 1）更换核燃料时的违规操作问题②熟视无睹，没有及时采取措施。另如，前文所述的戴维斯—贝斯核电站（Davis-Besse）事件，核管会总监察长是根据忧思科学家联盟（Union of Concerned Scientist）的指控开展调查的，调查报告的内容涉及核管会、常驻监察员、营运者等各方的责任，成为事故追责的重要依据。

第三，核管会总监察长问责活动的间接性。核管会总监察长虽有问责职权，但并无直接制裁权，对于其发现的重大问题，总监察长需向核管会主席和国会汇报，提出相应的解决方案，并督促核管

---

① See J. S. Walker & T. R. Wellock, "A Short History of Nuclear Regulation (1946-1997) ", in Emily S. Fisher edited *Nuclear Regulation in the U. S.：A Short History*, 2012, p. 57.

② See J. S. Walker & T. R. Wellock, "A Short History of Nuclear Regulation (1946-1997) ", in Emily S. Fisher edited *Nuclear Regulation in the U. S.：A Short History*, 2012, p. 59.

会落实这些方案；对于在调查中发现的违法犯罪行为，总监察长负责向司法部报告，由后者决定是否进入刑事诉讼程序。它还有权审查各项法律法规，审查其对核管会监管工作效率的影响，并提出建议和意见。

综上所述，核管会总监察长的职能既涵盖核管会监管活动的合法性，又涉及核管会履职活动的经济性和效益性，还关注核管会监管体制及监管措施的有效性。"通过合法性问责促进绩效问责，通过能力建设为基础的问责促进合法性问责"①，最终实现三者的良性互动，确保核管会能够高效地开展监管活动。

（四）行政裁决及强制执行制度

《1954年原子能法》和《1974年能源重组法》规定核管会有权作出裁决、采取强制措施。核管会采取各种严格的场内、场外检查，进行事前、事中和事后监督，一旦发现许可证持有者存在违反监管要求或者严重影响公众健康与安全的行为，就可以作出行政裁决，采取强制措施。行政裁决分为两种，其一是正式裁决②。行政机关必须依法律授权才能签发传票，必须通知利益相关人出席；行政机关负责接收证据，掌控审讯进程，并依据审讯记录做出最终书面决定。其二是非正式裁决，对那些不受《行政程序法》管辖的事项，行政机关依据特殊的成文法要求或者监管机构自己制定的法律制度作出裁决。③《行政程序法》并不取代由法律指定或由法律特别规定设置的委员会或其他职员主持的特种类型的审讯程序。④

核管会有权进行民事处罚、变更许可证、暂时吊销许可证，情节严重的还可以撤销许可证。对下列情形，核管会有权撤销许可

①　曹鎏：《美国专门问责机构研究》，载北大法律信息网（2013年9月4日），网址http://www.chinalawinfo.com/LawOnline/ArticleFullText.aspx?ArticleId=78255（最后访问日期2014年10月4日）。

②　参见美国《行政程序法》第554条—第557条之规定。

③　参见胡德胜编著：《美国能源法律与政策》，郑州大学出版社2010年版，第33页。

④　参见美国《行政程序法》第五编第5章第556条。

证：申请书中有重大虚假陈述，或者该申请中存在足以让委员会拒绝授予原始申请许可的事由，或者许可证持有者未按照许可证规定的条件和技术说明建造或运行核设施，或者违反核管会法规（《1954 年原子能法》第 186 条）。核管会可以对每次违法行为处以 100000 美元以下的罚金① （《1954 年原子能法》第 234 条）和相应的民事处罚（第 84 条和第 147 条）；对正在进行或将要进行违法行为的人员，核管会有权要求司法部长签发永久或临时性禁令（第 232 条）。对于核设施的建设公司、营运公司或部件供应商的负责人员，如果掌握这些设施或基础部件不符合法律法规要求且存在重大安全风险的信息却拒不向核管会提供的，核管会同样有权作出民事处罚决定（《1974 年能源重组法》第 206 条）。

对于故意违反法律或核管会法规②的行为，《1954 年原子能法》第 18 章规定了不同级别的刑事处罚措施，包括罚金和监禁。对于建造利用设施或为其供应基础部件的公司的董事、高级职员或员工，如果明知或故意违反核管会规章并可能对上述设施的基础部件造成重大损害的，将被处以"5000 美元以下的罚金或 2 年以下的监禁，或两者并罚"（第 223 条）；对杀害、攻击、抵抗、阻碍、恐吓和干涉处于工作状态的监察员的行为将会根据《美国法典》第 18 篇第 111 条处以刑事处罚（第 235 条）；任何故意或蓄意破坏核设施或核燃料的行为都将受到刑事处罚（第 236 条）。当然，所有涉嫌违法行为都应当由司法部联邦调查局进行调查，并由美国司法部长提起诉讼（第 221 条）。

核管会行使行政裁决和强制执行权应遵循相应的法定程序③。
（1）公告违法行为的程序（10 CFR 2.201）：对于许可证持有者的违法行为，核管会应送达通知书，告知其在 20 日内提出申诉的权

---

① 《1990 年联邦民事处罚通胀调整法》规定该罚金金额每四年调整一次，目前，核管会可处以 140000 美元的罚金。

② 核管会根据《1954 年原子能法》第 65 条和第 161 条 b 款、i 款和 o 款颁布的法规和命令。

③ 参见《通过命令强制实施规则、修订、暂停或撤销许可证以及民事处罚的程序规定》（10 CFR 2）。

利；期满后未申诉的，核管会才能采取进一步措施。（2）核管会发布命令修订、暂停或撤销许可证的程序：许可证持有者及其他利害关系人可以要求举行听证会，但如果是维护公众健康与安全所必需或者是故意违反行为，核管会有权宣布命令立即生效（10 CFR 2.202）。（3）核管会获取相关信息的程序：核管会要求许可证持有者及其他相对人提供相关信息，从而根据这些信息决定是否发布命令或采取其他执行措施。因为核管会仅仅是为了获取信息，所以无须举行听证会，许可证持有者必须满足核管会的要求（10 CFR 2.204）。（4）民事处罚程序：核管会作出民事处罚，首先需要公告违法行为及拟定民事处罚措施，然后，被处罚人有权通过书面形式对拟定处罚措施提出抗辩，核管会对抗辩理由进行评估后作出最终民事处罚决定。如果被处罚人既不要求召开听证会，又拒绝履行民事处罚决定，核管会可以把案件移交美国司法部，由后者向联邦地区法院提起诉讼，征收罚款（10 CFR 2.205）。

（五）核设施安全退役制度

核管会负责全程监管核设施的建造、运行直至安全退役。核设施退役是指核设施按照法律和法规的要求安全地停止生产活动，并将核设施中的残留辐射剂量降低到法定水平，核设施可以不受限制的开放和使用，监管机构终止许可证并取消监管控制。核管会制定核设施退役的法规和导则，保护公众健康与环境安全。《许可证终止的放射性标准》① 规定核电厂退役工作完成时，如果核电厂的年残留辐射剂量不超过 25 毫雷姆（mrem）或 0.25 毫西弗（mSv），就可移交不受限制的用途②；如果年残留辐射剂量不超过 100 毫雷姆（mrem）或 1 毫西弗（mSv），则厂址只能移交受限制的用途。③

---

① See 10 CFR Part 20—Subpart E "Radiological Criteria for License Termination".

② See 10 CFR §20.1402 "Radiological Criteria For Unrestricted Use".

③ See 10 CFR §20.1403 "Criteria for license termination under restricted conditions".

2011 年，核管会推出核设施退役规划的新规则。新建核设施的设计标准要求申请人必须详细说明其设计方案和最终退役程序如何实现放射性物质及废物的最小化①；同时，核管会加强对在运核设施放射性水平的检查，将地下残留辐射的位置和剂量记录在案，必要时，核管会将修正该许可证的终止条件②。核管会的管理导则提供了指导性解决方案，帮助许可证持有者按照法规要求落实退役计划。2012 年核管会制定了管理导则——《在运核反应堆退役规划》（R. G. 4. 22, "Decommissioning Planning during Operations"）进一步细化退役要求。此外，国际原子能机构安全标准也为美国制定核设施退役规划提供了有益的参考。

核管会制定法规和导则，审核核电厂许可证持有者的财务资格，规定其提供退役基金担保的标准和程序，确保许可证持有者储备充足的退役资金。例如，2012 年修订的《为退役规划准备的报告和记录》（10 CFR 50. 75）以及 1999 年 2 月发布的《关于核反应堆许可证持有者财务资格及退役基金担保的标准审查方案》（NUREG-1577）等法规和导则都要求许可证持有者提供退役资金融资方案以及退役资金保证。

目前，因为美国永久性地质处置库尚未建成，所以大部分核电厂都只能把乏燃料临时贮存在乏燃料池或干式贮存桶内。在审批核生产和利用设施许可证③以及乏燃料和核废物贮存设施许可证的过程中，核管会把乏燃料安全作为许可条件之一。④ 2010 年，核管会进而得出一般性结论，认为"乏燃料可以安全地贮存在乏燃料池或干式贮存桶内，至少在许可证终止之后 60 年内不会对环境造成

---

① See 10 CFR § 20. 1406 "Minimization of contamination".

② See 10 CFR § 20. 1501 "General".

③ See 10 CFR § 50 "Domestic Licensing of Production and Utilization Facilities".

④ See 10 CFR § 72 "Licensing Requirements for the Independent Storage of Spent Nuclear Fuel, High-Level Radioactive Waste, Reactor-Related Greater than Class C Waste".

严重影响"①。然而，纽约、新泽西、康涅狄格和佛蒙特四个州及多个利益团体以核管会新规违反《1969年美国环境政策法》为由，共同把核管会告到美国哥伦比亚特区联邦巡回上诉法院。2012年，法院以核管会法规违背其根据《1969年美国环境政策法》应承担的责任为由判决该法规无效。②2014年9月核管会重新制定新的法规，对于在许可证终止之后核反应堆乏燃料的贮存问题，核管会将根据最终环境影响报告作出是否许可的决定。③

核设施退役是一个漫长的过程，从在运状态向退役状态转换开始，直至最后终止许可证，将厂址转作其他用途。许可证持有者终止核设施的生产活动后，应当按照法定要求开展退役工作，消除土地、地下水、地表水、建筑物和设备中的放射性，确保核设施安全退役。许可证持有者必须证明整个核设施已经完全去污，达到法定标准；而且放射性物质也已经被转移到法定处置机构。随后，核管会进行调查，确认核设施是否达到法定的核设施退役标准。一般而言，核设施退役并不包括移除和处置乏燃料，这通常被认为是核设施的运行活动；也不包括移除和处置那些无放射性的结构和材料，除非这是许可证终止的法定条件。除此之外，无放射性的危险废物一般由其他相关机构负责处置。值得一提的是，即使这个核设施仍将被用于其他涉核目的，也必须在完成退役工作后，由申请人依法向核管会提出更换许可证或变更许可证的申请。

核管会签发大量的核副产品、核源材料以及特殊核材料许可证④，每年也有数百个此类许可证终止。其中大部分许可证的有效期很短，其间只会产生微量放射性物质，退役工作相对简单。但是，核管会根据第50部分签发的核反应堆许可证则相当复杂，退

---

① See 10 CFR §51.23 "Temporary storage of spent fuel after cessation of reactor operation-generic determination of no significant environmental impact", (a).

② See New York *v.* NRC, 681 F.3d 471 (D.C. Cir. 2012)

③ See NRC, "Continued Storage of Spent Nuclear Fuel" (10 CFR Part 51), *Federal Register*, Vol. 79, No. 182, September 19, 2014, pp. 56238-56263.

④ 参见《联邦法规》第10篇第30、40和70部分。

役工作也耗时耗力。核反应堆退役主要有三种方法：（1）DECON模式：关闭核电厂后迅速去污并拆除各种设备和建筑；（2）SAFSTOR模式：对核电厂采取隔离、安全贮存和控制等措施，同时进行持续监测，一直等到放射性衰变减弱后再采取去污和拆除工作；（3）ENTOMB模式：核电企业用混凝土等坚固的建筑材料浇灌，进行掩埋封存处理，直至放射性衰变减弱后解除控制。根据核管会法规，核电厂必须在关闭后60年内完成退役工作，这在某种程度上排除了掩埋法，因为掩埋后核电厂中的放射性污染仍将长期存在。

在核电厂运行许可证到期之前，许可证持有者应当提前5年向核管会提交初步退役计划，初步估算退役费用，探讨可能影响退役的关键性技术问题，以推进退役活动的顺利开展。对于1988年7月以后停止运行的核设施，许可证持有者应当在"永久性停止运行之日起2年内、不得迟于运行许可证到期前1年"提出终止许可证的申请。申请必须附有初步退役方案，其中包括拟定退役方法、退役资金来源等事项。① 在退役过程中，核管会全程参与并严格监控，通过召集听证会和公众大会征集意见之后，经审查确认初步退役方案符合法规及许可证规定的安全标准，不会危及公众健康和环境安全，核管会就批准核设施退役方案；退役工作完成后，核管会再次进行审查，如果实际退役工作与批准的方案一致，而且辐射检测证明核设施去污已经达标后，核管会宣告该核设施安全退役。②

五、美国放射性废物安全管理法律制度

（一）美国核废物处理和处置的法律

美国在核废物处理和处置方面已经建立完备的法律体系。《1985年低水平核废物政策法》及其修正案对低放射性废物做出了

① See 10 CFR 50. 82—Termination of Licenses.

② See NEA, "Nuclear Legislation in OECD and NEA Countries: USA", OECD Publications, 2015, available at http://www.oecd-nea.org/law/legislation/usa.pdf (last visited on October 20, 2015).

相应的规定；而对于高放射性废物，《1982 年核废物政策法》及其修正案、《1992 年能源政策法》（环境保护标准）和《2005 年能源政策法》也都分别就各个方面作出详细规定。除此之外，《1972 年海洋保护研究和避难法》　（The Marine Protection Research and Sanctuaries Act of 1972）是管理在海洋处置核废物的法律。如前文所述，在放射性物质的运输方面也制定了众多法律，包括《1990 年危险材料运输统一安全法》、《钚元素的空运》、《钚元素的海运》以及《2008 年轨道安全改善法》第 411 条。

　　美国核管会、能源部和环保局都对放射性废物拥有一定的监管职责。在职责划分上，核管会负责制定和实施相关法规，确保核废物的贮存和处置方法能够实现核废物长期安全管理。能源部负责技术开发和项目管理工作，用以处理、贮存、运输和处置各种民用乏燃料、高放射性废物及国防放射性废物。环保局负责为放射性核素向生物圈的排放制定一般环境保护标准①，设定放射性物质排放的最大允许值。对于环保局制定的辐射防护标准，能源部和核管会分别在各自职责范围内负责贯彻执行；对于那些环保局尚未制定辐射防护标准的领域，能源部和核管会才能自行制定法规，颁布辐射防护标准，行使监管职责。此外，核管会已与 37 个州达成协议，授权这些协议州（Agreement States）负责监管部分核废物的管理、贮存和处理活动。

　　（二）高放射性废物安全管理法律制度

　　高放射性废物主要包括辐照核燃料或乏燃料。核反应堆乏燃料就是使用过的核燃料棒——一个内装几百个圆柱体核燃料芯块（Fuel Pellets，直径 1 厘米，高度 1 厘米）的细长锆合金材料套管（直径 1 厘米、长度约 4 米、厚度为 1 毫米左右）。燃料棒在核反应堆运行一段时间后，原子分裂减速，产生的热能减少，此时，就变成乏燃料。每隔 12～18 个月，1/4—1/3 的核燃料棒需要从核反应堆中取出，更换新的燃料棒。因乏燃料是高放射性废物，所以无论是商业核电厂还是大学研究堆，所有核反应堆及其乏燃料的拥有、

---

　　①　See 42 USC 10141.

运输、贮存和处理都受到核管会的严格监控。目前，美国还没有高放射性废物永久处置设施，大部分商用高放射性废物（乏燃料）只能临时贮存在核电厂里，其安全问题日益凸显。

联邦政府在高放射性废物和乏燃料的永久处置方面负有主要责任。1983 年 1 月，美国国会通过了《1982 年核废物政策法》，要求美国能源部负责地质处置库的选址、建造和运营工作；同时规定美国环保局负责根据《1954 年原子能法》等法律制定一般辐射环境保护标准，并要求核管会将环保局标准整合到地质库许可证审批条件之中，以保证环保局标准的贯彻落实。能源部对内华达州尤卡山进行考察，建立永久地质处置库。在尤卡山永久处置库建成后（该法 1987 年修正案把尤卡山作为唯一的处置库场址），能源部原定自 1998 年起开始接收高放射性废物和乏燃料。然而，因尤卡山地质处置库遭到内华达州的强烈反对，一拖再拖，最终在 2009 年被奥巴马政府彻底否决。虽然尤卡山永久地质处置库项目以失败告终，但是，美国已经建立了一套完备的高放射性废物管理制度。

1. 放射性废物的管理职责

《1982 年核废物政策法》对美国核管会和能源部的核废物处置职责进行了详细规定。能源部负责建设可监控、可回收的高放射性废物贮存设施，但能源部实施授权行为须遵守多项限制条件：（1）州政府、地方政府、印第安部落和当地民众有权出席相关会议；（2）能源部需向核管会申请相关设施的建造许可证，未经批准，不得建设。此后，能源部制定了乏燃料永久处置库，经国会和总统批准后最终确定在内华达州尤卡山建造美国永久地质处置库。

核管会负责对能源部调查研究、设计、建造及运行该设施的各项活动进行全程监督。核管会有权审批能源部的选址方案、设计方案和建造方案，有权对设施建设和运行状况进行检查。核管会必须在能源部向其提出建造许可申请之日起 3 年内完成审批工作。只有在获得核管会颁发的建造许可证后，能源部才能开始建造处置库。在建设过程中，能源部还需要向核管会提供永久处置库设计和建设的详细信息，以便核管会审核并颁发运行许可证。

环保局和核管会在放射性废物贮存和处置方面的职责既有联系，

又有区别。环保局颁布有关防止空气污染和辐射照射的法律制度，制定大气辐射和危险污染物排放的一般标准。核管会则需要按照环保局的环境标准，进一步制定适用于核管会许可设施的具体实施细则。

1985年，环保局制定了核废物处置的一般标准①，既适用于拟在尤卡山地质处置库进行处置的高放射性废物和乏燃料，也适用于在放射性废物隔离中间试验厂处置的超铀废物。虽然1987年美国联邦第一巡回上诉法院以环保局废物处置标准中的部分地下水保护标准与《美国饮用水安全法》（*Safe Drinking Water Act*）不一致为由而判决其无效②，但是，1992年10月布什总统签署的《废物隔离试验场土地回收法》（*Waste Isolation Pilot Plant Land Withdrawal Act*）再次确认，除被法院判决无效的条款之外，环保局制定的核废物处置一般标准（《联邦法规》第40篇第191部分）具有法律效力③，并要求环保局重新颁布被废除的部分地下水保护标准。④ 1993年12月，环保局颁布了新的地下水环保标准⑤。1998年5月，环保局证实将按照该标准对放射性废物隔离中间试验厂设施进行审核。

关于高放射性废物和乏燃料地质处置库建设问题，《1992年能源政策法》也有相应的规定，要求环保局颁布通行标准，保护公众免受尤卡山地质库贮存或处置的放射性物质的危害，并指令环保局授权美国国家科学院（National Academy of Sciences）"开展一项研究，为公众健康与安全的保护标准提出合理化意见和建议"（第

---

① See 40 CFR 191.

② See Natural Resources Defense Council *v.* EPA, 824 F. 2d 1258 (1st Cir. 1987).

③ 《废物隔离试验场土地回收法》明确规定尤卡山地质处置库不受《联邦法规》第40篇第191部分的约束。

④ EPA, "Testimony of Robert Perciasepe on February 10, 1999 Before The Subcommittee on Energy and Power of The Committee on Commerce U. S. House of Representatives", available at http: //www. epa. gov/ocir/hearings/testimony/106_1999_2000/021099rp. htm (last visited on September 5, 2014).

⑤ 详见1993年《联邦公报》第58卷第398页（58 Fed. Reg. 66, 398 (1993)）。

801条）。核管会于1992年11月24日颁布了《高放射性废物地质库处置规定》①，其中就包括核管会审批高放射性废物处置库的技术要求和审批标准。例如，处置库运行期间对公众的年辐射水平不得超过100毫雷姆②，而对工作人员的年辐射水平不得超过5000毫雷姆；高放射性废物在50年内必须是可以取出回收利用的，还需要保证容器在300—1000年内不会破损等。③

2. 核废物处置基金

《1982年核废物政策法》设立了核废物处置基金。核废物处置基金由乏燃料和高放射性废物的生产者和所有者提供，用于支付处置高放射性废物的费用。1991年12月31日，《乏燃料和高放射性废物处置标准合同》以联邦法规的形式详细规定了美国能源部与放射性废物生产者、所有者之间的具体权利与义务：能源部将接受核废物的所有权并负责提供废物处置服务；核废物的生产者、所有者将向能源部支付一定的费用，由后者存入在美国财政部设立的核废物处置基金账户（Nuclear Waste Fund），用于支付核废物的全部处置费用。④1993年，美国国会还设立了国防放射性废物处置基金，并规定能源部负责支付费用，用于处置核武器相关的高放射性废物。

3. 高放射性废物安全管理制度

1981年，核管会颁布联邦法规《在地质处置库处置高放射性废物》⑤，规定了能源部建造、运营永久地质处置库的许可证审批程序及协商沟通机制。1983年核管会颁布了永久地质处置库的技

---

① See 10 CFR 60 Ch. 1（Part 60—Disposal of high-level radioactive wastes in geologic repositories, Chapter I, Title 10 "Energy" of the Code of Federal Regulations）.

② 自然界对普通人的年平均辐射水平大约为300毫雷姆（Millirems）。

③ See NEA, "Nuclear Legislation in OECD and NEA Countries: USA", OECD Publications, 2015, available at http://www.oecd-nea.org/law/legislation/usa.pdf（last visited on October 20, 2015）.

④ See 10 CFR 961（Part 961 — Standard Contract for Disposal of Spent Nuclear Fuel and/or High-Level Radioactive Waste）.

⑤ See 10 CFR 60（Part 60—Disposal of High-Level Radioactive Wastes in Geologic Repositories）.

术标准①，规定了处置库的选址、设计和建造标准以及相应的监控、检查标准。该法采用多重防护的理念，从高放射性废物包装、地质库工程结构到地质库场址以及地质库整体地质构造，都制定了技术标准，其目标是保证地质库设计符合环保局的一般防辐射环境标准。此后《1987 年统括预算调整法》（*Omnibus Budget Reconciliation Act of 1987*）对审批程序再次进行修订，以进一步适应《1982 年核废物政策法》的要求。

《1992 年能源政策法》授权美国科学院对尤卡山永久地质处置库进行研究，以便环保局在此基础上公布处置库正常运行期间对周围公众的个人最大年有效剂量当量②，并制定相应的公共健康和安全标准。此后，核管会必须在 1 年内修改其技术标准，使其符合环保局环境标准。不仅如此，核管会的技术标准必须保证地质处置库在能源部的监管下不会发生任何不必要的安全风险，也不会超过最大辐射剂量限值。同时，环保局有权要求能源部持续管理地质处置库场址，阻止任何可能导致安全风险的活动。

美国国会还通过了一系列法案，构建相关的配套设施。1980年《西谷示范项目法》（West Valley Demonstration Project Act）③授权能源部在核管会的监督下在纽约州西谷进行高放射性废物后处理示范项目，特别是放射性废物玻璃固化技术④。1979 年，国会批准能源部建设放射性废物隔离中间试验厂（Waste Isolation Pilot Plant），专门用于处置因军事活动而产生的超铀放射性废物，但禁止处置乏燃料和高放射性废物。1992 年国会又通过《废物隔离中

---

① See 10 CFR 60, Subpart E—Technical Criteria（48 FR 28222, June 21, 1983）.

② 个人最大年有效剂量当量（Maximum annual effective dose equivalent to individual members of the public）.

③ See 42 USC 2021a.

④ 装机容量 300 万千瓦的核电站运行一年产生 75 吨乏燃料，如果对这些乏燃料进行后处理，就可以把高放射性废物浓缩在体积大约为 9 立方米的玻璃体中。如果对全世界自 1987 年以来产生的所有乏燃料进行后处理并玻璃固化，高放射性废物的体积只有 1000～1500 立方米左右。

75

间试验厂土地征收法》进一步规定了能源部建设和使用该设施的要求。放射性废物隔离中间试验厂经美国环保局批准后于1998年投入运营，是目前美国唯——座已投运的放射性废物深层地质处置库①。值得一提的是，环保局在放射性废物隔离中间试验厂项目中承担双重职责，既负责颁布安全法规，又负责监管能源部处置活动是否合法。

（三）低放射性废物安全管理法律制度

低放射性废物包括尾矿废物②以及受放射性污染的防护衣、抹布、拖布、过滤器、设备、工具、反应堆水处理残留物、夜光表盘、医疗管、医用药签、注射器、实验动物的尸体和组织等物品。其中，反应堆水处理残留物、废弃核反应堆部件和含有放射性物质的测量仪器具有较强的放射性。能源部负责管理和处置政府拥有的低放射性废物，如核武器研制、联邦核设施环境修复、海军核动力计划日常运行过程中产生的放射性废物等。此外，如果核管会认定民用低放射性废物处置设施安全退役，同时又具备长期的资金安排，那么能源部就可以获得该设施的所有权，承担后续的监管职责。③

经核管会授权，州政府也承担着一定的民用低放射性废物监管职责。核管会与州政府共同分担对副产品、核材料和特殊核物质的管理职责，具有充分的法律依据。《1954年原子能法》规定核管会可以与州政府签署协议④，根据法定程序和标准明确授权州政府行

---

① See WIPP, available at http：//www. wipp. energy. gov/wipprecovery/recovery. html（last visited on July 30, 2014）.

② 尾矿废物是对自然矿石进行加工、提取铀和钍之后的残留物，属低放射性废物。

③ See 42 USC 10101.

④ 例如《美国原子能委员会和阿拉巴马州关于在阿拉巴马州中止部分委员会监管职责的协议》（Agreement between the United States Atomic Energy Commission and the State of Alabama for Discontinuance of Certain Commission Regulatory Authority and Responsibility within the State Pursuant to Section 274 of the Atomic Energy Act of 1954, as Amended）。

使部分低放射性废物的处置和审批权（第 274 条），而核管会则在合作的基础上履行检查、培训或协助职责，并保留终止或暂停协议等权力。此外，对于核管会自《1992 年能源政策法》生效之日起免予监管的低放射性废物，核管会得以免除监管职责，但是，这并不意味着州政府也不能监管，相反，各州政府仍有权监管低放射性废物的处置或焚烧①，以防止放射性风险。

《1985 年低放射性废物政策法修正案》进一步完善了民用低放射性废物的处置政策。低放射性废物处置是按照核管会或协议州的要求把低放射性废物永远隔离起来。在责任划分上，各州负责处置各自产生的低放射性废物，而联邦政府负责能源部国防设施及研发项目所产生的低放射性废物。美国国会将低放射性废物处置视为一个区域性问题，要求各州签订州际协定，共同制定处置方案，建造和运行区域处置中心，把协议州的核废物集中起来进行有效处置。本着"谁生产，谁负责"的原则，区域处置中心有权拒绝处置来自协议州之外的放射性废物。

为了保护公众辐射安全、环境安全和处置场生产安全，核管会颁布了低放射性废物管理法规，对核废物进行分类管理，制定了许可程序标准和场址技术标准。② 首先，核管会采用一个低放射性废物评级归类系统（Waste Classification System），根据其潜在危险将其分为 A、B、C 三类，制定具体的处置要求。虽然具体的评级归类方法十分繁琐，但一般而言，A 类废物所含的长半衰期放射性物质通常要比 B 类和 C 类的少。其次，核管会鼓励许可证持有者自我约束生产活动，避免放射性污染，对放射性废物进行分类处理，使用半衰期短的放射性物质，把放射性物质的使用限定到最低水平，以期通过这些措施控制放射性废物的数量。最后，核管会鼓励许可证持有者采取压缩和焚烧等措施减少放射性废物的体积。目前核管会授权大约 59 个许可证持有者焚烧部分低放射性核废物。

目前，美国共有三个商用地上处置设施，处置低放射性废物。

① 《1954 年原子能法》第 276 条（a）项。

② See 10 CFR Part 61.

剩余低水平放射性废物主要在医院、研究机构、核电厂进行现场贮存。而大部分铀尾矿只能在矿场或矿场附近进行临时处置。1972年美国国会通过的《海洋保护研究和禁猎区法》虽然禁止向海洋倾倒高放射性废物，但却允许向海洋倾倒低放射性废物。直到1993年11月，作为《1972年防止倾倒废物及其他物质污染海洋的公约》的缔约方，美国才最终全面禁止向海洋中倾倒放射性废物。

（四）美国核废物永久地质处置库项目及其经验教训

1. 美国核废物永久地质处置库概况

尤卡山核废物永久处置库项目（以下简称"尤卡山项目"）是美国在内华达州奈伊县尤卡山地区（Yucca Mt., Nye County）实施的高放射性核废物候选地质处置库的场址研发项目。尤卡山是联邦政府的土地，目前处于能源部、空军和土地管理局的控制之下，是美国国会立法确立的高放射性核废物处置库的最终场址。该处置库位于地表以下200～500米、距离地下水245～305米以上的熔结凝灰岩层，占地1150英亩。内有5英里长、25英尺宽的U型主巷道，主巷道有凹室以供科研之用；辅以小巷道，用于贮存核废物。尤卡山处置库原拟处置高放射性废物70000吨，其中商用核废物为63000吨（来自41个州），军用核废物为7000吨（来自汉福德场址）。美国在运行核电厂每年产生2100多吨的核废物，目前现场贮存的核废物已达70000多吨，预计到2030年美国商业反应堆将产生87700吨乏燃料，成为影响核安全的定时炸弹。

2. 尤卡山项目的历史回顾

美国科学院在1957年曾提出建议，核废物最好的处置办法是深埋于地下岩石之中。据此，能源部自1978年开始把目光投向尤卡山。《1982年核废物政策法》于1982年美国国会通过、1983年由里根总统签署公布生效，是美国核废物处置的基本法。该法规定了处置库场址的筛选程序，明确核电厂负责筹措核废物基金，并指定三个部门具体负责该项目：能源部负责处置库的选址、场址特性评价、处置库设计、建造和运行工作；核管会负责颁布处置库建造、运行和退役许可证；环保局负责制定一般环境保护标准。该法原拟建造2个核废物处置库，并确定1998年起开始接收核废物。

据此，能源部开始处置库的选址工作。1983 年，能源部初定 9 个
预选场地①；1985 年，在对这些候选场址进行环境评价和场址特
性评价之后，里根总统正式提名对华盛顿州汉福德、德克萨斯州戴
夫·史密斯和内华达州尤卡山 3 个场址继续研究、评价和鉴定②。
1986 年，最终环境评价报告和对比研究结果显示，尤卡山是最合
适的场址。

　　1987 年，美国国会通过《1982 年核废物政策法》修正案，授
权能源部把尤卡山作为美国唯一的核废物处置库场址继续研究，进
行场址特性评价；暂不考虑第 2 个处置库的选址问题，停止其他的
选址研究工作。修正案规定尤卡山处置库于 1998 年 1 月 31 前启用
接收核废物。能源部经过多年研发认为尤卡山作为处置库场址是适
宜的，于 2002 年推荐给乔治·W. 布什总统。布什总统签署国会
87 号联合决议（House Joint Resolution 87），正式确定尤卡山场址
为全国唯一的核废物处置库，授权能源部开始处置库的建设工作。
至此，尤卡山项目完成法律程序，正式进入实施阶段。

　　2006 年，美国国内政治气候发生重大变化，使尤卡山项目的
政治压力陡增。尤卡山项目的坚决反对者—内华达州参议员里德
（Harry Reid）在民主党控制参议院后成为参议院多数派领袖，他
不遗余力地阻挠该项目。尤卡山项目进展缓慢，启用日期一拖再

---

　　①　这九个候选场址为汉福德（Hanford）、尤卡山、戴维斯峡谷（Davis
Canyou）、拉文达峡谷（Lavender Canyou）、戴夫·史密斯（Deaf Smith）、斯
威舍（Swisher）、瓦彻尼盐丘（Vachene Dome）、里奇顿盐丘（Richton Dome）
和赛普里斯河盐丘（Cypress Creek Dome）。

　　②　1984 年 12 月 20 日美国能源部公布了高放废物处置库 9 个可供场址
选择的环境评价（EA）草案，其中犹他州的戴维斯谷、密西西比州的里奇顿
盐丘、德克萨斯州的代夫史密斯、内华达州的尤卡山和华盛顿州的汉福德这 5
个场址被提名并进行场址特性鉴定。经美国国家科学放射性废物管理委员会
审查后再由总统正式提名对 3 个场址进行研究、评价和鉴定。为确定地下岩
体情况，美国能源部在 3 个场址上各建造了 2 个直径 7 米的勘探竖井，深度
达到地下 300~1200 米。最后，对每个场地进行综合评价并向总统推荐一个场
址批准建造。参见李愿军：《我国高放废物处置库的选址与能动断层研究》，
载《震灾防御技术》2007 年第 4 期，第 401~408 页。

拖。2006年，能源部被迫把启用日期推迟到2017年3月31日。2008年6月能源部向核管会提出尤卡山处置库建造许可证申请，启用日期又推迟至2020年。尤卡山项目自身的问题也渐渐暴露出来。项目涉及的科学、技术、卫生、法律和安全问题悬而未决，项目进展缓慢，预算不断增加，2008年，能源部宣布尤卡山项目预算从575亿美元上升到960亿美元。

在这种情况下，美国能源部部长2009年3月宣布计划终止尤卡山项目，研究其他的核废物处理方案。接着，2010年2月公布的奥巴马政府2011年度预算方案删除了所有尤卡山项目资金。2010年3月3日，能源部向核管会原子安全与许可理事会申请撤回其建造许可证申请，表示不再考虑尤卡山作为核废物永久处置场所。根据美国政府审计署的报告，美国能源部2010年2月就开始把尤卡山项目资金用于终止活动，2010年9月30日前基本终止了尤卡山项目。至此，尤卡山项目在事实上已经终结。

3. 尤卡山项目终结的原因

美国核废物处置问题存在严重的安全隐患。现在7.2万吨核废物只能临时贮存在核电厂内，其中超过3/4的核废物长期存放在废料池中，一旦冷却系统出现问题，后果不堪设想。而且，"目前美国一些核废料池所存放的核废料已是设计承载量的4倍"。[1] 即使如此，尤卡山项目历时30年、花费上百亿美元之后却无果而终，到底是什么原因呢？

（1）尤卡山项目终结的根本原因是美国核废物处理和处置政策不当。

"作为核电核心的核燃料供应体系，必须考虑它的安全性、可持续性（资源的可获得性和价格相对稳定性）。"[2] 核废物处理和处置政策必须解决的一个关键问题是采取封闭核燃料环方案还是开

---

[1] 温宪、张旸：《美坚持发展核能与核安全两手抓》，载《人民日报》2011年4月1日第21版。

[2] 马成辉：《美国核能政策的分析与借鉴》，载《核安全》2007年第3期，第46~54页。

放核燃料环方案。开放核燃料环方案是核燃料从反应堆中取出后，不循环利用，也不进行后处理，而是采用掩埋处理。这种方案不仅浪费可循环利用的核燃料，而且掩埋核废物也非易事。封闭核燃料环方案指的是通过后处理技术回收乏燃料中的铀和钚①，制成新的核燃料，再用于核反应堆，实现核燃料的循环利用。封闭核燃料环既可以获得更多的核燃料，又减少核废物污染，可谓一举两得，是核工业发展的理想状态，只是这种方案仍存在诸多技术难题。

美国拥有最先进的乏燃料后处理技术，因此，美国最初采用了封闭核燃料环政策。美国政府在20世纪60—70年代也曾开展乏燃料后处理计划。1966—1972年间，美国在纽约西谷（West Valley）运行了一个小型核废物后处理工厂。但是，1976年，美国总统杰拉尔德·福特（Gerald Ford）以防止核扩散为由宣布放弃这种封闭核燃料环方案；因为经过回收处理技术可以提取99.9%的高浓缩铀和99.8%的高浓缩钚，这些都能用于制造核武器；而商用铀燃料使用的是3%左右的低浓缩铀，不能用于制造核武器。美国终止乏燃料后处理商业开发之后，至今也没有出台新的核废物后处理政策。

另外一种方案是通用电气公司试图推广的"快中子反应堆"（简称快堆）。这种反应堆利用速度更快的高能中子使锕系元素分裂。每3至4座传统反应堆就需要建造一座快堆，因其冷却剂是熔融态的钠而不是水，所以，快堆的造价惊人，要比普通核反应堆多10~20亿美元。小布什政府晚期，美国国会削减了大部分快堆的研究资金，使该计划陷入停滞。

（2）尤卡山项目终结的客观原因是永久处置技术的不确定性。

作为世界上第一个研究发展地质处置库的国家，美国曾提出过多种处置方案，如把核废物投入深海海沟，或者把核废物液化后注入深层地底，或者把核废物发射到太空，再或者将核废物掩埋在板

---

①　乏燃料大约有95.6%的燃料（按体积计算）没有参与反应。剩余部分中，3.4%是裂变反应产物，1%是钚这类半衰期较长的锕系元素。从理论上讲，封闭核燃料环方案可以将核废物的体积减少90%。

块交界处，利用地质变化把核废物带回地幔。美国最先考虑的地质掩埋点是介质稳定的盐层，并在德克萨斯州、路易斯安那州和密西西比州的 200 多个盐丘进行贮存库可行性研究，美国原子能委员会曾把德克萨斯州的里昂盐井（Lyons）作为贮存库场址，后因技术问题、民众反对和政治压力而放弃。20 世纪 70 年代末至 80 年代初，美国能源部开始采取地质掩埋法，后确定为尤卡山项目。但是，尤卡山项目存在诸多技术问题。例如，核废物衰变时会产生热辐射，有可能使附近的地下水沸腾，产生的蒸汽足以使岩层碎裂，最终导致核废物扩散到周围环境。尽管法律规定尤卡山的贮存上限，但仍无法确保长期安全。

核管会宣称，核废物在冷却池中冷却后转移到干式贮存桶或钢筋混凝土贮存仓中，可以安全存放数十年，届时将有条件将它掩埋。况且，依据国际原子能机构的数据，一座发电能力为 1，000 兆瓦的反应堆，每年只产生大约 33 吨核废物，因此，核电厂目前仍有足够的核废物贮存空间。然而，大部分国家采取暂时性核燃料环方案——采用核电厂现场贮存和国家统一贮存相结合，同时加强后处理研究，争取早日实现封闭核燃料环方案。

（3）尤卡山项目终结的直接原因是科学问题政治化。

外界批评奥巴马政府终结尤卡山项目的决策是把科学问题政治化。美国参议院环境和公共建筑工程委员会 17 名共和党议员联名写信质问朱棣文为什么要削减尤卡山项目的经费、为什么认为尤卡山的选址不合适。这些议员称，美国的顶尖机构如美国国家科学院、美国核废物技术评审委员会和所有参与研究的国家实验室都认可尤卡山的选址。他们把尤卡山项目搁浅归结为来自内华达州的民主党多数党领袖哈里·里德的从中作梗。在里德的鼎力相助下，奥巴马获得了内华达州的 4 张选票，部分原因是他承诺会妥善处理核废物问题。

实际上，美国并非唯一一个建设核废物地址处置库的国家。2012 年，芬兰、法国和瑞典等欧洲国家开始建设世界首批核废物永久地质处置库。芬兰现有 4 座核反应堆，占总发电量 30%，计划在 2020 年增加到 7 座。芬兰昂卡洛（Onkalo）永久处置库总投入达 33 亿欧元，计划从 2020 年起开始运营，设计容量足以处置芬兰在 100 年内产生的核废物，安全期限长达 10 万年；法国计划在布雷（Bure）建设地质处置库项目，该项目将耗资 350 亿欧元，计划于 2017 年动工建设、2025 年启用，但目前仍处于论证阶段。德国原计划把戈莱本（Gorleben）的临时贮存场转变为永久处置库，在环保人士的强烈反对下陷入停滞。①

4. 尤卡山项目终结后的法律问题

里德提议美国成立蓝丝带专家委员会，探索核废物处理和处置的新方法，提出可信、可行、科学的建议。他的提议得到奥巴马总统和能源部部长朱棣文的赞同。2009 年朱棣文宣布计划终止尤卡山项目，成立蓝丝带委员会。2010 年 3 月 3 日，美国核未来蓝丝带委员会（Blue Ribbon Commission on America's Nuclear Future）成立。该委员会包括杰出的核能专家、地质学家、决策者和环境政策专家，旨在全面深入地研究民用和军用乏燃料和放射性废物的贮存、处理和处置方面的政策。2012 年 1 月 26 日，该委员会发布尤卡山核废物管理替代方案最终报告，在美国核废物安全管理方面迈出了具有关键性作用的一步。该报告提出一套建立在"协商一致"基础上的核废物处置设施选址程序：未经各州、部落或社区的同意，任何试图建立核废物处置设施的做法都是不现实的，其结果也是徒劳无功的，这从侧面支持了能源部终止尤卡山项目的决定。2013 年 1 月，美国能源部发布《乏燃料和高放废物管理与处置策略》报告，把"协商一致"原则确立为进行核设施选址的政策原则。②

但是，尤卡山项目相关的法律问题远未结束。首先，尤卡山项目的终止尚未完成法律程序。2010 年，华盛顿州、南卡罗来纳州等州的多家机构和个人把核管会诉至美国联邦上诉法院，要求核管

---

① 参见薛亮：《欧洲建设世界首批地下核废料永久存放地点》，载《人民网》（2012 年 06 月 15 日），网址：http://env.people.com.cn/GB/18196169.html（最后访问日期 2014 年 11 月 4 日）。

② 参见陈长河：《美国核设施选址政策解析》，载《中国核工业》2014年第 11 期，第 14~17 页。

会继续履行审批尤卡山项目的职能。2013 年 8 月，法院以美国国会并未改变现行法律且核管会审批资金充足为由裁定核管会终止审批尤卡山项目的许可证申请是非法的。2015 年 1 月，核管会最终完成对尤卡山项目的技术安全评审，但因能源部未获得处置库的土地所有权以及运行处置库所需的水权，核管会并未颁发许可证。①事实上，即使核管会批准其许可证申请，尤卡山项目也不一定能开工建设，国会仍可以通过修改法律、拒绝拨款来阻止项目实施。然而，在国会修订法律之前，美国核管会和能源部终止尤卡山项目的行为就面临一个合法性问题。与之紧密相连的问题就是核废基金（Nuclear Waste Fund）也面临合法性问题：征收的资金怎么处理？支出的费用由谁承担？是否继续收取核废基金？

　　其次，尤卡山项目的终止使能源部面对众多能源公司的赔偿诉讼。按照能源部和核电厂签署的标准合同，核电厂交纳核废基金，能源部需在 1998 年起开始接收核废物。但尤卡山项目一再推迟，核电厂不得不斥巨资处置核废物。2006 年，西北能源公司把美国能源部告上法庭，要求对方赔偿损失。2010 年 3 月 5 日，美国联邦索赔法院认为能源部未能在 1998 年接收核废物是违约行为，判决能源部赔偿近 5700 万美元，用于补偿原告在哥伦比亚发电站 2 号机组位置（华盛顿的汉福德）修建乏燃料贮存场的支出。随后，核能公用事业部门提起了 60 多起针对能源部的诉讼，美国司法部资料显示，索赔总额高达 64 亿美元，截至到 2011 年 3 月，能源部已经支付 9.56 亿美元赔偿金，另外还有高达 1.7 亿美元的诉讼费用，能源部表示所有赔偿金和诉讼费用最终可能高达 162 亿美元。②

---

① See NRC, "NRC's Yucca Mountain Licensing Activities", available on NRC official website (April 27, 2015), available at http://www.nrc.gov/waste/hlw-disposal.html (last visited on September 13, 2015).

② See Joaquin Sapien, "While Nuclear Waste Piles Up in U.S., Billions in Fund to Handle It Sit Unused" (March 30, 2011), available at http://www.propublica.org/article/while-nuclear-waste-piles-up-in-u.s.-billions-in-fund-to-handle-it-sits-unu (last visited on Feb. 2, 2015).

最后，尤卡山项目的终止增加了联邦政府的财政赤字。《1982年核废物政策法》规定核电公司按照 0.1 美分/度电向联邦政府交纳核废物基金，用于开发和运营一个国家级核废物贮存库；联邦政府自 1998 年 1 月 31 日前开始处理核废物。也就是说，核反应堆每产生一度电，就必须向美国政府管理的核废物处理信托基金缴纳 0.1 美分。相应地，美国政府负责选定核废物的永久掩埋点。能源部要求所有的核电厂都签定这份合同，并从 1998 年 1 月开始缴纳。目前，核电消费者一共向核废物基金支付了 320 多亿美元，而且以 7.5 亿美元/年的速度增长。如今既然能源部终止尤卡山项目，就应该暂时停止收取核废基金，并把全部核废基金退还给核电公司。核电公司再把 75% 归还给电力消费者，剩余部分用于建设临时核废物贮存设施，直至找到新的处置方案。但是，尤卡山项目已经支出 135 亿美元①，这就成为联邦政府的财政赤字②。同时，法院判决核废信托基金不能用于支付因能源部未能实现其既定目标而产生的费用③，因此，能源部对核电厂的 162 亿美元赔偿金，包括任何不确定的后续赔偿，也都由联邦政府承担。虽然现在对于联邦政府是否应该因取消尤卡山项目而赔偿纳税人这一问题尚无定论，但这无疑会进一步增加联邦政府的财政赤字风险④。

5. 尤卡山项目对美国核废物处理和处置政策的影响

乏燃料后处理循环利用是国际核工业大势所趋。世界大部分核

---

① 另一说法是 90 亿美元。

② See World Nuclear Association, "Bill to liquidate the Nuclear Waste Fund", available at http：//www. world-nuclear-news. org/WR_Bill_to_liquidate_the_nuclear_waste_fund_2704092. html（last visited on Feb. 2, 2015）.

③ See World Nuclear Association, "Bill to liquidate the Nuclear Waste Fund", available at http：//www. world-nuclear-news. org/WR_Bill_to_liquidate_the_nuclear_waste_fund_2704092. html（last visited on Feb. 2, 2015）.

④ 美国参议院环境和市政工程委员会在 2008 年就此问题进行了商议，并制定了一份巨大的潜在长期债务评估。该委员会的评估是，如果取消尤卡山储存库，则到了 2017 年，附加债务会达到 70 亿美元，而截至 2020 年为 110 亿美元。

能利用大国都致力于实施封闭核燃料环政策，建设乏燃料后处理设施。例如，法国的拉海格（La Hauge）再处理厂、英国的谢拉斐尔德（Sellafield）再处理厂、日本六所村再处理厂、中国玉门再处理厂与俄罗斯的车里雅宾斯克（Chelyabinsk）再处理厂。德国、比利时等国都曾将部分乏燃料运往国外再处理。新兴核能国家，如韩国、阿拉伯联合酋长国也已确定将采用燃料再循环政策。

《1982 年核废物政策法》规定尤卡山地质处置库的设计容量为77000 吨重金属（tHM）①。事实上，由于美国核反应堆延寿计划和新增核反应堆建设，美国政府审计署估计最终需要处置的核废物将高达 153000 吨重金属（tHM），由此可见，起初设计的尤卡山处置库容量显然不够。近年来，为了加强资源利用率，美国核工业界支持核燃料循环利用的呼声日渐升高，尤卡山项目面临重重政治、经济和技术困难。2010 年 1 月 29 日，奥巴马总统签署一项备忘录，确认美国未来高放射性核废物处置政策不再限于直接处置，而是"包括综合能源回收、资源利用与废弃物最少化的多功能先进燃料循环——简言之，就是再处理与再循环利用可能再度复活"。②

奥巴马政府终止尤卡山项目实为不得已之举，这也为重启核燃料再处理计划实施封闭核燃料环创造了条件。根据 2010 年 4 月制定的《美国核能研究和发展路线图》（The Nuclear Energy Research and Development Roadmap），美国能源部正在实施"核燃料环研发项目"（The Fuel Cycle Research and Development Program，FCRD），对开放核燃料环和封闭核燃料环进行研究，以期提高铀资源利用率，减少核废物。场内贮存容量有限，但地质库建设又遥遥无期，美国能源部提出一种加强型临时贮存方案：把乏燃料集中贮存在退役的核反应堆之中，为乏燃料提供一个最坚固的"贮存桶"，既可

---

① 美国 104 座核反应堆运行 40 年预计将产生 60,000 tHM 的乏燃料和高放射性废物，同时，军事利用核能将产生 16,000 吨高放射性核废物。

② 《美国：用过燃料再处理政策浮上台面》（摘译/修订自：World Nuclear News Weekly 26 January - 1 February 2010 期），资料来源：http://www.chns.org/s.php? id=1&id2=1432（最后访问日期 2014 年 6 月 2 日）。

确保安全，又可节省开支，从而为永久处置库建造创造时间。①

六、美国公众参与法律制度

核安全监管涉及公众健康与安全，当然离不开公众的信任与支持。核管会履行核安全监管职责必须坚持公开公正，才能获得公众的信任。而公开公正的最好途径是在监管过程中保证公众的知情权和参与权。

（一）公众参与和核管会监管行为

美国《行政程序法》规定每个机关都必须公开其工作职责、工作程序、规章制度及其修正情况、公众获得信息的途径等内容，并及时公布在《联邦公报》上，确保公众获知这些信息，否则任何人都有权拒绝遵守。②

所有利益攸关方都有机会参与核管会的监管程序，包括普通大众、国会、其他联邦政府机构、州政府、地方政府机构、印第安人部落、产业界、行业协会、社会机构和国际团体等。为了保证公众的知情权，为了保证利益攸关方准确可靠、及时客观地获取信息，也为了保证核管会关于核电厂运行情况的报告尽可能地客观公正，核管会构建各种沟通渠道，包括网站、推特和博客等电子社交媒介，及时准确地发布公众关心的核安全信息。对于公众担心的核安全问题，核管会吸引公众尽早参与监管过程，及时消除安全风险，做到防微杜渐。除了在许可审批中允许相关主体正式提出请求、参加听证程序之外，核管会还通过意见反馈表主动收集公众意见。

公众参与权是许可证审批流程的重要组成部分。核管会对美国境内所有核生产设施以及利用设施的许可证审批、中止、撤销、修正都应依利害关系人的申请召开听证会。听证会根据《核管会实

---

① See Blue Ribbon Commission on America's Nuclear Future, Report to the Secretary of Energy (Jan. 2012), available at http：//cybercemetery. unt. edu/archive/brc/20120620220235/http：//brc. gov/sites/default/files/documents/brc _finalreport_jan2012. pdf (Last visited on August 1, 2015), at xii.

② 参见美国《联邦行政程序法》第五编第5章第552条。

践与程序规则》进行。听证会由原子安全与许可理事会主持召开，核管会工作人员全程参与。

（二）公众参与和核管会授权立法行为

核管会通过联邦立法文件管理系统（Federal Docket Management System）管理其法规制定工作。核管会在联邦立法文件管理系统的官方网站上公布拟定法规或规则条文草案，公众可以登录网站并发表评论。另外，核管会还在网站上公布最终在《联邦公报》上发表的正式法规条文、所有公众评论、规则制定请求以及其他有关规则制定程序的文件。公众还可以使用核管会系统文件获取和管理系统（ADAMS)① 搜索所有核管会官方文件。

为了营造法律环境，鼓励公众、核工业界以及核管会工作人员关注核安全问题，核管会制定了多项法规和指导性文件，例如《请求核管会采取行动的程序》、《注重安全的工作环境》（*Safety Conscious Work Environment*）、《不法行为检举程序》（*The Allegation Program*）等。任何人有权请求核管会处理可能危及健康与安全的问题，核管会查证后有权变更、终止、吊销许可证或采取其他强制措施，并将处理意见及时反馈给请求人。②在这个过程中，核管会必须及时回复请求人，并鼓励请求人积极参与核管会处理过程，允许其出席审查会议，并对核管会的决定发表意见。③

此外，任何人可以请求核管会制定、修改或废止法规。④核管会收到制定法规的请求后，需要审查该请求是否符合基本条件，只要请求包含具体解决方案、理由及情况说明，核管会就应当受理请求；如果该请求不符合基本条件，核管会需要向请求人说明原因。

---

① ADAMS 是 Agencywide Documents Access and Management System 的缩写，官方网址是 http：//adams. nrc. gov/wba/。

② 参见美国《联邦法典》第 10 编第 2 节第 206 条 "请求核管会采取行动的程序"（Requests for Action under this Subpart, 10 CFR 2. 206）。

③ See NEA, "Nuclear Legislation in OECD and NEA Countries: USA", OECD Publications, 2015, available at http：//www. oecd-nea. org/law/legislation/usa. pdf（last visited on October 20, 2015）.

④ See 10 CFR 2. 802, "Petition for Rulemaking".

受理后，核管会在《联邦公报》上公告该法规制定请求，公众可以在 75 天的期限内发表评论。期满后，核管会对规则制定请求及公众评论进行评估，最终决定核管会是否立即制定法规。如果核管会拒绝请求，还必须在《联邦公报》上发布拒绝请求的告示，对公众评论及拒绝理由做出解释。

（三）公众参与和核电厂安全生产制度

另外，无论是在核管会内部还是在核电企业内部，核管会都鼓励工作人员直接向其主管报告工作环境中的安全隐患，营造注重安全的工作环境，消除工作人员因报告安全问题而受到报复的顾虑。为此，核管会发表《安全文化政策声明》、《注重安全的工作环境导则》以及安全文化案例分析等文件，鼓励工作人员和承包商毫无顾忌地指出安全问题，无需担心任何不利后果。当然，工作人员和公众可以通过免费热线电话或者电子邮件直接向核管会反映他们对安全问题的担忧，核管会的管理层、工作人员以及监察员都有权处理此类问题。核管会"不法行为检举程序"每年大约收到 600个检举安全隐患或监管问题的案件，其中 70% 来自许可证持有者及其承包商的雇员或前雇员。核管会通过技术性分析和实地调查研究对所有举报逐一评估，如果举报的问题的确存在并且对核电厂安全构成威胁，核管会进而采取相应的强制措施。最后，核管会还必须把处理结果用书面形式告知检举人，除非涉及敏感的核安保问题。①

美国能源部在核废物处置设施选址方面也保障公众参与权。能源部 2013 年 1 月《乏燃料和高放废物管理与处置策略》报告提出，它将根据协商一致原则开展核废物处置设施选址工作，争取再2048 年前后建成一个完整的核废物管理与处置系统。协商一致原则的核心是建立一套完善的选址程序，确保各州、地方政府、利益相关方和公众广泛地参与决策过程，维护他们的环境、健康与安全利益，通过充分沟通协商后达成在当地建设核废物处置设施的共识，而不是单纯通过联邦政府审批强制实施。协商一致原则不仅适

---

① 参见曹霞：《美国核电安全与法律规制》，载《政法论丛》2012 年第1 期，第 103~110 页。

用于核废物处置库选址程序，也适用于其他核设施的选址程序。这"是对美国国内及其他国家核设施选址经验教训的总结，得到普遍欢迎和认可"。①

七、美国核应急准备和响应法律制度

（一）美国核应急准备和响应制度的法律依据

在国际法层面，美国已经签署的众多国际公约都规定了核应急制度建设的义务，要求缔约方采取适当措施确保核设施、乏燃料或放射性废物管理设施"配备完善的场内和场外应急计划，定期进行应急演习，并且此类计划应涵盖一旦发生紧急情况将要进行的活动"，如《核安全公约》第16条和《联合公约》第25条。《核事故或辐射紧急情况援助公约》还规定缔约方有提供国际援助的义务。

在国内法层面，美国《1954年原子能法》和《1974年能源重组法》授权核管会通过立法和许可审批程序维护核安全，确保公众健康与安全。然而，在三里岛核事故之前，虽然核管会监管规则已经要求申请人在核电厂建造许可证申请书中提供场内核辐射应急计划，但当时的法律并未对场外核辐射应急准备和响应提出过任何要求。三里岛核事故使美国认识到它需要制定更完善、更规范的核应急规划。②

美国国会通过《核管会1980年财年授权法》，要求核管会颁布州应急规划标准。只有在州、地方或者公用事业公司已经建立完善的应急规划后，核管会才能为该州的核设施签发运行许可证。各州的应急计划和地方应急计划是否完善，核管会应咨询联邦应急管理局（FEMA）后才能作出决定。尽管该法已经过期失效，但是诸如应急通知系统（如警报）和定期应急演习等这些应急规划标准

---

① 陈长河：《美国核设施选址政策解析》，载《中国核工业》2014年第11期，第14~17页。

② See NEA, "Nuclear Legislation in OECD and NEA Countries: USA", OECD Publications, 2015, available at http://www.oecd-nea.org/law/legislation/usa.pdf (last visited on October 20, 2015).

及制度却得以保存下来，并不断得以完善。①

核管会对监管法规进行修订，大幅提高民用核电厂应急规划标准，以"多重保险、冗余安全设计"构筑"纵深防御"政策。只有认定申请人的应急计划可以"确保放射性紧急情况发生时申请人将采取足够的保护措施"②，核管会才会签发运行许可证。经联邦应急管理局审核后，核管会与其各个审查委员会根据《联邦法规》第10篇第50.47（b）部分规定的16个规划标准对核设施的场外应急规划进行逐一评估，合格后才签发运行许可证；否则，核管会有权拒绝签发运行许可证。

"应急规划被视为核管会保护公众健康与安全管理框架中的重要组成部分。"③一般情况下，核电厂运行过程中发生设计基准事故（Design Basis Accident）并不会造成重大公众健康与安全问题，也不会导致大规模疏散或隔离公众。但是，一旦发生超设计基准事故（Beyond Design Basis Accident）④，核应急规划就显得尤为重要。1978年核管会发布核应急规划指导性文件（NUREG-0396号），为州政府和地方政府编制轻水反应堆辐射应急计划提供了依据⑤。1980年核管会又颁布新的指导文件（NUREG-0654号），公

---

① 参见陈刚主编：《世界原子能法律解析与编译》，法律出版社2011年版，第13页。

② 10 CFR 50.47（a）.

③ 曹霞：《美国核电安全与法律规制》，载《政法论丛》2012年第1期，第103~110页。

④ 核电厂运行状态分为正常运行（Normal Operation）、预期运行事件（Anticipated Operational Occurrence）和事故工况（Accident Conditions）；事故工况又分为设计基准事故（Design Basis Accident）和超设计基准事故（Beyond Design Basis Accident）。设计基准事故是指那些按照设计准则在设计中已采取针对性措施、并且燃料损坏和放射性物质释放可以保持在管理限值内的事故工况；而超设计基准事故则是指那些严重性超过设计基准事故的事故工况。

⑤ See NRC, NUREG-0396— "Planning Basis for the Development of State and Local Government Radiological Emergency Response Plans in Support of Light-Water Nuclear Power Plants"（1978）.

布核电厂辐射应急计划的编制及评估标准①。福岛核事故发生后，核管会于 2011 年 12 月进一步修订核应急准备法规，联邦应急管理局也发布了新的辐射紧急情况应急手册，所以，核管会此后再次修订其指导文件的技术标准，与法规保持一致。

在三里岛核事故之前，美国法律没有明确规定州政府和地方政府负有制定核应急规划的义务，而且联邦政府也只发挥协助和指导作用。三里岛核事故使核管会认识到制定核应急规划的重要性。核管会修订紧急情况规划法规，增加许可证审批条件，要求申请人或许可证持有者提交辐射应急计划，详细说明 "烟羽应急计划区"（The Plume Exposure Zone）② 内各个州政府、地方政府和部落的的责任以及州政府在 "食入应急计划区"（The Ingestion Pathway Zone）③ 的应急职责。④ 1979 年 12 月，美国总统下令成立联邦应急管理局（FEMA）负责全国应急工作，协调州政府、地方政府和部落之间的关系，确保其编制和实施完善的场外辐射应急计划。此后，核管会和联邦应急管理局制定了多部联邦法规，包括 1985 年《联邦辐射应急响应预案》。值得一提的是，1993 年核管会和联邦应急管理局谅解备忘录最终确定了联邦应急管理局作为全国性的核应急反应枢纽的地位与职责。⑤

核管会和联邦应急管理局在核应急规划审批问题上 "内" "外" 有别，主次分明，职责明确，相互配合。首先，联邦应急管

---

① See NRC, NUREG-0654/FEMA-REP-1 (NUREG-0654) — "Criteria for Preparation and Evaluation of Radiological Emergency Response Plans and Preparedness in Support of Nuclear Power Plants" (1980).

② 在核电厂周围方圆 16 公里划定 "烟羽应急计划区"，其主要功能是促进公众的疏散和防护，降低因堆芯溶化事故产生的辐射尘辐照的影响。

③ 在核电厂周围方圆 80 公里划定 "食入应急计划区"，主要是保证人畜的食物及供水安全，减少因食用被污染的食物和水而导致伤亡的几率。

④ 参见《联邦法规》第 10 篇第 50.33（g）部分和第 50.54（s）部分。

⑤ See Appendix A "Memorandum of Understanding between Federal Emergency Management Agency and Nuclear Regulatory Commission" to 44 CFR Part 350, "Review and Approval of State and Local Radiological Emergency Plans and Preparedness" (June 17, 1993).

理局负责对场外应急规划和应急准备进行审核，将其初步审核意见提交核管会。接着，核管会对核电厂的场内场外辐射应急规划和应急准备进行全面审查，并最终决定应急规划和应急准备是否合格，并据此决定是否颁发许可证。核管会主要审查两个内容，其一是联邦应急管理局对州政府和地方政府应急规划是否具有充分性和可执行性提出的审核意见，其二是核管会对场内应急方案的充分性和可执行性的审查结果。①核管会审查的主要依据是由核管会和联邦应急管理局共同制定的指导性文件（NUREG-0654/FEMA-REP-1号），该文件规定了应急规划的审查标准，也是许可证持有者、州政府、地方政府和部落编制应急计划的法律依据。

核管会和联邦应急管理局在核应急日常监管中分工明确，各司其职。"应急是保护公众免受核辐射污染的最后一道防线，为了实现'确保许可证持有者在核辐射紧急事件中能够采取有效措施保护公众健康与安全'的目标，核管会不断强化对应急准备情况的监察。"②核管会和联邦应急管理局要求每个在运核电厂每 2 年进行一次应急演习，并定期对应急演习进行评估。③州政府、部落和地方应急中心分工协作，为许可证持有者的应急方案提供全方位支持。其他联邦应急机构也会参与其中。核管会负责评估许可证持有者的应急方案和准备工作；联邦应急管理局负责评估州政府、部落和地方应急中心的应急准备及反应情况。对于在演习中发现的问题，双方共同负责实施整改措施。④

除此之外，联邦应急管理局和核管会成立应急规划指导委员会（Steering Committee for Emergency Planning），共同探讨和协调现有法规和导则的解释及适用、辐射应急准备工作及其完善、新法规和导则的制定与实施等重大法律与政策问题。2004 年美国

---

①　See 10 CFR 50.47（a）

②　曹霞：《美国核电安全与法律规制》，载《政法论丛》2012 年第 1 期，第 103~110 页。

③　See Section IV. F. 2（b）of Appendix E to 10 CFR Part 50.

④　参见曹霞：《美国核电安全与法律规制》，载《政法论丛》2012 年第 1 期，第 103~110 页。

国土安全部发布《国家应急计划》应对包括核事件和恐怖袭击在内的各种紧急事件（《核与辐射事件附件》）；2008 年，该计划的内容经进一步充实后最终发展成为美国《国家应急框架计划》。①

（二）美国应急分级系统和应急行动级别

许可证持有者或者申请人必须按照标准建立应急分级系统以及相应的行动级别。根据紧急情况导致的应急行动不同，核管会将紧急情况分为四个级别②：（1）异常事件通报：这种情况对公众及核电厂工作人员并不构成威胁，但需将事件通报给应急中心；（2）报警：应急中心接到通报，持续掌握事件动态；（3）放射区域紧急事件：事故涉及核电厂安全系统的主要问题，并可能对空气或水造成辐射风险时，按照环保机构的保护行动准则（PAGs）进行通报；（4）全面紧急事件：这是最严重的紧急情况，核电厂的安全系统已经受损，核辐射超出放射区域范围，所以，州和地方政府需采取措施，启动警报和通报系统，必要时实施撤离方案，保护核电厂附近居民。③总之，许可证持有者负有控制事件发展、启动场内场外应急反应程序、通知场外应急中心甚至向公众提供辐射防护建议的责任；而州政府与地方政府负责场外应急计划、发布通告以及组织场外应急工作等。

核管会和联邦应急管理局共同制定的指导文件（NUREG-0654/FEMA-REP-1）对上述四种紧急情况进行详细说明，并列举各级紧急情况的触发条件。这些触发条件是许可证持有者建立具体入门标准和指标的基础，即"应急行动级别"。"应急行动级别"反映每一级紧急情况下核电厂场内场外状况，包括电厂运行状况，如电厂系统性能、场内放射性废物的辐射指标和其他安全风险等，

---

① 参见黄平著：《2012 年美国问题研究报告》，社会科学文献出版社 2012 年版，第 245～246 页。

② 国际原子能机构把应急事件分为三个等级，即报警（Alert）、厂区应急（Site Area Emergency）和总体应急（General Emergency）。

③ See Appendix E (Section IV. C. 1) of 10 CFR Part 50.

也包括诸如洪水、地震和强风等外部事件。

紧急运行程序一直是核管会安全审查标准的有机组成部分。核管会发布众多监管导则和技术性文件，推进紧急运行程序的编制和实施，例如，《核管会应对三里岛核事故行动计划》（NUREG-0660，"NRC Action Plan Developed as a Result of the TMI-2 Accident"，1980）和《三里岛行动计划标准细则》（NUREG-0737，"Clarification of TMI Action Plan Requirements"，1980）。根据基准事件的性质及其后果，核电厂营运者需要采取不同的行动程序，其中最为典型的有三种：异常运行程序、警报反应程序、应急运行程序。这些程序要求营运者根据事件的严重程度采取必要的步骤，在极端情况下，甚至需要将核反应堆从满负荷运行状态转入停堆状态。[1]

三里岛核事故之后，针对超出紧急运行程序的严重事故，美国核电产业制定了《严重事故管理指南》（*Severe Accident Management Guidelines*，AMGs），其目的是为核电厂技术人员提供参考，以提高营运者处理严重事故的能力。虽然目前核管会法规尚未要求许可证持有者制定和实施《严重事故管理指南》，但是，福岛核事故之后，核管会正在整合紧急运行程序、严重事故管理指南以及全面减损指南，推出一揽子的紧急情况应对计划。

1996 年 7 月，核管会和联邦应急管理局共同制定的指导文件附录三《严重事故防护行动建议标准》[2] 规定，严重事故不同于

---

[1] See NEA, "Nuclear Legislation in OECD and NEA Countries：USA"，OECD Publications，2015，available at http：//www.oecd-nea.org/law/legislation/usa.pdf (last visited on October 20, 2015).

[2] 1996 年 7 月，核管会和联邦应急管理局共同制定 NUREG-0654/FEMA-REP-1 号指导文件附录三《严重事故防护行动建议标准》（Supplement 3, "Criteria for Protective Action Recommendations for Severe Accidents," to NUREG-0654/FEMA-REP-1, "Criteria for Preparation and Evaluation of Radiological Emergency Response Plans and Preparedness in Support of Nuclear Power Plants"）。2011 年 10 月，核管会和联邦应急管理局颁布《防护行动战略导则》（Supplement 3, "Guidance for Protective Action Strategies"），修订了附录三的内容。

放射性物质的早期释放，也不同于其他"全面紧急事件"，因此，对严重事故需要采取不同的防护行动。疏散公众以及提供防护设备与场所是应对严重事故的两个主要的防护措施。此外，2001年核管会修订其应急规划法规①，要求各州考虑将向公众派发碘化钾作为防护措施之一。2002年，核管会又与其他相关联邦政府机构共同努力，把核管会法规的变化写进联邦政府关于碘化钾预防法的政策声明。

核管会《1996年响应技术手册》专门规定核管会工作人员的响应程序以及培训工作。在核电厂发生放射性事故之后，核管会采取疏散措施，为公众提供防护装备与场所。② 事实表明，核管会的应急响程序完全符合国际原子能机构技术性安全导则的要求，例如《国际原子能机构核事故或放射性事故应急准备方案的制定方法》（IAEA TECDOC-953）和《国际原子能机构反应堆事故中采取保护措施的通行评估程序》（IAEA TECDOC-955）③。

（三）核管会核反应堆安全监督

核管会核反应堆监督（Reactor Oversight Process）主要是针对核电厂应急准备及响应工作。只要核反应堆运行指标未超出可接受限值，许可证持有者有权自主管理应急准备、采取相应的纠正措施。当然，核管会对于在检查中发现的重大安全问题，有权采取监管措施。

应急准备是核反应堆安全监督的七大基石之一。其目标是确保许可证持有者在发生放射性紧急情况时有能力采取有力措施以保护

---

① See 10 CFR 50. 47 (b) (10).

② 1996年3月，美国核管会发布《1996年响应技术手册》（第一卷，第4版）（Response Technical Manual 96, NUREG/BR-0150, Volume 1, Revision 4）。详见美国核管会官方网站：http://www.nrc.gov/reading-rm/doc-collections/nuregs/brochures/br0150/。

③ IAEA TECDOC-953, "Method for the Development of Emergency Response Preparedness for Nuclear or Radiological Accidents"; IAEA TECDOC-955, "Generic Assessment Procedures for Determining Protective Actions during a Reactor Accident", both issued in 1997.

公众健康与安全。核管会主要通过三个运行指标与相应的风险检查工作来监督许可证持有者的应急准备是否合格。三个运行指标是指应急训练与演习、应急组织机构与演习以及警报通知系统可靠性。（1）应急训练与演习指标主要是为了监控许可证持有者是否按时进行严格的训练与演习，是否能够在运行事件中及时确定紧急情况的级别，通知场外应急中心，并就应当采取的保护措施提出自己的建议。（2）应急组织机构与演习指标主要衡量许可证持有者的主要应急组织机构参与应急训练与演习、培训以及运行事件的情况。（3）警报通知系统可靠性指标主要监控场外警报通知系统，因为这是核电厂与公众沟通的关键途径。

核管会对核反应堆的安全监督主要集中在以下几个方面，其核心目的是评估许可证持有者的应急准备情况。（1）应急准备方案：监察员评估许可证持有者是否努力完善应急准备方案，是否开展内部评估以及改进工作，是否配备充足的应急设备等；（2）应急训练评估：监察员对核电厂营运者以及应急组织机构参与的应急训练以及培训工作进行评估；（3）演习评估：监察员对许可证持有者的演习表现进行评估，包括确定紧急情况级别，通知应急中心，提出应急建议等。演习评估以 8 年为一个周期，其目的是为了全面评估许可证持有者对各种运行事件的应急准备工作。监察员最终将在核管会官方网站上发布评估报告，重点评估许可证持有者是否及时发现并改正训练和演习中发现的问题。除此之外，监察员还要对许可证持有者警报通知系统、应急行动级别与应急方案改进措施、应急组织机构人员配备以及反应堆安全与应急准备工作这四项工作进行评估。

特别值得注意的是，虽然联邦应急管理局无权直接监管州政府和地方政府，而且它对州政府和地方政府参与演习情况的评估也不属于监管措施，但是，联邦应急管理局的评估报告对核管会监管却有重大价值。在演习结束后，联邦应急管理局会立即把场外应急准备存在的严重问题通知州政府和核管会，并在 90 天内发布正式演习报告，公开这些问题。因场外应急准备的缺陷可能会引发严重后果，所以，场外组织机构应当在 120 天之内解决这些问题，否则，联邦应急管理局将做出"场外应急准备不能提供合理的安全保证"(Reasonable Assurance) 的结论。一旦它做出这种结论,核管会就需要对核设施安全运行进行重新评估,从而决定是否中止或撤销许可证。①

(四) 美国国家核应急制度

2008 年 1 月,美国国土安全部 (U. S. Department of Homeland Security) 公布《国家应急框架计划》 (*National Response Framework*),同年 12 月,又修订并出版《国家突发事件管理制度》(*National Incident Management System*),这两个文件及其附件完善了美国应急响应制度,并明确了核管会、其他联邦机构、州政府与地方政府以及许可证持有者的核应急职责。总体而言,美国核应急响应机制具有两大特点:

第一,美国国土安全部承担全面协调管理职责。2002 年,美国小布什总统签署《2002 年国土安全法》,成立国土安全部 (U. S. Department of Homeland Security) 负责协调各联邦政府部门,应对恐怖主义袭击、严重灾难与其他突发事件,开展灾后重建工作。2003 年 3 月,美国联邦应急事务管理局并入国土安全部,成为其四个下属部门之一。同年,小布什总统签署《国土安全第 8 号总统令:国内突发事件管理制度》,授权国土安全部部长处置国内重大突发事件。2008 年美国国土安全部通过《国家应急框架计划》和《国家突发事件管理制度》及其附件,进一步细化国土安全部、各联邦机构、州政府以及地方政府的职责,最终建立了一套全新的联邦政府应急管理体系。《国家突发事件管理制度》和《国家应急框架计划》是美国突发事件管理体系的基础。前者构建了一套全国性的突发事件管理体系,联邦政府与地方政府相互协调,采取适当措施,共同努力预防和应对突发事件,开展减灾和重建工作。后者则具体规定联邦政府在突发事件管理方面的协调机制与程序。

---

① See NEA, "Nuclear Legislation in OECD and NEA Countries: USA", OECD Publications, 2015, available at http://www.oecd-nea.org/law/legislation/usa.pdf (last visited on October 20, 2015).

美国国土安全部全权负责突发事件的协调管理工作。对于潜在的核事故或放射性事故，核设施营运者和场外应急机构承担主要的应急责任，而联邦政府按照《国家应急框架计划》（附件："核事故和放射性事故"）承担辅助性应急责任，主要包括国土安全部、核管会及许可证持有者以及其他联邦政府机构。但是，如果该事件系恐怖事件或者属于核电厂全面紧急事件，就会触发《国土安全第8号总统令：国家突发事件管理制度》，由国土安全部负责全国整体协调管理工作，而核管会等协调机构根据国土安全部的要求，或者根据其法定职责，负责协调现场管理，协助州政府和地方政府采取适当措施保护生命、财产和环境安全，同时，协调机构也可对突发事件的场外影响进行风险评估，提出有益意见或建议，降低场外影响的后果。[1]

第二，美国核管会、许可证持有者、州政府和地方政府对放射性事故响应负有主要职责。许可证持有者以及州政府和地方政府是放射性事故响应的主要决策者。核电厂营运者是核事故应急的主要责任人，有责任及时向州政府和地方政府提供应采取保护措施的建议。而州政府和地方政府则负责最终落实这些措施，保护公众健康与安全。

核管会承担着保护公众健康与安全的法定职责，已经制定核事故响应计划及响应程序。[2]按照其响应计划，核管会首先会对事件进行评估，然后再决定采取的措施，通常是派工作组到现场，帮助州政府解释和分析技术信息，为其他联邦政府机构更新事故信息，协调各联邦政府机构的应急响应工作。

核管会的响应机制通过华盛顿特区总部运行中心和各区域突发事件响应中心来实施。前者由应急准备和响应专家以及协调人员组

[1]　See NEA, "Nuclear Legislation in OECD and NEA Countries: USA", OECD Publications, 2015, available at http://www.oecd-nea.org/law/legislation/usa.pdf (last visited on October 20, 2015).

[2]　NUREG-0728, "NRC Incident Response Plan", Revision 4, issued April 14, 2005.

成，主要负责与许可证持有者进行沟通，评估事件严重程度，为核设施营运者和场外应急中心提供建议，协调联邦政府机构的响应工作，并向媒体发布事态进展的消息。核管会区域办公室通常掌握核事故的第一手资料，因此，核管会区域主管往往从该区域办公室或区域突发事件响应中心抽调熟悉情况的人员，具体负责运行工作。核管会派出的现场工作组成员也往往来自区域办公室。

核管会现场工作组领导核设施场内应急响应工作。核管会现场工作组包括很多技术专家和来自各个应急响应中心的代表，这样就能使核管会掌握州政府和联邦政府的各种应急响应资源，同时借助能源部现场工作组和空中监控，核管会可以拥有超强的放射性监控能力。核管会每年定期参加各项应急演习和运行演习，与各政府机构协调合作，不断提高响应多种突发事件的能力。

（五）美国国际核应急沟通机制

根据美国缔结的多边核安全条约以及与加拿大、墨西哥等国的双边协议，核管会有义务与相关国际组织和国家共享美国的应急准备及响应资源。

根据《及早通报核事故公约》，一旦美国民用核电厂发生严重核事故，核管会负有及早通知国际原子能机构的义务。随后，核管会需和美国国务院一起向国际原子能机构通报事态进展。此外，核管会还负责日常国际交流与合作事务。2001 年以来，美国根据《国际核事件分级表》（*International Nuclear and Radiological Event Scale*）全面评估在运核反应堆的运行事件，并及时向国际原子能机构报告二级以上的核事件。

美国在国际核事件分级咨询委员会（International Nuclear and Radiological Event Scale Advisory Committee）中发挥至关重要的作用，推进国际谈判进程，并最终将核辐射事件和核物质运输事件纳入《国际核事件分级表》体系。[1] 2008 年《国际核事件分级表》

---

① 《国际核事件分级表》于 1990 年由国际原子能机构和经合组织核能署共同制定，最初仅适用于衡量核电厂运行事件的严重程度，后来扩展到所有核设施及放射性物质的运输过程。

最终成为一个适用于所有核事件的分级系统：所有核设施和利用设施中的所有放射性物质和辐射源的运输、贮存和使用过程中发生的所有核事件。目前，69 个国家的核安全监管机构已经采用该系统，《国际核事件分级表》已经成为一个国际通行的分级工具。随着公众越来越熟悉该分级系统及其重要性，核事件的透明度得以加强，应对措施也容易得到公众的理解和接受。美国还积极参与国际原子能机构信息交换系统（IAEA Unified System for Information Exchange in Incidents and Emergencies），与国际原子能机构和成员国共享核事件和辐射事件信息。

在双边层面，根据《美国和加拿大关于民事应急规划及管理问题的全面合作协议》①，核管会有义务依照双方《关于核能监管合作与信息交流的行政安排》所确立的执行程序②，将可能产生跨界影响的核事件及时通知加拿大，开展信息交流。同样，1989 年 10 月 6 日，美国与墨西哥也签署了《核安全事务合作和信息交流协议》及其《实施程序》③。福岛核事故发生之后，美国与加拿大和墨西哥续签了这些协议，除了继续加强核事故发生后的信息交流与共享之外，更加注重日常信息交流，例如，双方通过定期召开技

---

① 《美加关于民事应急规划及管理问题的全面合作协议》（Agreement between the Government of the United States of America and the Government of Canada on Cooperation in Comprehensive Civil Emergency Planning and Management）。

② 《关于核能监管合作与信息交流的行政安排》（Administrative Arrangement between the United States Nuclear Regulatory Commission and the Atomic Energy Control Board of Canada for Cooperation and the Exchange of Information in Nuclear Regulatory Matters）。加拿大核安全委员会（Canadian Nuclear Safety Commission）取代加拿大原子能管理局（Atomic Energy Control Board of Canada）后，于 2012 年续签该执行程序。

③ 《核安全事务合作和信息交流协议》（Agreement for the Exchange of Information and Cooperation in Nuclear Safety Matters）及其《实施程序》（Implementing Procedure for the Exchange of Technical Information and Cooperation in Nuclear Safety Matters）。

术性会议等措施，不断完善核应急准备和响应工作。①

八、美国核损害赔偿责任法律制度

"核能事故虽然发生的概率较低，但一旦发生，其损害和影响往往是严重的。一方面，重大核能事故首先对发生地国造成严重的经济和生命健康的损害和威胁；另一方面，重大核能事故容易对周边国家和地区造成跨境损害和威胁，同时也可能造成区域或全球生态环境的严重破坏和影响。"②这就需要建立完善的国家和国际核损害赔偿制度。《普莱斯—安德森法》（Price—Anderson Act）于1957年制定并生效，是美国民用核电厂安全责任保险制度的重要法律依据，是《1954年原子能法》修正案的重要组成部分（第170条），也是"世界上第一部有关核损害民事责任的法律"③。该法最初设定的有效期为10年，后历经多次修订，目前其有效期已经被延长至2025年。④针对核事故可能导致无法估量的人身和财产损失赔偿责任，《普莱斯—安德森法》在不实质性影响美国各州侵权法的基础上，通过法律对事故最高保险金、政府赔偿责任、赔偿责任限额、营运者的首要责任等做出了新的规定，从而确保对公众损失进行公平且充分的赔偿，促进核工业的健康发展。

《普莱斯—安德森法》规定了三级核损害责任保险体系：第一，最高商业保险：核电企业必须从两家私营保险公司为每个核电

---

① See NEA, "Nuclear Legislation in OECD and NEA Countries: USA", OECD Publications, 2015, available at http://www.oecd-nea.org/law/legislation/usa.pdf (last visited on October 20, 2015).

② 赵洲：《国际法视野下核能风险的全球治理》，载《现代法学》2011年第4期，第149~161页。

③ 陈刚主编：《世界原子能法律解析与编译》，法律出版社2011年版，第14页。

④ 1965年，《普莱斯—安德森法》的有效期被延长到1977年8月1日；1975年，又被延长到1987年8月1日；1988年，再次被延长到2002年8月1日；2005年，被延长到2025年。

厂购买最高保险金为 3 亿美元的责任保险，在此范围内的核损害赔偿责任完全由保险人承担；第二，普莱斯—安德森资金池：核事故发生后，对于超过 3 亿美元的损害赔偿责任，所有核电企业应当每年为每个反应堆交纳 1500 万美元的追溯性保险金，一直到足以清偿所有损害赔偿责任或者每个反应堆累计交纳金额达到 9600 万美元；第三，超额保险：一旦发生核损害赔偿责任超出前两项保险金的总和，则由美国国会决定如何提供损害赔偿。核管会要求核电企业必须从美国核保险公司购买商业保险，并与核管会签订协议使其生效；美国核保险联盟与核电企业签订有关追溯性保险费的协议，并将协议副本交存核管会。如此一来，美国核管会就能通过其监管措施确保核损害责任保险制度的实施。

实际上，《普莱斯—安德森法》规定的三级核损害责任保险金额并非一成不变，而是不断调整的。对商业保险而言，2011 年，每座核电厂在保险市场上可以获得的最高保险金是 3.75 亿美元，在此范围内的核损害赔偿责任完全由保险人承担。对于普莱斯—安德森资金池而言，2013 年 9 月，每个核反应堆应缴资金约为 1.213 亿美元①，美国所有 104 个核反应堆应缴资金额约为 126.1 亿美元，用于赔偿超出 3.75 亿美元最高保险金的核损害赔偿责任。② 核事故责任强制保险制度和核损害资金池制度相结合，确保在核事故发生时拥有足够的资金，对公众损害进行及时充分的救济。

《普莱斯—安德森法》不仅适用于核管会签发许可证的核电

---

① 这部分保险金的数额并非固定不变，而是每五年调整一次。最初每年交纳数额最高不超过 1500 万美元，2013 年已增至每年 1896 万美元；同时，这部分保险金并非一次性交纳，而是逐年按比例缴纳，直至每个反应堆缴足 1.213 亿美元（2013 年）为止。

② See Wikipedia, "Price-Anderson Nuclear Industries Indemnity Act", available at http：//en. wikipedia. org/wiki/Price-Anderson _ Act（last visited on July 4, 2014）.

厂、钚生产和燃料制备厂、铀浓缩厂①，也适用于从核设施运出的核源材料、特殊核材料、乏燃料及核废物②，而且还适用于能源部负责的核活动，例如美国铀浓缩公司的铀浓缩厂、国家实验室和尤卡山高放射性核废物地质处置库等。美国能源部主管的核设施发生核事故所需损害赔偿由美国财政部负担，资金池的数额不是基于核设施数量的多少，而是法定数额，即与核管会负责核电厂的资金池的数额相等，具体由能源部负责监督执行。

除了最高保险金额和责任限额，《普莱斯—安德森法》还在民事诉讼程序方面做出特殊规定。例如，无论核事故发生在何地，也无论求偿金额大小，所有此类案件的管辖权都归联邦法院；核事故所有损害赔偿请求都由一个联邦法院集中审理并确定赔偿金的支付顺序及其份额；核电企业承担无过错责任，不得以不存在过错为由申请免责；诉讼时效无固定期限，自受害人发现受到损害之日起 3 年内都可以提出赔偿请求；个人不能对核电企业提出惩罚性赔偿请求，但根据核能监管法规，核电企业违反安全规章，需要承担相应的罚款、甚至刑事责任。③

九、美国其他核安全法律制度

除上述法律外，美国加入的一些国际公约、其他法律法规也涉及核安全法律制度。

在核不扩散和核材料进出口方面，1970 年美国批准《1968 年不扩散核武器条约》后，又通过《1978 年核不扩散法》修正了《1954 年原子能法》对核出口控制方面的规定，制定了核管会对出口核源材料、特殊核材料、生产利用设施以及敏感核技术的审查标

---

① See 10 CFR 140. 2.

② See 10 CFR 140. 91.

③ See NEA, " Nuclear Legislation in OECD and NEA Countries: USA", OECD Publications, 2015, available at http: //www. oecd-nea. org/law/legislation/usa. pdf (last visited on October 20, 2015).

准。例如，进口国必须采用国际原子能机构核安保措施，不得用于制造核爆炸装置，非经美国同意不得转让或进行加工处理等。《1954 年原子能法》1992 年修正案又增加了浓缩铀出口的审查标准，除了上述要求之外，又增加了一项要求：接受国一般情况下不得把从美国进口的浓缩铀用作研究堆或试验堆的燃料，否则核管会不得颁发出口许可证。在行政程序上，只有在美国国务院咨询国防部、能源部、商务部以及军备控制和裁军署之后，认定出口这些材料不会对美国防御和安全构成威胁时，核管会才能签发许可证或给予豁免。①

在实物保护方面，核管会法规禁止任何人在未经许可的情况下占有或使用特殊核材料，严惩任何破坏核设施的行为。对核燃料循环设施而言，实物保护的重点是防止特殊核材料失窃或流失。事实上，只有极少数核燃料循环设施拥有核材料的数量达到 A 类标准（即 5 千克高浓缩铀或 2 千克钚），需要采取严密的实物保护措施：警卫必须经过特殊培训，时刻保持与中央警报系统的通讯，定期进行应急演练，建立与地方执法部门的沟通机制，并授权警卫使用致命性武器。②而对于核材料数量未达到 A 类标准的核燃料循环设施，对特殊核材料的保护主要通过门禁控制、监控设施、分区管理等措施来实现。除此之外，《联邦法规》第 10 篇第 70 部分《特殊核材料的国内许可》和第 74 部分《核材料控制与特殊核材料衡算》建立了特殊核材料衡算以及库存控制制度，足以及时发现核材料丢失事件。最后，对于没有批准《核材料实物保护公约》③ 的国家，美国总统有权中止双方的核能合作项目。

在促进核能发展的法律法规中，也不乏有利于核安全监管的规

---

① See NEA, " Nuclear Legislation in OECD and NEA Countries: USA", OECD Publications, 2015, available at http: //www. oecd-nea. org/law/legislation/ usa. pdf (last visited on October 20, 2015).

② See 10 CFR 73. 2.

③ 该公约 1987 年 2 月生效，截止到 2014 年 9 月共有 151 个缔约方。

定。《2005年能源政策法》推出多项有利于核能发展的财政和税收激励措施，主要包括政府对先进核反应堆提供联邦贷款担保和核能生产税抵免，把《普莱斯—安德森法》再次延期20年，为新建先进核电厂提供20亿美元的联邦风险担保，完善退役基金的税收政策，重新评估核燃料循环政策并着力开发先进的乏燃料后处理技术。这些固然是为了推动核能产业的发展，扩大核能生产，但是这些激励措施也为提高核安全提供了技术和制度保障。

这些法律规定与前述基本核安全法律原则以及主要法律制度相配套，成为其有力支撑，共同构成美国核安全法律法规体系。"该体系涵盖了核能开发利用的基本原则，独立核电管理部门的设立与职能，联邦、各州以及核电发电企业各利益主体在核废物处置过程中的义务"① 以及完善的核安全监管制度，为维护美国核安全、促进核能利用提供了一个完整的法律框架。

第四节　美国核安全法律体系评述

一、美国核安全法律体系的特点

有学者从立法宗旨的角度出发，把美国核能法律的发展历史分为四个时期：（1）1936—1945年是核能为军事服务时期：在这一时期"美国核立法活动的最大特点是认定了国家元首在涉核事务中的决策权"②，并得到制定法的确认；这一时期的核能利用几乎等同于核武器研发与制造，其中最为知名的当属1943年美国陆军工程兵"曼哈顿计划"；（2）1953—1970年是核能为和平服务时期：这一时期立法活动的最大成就是通过了《1954年原子能法》

① 曹霞：《美国核电安全与法律规制》，载《政法论丛》2012年第1期，第103~110页。
② 阎政著：《美国核法律与国家能源政策》，北京大学出版社2006年版，第112页。

和《安德森—普赖斯法》。前者是第一部规范民用核工业的基本
法，确立了联邦政府和核工业在促进核能发展方面的伙伴关系，设
立了集"发展军事核武器、发展民用核工业和保护公共环境"三
大职责于一身的美国原子能委员会——"第一个有涉核授权立法
职能、涉核事故管理职能和司法职能的美国核事务管理机构"①；
后者则是"第一个规范民用核电力工业商业保险"的法律，规定
美国原子能委员会向民用核反应堆事故提供 5 亿美元责任保证金。
（3）20 世纪 60—70 年代是环境保护运动发展时期：制定了环境保
护基本法——《1969 年美国环境政策法》，通过了《1974 年能源
重组法》，创立了核工业"军民分离"和"立法—行政"相互制约
的原则，完善了授权立法机制；（4）20 世纪 80—90 年代是通过专
门法律完善核废物处置和防止核污染法律体系的时期。②美国核能
法律的发展过程，也是美国核安全法律制度建立和完善的过程。美
国核安全法律制度具有以下两大特点：

第一，美国核安全立法采用国会立法与授权立法相结合的立法
体制。它既可以保证"立法—行政"各司其职、相互制约，又能
保证核安全法律及实施机构的专业性、独立性和权威性，从而形成
一个相对稳定而又充满活力的核安全法律体系。国会立法和授权立
法相结合，确保核安全法规不断更新发展，及时适应新的形势。
《1974 年能源重组法》组建核管会和能源研究与发展署，从而创立
核工业军民分离的原则，同时也创立"立法—行政"相互制约的
原则：核管会拥有民用核能的授权立法权，向国会直接报告并对其
负责；而能源研究与发展署则负责民用核设施的运行和管理，向总
统报告并对总统负责。1977 年根据《公共法 95—91》组建美国能
源部，将美国能源研究与发展署取而代之，同样没有民用核工业活

---

　　① 阎政著：《美国核法律与国家能源政策》，北京大学出版社 2006 年
版，第 116 页。
　　② 参见阎政著：《美国核法律与国家能源政策》，北京大学出版社 2006
年版，第 112~125 页。

动的立法权，这就保证"立法—行政"相互制约的模式得以继续贯彻实施。①

授权立法保证核安全法律的专业性和时效性。《1954年原子能法》授予原子能委员会"制定条例或指令，以必要及合理地促进国家共同防卫和安全，对设备或装置、重要零部件……的控制、所有权或占有进行管理"；同时还享有"根据实现本章意图之必要，制定、颁布、发布、废除并修改有关规则和条例"② 的立法权。《1974年能源重组法》第201条又把原子能委员会拥有的所有许可及安全监管职能转授给新成立的核管会，核管会就继承了国会授予原子能委员会的立法权。美国在制定法基础上开创了民用涉核事务"授权立法"的先例，以授权立法来弥补制定法立法程序过分迟缓而无法及时有效地管理民用核工业活动的缺陷。

不可否认的事实是，对于核安全立法而言，不仅国会立法者不一定是专家，即使核管会的工作人员也不一定是专家。因此，美国核管会制定了《1980年核安全研究、发展以及演示法》。为了保证核电站设计和运行的安全，美国核管会建立了一个模拟训练核电站，建立和管理一个有关研究、发展和示范的系统，用来训练和考核民用核设施操作人员的技术资格，从而为核安全监管机构和核电企业提供第一手的专业信息和训练。

第二，美国核安全法律体系完备，确保核安全监管有法可依。核安全法律体系和监管制度是一个涵盖核燃料环每个环节的系统工程，这样庞大的系统工程必须通过健全的法律制度来实现，必须依靠清晰明确的法律法规、集中统一的监管体制以及及时有效的法律实施来实现。自美国原子能委员会时代，就已经确立了独立、公开、有效的监管原则，立法机构制定清晰、符合逻辑并且切实可行的监管规则，监管机构的监管行为必须完全符合

---

① 参见阎政著：《美国核法律与国家能源政策》，北京大学出版社2006年版，第444页。

② 《1954年原子能法》，第161条c款和q款。

成文法规则，并有效的执行以保障核安全。同时，核安全监管是一项公共事业，必须公开地予以实施，监管机构应该与公众保持公开的沟通渠道，确保公众有机会依法获得相关信息，参与监管过程，进行有效的监督。经过半个多世纪的完善，美国核安全法律体系已经发展成为一个从核能基本法到法律法规再到授权立法有机结合的法律体系。这正是美国核安全法律制度的最大特点，也是美国核安全的根本保障。

二、美国核安全法律体系对福岛核事故的响应及效果

美国对福岛核事故的初期响应主要体现在向日本提供援助、在国内核电厂开展安全检查两个方面。事故发生后，核管会向日本派出援助小组，帮助日本监管机构实施救援和疏散工作。核管会还启动应急运行中心，监测事故对美国环境以及核电厂的影响，与美国公众、国会、相关州政府以及核电产业界开展信息交流。2011年3月，核管会向核电厂及核燃料循环设施许可证持有者发布信息通告，要求他们立即采取适当措施以预防事故发生；发布检查手册临时指南（TI2515/183号）用以指导常驻监察员对各个核电厂进行独立安全评估。事实证明，核管会初期响应措施是迅速、有效的。

与此同时，美国还在汲取福岛核事故经验教训的基础上构建长效机制，主要体现在核安全监管法规的及时修订和完善方面。2011年3月23日，美国核管会组建"近期任务工作组"，系统地审查核管会安全要求、工作流程以及各项规章制度，为完善监管体制和具体政策方针提出建设性意见。同年7月12日，工作组公布题为《二十一世纪提高反应堆安全的建议》的工作报告（SECY-11-0093号），认为福岛核事故类似的事故不太可能在美国发生；美国已经采取的措施足以减少堆芯损坏和大规模放射性物质释放的可能性；继续运行核电厂不会对公众健康与安全造成损害。该报告成为核管会核安全工作计划的基础。2011年10月，核管会工作人员提交《福岛核事故建议行动优先级划分》报告，把工作组建议行动分为三个级别（参见表二）①。其中，1级建议优先级别最高，需要立即实施；2级建议属中期目标，需要在对相关信息和技术进行评估和调整的基础上尽快开展；3级建议属长期目标，需要综合考虑所需资源、信息以及前两级建议实施结果，制定和执行相关计划。

表二　　美国核管会"近期任务工作组"安全改进建议

类别	建　　议	核管会的行动
1级	1. 超设计基准事件的缓解策略	法令
	2. Mark Ⅰ和 Mark Ⅱ型安全壳的可靠硬化通风	法令
	3. 乏燃料池仪表	法令
	4. 地震与洪水危险的再评价	信息要求
	5. 地震与洪水巡查	信息要求
	6. 应急准备监管行动（人员配备与通信）	信息要求
	7. 电站断电的监管行动	拟议法规的事先通告
	8. 应急操作程序、严重事故管理管理导则与广泛损害缓解导则的强化与整合	拟议法规的事先通告
2级	9. 乏燃料池的补给能力（基于1级乏燃料池问题）	将于2013年颁布法规
	10. 应急准备监管行动	由于需要获得更多信息，考虑将这一建议归类为3级
	11. 其他外部危险（例如龙卷风、飓风、干旱）的再评价	信息要求（在相关资源可供使用之后）

① 图表来源于伍浩松：《福岛核事故两年来美国核工业界采取的行动》，载《中国核工业》2013年第3期，第48~52页。

110

续表

类别	建议	核管会的行动
3级	12. 地震与洪水危险的十年确认	基于所需的资源与信息以及1级与2级问题的解决情况来制订和执行相关计划
	13. 地震诱发火灾与洪水的预防与缓解能力的潜在提高（长期评价）	
	14. 其他安全壳设计的可靠硬化通风（长期评价）	
	15. 安全壳或其他厂房内的氢气控制与缓解（长期评价）	
	16. 针对长时间电站断电和同一厂址的多机组事故加强应急准备（取决于关键技能组合是否可供使用）	
	17. 应急响应数据系统的能力（与第10条建议的长期评价相关）	
	18. 针对长时间电站断电和同一厂址的多机组事故的附加应急准备专题（长期评价）	
	19. 针对决策、辐射监测和公众教育的应急准备专题（长期评价）	
	20. 反应堆监督程序的改进，以反映拟议的纵深防御框架（取决于第1条建议）	
	21. 有关严重事故的核管会员工培训以及有关严重事故管理导则的驻电站检查员培训（取决于第8条建议）	
	22. 用于确定应急计划区大小的基准	
	23. 10英里之外的碘化钾预先设置	
	24. 将乏燃料转移至干法贮存设施	

核管会根据"近期任务工作组"的建议实施多项监管措施，加强核电厂安全。2012 年 3 月 12 日，核管会针对 1 级建议实施第一批应对性监管措施，要求在运核反应堆、建造许可证持有者和联合许可证持有者加强核安全管理的力度。核管会要求许可证持有者配备充足的应急人员，保证通信系统安全可靠，做好针对多机组事故以及长时间全面断电等极端情况的应急准备及响应工作。第一批应对措施可以总结为三项法令、三项信息要求和两个拟议法规通告。

核管会发布三项法令，要求核电营运者必须立即采取改进措施：（1）针对可能导致核电厂丧失电力供应的超设计基准自然灾害制定完善的缓解应对方案；（2）加强 Mark I 型和 Mark II 型沸水堆安全壳通风系统的安全性；（3）检查并确保乏燃料池仪表的可靠性。在运核电厂必须立即采取措施，在两次换料停役内落实这三个命令，但最多不得迟于 2016 年 12 月 31 日。

核管会还要求核电营运者制定具体工作计划，采用最新的技术和方法重新评估并提供三项信息：对核电厂地震和洪水风险的最新评估报告、核设施应对设计基准风险能力的报告以及核电厂应急通信系统与人员配备水平评估报告。2012 年 8 月，核管会进而颁布具体实施指南，确保核电营运者制定有效的实施计划。

此外，"近期任务工作组"建议核管会改进核安全监管框架，提供充分的纵深防御，以应对超设计基准事故，因此，核管会发布两项拟议法规的事先通告，着手修订全厂断电（SBO）和场内应急响应法规。（1）关于核电厂全厂断电事故的监管法规。核管会要求许可证持有者评估在极端事故导致全厂断电情况下应急通信系统及设备的安全性，并对《联邦法规》第 10 篇第 50.47 部分《应急计划》和第 50 部分附录 E 以及《应急响应设施的功能标准》① 提出修订建议，完善对通信系统安全的监管法规；除此之外，核管会甚至还要求许可证持有者制定在假定核事件已导致

---

① 《应急响应设施的功能标准》（NUREG-0696，"Functional Criteria for Emergency Response Facilities"）。

112

场内、场外所有常规通信系统和应急通信系统全面崩溃的极端情况下的应急通讯方案。在应急人员配备方面，核管会要求许可证持有者评估其应急组织人员、日常应急人员以及超基准事件时应急人员配备是否充足，并确定应对超基准事件所必需的应急人员人数。2012 年 10 月 31 日，许可证持有者按要求向核管会提供了通信评估报告，核管会对报告进行审查后就一般性问题与许可证持有者交换意见。2013 年 2 月，许可证持有者将一般性问题补充到通信评估报告之中，提交核管会再次进行审查。2013 年 4 月 30 日，许可证持有者提交人员配置评估报告，核管会依据 2012 年 3 月 12 日颁布的法令《关于修订许可证超设计基准事故减缓策略要求的法令》① 对报告进行审查。（2）关于整合应急操作程序、严重事故管理导则与缓解损害导则的法规，核管会发布拟议法规的事先通告，核管会已于 2014 年 7 月发布拟议法规，并拟定于 2016 年 2 月发布最终法规。

2012 年 7 月，核管会拟定工作计划，分阶段逐步实施“近期任务工作组”的 2 级和 3 级建议。具体而言，包括定期举行针对多机组事故和电厂全面断电事故的培训和演习，进行多机组辐射剂量测量，确立应急计划区大小的基准，就 10 英里范围以外区域设置碘化钾的必要性问题进行持续的实地考察，并制定和实施新的法规。

为了降低极端超设计基准事故的影响，美国核能产业界实施应急准备 FLEX 战略，保证核反应堆即使在丧失电力供应的情况下也不致发生堆芯熔融事故；增加附加泵，保证反应堆和乏燃料池冷却水的供应安全；预先在周边设置多个应急设备存放点（如柴油机驱动泵、便携式发电机、充电器、便携式通风装置等），确保后备电力供应。美国核电营运者还批准在田纳西州孟菲斯和亚利桑那州

---

① 《关于修订许可证超设计基准事故减缓策略要求的法令》（EA-12-049，"Order Modifying Licenses with Regard to Requirements for Mitigating Strategies for Beyond-Design-Basis External Events"）。

凤凰城建设核应急中心，以应对严重核事故。①

至于运输过程中的核应急问题，交通部、联邦应急管理局、核能产业界和州政府已经为承运人制定了一个标准应急计划，在能源部、环保局和食品药品监督管理局的协助下，为州政府和地方政府出版了一本指导性手册：《州、部落、地方政府交通事故放射性应急规划与准备导则》②。联邦应急管理局对《联邦放射性应急计划》进行了修订，详细划分了交通事故导致辐射紧急情况时联邦政府各部门的应急职责，同时，应当特别指出的是，州政府和地方政府承担交通紧急情况的首要应急责任。

总之，福岛核事故发生后，核管会在既有法律法规和监管框架内采取了卓有成效的监管措施，有效地应对福岛核事故的不利影响。目前，核管会正在对相关法规进行修订，把福岛核事故的经验教训转化为法律法规，形成长效制度化规定。福岛核事故发生后，美国核能产业虽然受到了一定影响，核电站爆炸、海水倒灌、大量放射性物质释放、大批民众撤离……这些场景使美国民众陷入恐惧，但仍有43%的受访民众表示他们会同意在美国新建核电站③，其中，美国完备的核安全法律体系居功至伟。2011年4月，45个组织要求核管会停止签发延寿许可证，停止审批所有新建核电站许可证。④然而，事故发生后，奥巴马总统要求核管会对美国所有核

① 核应急中心的建设和运行费用由美国核电运营商共同承担。在极端核事故发生后24小时之内，核应急中心为发生事故的核电站提供一整套应急响应设备，其中包括移动式安全设备、辐射防护设备、发电机、泵等。参见伍浩松：《福岛核事故两年来美国核工业界采取的行动》，载《中国核工业》2013年第3期，第48~52页。

② Guidance for Developing State, Tribal, and Local Radiological Emergency Planning and Preparedness for Transportation Accidents, FEMA-REP-5, June 1, 1992.

③ See Michael Cooper, *Nuclear Power Loses Support in New Poll*, N. Y. TIMES（Mar. 22, 2011）, available at http：//www. nytimes. com/2011/03/23/us/23poll. html？_r=2（last visited on Oct. 22, 2014）.

④ See Carly Nairn, "Anti Nuclear Movement Gears Up", *S. F. Bay Guardian* Online（April 14, 2011, 7：12 PM）, available at http：//www. sfbg. com/politics/2011/04/14/anti-nuclear-movement-gears（last visited on September 21, 2014）.

电站进行全面核查，但并未改变其"挺"核立场，称他"继续支持美国大力发展核电"①，核电"仍将是美国能源构成的重要组成部分"②。仅仅时隔8个月的2012年2月，核管会就为南方核电运营公司新建沃格特（Vogtle）核电站第3、4号核反应堆颁发了许可证，这是自1979年以来核管会批准建设的第一批核反应堆，预计2016—2017年投产。建造这两个核反应堆将花费140亿美元，其中包括能源部提供的83.3亿美元贷款担保，这就降低了核电站建设的融资成本。③核管会签发新建核反应堆许可证说明，福岛核事故对美国核电发展的影响并没有预想的那么严重，美国将沿着"挺"核的立场继续前行。

本 章 小 结

美国是世界上最早发展核电的国家，也是核能利用规模最大的国家，其核电总装机容量和发电量长期以来稳居世界第一。核电的成本和环境优势促使美国重启核电。在《2005年能源政策法》的激励下，美国核电进入复兴时代。这种趋势即使在福岛核事故发生后也不曾改变。

面对福岛核事故的冲击，为什么美国核电能够逆势发展？其中最重要的原因是美国已经建立了完备的核安全法律体系。美国核安

---

① Julie Ann McKellogg, "U. S Nuclear Renaissance Further Crippled by Japan Crisis", Voice of America (Mar. 17, 2011, 8: 00 AM), available at http: //www. voanews. com/content/us-nuclear-renaissance-further-crippled-by-japan-crisis-118272249/169632. html (last visited on Oct. 22, 2014).

② "NRC to Review Safety of all US Nuclear Plants", Associated Press (Mar. 18, 2011, 9: 03 AM), available at http: // www. msnbc. msn. com/id/42148423/ns/politics-more _ politics/t/nrc-review-safety-all-us-nuclear-plants/# . TyrIqpiLMQY (last visited on Oct. 22, 2014).

③ See Steve Hargreaves, "First New Nuclear Reactor OK'd in over 30 Years", CNN Money (Feb. 9, 2012, 2: 50 PM), available at http: //www. money. cnn. com/2012/02/09/news/economy/nuclear_ reactors/ (last visited on September 21, 2014).

全法律法规分为五个层次：以原子能基本法为主导的国会立法、核管会依国会授权制定的联邦法规以及众多的支撑性规范文件，包括管理导则、技术文件以及相关核电标准和规范。值得一提的是，美国参加为数众多的国际核安全公约，其中包括《及早通报核事故公约》、《核事故或辐射紧急情况援助公约》、《核安全公约》、《乏燃料管理安全和放射性废物管理安全联合公约》、《核损害补充赔偿公约》等。这些国际条约与联邦制定法具有平等的法律地位（详见第三章）。

《1954 年原子能法》在核能发展之初就设定了美国促进核能发展及维护核安全的三个基本原则——和平利用原则、许可管理原则、预防原则，为核安全法律制度的完善奠定了基础。此后，美国国会通过一系列涉及核安全的法律，形成了核安全监管的总体法律框架。美国核安全法律体系的内容涵盖核能的所有环节，从铀矿勘探与开发、放射性物质的许可与利用、核电厂许可与管理、核废物处置到核应急准备与响应，再到公众参与、辐射安全防护以及核事故损害赔偿，都建立了完善的安全管理法律制度，从而确保核能利用安全。

福岛核事故发生后，核管会在既有法律法规和监管框架内采取了卓有成效的监管措施，妥善应对福岛核事故的不利影响。目前，核管会正在对相关法规进行修订，从而把福岛核事故的经验教训转化为法律法规，形成长效制度化规定。事实表明，美国核安全法律体系已经发展成为一个从核能基本法到法律法规再到授权立法有机结合的完备法律体系。国会立法和授权立法相结合是一套独特的立法体制，它既可以保证"立法—行政"各司其职、相互制约，又能保证核安全法律及实施机构的专业性、独立性和权威性，从而形成一个相对稳定而又充满活力的核安全法律体系。

美国核安全法律体系及监管制度是各国核安全立法的模板，也是国际核安全法律制度的重要组成部分，例如《核安全公约》与美国核安全法律制度的规定如出一辙，具有较高的相似度。美国凭借其发达的核安全技术和法律体系，掌握国际核安全立法的话语权，维护其核安全利益，推行国际核战略。

116

第二章　美国核安全监管体制

第一节　美国核安全监管体制的历史考察

国内有学者将美国核能监管体制的演变历程划分成四个阶段①：（1）第一阶段是监管体制初步形成期（1946—1956年）。这个阶段实现了三个转变：核能发展从军用向军民两用转变、核能技术从政府垄断向民用核工业开发转变、监管机构从"监控核武器工程"向兼具"促进私有商用核能工业发展"转变。（2）第二阶段是监管体制调整期（1956—1962年）。在这一时期，美国通过了《普莱斯—安德森法》，而美国原子能委员会同时承担核能促进和核安全监管的双重职责，造成重"促"轻"管"的监管模式，引发争论。（3）第三阶段是美国原子能委员会时代向核管会时代的过渡期（1962—1979年）。随着核工业的发展，审核难度增加，审核效率低下，监管部门压力增大，监管职能与促进职能的矛盾深化，最终美国原子能委员会分为核管会和能源研究与发展管理部门，由前者专门承担核安全监管职责。（4）第四阶段是1979年三里岛核事故之后，美国公众反核情绪高涨，核能陷入停滞，美国核工业进入衰落期。

美国核能监管体制的演变历史表明，国会立法决定着各个时期监管体制的组织结构、监管职能、监管内容、监管程序及其对民用核工业的影响；同时，任何一部国会立法都与美国在这个时

---

① 参见薛澜、彭志国、Keith Florig：《美国核能工业管制体系的演变及其借鉴分析》，载《清华大学学报（哲学社会科学版）》2000年第6期，第77~86页。

期深刻的社会—技术背景密不可分。因此，参照重大立法和历史
事件，根据监管主体、监管对象、监管方法和法律依据的变化过
程，本文将美国核安全监管体制的演变历史大致划分为以下五个
阶段：（1）军管时代（1939—1946 年）。（2）原子能委员会时代
（1946—1975 年）：监管体制以促进核能发展为重点。（3）核管会
时代（1975—1979 年）：确立以促进核能发展和核安全监管并重的
监管体制。（4）后三里岛时代（1979—1992 年）：核安全监管体
制的发展期。它建立了完善的核安全法律体系并确立安全优先的监
管体制。（5）核能复兴时代（1992 年至今）：随着社会进步和技
术发展，核安全监管体制进入理性回归期，作为防止核事故的安全
阀，不断促进核能发展。

一、军管时代（1939—1946 年）

美国涉核监管机构最早可以追溯到 1939 年美国总统罗斯福成
立的铀指导委员会（Advisory Committee on Uranium），其最初的职
责是调查铀研究的状况，并向总统提出政策建议。1940 年 6 月，
罗斯福批准建立美国国防研究委员会（National Defense Research
Committee），铀指导委员会成为美国国防研究委员会下属的一个科
学委员会。1941 年 6 月，它又并入新成立的白宫科学研究与发展
办公室（Office of Scientific Research and Development），作为第二次
世界大战期间美国科学研究的领导中枢，它领导了知名的"曼哈
顿计划"（The Manhattan Project）。1942 年 8 月，经罗斯福批准，
美国陆军工程兵组建"曼哈顿工程军区"负责实施"曼哈顿计
划"，争取在第二次世界大战结束前研制出原子弹。①
在这个阶段，核能的研究和利用主要集中于军事利用，以开发
核武器为最终目的。"曼哈顿工程军区是美国在美军总司令罗斯福

---

① See F. G. Gosling, "The Manhattan Project: Making the Atomic Bomb",
U. S. Department of Energy, January 1999, available at http：//www.osti.gov/
accomplishments/documents/fullText/ACC0001.pdf（last visited on Oct. 22,
2014）.

总统直接领导下，既制造原子弹又防治核污染的国家核事务管理机构。"①政府垄断核技术和核材料研究，其执行机构和监管机构受美国总统直接领导，"国家元首在涉核事务决策中具有不成文法的效力"，而且还被诸多制定法认可。例如，"美国《公共法 96-567》第 8 款 C 项认定了美国总统关于核安全研究项目的决策权；《公共法 96-416》第 23 款 B-1 项认定了总统关于铀供应的决策权；《公共法 97-425》第 8 款 B 项、第 112 款 B 项认定了总统关于高能核废物地下隔离深藏处置选址点的决策权等"②。

总之，这一时期属于核能军事管制期，原子能并非用于和平目的。美国法律和联邦监管机构也不允许民用核能研究和利用，美国制定了高度保密的核能军事利用法律及监管体制，但未建立民用核能安全利用的法律和监管制度。

二、原子能委员会时代（1946—1975 年）

（一）《1946 年原子能法》与"民管"体制的确立

1.《1946 年原子能法》的社会—技术背景

1945 年美国在日本广岛和长崎分别投下原子弹，两座城市瞬间被夷为平地，美国报纸随即宣布美国进入"原子世纪"。"二战"结束后，虽然一些科学家、学者和政治人物认为这项毁灭日本的技术可以用于和平目的，他们甚至已经勾勒出原子能技术利用的美好前景：原子能驱动飞机、火箭和汽车，原子能家庭发电机为每家每户提供充足的电力和供暖系统，大型核电站为全国供电，甚至还可以把微型原子能发电机安装到衣服上，实现冬暖夏凉。③但是，美

---

① 阎政著：《美国核法律与国家能源政策》，北京大学出版社 2006 年版，第 432 页。

② 阎政著：《美国核法律与国家能源政策》，北京大学出版社 2006 年版，第 112 页。

③ See J. S. Walker & T. R. Wellock, *A Short History of Nuclear Regulation* (1946-1997), NUREG/BR-0175, Rev. 2, October 2010, p. 2, available at http://www.nrc.gov/reading-rm/doc-collections/nuregs/brochures/br0175/br0175. pdf (last visited on Oct. 22, 2014).

国社会却仍然被原子弹的巨大威力所震撼，担心它一旦落入其他国家之手，将对美国造成严重威胁，这种社会心理成为原子能发展方向的决定性因素。与此同时，从技术层面而言，原子弹是美国军方的秘密武器，核技术是美国的军事秘密①，美国政府当然不会拱手让出对原子能技术的绝对控制权，而是决定继续将其用于军事用途。在这种社会—技术背景之下，杜鲁门总统签署了《1946 年原子能法》。该法认为"原子弹的军事价值是显而易见的"，"但目前还无法确定民用原子能将对美国社会、经济和政治结构产生何种影响"，"控制限制信息，以确保国防与安全"②。该法不允许发展民用核能，只是允许进行科学研究，鼓励科技进步。③

因此，《1946 年原子能法》废除"军管"模式，撤销曼哈顿工程军区，实行"民管"模式，确立联邦政府对核技术拥有绝对控制权，把"曼哈顿计划"的控制权和其他核事务管理职能从军方移交给非军方机构美国原子能委员会负责。正如该法在国会通过时采用的副标题一样④，《1946 年原子能法》是一项"开发和控制原子能的法律"。美国原子能委员会继承军方在战争时期对核能的政府专制管理模式，全面负责核能研究和发展工作。从此，美国核能监管体制进入原子能委员会时代。

2. 美国原子能委员会的组织构架

美国原子能委员会（Atomic Energy Commission，AEC）是根据《1946 年原子能法》于 1946 年 8 月 1 日建立的一个独立联邦政府机构。其前身是美国陆军工程部队曼哈顿工程军区（Manhattan Engineer District, U. S. Army Corps of Engineers（1942—1947））。美国原子能委员会的主要职能是进行核武器的研发和制造，指导民用核能的研发。1954 年 8 月 30 日和 1964 年 8 月 26 日分别通过的

① See Atomic Energy Act 1946, Pub. L. No. 79-585, 2（1946）. 事实上，很多美国人认为美国用原子弹炸毁长崎和广岛证明了美国军事实力世界第一。

② See Atomic Energy Act 1946, Pub. L. No. 79-585, 1（1946）.

③ See Atomic Energy Act 1946, Pub. L. No. 79-585, 2（1946）.

④ 该法在国会通过时的副标题是 AN ACT for The Development And Control of Atomic Energy。

两个修正案①又赋予原子能委员会监管民用核燃料和生产设施的职能。

美国原子能委员会由总统任命并经参议院同意的 5 名全职委员组成，委员会主席由总统指定其中一名委员担任，服从总统的指示。原子能委员会会议由委员会主席主持，通过任何决议至少需要 3 名委员出席，并经出席会议委员的绝大多数表决同意。美国原子能委员会下设四个部门，分管研究、生产、工程和军事利用工作。同时，《1946 年原子能法》还设立两个委员会，协助美国原子能委员会的工作：一个是由总统从文职官员中任命的由 9 名委员组成的总咨询委员会（General Advisory Committee），就有关材料、生产及研发的科学和技术问题向美国原子能委员会提出建议；另一个是由海陆空三军代表组成的军事联络委员会（Military Liaison Committee），协助美国原子能委员会与国防部交流沟通有关原子武器或原子能军事应用有关的一切事务。②此外，该法还设立国会原子能联合委员会（Joint Committee on Atomic Energy）③，有权研究审查立法活动，举行听证会，向国会提交报告，有权要求美国原子能委员会定期汇报，以确保美国原子能委员会的政策法规与国会立法保持一致。实际上，总统除了享有美国原子能委员会的人事任免权之外，还拥有广泛权力。总统有权决定美国原子能委员会生产可聚变材料的数量，有权决定核武器的生产数量，总统在必要时还有权指示美国原子能委员会向军方移交核材料和核武器。

---

① See Atomic Energy Act amendments of 1954（68 Stat. 919）and Atomic Energy Act amendments of 1964（78 Stat. 602）.

② 这两个委员会都已废止：《公共法 95-91》（Public Law 95—91）（1977）第 709 条（e）款（1）项废止《1946 年原子能法》中有关总咨询委员会的第 26 条；《公共法 99-661》（Public Law 99-661）（1986）C 卷标题 I 第 C 部分第 3137 条（c）款废止了《1946 年原子能法》中有关军事联络委员会的第 27 条。

③ Joint Committee on Atomic Energy is composed of nine Members of the Senate to be appointed by the President of the Senate, and nine Members of the House of Representatives to be appointed by the Speaker of the House of Representatives.

"《1946 年原子能法》的通过是美国政府民主制度的集中体现，它所创立的法律框架既确保了适当的政府控制，又确保民选代表检查、监督政府控制的权利。"①美国原子能委员会的组织构架是美国民主原则的胜利，所有人集思广益，妥善处理了原子能控制问题、原子能委员会组织构架问题及其与军方的职责划分问题。

3. 美国原子能委员会的监管职能

一般而言，监管机构在其职责范围内大多享有六种权力：调查权、执行权、政策规划权、行政管理权、准司法权和准立法权。②原子能委员会是根据国会立法成立的一个联邦政府部级机构，独立编制，独立预算，拥有广泛的的权力。

美国原子能委员会依法拥有调查权，有权传唤证人，有权调取任何文件。美国原子能委员会的执行权体现在它有权向司法部报告违法行为，请其提起诉讼。美国原子能委员会依法拥有政策规划权，为了确保对原子能的控制，根据总咨询委员会的技术建议，它可以自主制定相关政策规划方案。美国原子能委员会当然也有行政管理权，它的主要职权之一就是控制和管理官方和非官方的美国原子能项目③。美国原子能委员会有权设立专利补偿委员会，负责根据法律审查具体的专利补偿案件，可以说它拥有准司法权。最后，国会授权美国原子能委员会制定原子能利用的法律法规，以促进核能的发展和控制。因此，美国原子能委员会拥有一般独立监管机构的所有六种权力。除此之外，原子能委员会还拥有对核材料和核设施的所有权，这是其他监管机构所不具有的特殊权力。

---

① David Marshall Seaver, "Origin and Significance of The Atomic Energy Act of 1946, A Thesis In Government, Submitted to the Graduate Faculty of Texas Technological College", August 1967, available at http://repositories.tdl.org/ttu-ir/bitstream/handle/2346/11609/31295001310464.pdf? sequence = 1 (last visited on Oct. 22, 2014).

② See Robert Cushman, *Independent Regulatory Commissions* (New York: Oxford Press, 1941), pp. 7-10.

③ U. S. Statutes at Large (1946), DX, p. 755, available at http://www.constitution.org/uslaw/sal/060_statutes_at_large.pdf (last visited on Oct. 22, 2014).

4. 美国原子能委员会的特点

（1）政府专制。《1946年原子能法》之所以授予美国原子能委员会如此广泛而强大的职权，是因为美国原子能委员会承担着史无前例的重大责任："它承担着生产一种足以决定美国乃至西方文明世界未来的产品的职责"①。该法开篇明义："链式核反应研究和实验已达到可以大规模释放原子能，且原子弹的重要性显而易见。而民用原子能对社会、经济和政治结构的影响尚不明朗，未知因素尚多。"②因此，美国的原子能政策是"以维护国防和安全为最高目标，发展和利用原子能，提高公众福利，提高生活水平，加强私营企业的自由竞争，提升世界和平"③。由此可见，1946年美国原子能政策是以军事利用为根本目的，通过实施国家研发项目、协助科研机构的科学研究以及控制原子能科技信息和核材料等方式开发和控制原子能。

美国原子能委员会的职责正是实施原子能研究计划，指导具有军民两用性的核反应堆研发工作，控制原子能信息和核材料，促进可裂变材料和原子弹的生产，落实美国的原子能政策。在1946—1954年，美国原子能委员会就相当于美国核军事工业部④，代表美国政府垄断着核材料、核技术、核反应堆和核武器，其根本职责是促进原子能的军事利用，而非民事利用。

（2）军事利用。1947—1952年，为了大幅度提高核材料生产量，美国原子能委员会开始大规模建设生产设施，包括扩建和新建4个气体扩散厂、新建5个生产钚的反应堆和5个重水反应堆；另外，还建设多处核供料生产工厂和零部件加工厂等辅助设施。1950

---

① David Shea Teeple, *Atomic Energy*, *A Constructive Proposal* (Boston: Little, Brown, and Co., 1995), p. 31.

② Atomic Energy Act of 1946, Section 1, U. S. Statutes at Large (1946), DX, p. 755.

③ Atomic Energy Act of 1946, Section 1, U. S. Statutes at Large (1946), DX, p. 755.

④ 参见阎政著：《美国核法律与国家能源政策》，北京大学出版社2006年版，第434页。

年 2 月起，杜鲁门总统要求美国原子能委员会加强热核武器的研发工作。为此，1952 年美国原子能委员会在加利福尼亚州利弗莫尔市（Livermore）建成美国的第二个核武器实验室①，并在内华达沙漠地区建设试验基地。结果，美国核武器研发工作在 20 世纪 50 年代获得巨大成功：设计并部署战术核武器，短程、中程和远程导弹也都装上了核弹头；1952 年 11 月，美国又成功引爆氢弹。②

虽然美国原子能委员会具有发展原子能和平用途方面的职责，"一旦发现可裂变材料和原子能的工业、商业或其他非军事用途具有实际利用价值，美国原子能委员会将向总统提交报告，陈述事实，评估其社会、政治、经济和国际影响，并提出相应的立法建议"。③但显然，这种发展原子能和平用途的职责对美国原子能委员会而言是次要的。这也体现在其机构设置上：1947 年 6 月，美国原子能委员会才成立反应堆安全保障委员会（Reactor Safeguard Committee），由这个顾问性质的委员会向其提供有关反应堆运行安全方面的研究报告；1950 年 11 月，美国原子能委员会才成立反应堆选址工业委员会（Industrial Committee on Reactor Location Problems），由其评估反应堆选址的科技和环境因素；直到 1953 年 7 月，美国原子能委员会才认识到这两个委员会的职责密不可分，将其合并成为反应堆安全保障咨询委员会（Advisory Committee on Reactor Safeguards，ACRS）。总之，《1946 年原子能法》继续秉承军事利用优先原则，禁止原子能的私有化和商业化，禁止商用项目和民间资本涉足原子能的开发和利用。

（3）已法自律。美国原子能委员会不仅是参与核能研发和利

---

① 第一个是隶属于美国能源部的新墨西哥州洛斯阿拉莫斯国家实验室（Los Alamos National Laboratory），1943 年投入使用，承担曼哈顿计划，最终以研制出世界上第一颗原子弹闻名于世。

② See T. R. Fehner and J. M. Holl, "The United States Department of Energy（1977-1994）", November 1994, p. 12, available at http：//www. osti. gov/accomplishments/documents/fullText/ACC0062. pdf（last visited on Oct. 22, 2014）.

③ Atomic Energy Act of 1946, Section 7, U. S. Statutes at Large（1946）, DX, p. 755.

用活动的"运动员",又是具有审批职权的"裁判员",还是具有核能活动规则制定权的"立法者"。《1946年原子能法》第12条授予委员会行政立法权,从而开启美国原子能委员会己法自律的时代。"委员会在履行其职责时有权:a. 设置若干咨询委员会,以便就法规、政策、行政管理、研究及其他事务向委员会提出咨询意见和建议;b. 在委员会认为是保护公众健康或尽量减少对生命或财产的危害所必要或有益时,可以法规或命令形式,制定对可裂变材料和副产物的拥有和使用进行规范的标准和导则。"① 美国原子能委员会有权进行原子能开发和利用活动,有权执行《1946年原子能法》及其自己制定的原子能法规,有权进行研究和调查,有权举行听证会,成为集行政管理、立法和准司法为一体的原子能开发和控制机构。

（二）《1954年原子能法》与核能和平利用

1. 《1954年原子能法》的社会—技术背景

《1954年原子能法》声明"原子能既能用于和平目的,也能用于军事目的"②,以联邦法律的形式批准私营企业开发利用核能。这具有深刻的社会—技术背景。

从国内层面而言,美国能源需求不断攀升,迫切需要开发核能;而国内社会对美国原子能委员会双重职责的不满情绪与日俱增,核能安全利用技术开发麻烦不断,问题频出,迫切要求对美国核能法律和监管制度进行一场彻底变革。

从国际层面而言,英国和前苏联的核技术发展迅猛,美国担心失去核技术的国际领先地位。因此,美国需要采取积极措施进一步推动国内核能的发展和利用。③ 1953年,美国原子能委员会委员托马斯·穆雷（Thomas E. Murray）指出,世界正在开展一场意义重大的核能竞赛,如果美国政府继续保持对核技术的垄断并拒绝私有

---

① Atomic Energy Act of 1946, Section 12, U. S. Statutes at Large (1946), DX, p. 755.

② See Atomic Energy Act 1954, Pub. L. No. 83-703, 1 (1954).

③ See J. S. Walker & T. R. Wellock, "A Short History of Nuclear Regulation (1946-1997)", NUREG/BR-0175, Rev. 2, October 2010, p. 2, available at http://www.nrc.gov/reading-rm/doc-collections/nuregs/brochures/br0175/br0175. pdf (last visited on Oct. 22, 2014).

化，美国必将失去在世界科技领域的领先地位①。他的观点得到诸多高级政府官员的认同。1953 年 12 月，美国总统艾森豪威尔在联合国大会上作了题为"原子能为和平服务"（Atoms For Peace）的演讲，号召和平利用原子能，发展核电，为人类共同利益服务。此后，国际原子能机构成立，美国签署众多双边和多边核能合作协议。这些又反过来对美国国内核工业和核政策产生重大影响。

美国政府需要改变对原子能的专制模式，允许私营企业控制核材料和核技术，鼓励私营企业广泛参与原子能的和平发展与利用。"这种由私营企业为主，在政府管制下发展核电产业的思路是美国自由经济主义的必然产物。"②最终，美国国会通过了《1954 年原子能法》，终结了国家对核技术的垄断，以法律形式确认联邦政府和私营企业在核能利用方面的伙伴关系，开始实施崭新的核能开发和监管政策。《1954 年原子能法》是美国第一个规范民用核事务的法律，确立了联邦政府对民用核工业活动的绝对控制权，也是世界上第一个全面规范民用涉核事务的监管法律。

2. 美国原子能委员会的双重职能

《1954 年原子能法》是对原子能委员会"有关民用核工业之工作内容、工作目的、工作方法的基本原则和权力权限给予规范"③，重新界定它的权力和职责。该法要求美国原子能委员会从一个核能生产者转变成为一个核工业管理者，承担促进美国核工业的发展并进行核安全监管的双重职能；取消国家的核垄断地位，允许私营企业使用核材料和核技术；重视核工业对公众安全存在潜在风险，并把防范风险的责任交给美国原子能委员会。因此，美国原子能委员

① See J. S. Walker & T. R. Wellock, "A Short History of Nuclear Regulation（1946-1997）", NUREG/BR-0175, Rev. 2, October 2010, p. 2, available at http：//www. nrc. gov/reading-rm/doc-collections/nuregs/brochures/br0175/br0175. pdf（last visited on Oct. 22, 2014）.

② 薛澜、彭志国、Keith Florig：《美国核能工业管制体系的演变及其借鉴分析》，载《清华大学学报（哲学社会科学版）》2000 年第 6 期，第 77～86 页。

③ 阎政著：《美国核法律与国家能源政策》，北京大学出版社 2006 年版，第 435 页。

会需要相应地制定新的核能开发措施和监管政策，在不阻碍核能发展的前提下，确保公众健康与安全免受核能的不利影响。

首先，美国原子能委员会承担着促进核能发展的职责。"由于核能技术仍处在初期发展阶段，离成为一个有竞争力的工业这样的成熟程度还很远，在这个时期，除非政府采取大量措施，如对公司的研发经费进行补助，放弃政府的'燃料使用费'等，使核电站的审批的障碍最小化，否则公用事业公司的投资者们不会有兴趣冒险进入核能领域。"① 既然没有一家私营企业愿意为了核电的商业化运行而投入巨资进行长期研究，美国原子能委员会当然也就无法把政府控制的核技术推向市场。因此，20 世纪 50 年代中期，美国原子能委员会的主要目标是证明核能可以用于商业发电。为此，它决定开发和建设一座真正意义上的核电站，以吸引私营企业的参与。1957 年美国原子能委员会在宾夕法尼亚州希平港（Shippingport）建成世界上第一个商用核电站——由西屋设计的世界首座轻水反应堆。此后，美国原子能委员会开始实施电力示范反应堆项目（Power Demonstration Reactor Program），为核工业提供必要的资金和帮助，由其全面负责设计、建造、运行自己的核反应堆。在美国原子能委员会的努力下，20 世纪 60 年代公用事业公司把核电视为一种经济、清洁而又安全的能源，美国核电得以发展迅速。到 1962 年，美国正在设计或建设的核反应堆达到 53 座。② 与此同时，美国原子能委员会也认识到铀燃料的不足问题，开始加强增殖反应堆的研发工作，并于 1965 年 11 月开始实施液金属冷却快中子增殖堆（Liquid Metal Fast Breeder Reactor）项目。

同时，美国原子能委员会也承担着核安全监管职责。面对日益膨胀的核电发展计划，核反应堆安全审查工作的压力与日俱增，反

---

① 薛澜、彭志国、Keith Florig：《美国核能工业管制体系的演变及其借鉴分析》，载《清华大学学报（哲学社会科学版）》2000 年第 6 期，第 77~86 页。

② See T. R. Fehner and J. M. Holl, "The United States Department of Energy （1977-1994）", November 1994, p. 12, available at http：//www.osti.gov/accomplishments/documents/fullText/ACC0062.pdf（last visited on Oct. 22, 2014）.

应堆安全保障咨询委员会的兼职顾问委员们已经变得心有余而力不足。因此，为了适应民用核工业的新发展，1955 年 4 月，美国原子能委员会设立反应堆风险评估部门（Reactor Hazard Evaluation Staff）。1955 年 6 月，美国原子能委员会成立民用部，下设核发许可证局、外交事务局、法规计划局、风险评估处和橡树岭同位素管理处，后来把风险评估处改为风险评估局，成为民用部的一个关键部门。

《1954 年原子能法》规定美国原子能委员会的职责是发展核武器和民用核工业、保护公共环境，依法行使美国民用涉核事务的"授权立法"。对民用核工业而言，美国原子能委员会"己法自律"的职责相互矛盾：既要推动核能的发展和利用，又要制定核安全监管法规、确保核能利用安全，最终形成重"促"轻"管"的方针。

3. 美国原子能委员会的许可证审批程序

美国原子能委员会主要通过审批核电站建造许可证和运行许可证来履行核安全监管职责。首先，美国原子能委员会下设部门按照各自职责分别审查建造许可申请：检查部门审核设计、技术和建造计划；金融部门复查申请者的经济条件；反应堆发展部门复查申请计划中的技术上是否有竞争力以及特殊核材料的要求是否合理；核材料管理部门计算核电站对特殊核材料的需求；生产部门则负责计算美国原子能委员会的核废物处理工厂能否处理所有核废物。而由民用部风险评估局提交的风险概要报告和由安全保障委员会进行的独立复查则是许可与否的关键。其次，在核电站建造完成之后，美国原子能委员会核发运行许可证。申请者获得建造许可证后进行建设期间，需定期向民用部提交补充信息，更新数据，满足建造许可的相关条件；核电站建成后，申请者需提出一份最新的风险评估报告。美国原子能委员会复查合格后，由其执行主任向委员会提交一份建议书；后者通过后，民用部才能核发运行许可证。①

---

① 参见薛澜、彭志国、Keith Florig：《美国核能工业管制体系的演变及其借鉴分析》，载《清华大学学报（哲学社会科学版）》2000 年第 6 期，第 77~86 页。

1946 年《行政程序法》（*Administrative Procedure Law*, 1946）①
和《1954 年原子能法》都把公众参与作为一项基本准则，强调申
请者或第三方都有权要求举行听证会。事实上，在审核阶段，申请
者的利益尚未受到影响，一般不会要求举行听证会；而在建造许可
被公布之前，第三方无法获得足够信息，也就无法要求举行听证
会，因此，第三方要求举行听证会的权利实际上被严格限定在建造
许可证颁发以后的短短 30 天时间。②

总之，美国原子能委员会兼具核能促进和核安全监管的双重职
能，在特定的历史时期，形成了重"促"轻"管"的局面。"这种
减少管制的意图是可以理解的。但是，也失去了一个建立比较合理
和完善的核能管制体系的机会。"③美国原子能委员会在放射性保护
标准、核反应堆安全、核电站选址和环保方面一直没有制定行之有
效的监管制度。因此，20 世纪 60 年代，美国原子能委员会的监管
措施受到的批评越来越多。更为严峻的是，虽然美国原子能委员会
一直努力完善许可证审批过程，同时试图建立有效的监管制度，但
是"美国原子能委员会既要促进核能发展，又要保护环境和反应
堆安全，而这二者存在根本性的利益冲突"④。美国原子能委员会
促进核能发展的职能与确保核安全的监管职能产生了矛盾，而且愈
发激烈，不可调和。

这种矛盾早在 1956 年就已初现端倪。1956 年 1 月，动力反应
堆发展公司（The Power Reactor Development Company，PRDC）参

---

① See Administrative Procedure Law（June 11, 1946），Public Law 404,
Section 5, U. S. Statutes at Large（1946），DX, p. 237.

② 美国原子能委员会的规则强调，如果在发布许可证后 30 天内收到请
求的话，它应举办听证会。

③ 薛澜、彭志国、Keith Florig：《美国核能工业管制体系的演变及其借鉴分
析》，载《清华大学学报（哲学社会科学版）》2000 年第 6 期，第 77~86 页。

④ T. R. Fehner and J. M. Holl, "The United States Department of Energy
（1977-1994）", November 1994, p. 15, available at http：//www.osti.gov/
accomplishments/documents/fullText/ACC0062.pdf（last visited on Oct. 22,
2014）.

与美国原子能委员会的电力示范反应堆项目，向原子能委员会申请在密歇根州拉古纳海滩市（Lagoona Beach）建造一个商业快中子增殖反应堆。反应堆安全保障咨询委员会（ACRS）向美国原子能委员会提交的一份内部报告称，该堆型的安全性和技术问题存在不确定性，建议它收集更多的数据，但它仍拟许可该项目。因此，国会原子能联合委员会（JCAE）① 以动力反应堆发展公司项目存在安全隐患及美国原子能委员会未履行全面及时地向其汇报工作进展的法律责任为由，对此提出抗议。虽然反应堆安全保障咨询委员会最终向美国原子能委员会递交了动力反应堆发展公司项目安全保证书，美国原子能委员会也于1956年8月发放了建造许可证，但是，就这个问题的争议并未因此而结束②。"动力反应堆发展公司事件

---

① 美国国会原子能联合委员会（The Joint Committee on Atomic Energy，JCAE）是美国国会下设的一个委员会，在1946—1977年，全权负责涉及民用和军用核能的所有法案、决议和其他问题。国会原子能联合委员会由《1946年原子能法》创立，是国会负责监管美国原子能委员会的机构。它的职权广泛，被誉为美国历史上权力最大的国会委员会，也是现代美国唯一一个具有立法权的常设联合委员会。为了保证其顺利履行监管职责，国会原子能联合委员会有权获得所有核能利用的信息，美国原子能委员会必须向其"全面、及时地通报"相关情况。其中，最主要的权力是"立法否决权"，这使国会原子能联合委员会可以影响相关政策的制定，从而使其成为行政机构美国原子能委员会的共同决策者，而非仅仅是代表立法机构国会的监管者。1983年，国会原子能联合委员会的"立法否决权"被美国最高法院（Immigration and Naturalization Service v. Chadha）判决为违宪无效。随着核管会的建立，国会原子能联合委员会的地位逐渐下降，最终在1977年8月《95-110号公共法》（《美国法令全书》第91册第884页）（1977年）［Public Law 95—110, 91 State. 884（1977）］废除了《1946年原子能法》第17条关于国会原子能联合委员会的规定，增加了第20条——"国会原子能联合委员会职责的重新分配"，国会原子能联合委员会宣告解散，其民用核能的监管职能移交给美国参议院和众议院两院的专门委员会。

② 国会原子能联合委员会对此提出质疑，密歇根州政府也对此表示抗议。工会组织AFL-CIO团体提出举行听证会的要求，希望美国原子能委员会撤销建造许可证，后来，AFL-CIO团体又诉至上诉法庭，哥伦比亚地区上诉法院裁决美国原子能委员会的建造许可非法；1961年6月，美国最高法院最终裁定原子能委员会胜诉。

显示了美国原子能委员会在执行推动私有核能工业发展功能的同时，又要保护公众的健康安全之间的困难。"① 显而易见，美国原子能委员会在安全问题上的判断很容易受到其发展民用核能的雄心壮志所影响。②

为了防止此类事件再次发生，国会原子能联合委员会对原子能委员会的许可程序和监管体制进行研究，核心问题是美国原子能委员会的核安全监管职能与核能促进职能是否应该分别由两个独立机构负责。调研结果却发现，在核能发展的初始阶段，美国没有足够的核能技术人员可以专门承担核安全监管职责，故而不可能成立一个独立的监管机构。但是，国会原子能联合委员会认为需要从三个方面予以改革：(1) 制定新的法律，赋予反应堆安全保障咨询委员会独立法定机构资格；(2) 指令美国原子能委员会公开所有关于反应堆的报告；(3) 所有反应堆申请都必须召开听证会。国会原子能联合委员会把这三项改革方案作为《普莱斯—安德森法》提案的一部分提交国会。美国原子能委员会虽不情愿，但因它迫切需要国会通过《普莱斯—安德森法》以获得国家核损害赔偿保险，所以，原子能委员会最终全盘接受了这三项改革方案。

1957 年 9 月通过的《普莱斯—安德森法》修正了《1954 年原子能法》的部分监管措施，为民用核反应堆事故受害者提供损害赔偿保险。从深层动机来看，新法案的主要目的仍是促进核能发展，对核工业界、美国原子能委员会和国会原子能联合委员会

---

① 薛澜、彭志国、Keith Florig：《美国核能工业管制体系的演变及其借鉴分析》，载《清华大学学报（哲学社会科学版）》2000 年第 6 期，第 77～86 页。

② See J. S. Walker & T. R. Wellock, "A Short History of Nuclear Regulation (1946-1997)", NUREG/BR-0175, Rev. 2, October 2010, p.10, available at http://www.nrc.gov/reading-rm/doc-collections/nuregs/brochures/br0175/br0175.pdf (last visited on Oct. 22, 2014).

而言，新法案为民用核能的发展清除了一个大障碍。①新法案也采纳了国会原子能联合委员会的改革方案：要求美国原子能委员会审核反应堆申请时必须召开听证会，必须公开审核过程。另外，修正案赋予反应堆安全保障咨询委员会的法律主体资格，明确它在审核过程中有权审核安全报告和许可证申请，有权就反应堆设施安全及其标准制定问题向美国原子能委员会提出意见和建议。② 反应堆安全保障咨询委员会的职能涉及美国原子能委员会的基本职能，从理想的角度来看，这需要从根本上对后者进行机构调整。

但是，美国原子能委员会认为它可以通过内部机构调整，既可以保证其在核安全监管问题上的独立性和公正性，又不削弱其在促进核能发展问题上的地位和作用。美国原子能委员会随即主动进行了多种尝试。1957 年 10 月，美国原子能委员会取消民用部，成立审核和监管部，专门承担核安全监管职能，而民用部的核能促进职能则由其他部门负责。1959 年 11 月，美国原子能委员会又新增一个助理总经理职位，专门协调审核和监管部、监管监察部③和健康与安全事务办公室，协助总经理履行安全监管职责。1961 年 3 月，美国原子能委员会撤去总经理助理的职位，设置一个直接向美国原子能委员会汇报的监管主管，以提高审核效率。这固然表明美国原子能委员会更加重视核能监管职能，但仍不能改变其重"促"轻"管"的事实，更不能改变"促"、"管"职能之间的根本性矛盾。

4. 美国原子能委员会时代的终结

① See J. S. Walker & T. R. Wellock, "A Short History of Nuclear Regulation (1946-1997)", NUREG/BR-0175, Rev. 2, October 2010, p. 10, available at http：//www. nrc. gov/reading-rm/doc-collections/nuregs/brochures/br0175/br0175. pdf (last visited on Oct. 22, 2014).

② See Public Law 85-256 (Price-Anderson Act), September 2, 1957, U. S. Statutes at Large (1957), Vol. 71, p. 576.

③ 管制监察部是美国原子能委员会的一个部门，专门负责收集信息，从而判断获得建造许可证的公司和原子能委员会雇员是否服从法律和原子能委员会的管制、处理审核活动中所有的检查事宜。

20 世纪 60 年代末到 70 年代初，核反应堆申请数量急剧增加，美国原子能委员会人手短缺，捉襟见肘。"从 1965 年到 1970 年，监管人员增加了 50%，但它的审核和检查案件增加了大约 600%。"[1] 再加上反应堆的容量魔术般地增大，审核的技术难度不断增加，核电对健康和环境的影响日益受到公众关注，结果导致美国原子能委员会审核效率低下，审核周期漫长。为了提高审核效率，1964 年美国原子能委员会再次进行机构重组，除了审核和监管部、监管监察部和健康与安全事务办公室三个部门之外，又成立了 5 个新的部门：（1）反应堆许可部（Division of Reactor Licensing），负责审核许可申请，判断经营者资格，就反应堆安全问题与其它美国原子能委员会部门进行沟通；（2）安全标准部（Division of Safety Standards），负责开发和评估反应堆设计、选址、建造、经营和辐射保护方面的标准；（3）材料许可部（Division of Material Licensing），负责为医用、工业用、农用放射性同位素和其他核材料核发许可；（4）州政府及许可证持有者联络部（Division of State and Licensee Relations），负责协调与各州政府的联系；（5）合规部（Devision of Compliance），负责检查许可证持有者活动，保证其遵守原子能委员会法规。1967 年，美国原子能委员会再次调整监管部门，把安全标准部一分为二：反应堆标准部（Division of Reactor Standards）和辐射保护标准部（Division of Radiation Protection Standards）。[2] 虽然美国原子能委员会采取了积极的改进措施，但结果收效甚微。1967 年，核电站从设计、建造到投入运营需要花费 7 年时间，而且许可证审核期限一再延长。1970 年，

---

① 参见薛澜、彭志国、Keith Florig：《美国核能工业管制体系的演变及其借鉴分析》，载《清华大学学报（哲学社会科学版）》2000 年第 6 期，第 77~86 页。

② See J. S. Walker, *Containing the Atom: Nuclear Regulation in a Changing Environment* (1963-1971), (Berkeley: University of California Press), 1992, p. 40.

反应堆许可部审核建造许可申请就需要花费 18 个月的时间。①

除了部门调整，美国原子能委员会也就审核程序本身存在的问题进行研究。1965 年 1 月，美国原子能委员会成立了一个"监管事务审查专家组"（Regulatory Review Panel），专门研究许可证审核程序。1965 年 7 月专家组向美国原子能委员会提交报告，提出三点建议：（1）明确美国原子能委员会审核的本质，即通过对核反应堆安全进行最全面、最彻底、最客观的审核来确保核反应堆安全和公众辐射安全；（2）修订听证会程序，例如，限制听证会审查内容和放松单方审查原则（the *ex parte* rule）等；（3）简化原子能委员会审核流程，明确审核文件要求，减少申请人的困难，缩短建造许可审批时间，例如，详细列明申请要求和技术标准，加强美国原子能委员会内部各部门之间的协作等。②

美国原子能委员会此后采取了一些简化审核程序的措施，明确申请要求，发布新的审核规定，减轻申请人的负担。但是，鉴于促进职能和监管职能之间存在着不可调和的矛盾，美国原子能委员会和国会原子能联合委员会都认为解决双重职能矛盾的唯一办法就是成立一个独立的核安全监管机构；双方的不同之处在于时机选择问题，后者认为应当尽快成立一个独立的核安全监管机构，而前者和核工业界则认为当时"核能技术积累的经验有限，无法成立一个独立于研发活动的安全监管机构"。③

为了解决其双重职能的利益冲突问题，1969 年 8 月美国原子能委员会成立"原子安全与许可理事会上诉专家组"（Atomic

---

① See J. S. Walker, *Containing the Atom: Nuclear Regulation in a Changing Environment* (1963-1971), (Berkeley: University of California Press), 1992, p. 54.

② See J. S. Walker, *Containing the Atom: Nuclear Regulation in a Changing Environment* (1963-1971), (Berkeley: University of California Press), 1992, pp. 49-50.

③ See J. S. Walker, *Containing the Atom: Nuclear Regulation in a Changing Environment* (1963-1971), (Berkeley: University of California Press), 1992, p. 51.

Safety and Licensing Board Appeal Panel），由其处理美国原子能委员会授权处理的许可复核案件。但是，美国原子能委员会有权决定是否将案件移交，同时还有权审查专家组做出的与现行政策相冲突或涉及重要公共政策问题的复核决定。结果，新成立的上诉专家组形同虚设，再次遭到国会原子能联合委员会和核工业界的激烈反对。

美国原子能委员会的内部机构调整和政策调整，不仅没有解决"促"、"管"职能之间的固有矛盾，而且还使监管程序更加复杂化，受到核工业界、国会原子能联合委员会和批评家的指责。1971年1月，作为美国原子能委员会监管职能的负责人，也是1964年和1967年两次机构改革主导者，哈罗德·L. 普莱斯（Harold L. Price）说："美国原子能委员会、反应堆安全保障咨询委员会、安全与许可理事会上诉专家组对公众而言毫无区别，都是核能发展部门。"① 因此，美国原子能委员会内部的机构微调不能解决其根本性的利益冲突问题，不能消除公众的质疑。通过根本性的改革成立一个独立的核安全监管机构已经势在必行。

三、核管会时代（1975—1979 年）

20 世纪 70 年代初，美国社会范式实现转型，最终确立以核能发展和核安全并重、核安全监管职能和核能促进职能分别由独立职能机构负责、立法—行政相互制约的监管体制。然而，社会范式转型会受到技术因素和社会心理的影响，新的社会范式刚刚建立，三里岛核事故就把方兴未艾的核能转型扼杀在摇篮里。

（一）美国核管会与核安全监管

1974 年，美国原子能委员会的历史终于走到尽头。根据《1974 年能源重组法》美国原子能委员会分立成两个独立的部级联邦政府机构：（1）美国核管会是核安全监管部门，其首要职能是确保公众健康和安全免受核辐射的威胁，拥有民用涉核事务的授权

① See J. S. Walker, *Containing the Atom*: *Nuclear Regulation in a Changing Environment*（1963-1971），（Berkeley：University of California Press），1992, p. 53.

立法权和许可证审批权，并具有一定的核设施督察和违章处罚等职权；把反应堆安全保障咨询委员会归入核管会；在有关民用核工业的授权立法方面，向国会直接报告，对国会直接负责，不完全受美国总统约束。（2）美国能源研究与发展署（Energy Research and Development Administration），承担核能的促进职能，负责军事核工业和民用核工业的研发等事务，向总统报告并对总统负责。

虽然"具体就其组织机构而言，核管会与后期的美国原子能委员会中的管制体系基本一致，并没有太大的改变，只是其组织机构完全独立于发展机构之外。"①但是，《1974年能源重组法》创立核工业"军"、"民"分离原则，从制度上解决了美国原子能委员会"促"与"管"的根本矛盾。同时，这也开创了"立法—行政"相互制约原则。核管会根据国会授权行使民用核工业事务的立法权，向国会报告并对其负责；能源研究与发展署则没有涉核事务的立法权，只拥有促进民用核工业发展的职责，向总统报告并对其负责。能源研究与发展署的负责人由总统指定并经国会批准后确定。这种"立法—行政"相互制约的原则，进一步完善了民用核工业的监管体制。

（二）美国能源部与核能和平利用

成立美国能源研究与发展署主要有两个目的：（1）由一个独立的联邦机构专门负责能源研发活动，特别是促进各种能源技术的快速发展；（2）把核能许可和监管职能与核能及核武器的开发和生产职能分离，分别由不同的机构负责。事实上，能源研究与发展署还整合了内政部煤炭研究办公室（Department of Interior's Office of Coal Research）和矿务局（Bureau of Mines）能源研究中心承担的能源研发职能。

1974年5月7日，根据《1974年联邦能源署法》（*Federal Energy Administration Act of* 1974）和《第11790号行政命令》

---

① 薛澜、彭志国、Keith Florig：《美国核能工业管制体系的演变及其借鉴分析》，载《清华大学学报（哲学社会科学版）》2000年第6期，第77~86页。

（*Executive Order* 11790），美国成立了联邦能源署（Federal Energy Administration）以应对能源危机。此后，联邦能源署成为美国第一个能源主管机构，负责收集、整理、分析、评估能源信息，包括石油分布及定价机制、战略石油储备、节约能源和能源高效利用等。1977 年 8 月 4 日，卡特总统签署《公共法 95—91》①，组建能源部的法律正式生效。1977 年 10 月 1 日，联邦能源部开始对外办公。美国历史上第一次将包括核武器的设计、制造和实验在内的所有能源项目和部分国防责任交由一个联邦机构统一负责。能源部领导并整合能源研究与发展署和联邦能源署等机构及其能源项目，以保持美国科技在世界上的领先地位。

能源部新成立后的首要任务是整合各个机构和职能部门，使其各司其职，相互配合，以适应美国国家能源政策。依据法律，能源部由三名主要领导人负责：部长（Secretary），常务副部长（Deputy Secretary）和副部长（Under Secretary）。具体工作由各个助理部长（Assistant Secretary）执行，分管能源技术、资源应用、节能和太阳能应用、环境保护、国防项目等。美国能源部联邦能源法规委员会是一个独立的国家职能机构，该委员会由五名委员组成，由一个主席领导。联邦能源法规委员会继承了联邦电力委员会和州际商务委员会的职责，包括颁发许可证并规范水力发电项目，规范电力设施、电力和天然气的输送和销售以及天然气和石油管线管理。联邦能源法规委员会职责之外的能源立法项目由联邦经济法规局负责。

能源部继承了大量运营办公室、生产设施、军工设备、大学研究项目和研究所、实验室，其中包括位于阿尔贡（Argonne）、伯克利（Berkeley）、布鲁克海文（Brookhaven）、利沃莫（Livermore）、

---

① 美国参议院于 1977 年 5 月 18 日、众议院于 6 月 3 日通过了创立美国能源部的法律。8 月 3 日，国会方面的工作全部完成，包括批准会议报告。8 月 4 日，卡特总统签署该法案使其生效（公共法 95—91 号）。8 月 5 日，卡特总统任命施莱辛格（Schlesinger）担任第一任能源部部长。1977 年 10 月 1 日，美国能源部正式挂牌。

洛斯阿拉莫斯（Los Alamos）和橡山（Oak Ridge）等地的科学实验室和科罗拉多州高尔登（Golden）新太阳能研究所。① 这些设施大部分来自以前的原子能委员会、能源研究与开发署。能源部还在核污染治理和高放射性核废物处置方面负有重任。《1982 年核废物政策法》确定乏燃料和高放射性核废物将以"地下隔离深藏法"处置，规定美国能源部负责实施相关设施的研究、设计、建设和运行工作。

1983 年国会通过了《核管会授权法》（NRC Authorization Act），在国有核设施管理方面，确定了由核管会授权立法、能源部实施的"立法—行政"相互制约格局。而这两个机构都需对国会负责，这是美国国会对联邦政府机构管理涉核事务并不信任而寻求的一种制约机制。能源部虽然继承了能源研究与发展署促进核能发展的职权，但却没有民用核工业活动的立法权，从而保证"立法—行政"相互制约模式得以继续贯彻。

四、后三里岛时代（1979—1992 年）

（一）后三里岛时代的社会—技术背景

核管会时代一直面临着许多严峻挑战。在国际上，美国已经成为世界上最大的核燃料出口国②，核管会需防止核燃料和核技术落入敌对国家之手；更为重要的是，能源危机的影响要求美国实现能源自主，而核能发挥着举足轻重的作用。因此，核管会需要确保美国核能利用的绝对安全。

核电反对者认为核电的安全风险远远大于核电的利用价值，原因之一就是无论是从技术上还是从经济上来讲核电都不能像最初设

---

① 目前，能源部共管理着 21 个国家实验室及研究所，详见美国能源部网站 http：//www. energy. gov/offices。

② See J. S. Walker & T. R. Wellock, "A Short History of Nuclear Regulation（1946-1997）", NUREG/BR-0175, Rev. 2, October 2010, p.52, available at http：//www. nrc. gov/reading-rm/doc-collections/nuregs/brochures/br0175/br0175. pdf（last visited on Oct. 22, 2014）.

想的那样取代化石燃料。①为了缓解公众对核电安全问题的担忧，1975 年核管会发布《反应堆安全研究》报告，用新的研究分析方法证明，发生严重核紧急事件的概率极低，而且，即使真的发生核事故，其后果也微乎其微。②但是，仅仅 4 年之后，三里岛核事故爆发，释放出 250 万居里（Curie）③ 的放射性气体以及 15 居里的放射性碘，在 5 天内导致附近 14.4 万人紧急疏散。④虽然没有直接造成人员伤亡，而且此后数十年的持续研究也证明此次核事故并未导致癌症数量的明显增加，但是三里岛核事故彻底颠覆了人们对核安全问题的认识，公众开始亲睐核电反对者的立场，认为核安全问题与生俱来，根本无法克服。⑤公众对核电的支持率大幅下降，大部分人都反对新建核电站：1979 年 5 月，65000 人到首都华盛顿游行抵制核能⑥；同年 9 月，20 万人走上纽约街头抗议三里岛核事故造成大量放射性气体释放⑦。实际上，三里岛核事故的影响已远远超出美国，波及世界核能产业。1963—1979 年，世界上新建核电站数量逐年增长；而事故发生后的十年间，新建核电站的数量逐

---

① See John Byrne & Steven M. Hoffman (Eds.), *Governing the Atom：The Politics of Risk*, Transaction Publishers (1996), pp. 145-149.

② See NRC, "Reactor Safety Study (1975) ", p. 1, available at http：//www. osti. gov/energycitations/servlets/purl/7134131-wKhXcG/7134131. pdf （last visited on Oct. 22, 2014).

③ 居里（Curie）是放射性强度单位。

④ See Mitchell Rogovin & George T. Frampton, Jr., "Three Mile Island：A Report to the Commissioners and to the Public" (1980), available at http：//www. threemileisland. org/downloads/354. pdf (last visited on September 20, 2014).

⑤ See J. S. Walker & T. R. Wellock, "A Short History of Nuclear Regulation (1946-1997) ", NUREG/BR-0175, Rev. 2, October 2010, p. 56, available at http：//www. nrc. gov/reading-rm/doc-collections/nuregs/brochures/br0175/br0175. pdf (last visited on Oct. 22, 2014).

⑥ See Marco Giugni, *Social Protest and Policy Change*, Rowman & Littlefield Publishers (2004), p. 45.

⑦ See Robin Herman, *Nearly* 200, 000 *Rally to Protest Nuclear Energy*, N. Y. TIMES (Sept. 24, 1979), at B1.

年下降。①

1986 年 4 月，切尔诺贝利核事故使世界核能产业雪上加霜。三里岛核事故后惊魂未定的美国人更加坚定地认为核电是危险的。美国公众不相信核能的安全性，而对核能产生了恐惧感。"切尔诺贝利就在你身边"（Chernobyl Is Everywhere!）的口号响遍美国。此后的民调显示，78%的人反对在美国新建核电站。②

三里岛核事故之后，核管会曾暂停核发新的运行许可证，但不久之后，核管会在 1980 年 8 月为弗吉尼亚州北安娜核电站（North Anna Power Station）颁发了运行许可证，并在此后 9 年间又颁发了 40 张运行许可证，其中包括为三里岛核电站 1 号反应堆颁发的恢复运行许可证，这些核电站大多是在 20 世纪 70 年代中期就取得了建造许可证。③在国会的督促下，核管会推出一套新的监管措施，要求每个公用事业公司与当地警察和消防部门一起制定核电站应急疏散方案，否则就不核发许可证，然而，纽约和马萨诸塞等州拒绝合作④。1987 年，核管会只能假定即使这些州拒绝制定应急疏散方案，在核事故发生后州政府也决不可能不开展应急疏散工作，所以，核管会最终还是批准这些州的核电站投入运行。⑤

---

① See IAEA, "50 Years of Nuclear Energy (2004)", available at http://www.iaea.org/About/Policy/GC/GC48/Documents/gc48inf-4 _ ftn3.pdf（last visited on Oct. 22, 2014）.

② See J. S. Walker & T. R. Wellock, "A Short History of Nuclear Regulation（1946-1997）", NUREG/BR-0175, Rev. 2, October 2010, p.59, available at http://www.nrc.gov/reading-rm/doc-collections/nuregs/brochures/br0175/br0175.pdf（last visited on Oct. 22, 2014）.

③ See J. S. Walker & T. R. Wellock, "A Short History of Nuclear Regulation（1946-1997）", NUREG/BR-0175, Rev. 2, October 2010, p.59-60, available at http://www.nrc.gov/reading-rm/doc-collections/nuregs/brochures/br0175/br0175.pdf（last visited on Oct. 22, 2014）.

④ See Rick Eckstein, *Nuclear Power and Social Power*, Temple University Press（1997）, p.60.

⑤ See Ben A. Franklin, *Nuclear Agency Moves to Ease Reactor Rules*, N. Y. TIMES（Feb. 27, 1987）, available at http://www.nytimes.com/1987/02/27/us/nuclear-agency-moves-to-ease-reactor-rules.html（last visited on May 10, 2015）.

20 世纪 80 年代末，事情开始出现转机。首先，社会心理开始发生变化，环保主义者认为化石燃料是酸雨和全球变暖的罪魁祸首，而核能是应对全球气候变化、替代化石燃料的最佳选择①；接着，核能技术创新也发挥作用，核反应堆的创新设计既可以更加高效地利用能源，又可以大大降低核事故的概率。②核管会适时地简化了许可证审批流程，将"两步审批程序"合二为一，实施"建造与运行联合许可证审批程序"，在确保核安全的前提下，鼓励新型核反应堆的开发和应用，加快审批流程。

除此之外，核管会大幅提高辐射安全标准。1961 年，美国原子能委员会规定核电厂工作人员的职业照射③标准是每年不超过 5 雷姆（rem），而公众照射标准是每年不超过 0.5 雷姆（rem）；虽然美国原子能委员会在 70 年代已提高了核电厂设计中的放射性物质排放标准，事实上大幅减少了辐射风险，但是，美国的国家辐射安全标准却未改变。三里岛核事故之后，核管会修订辐射安全保护法规，把公众照射④标准降低到每年 0.1 雷姆（rem）。1990 年 6 月，核管会宣布"免予监管"（Below Regulatory Concern）的辐射

---

① See Bruno Comby, "Environmentalists for Nuclear Energy", World Nuclear Ass'n Annual Symposium (2001), available at http：//www.world-nuclear.org/sym/2001/pdfs/comby.pdf (last visited on Oct. 22, 2014).

② See J. S. Walker & T. R. Wellock, "A Short History of Nuclear Regulation (1946-1997)", NUREG/BR-0175, Rev. 2, October 2010, p.62, available at http：//www.nrc.gov/reading-rm/doc-collections/nuregs/brochures/br0175/br0175.pdf (last visited on Oct. 22, 2014).

③ 职业照射（Occupational Exposure）是工作人员在工作过程中受到的所有照射，但排除照射以及豁免实践或豁免源所产生的照射除外。参见国际原子能机构：《国际原子能机构安全术语—核安全和辐射防护系列》（2007 年版）（STI/PUB/1290）。

④ 公众照射（public exposure）是公民受到的辐射源产生的照射，不包括任何职业照射或医疗照射以及当地通常的天然本底辐射，但包括经批准的放射源和实践活动以及实施干预活动时所产生的照射。参见国际原子能机构：《国际原子能机构安全术语—核安全和辐射防护系列》（2007 年版）（STI/PUB/1290）。

剂量：如果辐射剂量低于每人每年 1 毫雷姆（Millirem）或人口群体的辐射剂量不超过每年 1000 人—雷姆（person-rem），那么该利用设施就不需要申请许可证，这再次引起公众的强烈抗议，最终，核管会不得不推迟实施这项措施。[①]

核管会在全国范围内开展全面的流行病学研究和检测，结果喜忧参半。例如，核管会委托美国国家癌症研究所（National Cancer Institute）对 62 个核电站周边 107 个郡县进行研究，结果显示癌症患者的数量并未增加。但是，其他研究结果却令人担忧，例如在马萨诸塞州普利茅斯的佩格姆核电站（The Pilgrim Nuclear Power Station）周边发现癌症高发区域，在英国塞拉菲尔德后处理厂（The Sellafield Reprocessing Plant）周边发现大量患白血病的儿童。[②]

总之，这一时期美国乃至世界范围内特殊的社会—技术背景，使美国民众对核安全存在怀疑、甚至是恐惧，而美国核能产业深陷这种社会—技术背景，无法自拔。不过，正是在这种特殊的社会—技术背景下，美国国会、核能产业以及公众推动美国出台一系列核安全监管法律法规。其中最为重要的是《1992 年能源政策法》，该法以联邦法律的形式详细界定了核管会、环保局、能源部、交通部等联邦政府机构在核废物处置和核污染防治中的工作职责，标志着美国已经建立完善的现代核安全监管体制，从而为核能复兴奠定了坚实的法律和制度基础。

（二）《1992 年能源政策法》与现代核安全监管体制的形成

20 世纪 80 年代，美国有 100 座在运核反应堆，新问题随之产生，退役、许可证更新、核材料监管、风险评估等问题成为核管会

---

① See Koren Geer, *Regulatory Concern: The Nuclear Regulatory Commission's Solution for Radioactive Waste Management*, 2 FORDHAM ENVTL. L. REV. 139 (2011).

② See J. S. Walker & T. R. Wellock, "A Short History of Nuclear Regulation (1946-1997)", NUREG/BR-0175, Rev. 2, October 2010, p.64, available at http://www.nrc.gov/reading-rm/doc-collections/nuregs/brochures/br0175/br0175.pdf (last visited on Oct. 22, 2014).

的当务之急。然而，环保局却对核安全顾虑重重，表达了与核管会政策不同甚至是针锋相对的观点①；核能产业界也把核管会的法规和政策视为"对美国核能产业的严重威胁"，因为它有损核能在公众心目中的形象，其安全预防措施既没有效果又毫无必要，相反"还会增加核电成本，降低核电在能源市场竞争中的优势"②。因此，核能产业界要求核管会转变职能，减缓核能产业的衰退趋势。来自同级政府机构和核能产业的双重压力要求通过立法进一步明确核管会的职责，厘清核管会与环保局及其他政府机构的职责范围。在这种的社会—技术背景下，国会通过了《1992 年能源政策法》。

　　《1992 年能源政策法》明确了核管会、环保局、能源部和交通部在核废物处置和防止核污染事务中各自的工作职责，确立安全优先的监管理念。交通部负责管理所有涉及在公共道路上运输核废物的事务。能源部承担广泛的民用核能促进和发展职能，负责实施研究计划，推行标准设计，帮助简化核电厂许可条件和程序、降低核电站建设成本；开发新的核废物处置技术，开辟新的贮存场所，从而维护环境或人身安全，实现美国政府的核能发展目标。环保局负责制定通行辐射安全标准，"保护公众免受尤卡山地质库贮存或处置的放射性物质的危害"。环保局授权美国国家科学院"对尤卡山永久地质处置库开展研究，为公众健康与安全的保护标准提出合理化意见和建议"，在此基础上，环保局公布处置库正常运行期间对周围公众个人最大年有效剂量③，制定相应的公共健康和安全标

---

①　See J. Samuel Walker & Thomas R. Wellock, *A Short History of Nuclear Regulation* 1946-2009（2010），p. 68, available at http：//www. nrc. gov/reading-rm/doc-collections/nuregs/brochures/br0175/br0175. pdf（last visited on Oct. 22, 2014）.

②　J. Samuel Walker & Thomas R. Wellock, *A Short History of Nuclear Regulation* 1946-2009（2010），p. 70, available at http：//www. nrc. gov/reading-rm/doc-collections/nuregs/brochures/br0175/br0175. pdf（last visited on Oct. 22, 2014）.

③　Maximum annual effective dose equivalent to individual members of the public.

准。环保局公布辐射标准之后一年之内，核管会必须相应地修改许可证审批中的技术标准，使其符合环保局的环境保护标准。不仅如此，核管会的技术标准必须保证地质库在能源部的监管下不会发生任何不必要的安全风险，也不会出现超过最大允许值的辐射剂量。同时，环保局有权要求能源部持续监管地质处置库场址，阻止任何可能增加安全风险的活动。

对于低于核管会法定监管标准的低放射性废物，核管会可以免除监管职责，但是，这并不意味着州政府也不能监管，相反，各州政府仍有权监管低放射性废物的处置或焚烧①，以防止放射性风险。《1992 年能源政策法》还把 1989 年核管会制定的《联邦法规》第 10 篇第 52 部分（10 CFR 52）——《新建核电站的许可程序》②——列入联邦法律，提高其法律地位和法律效力。

五、核能复兴时代（1992 年—至今）

（一）核能复兴时代的社会-技术背景

核能在 20 世纪末、21 世纪之初出现复兴的迹象，有其深刻的社会—技术背景。

第一，20 世纪 90 年代开始的气候变化谈判及气候变化国际法的兴起是核能复兴的国际社会背景。1990 年 12 月 21 日联合国大会第 45/212 号决议成立气候变化框架公约政府间谈判专门委员会。此后的两年间，政府间谈判专门委员会召开了六届工作会议。由于各个国家都有各自利益和立场，尤其是发达国家和发展中国家之间存在较大分歧，最终拟定了一个框架性的国际公约文本。1992 年 5 月联合国里约环境与发展大会通过了《联合国气候变化框架公约》③。1994 年 3 月 21 日第 50 个国家批准加入后公约生效，标志

---

① 《1954 年原子能法》第 276 条（a）项。

② See Nuclear Energy Institute, "Licensing New Nuclear Power Plants", available at http://www.nei.org/resourcesandstats/documentlibrary/newplants/factsheet/licensingnewnuclearpowerplants/（last visited on December 19, 2014）.

③ 中国于 1992 年 6 月 11 日签署该公约。

着气候变化国际法的正式形成①。虽然包括中国在内的很多国家并不需要承担公约及其《京都议定书》规定的强制性减排义务，但是，"所有缔约方，考虑到它们共同但有区别的责任，以及各自具体的国家和区域发展优先顺序、目标和情况，应制定、执行、公布和经常更新国家的以及在适当情况下区域的计划"以及"适应气候变化的措施"②。因此，对所有缔约方而言，在具有经济和社会效益的条件下一般地控制温室气体排放是一般性法律义务，即使不承担具体的减排义务，也仍负有采取适当减排措施的国际法律义务。根据联合国气候变化大会1997年通过的《京都议定书》，美国从2008年到2012年间要将6种温室气体排放量在1990年的基础上削减7%。③"核电的贡献相当于60%的目标值。也就是说，核电对碳的减排量贡献相当于170座500MW规模的燃煤电厂的碳的排放量，或者相当于300座同样规模的燃气电厂的碳的排放量。"④ 因此，大力发展核电有助于美国履行国际减排义务。

第二，美国核能产业技术进步是推动核能复兴的技术因素。多年来，核能产业不断推进技术创新，"在操作员培训、核电厂管理、控制室设计以及设备安装与维护方面大力改革，极大地提高了核电的安全性和可靠性。"⑤ 美国核电站的容量因子（Capacity Factor)⑥ 已经从70年代的50%~60%上升到现在的90%，相应的

---

① 参见龚向前著：《气候变化背景下能源法的变革》，中国民主法制出版社2008年版，第28页。

② 《联合国气候变化框架公约》第四条第1款（b）项。

③ 参见新华网：联合国气候变化框架公约与气候变化大会，网址：http://news.xinhuanet.com/ziliao/2003-07/10/content_966008.htm（最后访问日期：2015年1月2日）。

④ 马成辉：《美国核能政策的分析与借鉴》，载《核安全》2007年第3期，第46~54页。

⑤ See J. S. Walker & T. R. Wellock, "A Short History of Nuclear Regulation (1946-1997)", in Emily S. Fisher edited *Nuclear Regulation in the U. S. : A Short History*, 2012, p.69.

⑥ 容量系数表示核电站实际发电量与其满负荷运转时的理论发电量的比率，是一个重要生产率指标。

核电成本也大幅下降。其他安全指标也持续大幅度改进，例如核反应堆紧急停堆（Reactor Scram）、安全系统故障和员工职业照射时间都持续减少。[1]

第三，在核能技术进步和环境及能源危机的双重推动下，美国国内形成了比较积极的社会心理。首先，20世纪90年代，美国能源需求日益增长，能源消耗的增长率是23%，但能源生产的增长率却不到3%。2001年5月，布什政府预计美国未来20年至少需要新建1300座发电厂才能满足电力需求。而其他类型的发电厂都存在明显的缺陷：化石燃料供应不稳定，且污染严重；天然气发电虽然清洁无污染，但却存在供应安全问题以及高额成本问题。因此，巨大的能源需求缺口再次把核能推到历史的前台。其次，随着全球变暖的加剧，温室气体减排刻不容缓，全球气候变化谈判取得重大进展。限制使用化石燃料，减少二氧化碳排放成为美国最重要的政策目标之一。众多研究都支持核能，认为核能是零碳排放的能源，可以在应对气候变化方面发挥至关重要的作用。在这种情况下，美国国会通过《2005年能源政策法》，为新建核电厂提供贷款担保和各项补贴，大幅减轻公用事业公司的金融负担，从而推动核电的复兴。[2]

事实证明，核电在新的社会—技术背景下的确开始复苏。2009年6月，核管会已收到18份联合运行许可证申请文件，拟新建28座核反应堆。实际上，在事故发生之前，奥巴马总统2012财年预算中还包括为新建核电站提供的360亿美元贷款担保。这都表明美国开始再次接受核能是一种安全高效的能源。[3] 即使在福岛核事故

---

[1] See J. S. Walker & T. R. Wellock, "A Short History of Nuclear Regulation (1946-1997)", in Emily S. Fisher edited *Nuclear Regulation in the U. S. : A Short History*, 2012, pp. 69-70.

[2] See J. S. Walker & T. R. Wellock, "A Short History of Nuclear Regulation (1946-1997)", in Emily S. Fisher edited *Nuclear Regulation in the U. S. : A Short History*, 2012, p. 71.

[3] See Julie Ann McKellogg, "U. S Nuclear Renaissance Further Crippled by Japan Crisis", Voice of America (Mar. 17, 2011, 8：00 AM), available at http：//www. voanews. com/content/us-nuclear-renaissance-further-crippled-by-japan-crisis-118272249/169632. html (last visited on Oct. 22, 2014).

之后，美国国内这种积极的社会心理也并未发生重大改变，美国未放弃核能就是明证。

（二）《2005 年能源政策法》与核安全监管的理性回归

1. 《2005 年能源政策法》的主要内容及影响

《2005 年能源政策法》推出了有利于核工业发展的财政和税收激励措施，主要包括：（1）政府对先进核反应堆或其他没有碳排放的技术提供项目总价 80% 的联邦贷款担保；（2）对于新建先进反应堆 6000 兆瓦（MW）以内的产能，核能生产税抵免（PTC）保持在 1.8 美分/千瓦时的水平①；（3）再次把核损害赔偿责任法——《普莱斯—安德森法》延长 20 年；（4）为首批 6 座新建先进核电厂提供 20 亿美元的联邦风险担保，用以支付因监管原因导致的核电站迟延满功率运行的损失；（5）批准 30 亿美元用于先进核技术研发，包括支持试验新的许可证申请与审批程序和利用核能生产氢气（无污染能源）技术的示范项目；（6）进一步完善退役基金的税收政策。

这些政策无疑对核电发展具有重大意义。2007 年，17 家企业一共提出 26 座新建核反应堆许可证申请，总装机容量高达 34200MW。对于核电企业或财团而言，开发新型核能技术必须获得国家政策的支持，包括金融、税收、信用、贷款、研发资金及风险保证金等各个方面的政策。一旦政府不能用优惠政策激励企业研发先进的核电技术，或各项优惠政策无法落到实处，核能产业就要承担巨大的投资和生产风险，从而阻碍核能产业的健康发展。

"美国核工业所确定的发展目标是，截至 2020 年，新增核电装机容量 50GW，这相当于 50 座大型核电厂。"② 那么，哪些因素会影响核电发展呢？一般认为，主要有四个方面：（1）电力市场需

---

① 风能也享受 1.8 美分/千瓦时的核能生产税抵免，但是，风能并无产能数量上的限制。

② 马成辉：《美国核能政策的分析与借鉴》，载《核安全》2007 年第 3 期，第 46~54 页。

求将有大幅增加，能源部预测美国到 2030 年电力需求将有 45% 的增长；（2）为应对气候变化，保护环境，美国将实施更严格的环保政策；（3）现有核电厂保持良好的性能，安全可靠；（4）天然气供应不稳定，价格波动大，使核电具有成本优势。这些无疑为美国提供了支持核电发展的良好理由，也提高了公众对核电的接受度。

2. 核安全监管的理性回归

"放松管制、简化或合并许可证审批等监管措施也是核能新一轮开发的重要外部影响因素。"①《1992 年能源政策法》通过国会立法正式确认了对新建核电厂的设计、建造和安全审查同时进行的许可程序，以期增加新建核电厂许可证审批的确定性和效率。具体而言，核管会对新建核电厂的许可程序包括 3 步：首先，核电公司必须获得"早期厂址许可"②；然后，新建核电厂动工前，核管会对新型核电厂的设计安全审查合格后颁发"设计批准证书"③；最后，核管会对核电厂安全和环境影响审查合格后颁发"建造与运行联合许可证"。这与之前许可证审批的最大不同在于，许可程序在核电厂开工建设之前就已完成，从而大大提高了核电厂建设的效率，减少许可证审批的风险。

自卡特政府时期以来，美国终止了乏燃料后处理的商业开发，

---

① 马成辉：《美国核能政策的分析与借鉴》，载《核安全》2007 年第 3 期，第 46-54 页。

② 2007 年核管会颁发了首个"早期厂址许可"（ESPs）。

③ 核管会已经核发了 4 个新型核电厂的"设计批准证书"（DC）。新设计显著地减少泵、管道、阀门和电缆的数量，与传统的核电厂相比，这将显著减少物项的安装数量、检查频次和维修工作量。电厂安全更多地依赖于自然规律，例如重力、自然循环等，即使发生严重事故也能实现安全停堆。实际上，西屋公司（Westinghouse）设计的 AP1000 就遵循了上述设计理念，并且已获得核管会的设计证书。通用电气公司也于 2005 年 8 月向核管会提交了它的 EsBWR 设计。随后的 3 年，还有 3 类先进的反应堆设计即将提交核管会审查，包括 AREVA 的美国版 EPR、加拿大 AECL 公司的 AcR—1000 和 PBMR公司的球床高温气冷模式堆。

采取开放核燃料环政策。《2005 年能源政策法》出台后，美国开始重新评估其核燃料环政策，开发先进的乏燃料后处理技术。原因有三：（1）超铀元素在铀、钚分离时被保留在废物流中，仍具有放射性和高毒性，将对废物处置场的安全产生威胁，因此，需要把超铀元素分离并循环利用。（2）目前采用的 PUREX 流程可分离出高纯度的钚，而钚是制造核武器的材料，这会增加核武器扩散风险。因此，需要从技术上考虑实现超铀元素和钚的不可分离，从而减少核扩散风险。（3）PUREX 流程技术主要适用于以铀氧化物为燃料主体的核燃料类型，而不适用于先进燃烧反应堆（ABR）燃料类型。因此，美国提出了两个替代技术路线：（1）UREX+流程：把铀分离并循环利用，同时使钚与超铀元素结合在一起分离出来，从而实现废物最小化，又避免利用高纯度钚制造核武器的风险。（2）干法高温冶金技术（pyro-processing）：利用乏燃料在氯盐里通过足够高的温度进行熔融，从而实现铀与钚及其他超铀核素的分离，既可解决上述问题，又可适用于更多乏燃料类型，包括先进燃烧反应堆乏燃料和金属乏燃料。①

此后，美国推动掌握乏燃料后处理技术的主要国家开展合作，建立包括后处理服务在内的全球核燃料服务体系，即"全球核能合作伙伴"（Global Nuclear Energy Partnership）计划。全球核能合作伙伴计划既能防止核扩散、提高世界核安保水平，又能保证铀资源的循环利用，还能实现废物最小化的目标，对于保障核安全和环境安全具有决定性的战略意义。在推进"全球核能合作伙伴"计划的同时，美国实际上也在紧锣密鼓地加紧先进后处理技术的研发工作，包括技术与经济的可行性研究。2005 年 5 月，能源部向国会递交了关于启动先进核燃料循环开发的报告，从目标、路线和技术等方面论证了以先进后处理技术为代表的核燃料循环体系。在核工业界，法国阿海珐核工业公司（AREVA）也不断推进在美国开

---

① 参见马成辉：《美国核能政策的分析与借鉴》，载《核安全》2007 年第 3 期，第 46~54 页。

展后处理业务。最终，中、美、法、日、俄五国于 2007 年 5 月创立了"全球核能合作伙伴"多边国际协作机制，为新兴核电国家提供铀燃料和后处理服务，提高核安全水平，促进核电发展。

总之，不论从法律层面上，如《1992 年放射性废物政策法》，还是从技术储备与开发以及推进"全球核能合作伙伴"计划，美国一直在积极推动先进的核燃料循环技术的发展。作为未来美国核能发展的一部分，安全可靠、可持续的核燃料保障体系与核能开发利用齐头并进①，完善核能开发利用政策与加强核安全监管并重，合力推进核能产业的发展，是美国核安全监管政策理性回归的重要标志。

值得一提的是，奥巴马政府为了应对全球气候变化谈判的压力，推动美国众议院在 2009 年 6 月通过了《2009 年清洁能源与安全法案》，强调民用核能是一种清洁能源，需要通过市场化手段促进其开发利用。如果该法付诸实施的话，到 2025 年美国新建核电站数量将翻一番②，可惜的是该法案最终因未获得美国参议院通过而流产。

六、美国核安全监管体制历史演变的核心问题

美国核安全监管体制经历了一个漫长的发展历程。《1946 年原子能法》确定由美国原子能委员会负责促进和监管军用与民用核能的开发利用，禁止核能私有化或商业化。《1954 年原子能法》结束了政府的核垄断，开始促进民用核工业的发展，美国原子能委员会"促"、"管"职能的矛盾随之而来，愈演愈烈。1957 年《普莱

---

① 参见马成辉：《美国核能政策的分析与借鉴》，载《核安全》2007 年第 3 期，第 46~54 页。

② See Steve Kirsch, Waxman-Markey, "Three Tough, Unanswered Questions", available on The Huffington Post official website, available at http://www.huffingtonpost.com/steve-kirsch/waxman-markey-three-tough_b_215430.html (last visited on March 10, 2015).

斯—安德森法》① 解决了核损害赔偿责任的承担问题，为核工业发展扫除了一大障碍，民用核工业进入黄金期。随后，美国核安全监管体制进入调整时期，对核电站建造申请进行公开审核，召开听证会确保公众参与，增大监管透明度，以适应核工业飞速发展的需要。然而，随着核电建设规模迅速扩大，政府审核难度日增，结果造成审批效率降低，安全隐患重重。因此，根本性机构改革就成为必然选择。核管会应运而生，从此，美国核安全监管进入核管会时代。1979 年三里岛核事故后，美国核工业跌入 20 多年的停滞期，而以核管会为主导的美国核安全监管体制却得以不断完善，日臻成熟。

美国核安全监管体制历史演变集中在机构设置及其监管职能和程序的转变。机构设置的变化紧紧围绕着促进核能发展和核安全监管这对主要矛盾进行。② 在军事专制期，"促"、"管"职能集中在曼哈顿工程兵军区，其核心职能是实施军事管制政策，促进核能军事利用；《1946 年原子能法》成立美国原子能委员会，美国核能由"军管"转为"民管"，美国原子能委员会兼具军民核能的促进和监管职能；《1954 年原子能法》确立美国和平利用核能的国家政策，美国原子能委员会的职能产生面临两对根本性矛盾：核能军事利用与核能民事利用之间的矛盾；核能促进与核安全监管之间的矛盾。这两大矛盾随着美国核工业的发展而日益严峻。对此，美国原子能委员会试图通过内部机构调整，提升核安全监管职能的地位，实施独立职员制度，成立上诉专家组，但始终都无法解决"管"

① 核电站安全问题早在 1954 年制定《原子能法》时就已被提出来，美国通用电器公司核能产业部总经理麦克尼回答国会联合听证会时说，"在核能工业领域，无论任何人用多少办法多么小心去做，核事故发生的可能性总是存在的"。此后美国通过《普莱斯—安德森法》规定美国原子能委员会向民用核反应堆事故提供的责任保证金额是 5 亿美元，同时增加了规范核能委员会有关民用核反应堆许可证发放程序的条款。

② 参见薛澜、彭志国、Keith Florig：《美国核能工业管制体系的演变及其借鉴分析》，载《清华大学学报（哲学社会科学版）》2000 年第 6 期，第 77~86 页。

"促"职能的根本性矛盾。经过 20 多年的探索，《1974 年能源重组法》将美国原子能委员会一分为二，最终确立军民分离、"促""管"分立的原则，由两个独立的联邦机构分别负责军民用核能的促进和安全监管职能。

随着监管主体及其职责的变化，监管程序也随之发生变化。核能监管由完全保密的政府专制模式，逐渐转变成为"立法—行政"相互制约模式，通过听证会制度确保申请人和利益相关方的知情权、参与权以及监督权。20 世纪 60—70 年代，美国公众对核事故风险的关注度提高，核安全监管进一步加强，这增加了核工业的经济和行政负担。但是，公众参与监督核安全监管程序已经成为一项基本的监管制度，对促进整个监管体制的稳定性和有效性发挥着至关重要的作用。

从美国核安全监管体制的演变历程可以看出，它的建立经历了复杂曲折的过程，这个过程随着美国核工业发展而不断完善。即使美国核能自 20 世纪 80 年代之后进入漫长的停滞期，美国核安全监管体制也没有停止发展完善的脚步，在核电厂运行及核废物处理方面都取得卓著成绩，这为保障核能利用安全以及 21 世纪初美国核电的复兴奠定了坚实基础。

第二节　美国现代核安全监管体制

一、美国核管会的核安全监管职责

（一）核管会的组织构架

1974 年 10 月 11 日，《1974 年能源重组法》解散美国原子能委员会，其研发和生产职能为能源研究与发展署所继承，并在 1977 年转归能源部，而其许可和核安全监管职责则转归新成立的核管会。1975 年，美国核管会作为一个独立的联邦核安全监管机构[1]正式开始办公。美国国会建立核管会的目的是为了规范核材料在商

---

① See 42 USC 5801 and 5841.

业、工业、科研和医疗上的使用，保护环境，保护公众健康和安全。核管会由五名委员组成的最高委员会（The Commission），五名委员经参议院提名、同意并由总统任命，行使核管会最高决策权，每届任期5年。委员资格受法律保护，只有出现渎职、不称职、营私舞弊等法定事由时，总统才能通过法定程序将其革职。每个委员地位平等，拥有平等的决策权，最高委员会决策以多数票决出。总统指定其中一人为最高委员会主席，作为主要行政长官，全面负责各项行政、组织、预算和人事管理工作。核管会下设2个决策委员会，9个职能部门和13个负责运营工作的科室。（参见核管会组织构架图）

（1）2个决策委员会是指反应堆安全保障咨询委员会（Advisory Committee on Reactor Safeguards）和医用同位素咨询委员会（Advisory Committee on the Medical Uses of Isotopes）。反应堆安全保障咨询委员会由十名科学家和工程师组成，负责为核管会提供核设施安全及标准方面的建议。反应堆安全保障咨询委员会有权就其关心的具体安全事项开展研究，有权对核电厂开展实地考察；它有权向国会提交关于核管会安全研究项目的报告，出席国会听证会，作证并回答国会议员、核管会委员的提问。医用同位素咨询委员会就诊断和治疗过程中使用放射性物质的监管问题向核管会提供政策性和技术性建议。委员会成员主要是医疗专家，为核管会制定相关法规和导则提供意见和建议，评估非常规性使用放射性物质的活动，协助核管会开展许可、检查和强制执行工作，调研并将关键问题提请核管会采取适当行动。

核管会组织构架图（Organization of NRC）

最高委员会（The Commission）
委员会和理事会（Committees and Boards） 反应堆安全保障咨询委员会（Advisory Committee on Reactor Safeguards） 医用同位素咨询委员会（Advisory Committee on the Medical Uses of Isotopes）

续表

工作部门（Commission Staff Offices）

诉裁处（Office of Commission Appellate Adjudication）

国会事务处（Office of Congressional Affairs）

总法律顾问处（Office of the General Counsel）

国际项目处（Office of International Programs）

公共事务处（Office of Public Affairs）

书记处（Office of the Secretary）

监察处（Office of the Inspector General）

财务处（Office of the Chief Financial Officer）

运营处（Office of the Executive Director for Operations）

运营处（EDO Offices）

联邦和州政府物资和环境管理项目办公室（Office of Federal and State Materials and Environmental Management Programs）

新反应堆办公室（Office of New Reactors）

核材料安全和保障办公室（Office of Nuclear Material Safety and Safeguards）

核反应堆规范办公室（Office of Nuclear Reactor Regulation）

核管理研究办公室（Office of Nuclear Regulatory Research）

执法办公室（Office of Enforcement）

调查办公室（Office of Investigations）

核公共安全和核事故应急响应办公室（Office of Nuclear Security and Incident Response）

分区一科（Region Ⅰ）

分区二科（Region Ⅱ）

分区三科（Region Ⅲ）

分区四科（Region Ⅳ）

信息服务办公室（Office of Information Services）

电脑公共安全办公室（Computer Security Office）

行政办公室（Office of Administration）

人力资源办公室（Office of Human Resources）

小企业和市民权益办公室（Office of Small Business and Civil Rights）

总监察长（Inspector General）

总监察长办公室（Office of the Inspector General）

（2）核管会下设 9 个职能部门，分别负责书记处、财务、监察、法律、上诉仲裁、国会事务、国际项目、公共事务和运营事务。运营处下设 13 个主管科室，具体负责新反应堆、核材料安全和安全保障、核反应堆规范、执法、调查等运营事务。其中，核反应堆规范办公室是最主要、也是最大的科室。它承担着对美国所有核电站进行许可审批和监督检查的重要职责。① 《2005 年能源政策法》生效以后，许可证申请数量激增，核管会不得不大幅扩充工作人员队伍。2006 年 10 月，核管会对反应堆规范办公室进行整合，成立一个拥有 500 名工作人员的新反应堆办公室，专门审批新建反应堆申请。

（二）核管会的监管职责

核管会的监管职责范围广泛，既包括商业核电站、研究实验堆、核燃料循环设施，也包括医疗和学术用途的核设施及核材料；既要负责核设施和厂址退役管理，还要负责对核源材料、特殊核材料和核副产品的占有、运输、贮存、处理和进出口管理。核管会审批许可证，采取强有力的监管措施确保被许可人履行对核设施及核材料的安全与安保义务，保护公众和工作人员免受核辐射威胁。

在核安全监管问题上，核管会与环保局各司其职，互为表里。《1969 年美国环境政策法》创建国家环保局，美国成为世界上第一个设立国家环保局管理全国环境事务的国家。美国环保局承担着保护环境不受军民涉核行为辐射威胁的职责，它在规范核废物处置行为、制定核辐射环境保护标准方面享有授权立法权，而且其授权立法权既规范民事涉核行为，也规范军事涉核行为；同时，在核反应堆物质泄漏、民用核反应堆热污染和核废物处置问题上，它有权质疑民事涉核事务管理体制的可靠性，从而形成相互制约关系。环保局局长由总统指定并经国会批准产生，向总统直接报告和负责。

核管会为民用放射性材料颁发许可证，监督许可证持有者，核

---

① See NEA, "Nuclear Legislation in OECD and NEA Countries: USA", OECD Publications, 2015, available at http://www.oecd-nea.org/law/legislation/usa.pdf (last visited on October 20, 2015).

准核反应堆标准设计、乏燃料贮存桶和乏燃料运输包装。据 2011 年 9 月统计，核管会负责监管的在运核设施及其许可证持有者包括 104 个商用核反应堆、31 个研究实验反应堆、大约 4600 个反应堆营运者、4 个早期厂址许可、4 个反应堆设计批准证书、40 个铀回收设施、16 个大型核燃料循环设施、大约 3000 个研究、医疗、工业、政府、科研用核材料许可证持有者以及 46 个独立乏燃料贮存设施。

核管会还为美国能源部就核燃料回收过程产生的杂废物（Incidental Waste）处理方案提供咨询意见，并监控其杂废物处理行为。另外，37 个协议州管理着大约 19600 个许可证，他们与核管会签订协议，获得授权，负责监管少量核材料的利用安全。核管会与州政府密切合作，确保其维护一个有效的监管框架。核管会还负责颁发核材料进出口许可证，参加国际协作，包括多边和双边安全和安保活动，提高国际核安全和安保水平。

（三）核管会监管的法律依据

核管会是根据《1974 年能源重组法》设立的，但其具体监管职能却并非完全由该法规定，而是由众多法律不断完善的，主要有以下四类法律①：

第一，规范民用核材料和核设施的根本法，主要包括《1954 年原子能法》及其修正案、《1974 年能源重组法》、《1970 年第三号重组方案》及《1980 年第一号重组方案》。

《1954 年原子能法》及其修正案是美国在核能军事及民事利用方面的根本法。就民事利用而言，该法规定美国促进境内核材料和核设施的开发利用，同时采取安全监管措施，主张"原子能的开发、利用和控制必须有助于促进世界和平，提升大众福祉，提高生活水平，加强私有企业的自由竞争"。《1954 年原子能法》为首的法律体系构建了美国核能利用及核安全监管的基本制度，其中最为

---

① See NRC, "Governing Legislations", available on U. S. NRC official website（March 25, 2013）, available at http://www.nrc.gov/about-nrc/governing-laws. html#reorg-plans.（last visited on Nov. 20, 2014）.

重要的是许可制度、独立机构、核损害赔偿制度和协议州制度等。
（1）许可制度：任何民用核材料和核设施必须获得许可。核管会
被授权制定规则或发布命令，设定其认为有必要或有益的许可条
件，并采取措施保护公众健康和安全，降低对人身和财产的危险。
核管会的职能活动必须符合法定程序要求，保障相关主体享有听证
权和司法审查权。（2）"管""促"分立制度：《1974 年能源重组
法》把原子能委员会的职责一分为二，能源研究与发展署负责开
发和生产核武器、促进核能的利用及其他能源相关的职能，而核管
会则负责除国防核设施之外的所有监管职责。该法确立核管会的委
员会合议结构（Collegial Structure），组建核心部门，其后的修正案
又增加了对雇员表达核安全顾虑的保护条款。（3）核损害赔偿制
度：《普莱斯—安德森法》是该法一项重要的修正案，建立因核事
故造成场外人身及财产损害赔偿责任制度，并设定了最高赔偿数
额。（4）协议州制度：核管会有权与州政府达成协议，将其对某
些核材料许可证持有者的监管责任移交给州政府，前提是州政府能
证明其监管措施与核管会一致且足以保护公众健康与安全，但核管
会保留对核电厂及其他事项的监管权。①

值得一提的是，《1970 年第三号重组方案》规定美国环保局的
职责之一是"为保护环境免受放射性物质污染而制定普遍适用的
环境标准"。《1980 年第一号重组方案》加强了核管会主席的行政
管理职权，特别是授权核管会主席在紧急情况下可全权代表核管
会，行使对某一特定核设施或核材料的所有职权，但核管会的所有
政策、规则、命令和决定仍由核管会委员会制定。②

第二，关于核废物处理的法律，主要有《1982 年核废物政策
法》、《1985 年低放射性废物政策法修正案》和《1978 年铀尾矿放
射性控制法》。《1982 年核废物政策法》要求联邦政府负责提供一

---

① 参见《1954 年原子能法》第 274 条。

② See NRC, "Governing Legislations", available on U. S. NRC official website（March 25, 2013）, available at http://www.nrc.gov/about-nrc/governing-laws. html#reorg-plans.（last visited on Nov. 20, 2014）.

个高放射性废物和乏燃料永久处置场，费用则由生产者承担。后来，该法修正案进一步明确能源部负责内华达尤卡山永久处置场的可行性研究，并且一旦能源部和美国总统向国会推荐在此建设永久处置场，且该建议通过国会特别审议程序，能源部将向核管会申请处置场的建造许可证。在永久处置场的规划和开发过程中，能源部及核管会必须确保州政府、部落和公众享有广泛的参与权。《1985年低放射性废物政策法修正案》授权州政府处置本州产生的低放射性废物，订立州际协定，共同建设、使用核废物处置场。该处置设施由核管会及协议州共同负责监管。核管会负责制定相关安全标准，确定放射性核素在废物流中的安全值及相应的安全监管措施，而协议州则承担具体监管工作。《1978年铀尾矿放射性控制法》授权核管会自1978年1月1日起对其许可的矿场的尾矿拥有核安全监管职权，负责稳定和控制铀钍矿场的活性和惰性尾矿，以防止或减少氡在环境中的扩散。①

此外还有核不扩散法律和程序法。例如，《1978年核不扩散法》设立标准，规范核管会许可的核出口活动，加强国际安保体系。程序法主要是为了规范监管机构的监管程序，例如《行政程序法》和相关环境政策法对此都有详细规定。《行政程序法》是规范联邦行政机构监管程序的基本法。最初，重点规范联邦机构制定规则和决定的程序，例如，利益相关方对颁布、修订或废止规则的请求程序、拟定法规的通知程序和听证程序以及对联邦机构监管行为进行司法审查的标准等。此后，经多次修订并整合包括信息获取权、争议解决替代机制及审查程序方面在内的多部法律，最终发展成为内容广泛的行政程序法。其中涉及公众的信息获取权的法律主要有三部。其一，《信息自由法》（The Freedom of Information Act）要求联邦政府机构必须主动公开可能影响公众的规则、决定、政策声明和工作手册；对于其他政府掌握的信息，除非属于国家安全、

---

① See NRC, "Governing Legislations", available on U. S. NRC official website (March 25, 2013), available at http：//www. nrc. gov/about-nrc/governing-laws. html#reorg-plans. (last visited on Nov. 20, 2014).

商业秘密等法定例外情形，联邦机构也必须应相关方的要求及时公开。其二，《阳光政府法》（*The Government in the Sunshine Act*）要求诸如核管会之类的合议机构举行会议，除涉及国家安全等法定例外事项，也应当对公众开放。其三，《隐私法》（*The Privacy Act*）限制任何政府机构非法公布个人隐私信息。

《行政程序法》还整合了两部争议解决替代机制的法律：（1）《协商性规则制定法》（*The Negotiated Rulemaking Act*）允许联邦机构在特定情况下与部分主体进行协商制定规则，协商的目的是对拟制定的规则形成共识，避免最终拟定的规则引发巨大争议甚至启动司法审查程序。（2）《行政争议解决法》（*The Administrative Dispute Resolution Act*）要求联邦机构采用协商、调解、仲裁等方法代替裁决、强制执行、制定规则或司法诉讼。此外，《灵活监管法》要求相关机构在制定规则的时候考虑小型实体的特殊需求和利益；《国会审查法》（*The Congressional Review Act*）要求新规则在生效前必须提交给国会，重要规则必须提交给国会 60 天之后才能生效，在此期间，国会有权修改或否决该规则。《1969 年美国环境政策法》要求任何重大联邦行动都必须详细说明将对环境产生的影响及其替代行动，环境影响报告和行动方案都需通过审查流程。该法在总统办事机构下设一个改善环境质量委员会（Council on Environmental Quality），由其负责颁布法规，细化环境影响报告及公众参与程序。①

（四）核管会的监管流程

如下图所示，核管会的监管流程包括制定规则、许可审批、日常安全监管、评估以及经验分享五个部分：

第一，规则制定。（1）核管会制定和修订法规，许可证持有者必须符合这些法规才能获得使用核材料或运行核设施的许可证或授权；（2）核管会制定和修订导则，例如监管导则、标准审查方

---

① See NRC, "Governing Legislations", available on U. S. NRC official website（March 25, 2013）, available at http：//www.nrc.gov/about-nrc/governing-laws.html#reorg-plans.（last visited on Nov. 20, 2014）.

案和核管会检查手册，指导许可证持有者达到安全要求；（3）核管会向申请人和许可证持有者发送一般性通讯资料，发布通知，公开监管信息；（4）核管会与核能产业相关的标准制定机构共同制定核工业系统、设备及核材料的相关标准，并应用于核管会法规和导则之中。

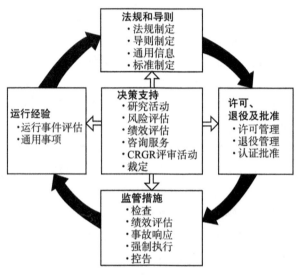

核管会监管流程示意图①

第二，许可证审批。（1）核管会负责许可申请人使用或运输核材料、运行核设施（颁发许可证、许可证展期、许可证修订、许可证转让）；（2）核设施内的残留辐射达到许可证终止条件时，核管会批准该核设施退役；（3）核管会授权申请人生产乏燃料容器、核材料运输包装、密封源和设备，授权申请人运营气体扩散厂。

① 参见美国核管会官方网站资料文件，详见 NRC, "How We Regulate", available on U.S. NRC official Website（September 17, 2013），available at http：//www.nrc.gov/about-nrc/regulatory.html # providing.（last visited on October 17, 2014）。

第三，日常安全监管。（1）核管会负责检查许可证持有者的活动是否符合监管法规；（2）核管会对在运核设施进行检查，核对运行数据，评估核设施运行状况，采取监管措施；（3）核管会总部运行中心和区域突发事件响应中心必须具备足够的应急准备和处置能力，协调和管控针对核事故和可报告事件的响应；（4）核管会有权对许可证持有者的不法行为开展调查，实施处罚措施，保证法规的实施；（5）核管会还处理针对核管会许可证持有者、申请人及其合同商或供货商的投诉。

第四，核管会对被许可核设施及开发利用活动进行评估。核管会对核事故和可报告事件进行日常审查和长期事故趋势分析，采取适当监管措施，及时发现并解决那些具有普遍性的安全问题。

第五，通过科学研究实验和技术分析，核管会评估潜在安全风险，为新设计和新技术积累经验。（1）在监管过程中，根据风险分析方法和运行数据进行全程风险评估，保证决策的正确性；（2）对核废物处置和核设施退役进行绩效评估，检测环境中放射性物质的放射剂量，以确定核废物处置设施是否达到绩效目标；（3）审查和评估独立咨询委员会提出的监管方案；（4）审查和评估普遍性要求审查委员会（Committee To Review Generic Requirements）提出的普遍性升级改造方案；（5）召开听证会，听取利益攸关方的意见，解决问题，并通过独立的评审报告支持核管会最高委员会决策。

（五）核管会监管的不足之处

《1974年能源重组法》明确规定美国核管会的首要职责是确保核能利用安全，而非核能发展和促进职能，而且也建立了相对比较完善的核安全法规和监管制度，然而，实践结果并不尽如人意。20世纪50—60年代以来，美国政府致力于建立核能产业，由于重"促"轻"管"的工作惯性，在核电厂建造许可证的审批过程中，核管会搁置了在核能发展初期存在的大量安全问题，而寄希望于核工业在设计和建造过程中解决这些安全问题。事实证明，一旦投资巨大的核电厂基本建成，即使安全问题仍然存在，核管会仍然会颁发运行许可证。导致这种结果的原因复杂多样，"但究其根源并不出在具体的机构设置和管制程序上，而是因为整个管制机构（也包括国会原子能联合委员会）的上层领导人士对核能工业抱着一种支持的态度，这种态度对整个管制活动产生了巨大的影响。这种影响使得核管会无法真正独立于发展职能之外"①。

二、美国能源部与核安全相关的职责

（一）能源部核能监管的法律依据

1973年的石油危机后，卡特总统于1977年8月4日签署《能源部组织法》（*The Department of Energy Organization Act*）②正式成立能源部，统一行使能源政策制定与管理职能。能源部作为能源研究与发展署的继承者，接管了所有美国原子能委员会的核能研发和示范职能。根据《1954年原子能法》及其修正案、《1982年核废物政策法》及其修正案、《1989年国家竞争力技术转移法》（*National Competitiveness Technology Transfer Act*）和《1992年能源政策法》，能源部被赋予广泛的民用核能促进和发展职能，这其中包括通过开展科研项目，促进核能利用安全的职责。

（二）能源部促进核能利用安全的职责

美国能源部负责开展大量核裂变或聚变燃料循环研发及示范活动，例如先进核裂变/核聚变反应堆的研发及示范项目，并进行相关的生产、加工和利用技术培训和技术转让。能源部还负责开展核能发电中的生物医学、物理科学以及安全科学研究，负责实施高放射性废物和乏燃料研究与处置项目。《1982年核废物政策法》确立了乏燃料和高放射性核废物的处置策略以及能源部的职责。1983年《核管会授权法》确定了核管会负责国有核设施管理的授权立法而能源部负责实施的"立法—行政"相互制约格局。两个机构向国会负责的制约机制保证"立法—行政"模式适用于国有核设施

① 薛澜、彭志国、Keith Florig：《美国核能工业管制体系的演变及其借鉴分析》，载《清华大学学报（哲学社会科学版）》2000年第6期，第77~86页。

② 《公共法95—91》（Public Law 95-91）

管理领域。

除此之外，能源部还承担国际合作、防止核扩散的重任，保证能源安全，特别是在危机情况下的能源供应安全。根据《1954年原子能法》及其修正案和《1978年核不扩散法》，在核管会、国务院和商务部等机构的协助下，能源部负责制定美国核出口政策；审查特殊核材料和铀浓缩服务的出口合同；参与核设备、核反应堆和核材料的出口许可证审批工作；批准相关国家转让从美国进口的核材料；负责双边和多边能源协议的谈判工作，确保购买美国核燃料的国家遵守国际原子能机构核安保规定。除了核能开发利用，能源部在放射性物质的安全运输以及国防部和航空航天局核动力系统研发及生产方面负有广泛职责。

（三）能源部促进核能利用安全的组织机构

能源部内部组建了一套较为完善的组织机构，履行促进核能安全利用的职责。该组织机构主要包括能源部部长、常务副部长、副部长、部长助理、能源研究处处长和民用放射性废物管理处处长，这些职位根据法律规定设立，经参议院同意并由总统任命。美国能源部由部长（Secretary）负责，制定国家能源目标、制定战略项目实施方案，满足美国短期和长期能源需求，为总统制定国家能源政策建言献策。部长缺席时，常务副部长（Deputy Secretary）可代行部长职责，在副部长（Under Secretary）的协助下，监管并支持开发核能资源和技术，建设和运行能源部的民用研究实验堆，确保高放射性废物和乏燃料贮存和处置安全，包括支持相关研发和示范项目、管理核废物基金等。他还负责管理能源部的基础研发、技术信息、教育培训和技术转让等项目。副部长下设部长助理（Assistant Secretary）和能源研究处处长，具体负责《能源部组织法》规定的各项职责，例如能源技术、资源应用、节能和太阳能应用、环境保护、国防项目等。就核燃料循环方面的职责而言，主要包括资源应用、环境责任、国际政策、国家安全、政府间政策与关系、核废物管理以及公共关系等。

能源部内设10个项目处，分别管理与能源密切相关的项目，例如科学处、环境管理处、能源效率及可再生能源处、化石能源处、核能处和能源信息局①等。其中，核能处（Office of Nuclear Energy）是履行能源部核能促进职能的主要部门，通过开展研发和示范项目解决核能利用的技术和成本问题，防止核扩散，并提供足够的安全保障，从而促进核能发展，满足维护美国能源安全、环境安全与国防安全的战略需求。能源部核能处在核能安全利用方面发挥的作用主要体现在以下四点：（1）持续开发技术解决方案，提高核反应堆的可靠性和安全性，延长运行期限；（2）不断研发新型核反应堆，促进核能发展，实现美国能源安全和气候变化目标；（3）开发具有可持续性的核燃料循环方案；（4）在发展核能的同时最大限度地降低核扩散风险和核恐怖主义。②

　　核能军事利用方面的促进和监管职能则归国家核安保管理局（National Nuclear Security Administration）。它是美国国会于 2000 年在能源部内部设立一个独立组织机构，主要负责美国核武器、核不扩散及海军核反应堆项目管理和安全监管，负责对国内外发生的核恐怖主义、核事故及放射性紧急情况的应急处理，还负责核武器及其部件和特殊核材料的安全运输。为了履行上述职责，国家核安保管理局制定并实施了 6 个领域的工作计划，包括国防核武器、核不扩散、海军核动力、核应急响应、核安保以及防止核扩散和核恐怖主义。③在核应急响应方面，它拥有充足的协调能力和响应系统，从而使美国能够对世界范围内发生的核事件做出迅速、有效的响应。福岛核事故发生后，美国向日本派出的"核灾害应急小组"就是美国能源部国家核安保管理局所属的特殊专业部队，专门负责

---

　　①　能源信息局负责整合联邦政府各种能源数据系统，将最重要的数据采集活动集中化处理，为总统、能源部、国会和公众提供全面的数据和及时的分析。

　　②　See DOE Office of Nuclear Energy, "Mission", available on DOE Official Website, available at http：//energy. gov/ne/mission（last visited on August 6, 2014）.

　　③　See NNSA, "Our History", available on National Nuclear Security Administration Official Website, available at http：//www. nnsa. energy. gov/aboutus/ourhistory（last visited on August 6, 2014）.

紧急处理国内外核恐怖袭击或核事故，为居民疏散及美军行动提供帮助。

无论是能源部核能处，还是国家核安保管理局，抑或是其他的运营管理处，它们都依赖私营的管理和运行承包商开展日常工作，管理现场施工，运行实验室和生产设施，贯彻落实能源部的方针政策。这些承包商与能源部签订合同，负责国家重点实验室在内的能源部设施的日常运行，支持能源部开展资助计划、合作协议以及为科技成果向私营企业转化的联合研发协议。① 在能源部国家实验室之中，爱达荷州国家工程实验室（Idaho National Engineering Laboratory）主要进行核反应堆研发、核安全研究和放射性废物处理技术开发；阿贡国家实验室（Argonne National Laboratory）则主要负责裂变反应堆（Fission Reactor）新技术的设计及测试工作。

另外，能源部还有两个独立的委员会。其一，美国联邦能源管理委员会（Federal Energy Regulatory Commission）是一个独立的联邦政府机构，它继承了联邦电力委员会（Federal Power Commission）和州际商务委员会（Interstate Commerce Commission）的职责②，包括州际电力的输送、定价和销售，水力发电项目的许可证审批，天然气输送和销售以及州际油气管线的管理等。该委员会并不直接制定涉及核能的政策，但是，它的决策对能源供给的整体格局产生深远的影响。其二，美国核废物技术审查理事会（Nuclear Waste Technical Review Board）也是一个独立的联邦政府机构，有权对能源部负责的核废物管理和处置活动开展独立的科学和技术审查，有权向国会、能源部部长及相关人员提出意见和建议。其法律依据是 1987 年《核废物政策法》修正案③，该法规定

① 管理和运行承包商由来已久，最早出现在曼哈顿计划，后延续至原子能委员会（AEC）时代，并得到《1946 年原子能法》和《1954 年原子能法》的承认。

② 1977 年，国会通过《能源部组织法》，把所有能源管理职责集中于能源部，联邦电力委员会改称联邦能源管理委员会，吸收了州际商务委员会对州际石油管线的监管职责，仍保留其作为能源部独立管理机构地位。

③ Added by P. L. 100-203, § 5051, 101 Stat. 1330-248 (1987).

总统任命 11 人组成美国核废物技术审查委员会，负责"对能源部部长所承担的乏燃料及高放射性废物管理和处置活动在科学技术方面的有效性进行评估，具体包括场址特性调查活动、高放射性废物及乏燃料的包装和运输"①。

三、美国环保局与核安全相关的职责

美国国家环保局（U. S. Environmental Protection Agency）是美国联邦政府的独立行政机构，其主要职责之一是制定一般性辐射安全标准和放射性废物处置的环境标准，监测环境辐射水平，评估辐射对人身及环境的影响，发布辐射风险信息，采取必要措施减少辐射剂量，保护环境和人类健康免受辐射危害。

环保局下设"空气和辐射办公室"　（Office of Air and Radiation）负责落实《1954 年原子能法》、《废物隔离试验场土地回收法》和《1977 年清洁空气法》等环保法律规定的辐射防护职责。它具体负责制定有关防止空气污染和辐射照射的法律与政策，建立大气辐射的一般标准，制定危险污染物排放标准。它为州政府辐射防护机构提供技术支持，构建监控和检查体系，监测环境中的辐射水平。为了贯彻环保局标准，核管会负责进一步制定适用于其许可设施的具体实施细则。②

环保局在放射性污染治理方面具有授权立法权。环保局制定了乏燃料、高放射性废物和铀钍尾矿辐射标准的联邦法规（40 CFR Part 191）；发布了《国家主要饮用水标准》　（*National Primary Drinking Water Standard*，40 CFR Part 141，1976），设定放射性物质最大浓度限值（Maximum Concentration Limits）；根据《1977 年清洁空气法》及其修正案，1989 年环保局制定了 8 种放射性核素的大气排放标准（40 CFR Part 61）。1992—1996 年，环保局对核管

① See 42 USC 10263.

② See NEA, "Nuclear Legislation in OECD and NEA Countries: USA", OECD Publications, 2015, available at http://www.oecd-nea.org/law/legislation/usa.pdf (last visited on October 20, 2015).

会许可设施中的"尽可能降低辐射剂量（ALARA）"项目进行评估后得出结论，核管会及协议州许可证持有者的放射性核素排放都未超过10毫雷姆（mrem）/年的法定标准，核管会监管措施足以保护公众健康与安全，因此，环保局于1996年废除了它制定的关于核管会许可证持有者放射性核素大气排放标准。在此过程中，核管会却借机把10毫雷姆（mrem）/年这一排放标准作为一项限制性规则（10 CFR Part 20），要求所有许可证持有者都不得超过这个标准。①

　　在低放射性废物辐射防护方面，环保局标准迟迟未能出台。根据《1970年第三号重组方案》，环保局集中行使环境研究、环境监控、环保标准制定以及环保政策实施四大职权，全权负责环境保护工作，其中就包括制定低放射性废物处置方面的环保标准。1977-1978年间，环保局对辐射防护标准的政策以及技术问题进行了研究，并于1978年在《联邦公报》上公布了一项联邦放射性废物贮存和处置导则草案，但是，环保局很快就认识到，制定一项适用于所有放射性废物的一般性处置导则过于复杂，所以，1981年环保局撤消了这个导则草案，转而制定一个专门的民用低放射性废物管理和处置导则。1987年环保局把拟定的低放射性辐射标准草案提交给美国联邦管理和预算办公室批准，但最终却未获批准。与此同时，核管会也在制定适用于其许可设施的低放射性废物贮存和处置方面的监管法规。鉴于当时没有联邦辐射安全标准，核管会以国内及国际标准机构的建议为基础提出了三级低放射性废物分级处置体系（10 CFR 61.55 " Waste Classification"）：A、B、C三类放射性废物可以采用陆地浅埋处置，而且，核素浓度越高，其处置安全标准就越高。因为美国环保局从未制定低放射性废物辐射安全标准，所以，目前为止核管会制定的《联邦法规》第10篇第61部分（10 CFR Part 61）是民用低放射性废物处置方面唯一有效的联邦监

　　①　See NRC Advisory Committee on Nuclear Waste, History and Framework of Commercial Low-Level Radioactive Waste Management in the United States (NUREG-1853), January 2007, p. 59.

管法规。①

四、美国其他政府机构与核安全相关的职责

能源部和核管会参与国际条约的谈判离不开美国国务院（Department of State）。国务院参与国际合作条约的谈判，评估核出口协定的政治、军事和法律后果。根据《1978 年核不扩散法》，国务院负责审核国际条约与出口协定，确保其符合美国的核法律与政策。

美国内政部（Department of Interior）下属的三个机构在开发核矿产资源方面发挥着一定的职能。（1）美国地质勘探局（U.S. Geological Survey）进行实地调查和试验室研究，支持能源部核废物处置项目。它对核废物处置流程和备选处置场址表征、放射性物质在地下水中的流动情况等问题开展研究，并就地质处置库相关的法律法规和处置设施审批等问题与核管会进行沟通。（2）内政部丹佛联邦中心（The Denver Federal Center）主要负责研究与地质年代学相关的放射性矿物质和放射成因同位素（Radiogenic Isotope）；此外，它还追踪地下水的流动情况，研究地质处置库的地下水文环境。（3）土地管理局（Bureau of Land Management）作为联邦土地的监护人，负责审批所有联邦政府土地的开发利用，其中就包括在联邦土地上建设核废物处置库。对那些位于农村地区及林业局控制土地上的核设施，美国农业部（Department of Agriculture）有权就其潜在影响向能源部和核管会提出意见和建议。

此外，美国国防部（Department of Defense）内有很多机构都在研究核技术的医学应用问题；美国劳工部（Department of Labor）全面负责劳工安全，与核能工业有关的职责是劳工部对举报人起诉的案件拥有一审管辖权；美国卫生和公众服务部食品药品监督管理局（U.S. Food and Drug Administration, Department

---

① See NRC Advisory Committee on Nuclear Waste, History and Framework of Commercial Low-Level Radioactive Waste Management in the United States (NUREG-1853), January 2007, p. B-9.

of Health and Human Services）负责监管放射性药品、生物制剂和医疗设备的生产和销售，确保其安全有效；美国交通部（Department of Transportation）和核管会共同承担有关放射性物质运输安全的监管职责。

最后，州政府也行使一定的核安全监管职责。因为"拥有、使用和生产原子能和特殊核物质"会对州际经济、共同安全以及公共利益产生影响，所以《1954 年原子能法》规定联邦政府对这些事项拥有专属管辖权，授权美国原子能委员会全权负责监管这些事项，并签发许可证。未经许可，任何人不得生产、制造、转移、接收、拥有、进出口核源材料、特殊核物质和核副产品。同时，该法还授权美国原子能委员会与州政府签署协议，把部分核安全管辖权转移给州政府，共同行使核副产品、核材料和特殊核物质的管理职责。但是，有关核设施的建造和运行、核材料及核设施的进出口以及核材料的处置①的管辖权只能由美国原子能委员会行使。后来，核管会继承了美国原子能委员会的这一职责，与协议州分享部分核安全监管职责。

2010 年 10 月 29 日，国际原子能机构核安全高级专家组对美国核安全监管体制进行"综合监管评审服务"后认为，美国核管会的监管体制是一整套成熟稳定的体系，可以不断提高安全，并对国际核安全法律制度发挥重要的推动作用。②在福岛核事故之后，正是核管会成熟稳定的核安全监管体制保证美国可以有效地汲取经验教训，确保核电安全。核管会在事故发生后立即开展行动，发布命令，启动特别检查工作，发布信息公告，消除美国核设施的安全隐患。结果显示，美国所有核电厂都不存在显著的安全问题，不需要因日本福岛核事故而关闭。同样，也正是因为核管会的监管体制集稳定性和灵活性于一体，才使核管会可以持续地获得核能产业界

---

① 后修改为高放射性核材料（High-Level Nuclear Materials）。

② See IAEA, "Safety Experts Complete IAEA Nuclear Regulatory Review of the United States", available at http：//www. iaea. org/newscenter/pressreleases/2010/prn201013. html（last visited on July 4, 2014）.

反馈，更新运行信息，积累运行经验，及时地制定和修改相关法规，运用福岛核事故的经验教训加强核安全。

第三节　美国核安全监管体制评述

一、美国核管会许可审批机制

2008 年 3 月 31 日，南方核电运营公司（SNC）正式向美国核管会提交沃格特核电站（Vogtle Electric Generating Plant）第 3、4 号反应堆建造与运行联合许可证申请（以下简称"沃格特许可证申请"）。作为自 1979 年以来美国的第一个新建核反应堆申请，在许可证审批期间又适逢日本发生福岛核事故，恐核、反核的声浪日盛，核管会审批新建许可证面临重重压力。从这种意义上来讲，沃格特许可证申请是一个难得的实例，通过考察核管会审批过程，可以对美国核管会乃至核安全监管体制的运作效果进行重新审视。

（一）沃格特许可证的审批过程

沃格特许可证审批的大部分安全问题在早期厂址许可（ESP）阶段就已经解决①。进入联合许可证审批阶段，核管会工作人员②主要负责对早期厂址许可后出现的新问题及其安全与环境影响进行审查，确定新建反应堆是否符合核管会法规（第 52 部分）、《1954 年原子能法》和《1969 年美国环境政策法》。审查结束后，核管会工作人员需出具最终安全评估报告（FSER）和最终补充环境影响

---

① See "Final Environmental Impact Statement for an Early Site Permit (ESP) at the Vogtle Electric Generating Plant (VEGP) ESP Site," NUREG-1872 (Aug. 2008).

② 新建核反应堆的审批主要由新反应堆办公室负责，但是，联邦和州政府物资和环境管理项目办公室、核材料安全和保障办公室等其他核管会部门以及美国太平洋西北国家实验室也参与审批过程。本文按照核管会文件规范，统称核管会工作人员。

报告（FSEIS）。①

沃格特许可证申请文件除了包括核电厂设计方案和公司财政状况等基本资料，还包括一份最终安全分析报告（Final Safety Analysis Report），详细说明反应堆的设计基准、安保计划、组织机构、辐射防护、环境安全以及各项技术问题。核管会工作人员在受理申请后，重点开展两方面的工作：一方面，核管会工作人员开始审查南方核电运营公司提交的最终安全分析报告②，对其安全问题进行全面分析和评估。2011年8月9日，核管会发布最终安全评估报告（Final Safety Evaluation Report）。③ 另一方面，核管会工作人员着手开展环评工作。2009年9月28日，核管会工作人员在《联邦公报》上发出拟议最终补充环境影响报告的公告④，以便相关主体提出意见和建议，从而正式拉开沃格特联合许可证环评工作的序幕。2010年9月，核管会工作人员发布补充环境影响报告草案。经"公告-评论程序"进行修订后，2011年3月24日，核管会发布最终补充环境影响报告（Final Supplemental Environmental Impact Statement）⑤，从而结束沃格特许可证申请的环境影响审查。

核管会工作人员完成安全评估和环境影响报告是一个漫长而复

① See "Notice of Availability of the Final Supplemental Environmental Impact Statement for Vogtle Electric Generating Plant Units 3 and 4", 76 Fed. Reg. 16, 645 (Mar. 24, 2011).

② Vogtle Electric Generating Plant, Units 3 & 4, COL Application, Part 2, "Final Safety Analysis Report" (FSAR).

③ See Ex. NRC000004, "Final Safety Evaluation Report for Combined License for Vogtle Electric Generating Plant, Units 3 and 4" (Aug. 2011) (COL FSER).

④ See "Southern Nuclear Operating Company Vogtle Electric Generating Plant, Units 3 and 4 Combined License Application; Notice of Intent to Prepare a Supplemental Environmental Impact Statement", 74 Fed. Reg. 49, 407 (Sept. 28, 2009).

⑤ See "Notice of Availability of the Final Supplemental Environmental Impact Statement for Vogtle Electric Generating Plant Units 3 and 4", 76 Fed. Reg. 16, 645 (Mar. 24, 2011).

杂的过程。2008 年 4 月到 2011 年 8 月的三年多时间里，核管会工作人员共花费 26000 小时开展安全审查，花费 5000 小时进行环境影响审查；一共雇佣 100 多名科学家、工程师和专家协助工作。核管会工作人员先后召开 60 多场会议，推进审查工作；向南方核电运营公司提出 530 项问题，其中 460 项涉及安全审查、70 项涉及环境影响。核管会工作人员还收到并处理 300 多条针对补充环境影响报告草案的评论意见。① 2011 年 8 月 9 日，核管会工作人员完成对安全和环境影响问题的审查之后，向最高委员会提交最后听证会的报告文件②，以便最高委员会对是否批准沃格特许可证申请做出最后裁决。

（二）沃格特许可证审批过程中的申诉解决机制

出于对核电站安全风险与环境影响的担忧，地方政府、附近居民和环保组织往往向核管会提出申诉，对核电站审批事项提出异议，阻挠核电站的建造和运行。对于许可证审批过程中的申诉问题，由原子安全与许可理事会负责解决。它由律师和技术专家组成，专门代表核管会组织听证会，解决申诉人异议。核管会从理事会成员中挑选 3 人组成专家组③，召开听证会、调查取证，对申诉作出裁决，或为是否签发、中止、变更和更新许可证提供初步意见。申诉人对其裁决不服的，还可以向核管会最高委员会提起上诉，由后者作出最终裁决。

从 2008 年到 2012 年，在沃格特许可证审批期间，申诉人针对南方核电运营公司、核管会工作人员提起多个申诉，有的涉及沃格特许可证申请的内容，有的涉及核管会最终安全评估报告。2008

① See Memorandum and Order（CLI-12-02, 75 NRC, Feb. 9, 2012）at 18.

② See "Staff Statement in Support of the Uncontested Hearing for Issuance of Combined Licenses and Limited Work Authorizations for Vogtle Electric Generating Plant, Units 3 and 4（Docket Nos. 52-025 and 52-026）".

③ 实践中，最高委员会通常任命 1 名律师作为专家组主席，任命 1 名核工程技术专家和 1 名环境保护专家负责技术问题。专家组按照最高委员会授权主持听证会，作出裁决。

年 11 月 17 日，5 个非营利性组织①就以沃格特许可证申请书中的最终安全分析报告缺乏关键安全信息为由，请求核管会驳回申请。最高委员会依法组建专家组（The Atomic Safety and Licensing Board Panel），授权其负责处理这起申诉。2010 年 5 月 19 日，专家组以后者主张过泛为由驳回申诉人的全部主张。后者不服，上诉到最高委员会。2010 年 6 月，最高委员会维持了专家组裁决。

　　然而，事情并未就此结束，2010 年 8 月，新的申诉接踵而来，最高委员会只能再次组建专家组处理异议。如此一来，沃格特许可证审批迟迟无法进入最后的最高委员会听证会阶段。2011 年 3 月 11 日福岛核事故爆发后，反核论调甚嚣尘上，环保组织和反核团体的申诉蜂拥而至，要求核管会重新召开听证会，并根据福岛核事故经验教训再次评估沃格特核电站的环境影响。专家组审理后，以时机不成熟、现有监管法规足以确保核安全为由，将全部主张悉数驳回。最高委员会也再次对专家组予以充分尊重，在上诉程序中维持了专家组裁决，并最终批准沃格特第 3、4 号反应堆联合许可证。②

　　（三）沃格特许可证审批的最终裁决程序

　　在核管会工作人员完成许可证审批流程、原子安全与许可理事会解决完所有申诉之后，沃格特许可证申请进入最后的最高委员会正式裁决阶段③。最高委员会召开听证会的目的是对申请文件以及核管会工作人员的审核过程进行全面审查。听证会程序必须依法进

---

　　①　They are the Center for a Sustainable Coast, Savannah Riverkeeper, the Southern Alliance for Clean Energy, Atlanta Women's Action for New Directions, and the Blue Ridge Environmental Defense League.

　　②　See Andrew J. Burke, *Energy & Environmental Law - Nuclear Regulatory Commission Authorizes Inaugural Combined Licenses for Construction and Operation of Two Commercial Nuclear Power Plants*, 45 SUFFOLK U. L. REV. 1351 (2012), at 1355-1356.

　　③　《行政程序法》规定的正式裁决有时被称为"提供证据的听证"（evidentiary hearings）、"全面听证"（full hearings）或"审判式听证"（trial-type hearings）。

行。2011 年 8 月 16 日，最高委员会发布听证会通知，通知中包括最高委员会对核管会工作人员和南方核电运营公司提出的问题清单，后者在 9 月 13 日前作出书面答复。2011 年 9 月 20 日，最高委员会设立 6 个工作组①，由相关工作人员分别负责申请文件、最终安全评估报告和补充环境影响报告中的重要问题，在听证会上向最高委员会汇报。在听证会召开前，秘书处还发布听证日程表，详细说明听证内容及时间安排，确保核管会工作人员和许可证申请人——南方核电运营公司——充分行使各自的权利。2011 年 9 月 27 日—28 日，最高委员会举行听证会，查验双方提供的人证和物证，听取陈述。

2012 年 2 月 9 日，最高委员会对南方核电运营公司沃格特许可证申请作出最终裁决，通过了核管会工作人员对反应堆安全评估和环境影响方面的审查结论——沃格特第 3、4 号反应堆能够根据所有安全标准和环境标准建造与运行，且许可审批程序不存在争议。这为核管会新反应堆办公室核发联合许可证扫清障碍。

（四）对核管会许可证审批机制的再审视

沃格特核电站第 3 号、4 号机组是美国自 1979 年三里岛核事故后 34 年以来，核发的第一个新建核反应堆许可证。②这无疑为重新审视美国核管会许可证审批机制提供了良机；而福岛核事故又更加凸显美国核安全监管体制的价值。

1. 核管会许可证审批的决策机制独具特色

核管会最高委员会拥有许可审批的最终裁决权，而裁决的基础是审判式听证模式。首先，核管会工作人员虽是最高委员会的职员，但却对许可证申请进行独立审查，并向最高委员会提出许可与否的建议。这样，许可证申请人和核管会工作人员之间就形成一种

---

① See Annette Vietti-Cook, Secretary of the Commission, Memorandum to Counsel for Applicant and Staff（Enclosure：Scheduling Note）（Sept. 20, 2011）；Scheduling Note（Revised）（Sept. 23, 2011）.

② 沃格特核电站第 3 号、4 号核反应堆是 AP1000 核反应堆，分别于 2013 年 3 月 12 日和 11 月 19 日正式开工建设。

相互制约的对抗关系。其次，在审批过程中，申诉人有权对许可证申请或核管会审批工作提出异议，最高委员会授权专家组召开听证会。这样一来，申诉人、许可证申请人与核管会工作人员之间又形成相互制约的对抗关系。此外，最高委员会还有权组建原子安全与许可理事会上诉专家组①，对专家组裁决进行复核。最后，最高委员会充分尊重专家组的裁决与工作人员的审查报告。在沃格特许可证审批过程中，最高委员会多次授权专家组解决申诉问题，并支持裁决结果，而不妄加干涉。同时，最高委员会在审查核管会工作人员报告时，采用"适当重新审查标准"（The De Novo Standard Of Review），充分尊重他们的决定，重点评估工作人员是否依法对申请进行充分审核。②这种审判式听证决策模式，既可以保障各方依法行使自己的权利，又在许可证申请人与核管会工作人员、申诉人与原子安全与许可理事会专家组之间形成相互制约的对抗关系，有利于最高委员会居中裁判，保证最终裁决的客观公正性。

2. 沃格特许可证审批过程把委员会制的价值体现得淋漓尽致

最高委员会实行委员会制：5 位委员地位平等，一人一票，民主决策。面对后福岛时代的政治压力，最高委员会主席格里高利·捷兹克（Gregory Jazcko）反对批准许可证，主张沃格特第 3、4 号反应堆联合许可证必须增加一个前提条件——根据福岛核事故的经验教训改进反应堆设计。③ 在最高委员会表决时，最高委员会主席投了反对票。然而，其他 4 位委员坚持核管会应当严格遵守联邦法规第 52 部分的审核标准，无条件地批准沃格特许可证申请。他们认为，主席的主张是随意的、没有法律依据的，根本无益于确保核反应堆安全，也不利于维护监管法规的稳定性和一致性。核管会工

---

① See 10 C. F. R. § 1. 12 (1982).

② See Andrew J. Burke, *Energy & Environmental Law - Nuclear Regulatory Commission Authorizes Inaugural Combined Licenses for Construction and Operation of Two Commercial Nuclear Power Plants*, 45 SUFFOLK U. L. REV. 1351 (2012), at 1360.

③ See Chairman Gregory B. Jaczko's Dissenting Opinion, Memorandum and Order (CLI-12-02, 75 NRC, Feb. 9, 2012), at 12-13.

作人员根据严格法律法规标准和审核程序作出的审慎决定,足以确保核安全,根本无须临时增加没有法律依据的附加条件。①最后,最高委员会5位委员以4票赞成、1票反对的投票结果,决定无条件批准沃格特许可证。

3. 沃格特许可证审批过程体现了法治原则

核管会坚持纵深防御策略,制定了完善的核安全监管法规。每一个核反应堆的选址、设计、建造、运行和监督等各个方面都必须具备冗余安全设计,满足全部法规要求。因此,严格按照监管法规进行许可证审批,就可以确保核安全。然而,福岛核事故发生后,汲取事故经验教训、提高设计安全、改进监管法规,同样不容忽视。在沃格特许可证审批过程中如何对待这些问题,不仅是对核管会的考验,也是对美国法治原则的考验。

如何从核事故中汲取教训、整合并改进监管法规,必须依法进行。如果无端终止许可证审批,或临时增加没有法规依据的附加条件、抑或是在通过法定程序修订监管法规之前就要求申请人采取附加措施,都有悖于法治原则。最高委员会主席要求沃格特第3、4号反应堆必须汲取福岛核事故的经验教训,对反应堆设计进行改进,并采取相应安全改进措施;在此之前,不核发联合许可证。这种观点既与核管会的历史实践不符,也有悖于核安全法规的制定程序。因为只有在核管会对所有福岛核事故改进意见进行充分调查研究、综合分析之后,才能整合并改进监管法规。因此,在当前情况下,所谓的福岛经验教训并非正式的调查结果、也不是正式的监管法规,自然无需遵守。②

4. 专业咨询委员会在核管会处理科学技术问题时,发挥着核

---

① See Memorandum and Order (CLI-12-02, 75 NRC, Feb. 9, 2012), at 82-83.

② See Andrew J. Burke, *Energy & Environmental Law - Nuclear Regulatory Commission Authorizes Inaugural Combined Licenses for Construction and Operation of Two Commercial Nuclear Power Plants*, 45 SUFFOLK U. L. REV. 1351 (2012), at 1363.

心作用①

　　福岛核事故之后，美国核管会需要持续研究福岛核事故的经验教训，需要为失败的尤卡山核废物处置库项目寻求替代方案，需要落实奥巴马政府小型核反应堆研发计划，还需要应对核设施面临的网络攻击威胁。为完成这些迫在眉睫的工作，核管会主要依靠各种专家咨询委员会解决技术性问题。目前，核管会下设四个咨询委员会②：反应堆安全保障咨询委员会（ACRS）、医用同位素咨询委员会（ACMUI）、许可支持网络咨询专家组（LSNARP）③ 和一般要求审查委员会（CRGR）④。

　　其中，最重要的当属反应堆安全保障咨询委员会。它根据《1954 年原子能法》第 29 条建立，由来自学术界、国家实验室和核电产业的十名科学家和工程师组成。如表一所示，与核管会原子安全与许可理事会不同，反应堆安全保障咨询委员会的职责是对反应堆安全问题开展长期研究，检查核设施的潜在安全风险，就以下问题向核管会提出建议和意见：核设施的许可及运行安全问题、拟定的核反应堆安全标准问题、核电厂设计的技术和安全问题以及其他核管会指定的事项；应能源部请求，它还可以对能源部核设施及核活动中存在的安全风险进行审核，并向能源部核设施安全理事会（DOE Nuclear Facilities Safety Board）提出技术性建议；它还有权就其关心的安全事项开展研究，进行实地考察；它有权向国会提交报告，在必要时出席国会听证会并回答国会议员、核管会委员

---

　　① See Roland M. Frye, Jr., *The United States Nuclear Regulatory Commission's Use Of Scientific And Technical Advisory Committees*, 23 ALB. L. J. SCI. & TECH. 1 (2013), at 4-5.

　　② 其中，前三个咨询委员会是根据《联邦咨询委员会法》（The Federal Advisory Committee Act）运作的咨询委员会。See 5 U. S. C. app. 2 § 1 (2012).

　　③ 许可支持网络咨询专家组主要由那些与能源部高放射性废物处置库项目有关的各个选区的代表组成，它仅向原子安全与许可委员会专家组负责。

　　④ 一般要求审查委员会主要审查拟适用于所有核反应堆的一般规则修订草案。

的询问。

表一： 反应堆安全保障咨询委员会和原子安全与许可理事会的区别

	反应堆安全保障咨询委员会	原子安全与许可理事会
成立依据	国会依据《1954年原子能法》第29条成立的正式法定组织	核管会依据《1954年原子能法》第191条成立的内部机构
运作依据	《联邦咨询委员会法》（FACA）	核管会监管法规
人 数	不超过15人；任期4年。	3人；由最高委员会任命
报告对象	向国会报告；每年向委员会提交两次报告；也可向能源部提交审查报告。	向最高委员会提交报告
职责范围	在早期厂址许可、设计批准证书、联合许可证、许可证更新等审批时，向最高委员会提出安全评估报告；对拟议安全标准提出咨询意见；执行最高委员会要求的其他职责。	根据最高委员会授权，举行听证会

　　反应堆安全保障咨询委员会在沃格特许可证审批过程中功不可没。根据核管会法规，它负责独立审查联合许可证申请中涉及安全的内容。"核管会应向委员会转送许可证申请，后者应根据本法规第52.81段和第52.83段之规定，对申请书中涉及安全的内容进行审查，并提交安全评估报告。"① 反应堆安全保障咨询委员会不仅有权审查每一个核设施的建造和运行许可证申请，还有权审查早期厂址许可、许可证更新、设计批准证书申请中的安全问题，并提交审查报告。它还有权审查核管会工作人员核发的批准书等文件，并要求核管会说明决策依据。自2009年1月14日起，反应堆安全保障咨询委员会分6个阶段对沃格特许可证申请进行了安全审查。它

----

① See 10 CFR § 52.87 Referral to the Advisory Committee on Reactor Safeguards (ACRS).

的 AP1000 分委员会于 2010 年 6 月、7 月、9 月和 12 月召开四次会议，对核管会工作人员提交的沃格特第 3、4 号反应堆安全评估报告，逐章逐节地审查。2011 年 1 月 24 日，反应堆安全保障咨询委员会向核管会提交了审查报告。① 2011 年 3 月，核管会在回函中逐一回应它的审查建议。②例如，反应堆安全保障咨询委员会建议，沃格特第 3、4 号反应堆需要检查和测试非能动冷却系统的爆破阀等重要部件。该建议得到最高委员会的认可，最终成为一项许可条件。③ 2011 年 8 月 5 日，安全保障咨询委员会发布最终安全评估报告（Final Safety Evaluation Report）之后，核管会才在此基础上完成并签发了最终安全评估报告（FSER），从而结束安全审查工作。

另外，在核管会拟定监管法规、安全导则以及拟议监管方案的过程中，反应堆安全保障咨询委员会同样也发挥重要的监督作用。例如，1959 年，它反对核管会工作人员关于在人口中心区附近建造核电厂的一般标准；1965 年，它又否决了核管会工作人员关于禁止在城市中心区域建造核电站的一般建议。④ 安全保障咨询委员会依法有权直接向最高委员会报告。一般而言，它的最终报告提交给最高委员会，而中期报告或者监管导则审查报告则常提交给负责技术问题的营运处。像其他咨询委员会一样，反应堆安全保障咨询委员会不主动启动规则制定程序。但是，它一旦建议修订监管规

① See J. S. Armijo, ACRS Vice Chairman, letter to Gregory B. Jaczko, Chairman, NRC, "Report on the Safety Aspects of the Southern Nuclear Operating Company Combined License Application for Vogtle Electric Generating Plant, Units 3 and 4" (Jan. 24, 2011).

② See R. W. Borchardt, Executive Director for Operations, letter to Dr. J. S. Armijo, Vice Chairman, ACRS, "Report on the Safety Aspects of the Southern Nuclear Operating Company Combined License Application for Vogtle Electric Generating Plant, Units 3 and 4" (Mar. 3, 2011).

③ See Memorandum and Order (CLI-12-02, 75 NRC, Feb. 9, 2012), at 42-44.

④ See Roland M. Frye, Jr., *The United States Nuclear Regulatory Commission's Use Of Scientific And Technical Advisory Committees*, 23 ALB. L. J. SCI. & TECH. 1 (2013), at 12.

则，最高委员会必须在 90 日内书面通知它的决定；如果最高委员会拒绝或推迟实施修订建议，还必须说明理由。同时，核管会工作人员拟定核安全监管规则时，也必须保障安全保障咨询委员会提出意见和建议的权利。① 事实上，除了上述 4 个咨询委员会，核管会还曾经设立过 8 个类似的咨询委员会，只是现在都已不复存在。②

二、美国核安全监管体制的特点

美国核安全监管体制具有机构独立、职责统一、"立法—行政"相互制约以及依法治理的特点。

（一）核安全监管机构的独立性

美国国会以原子能基本法的形式设置独立的国家职能机构，明确其法定职责，确保核安全监管机构的独立性。

美国核管会是世界上第一个独立地行使国家对民用核安全管理职能的国家机构。核管会内部设有两个独立国家职能机构，辅助其开展工作：反应堆安全保障咨询委员会和医用同位素咨询委员会。能源部负责核能促进职能，也下设两个独立的国家职能机构作为补充：联邦能源管理委员会（Federal Energy Regulatory Commission）和核废物技术审查理事会，向其提供专家咨询服务。无论是核管

---

① See 10 C. F. R. § 2.809 (a), (b) (2012).

② 这 8 个咨询委员会包括：核废物咨询委员会（Advisory Committee on Nuclear Waste）、三里岛核事故去污咨询专家组（Advisory Panel for the Decontamination of Three Mile Island, Unit 2）、试点项目评估专家组（Pilot Program Evaluation Panel）、反应堆监督程序初始实施评估专家组（Reactor Oversight Process Initial Implementation Evaluation Panel）、核安全研究审查委员会（Nuclear Safety Research Review Committee）、核管会材料许可风险独立外部审查专家组（Independent External Review Panel to Identify Vulnerabilities in the U. S. Nuclear Regulatory Commission's Material Licensing Program）、源项建模同行评审委员会（Peer Review Committee for Source Term Modeling）以及州官员咨询委员会（the Advisory Committee of State Officials）。See Roland M. Frye, Jr., *The United States Nuclear Regulatory Commission's Use Of Scientific And Technical Advisory Committees*, 23 ALB. L. J. SCI. & TECH. 1 (2013), at 1-40.

会，还是能源部，抑或是其内设独立机构，它们都是依据特定法律而设置，拥有独立的财政预算经费，依特定法律执行特定职责，并向特定法律制定者直接负责，如核管会直接向国会提交年报和特别报告。

另外，这些机构的职员高度专业化和职业化，受法律保护。核管会负责核设施设计、建造和运行许可证等行政审批事项，专业性强，因此，工作人员必须接受过相关专业教育，获得毕业文凭和律师、医师等资格证明文件，持证上岗；工作人员根据工作年限和能力在固定岗位上工作，实行终身制。这些制度可以培养工作人员的职业道德，保持政治中立性，有利于维持高度的专业化水平，确保美国核安全监管机构的独立性①。

（二）核安全监管职责的统一性

美国联邦法律和行政法规统一规范涉核事务，联邦政府统一行使核能监管职责，确保核安全监管的统一性。

首先，联邦政府和州政府的职能划分泾渭分明。各州只有经联邦政府授权或在不违背联邦法律法规的情况下，参与管理部分涉核事务。例如，州政府也可根据法律规定制定更严格的大气放射性污染控制标准；州政府无权管理高放射性物质的处置和运输事务；核能军事利用则完全由联邦政府负责，州政府无权参与。

其次，在联邦政府内部，机构设置高度统一，各项事务由一个独立机构统一行使监管职责。美国环保局、核管会、能源部、交通部四大主要机构依法成立、各司其职、全权负责、垂直管理，在州政府层面不设置二级机构，杜绝与州政府产生财政和业务往来，确保其独立性和权威性。核管会直接在各地设立地区办事处、向核电厂派出常驻监察员，实施垂直管理，独立于其他联邦政府机构和州政府。能源部不设派出机构，与州政府能源局不存在任何隶属关系或财政和业务联系。美国联邦环保局虽设有二级局，但同样采取垂

---

① 参见刘庆：《美国核安全管理模式的发展及特点》，载《世界环境》2014年第3期，第38~39页。

直管理，这些二级局的职责与州政府无关。①

最后，就核安全监管机构本身而言，从最初的美国原子能委员会到核管会，都依法设立，统一行使所有涉核活动、民用核设施、核材料及核废物的安全监管工作，承担所有核能许可证审批和相关的监管职能，负责制定辐射安全标准，享有独立的决策权和执行权，最大限度地减少核能利用的负面影响。②

（三）核安全监管"立法—行政"制约原则

"立法—行政"相互制约原则首先体现于美国核安全监管的机构设置。在核能发展之初的原子能委员会时代，美国对核能采用了政府专制模式，原子能委员会集行政、准立法和准司法三种职能于一身，已法自律，饱受诟病。随着核工业的发展，美国核管会和能源部最终形成了"立法—行政"相互制约的监管模式。③ 核管会是置于美国国会下的联邦核安全监管机构，独立于美国政府管理部门，直接向国会负责。核管会拥有对核电项目的许可审批权以及监督管理权，还享有核安全监管方面的授权立法权。美国政府的能源部、环保局、联邦电力监管委员会（FERC）与核管会相互独立并行，对总统负责。这种"立法—行政"相互制约的机构设置确保各个联邦机构相互独立，地位平等，责权明确，又可以相互监督，相互制约，有利于更好地履行各自监管职能，保障核能利用安全。

此外，"立法—行政"相互制约原则还表现在核废物处理和处置方面的职责划分。美国一直致力于完善核废物处理和处置法律，确保核废物安全，其核心原则就是"立法—行政"相互制约：能源部负责核废物处理和处置，而核管会负责制订相关安全法规及其实施。《1978年铀水冶尾矿辐射控制法》制定了控制水冶厂放射性和非放射性水冶尾矿的具体步骤，以避免和减少氡气的排放，同

---

① 参见刘庆：《美国核安全管理模式的发展及特点》，载《世界环境》2014年第3期，第38～39页。

② 参见陈刚主编：《世界原子能法律解析与编译》，法律出版社2011年版，第8页。

③ 参见阎政著：《美国核法律与国家能源政策》，北京大学出版社2006年版，第442～444页。

时，授权核管会对其自 1978 年 1 月 1 日起签发许可证的铀（钍）水冶厂的尾矿库进行监管。《1982 年核废物政策法》是一部以环境保护为首要职责的核法律，规定美国能源部有义务为高放射性废料和乏燃料提供永久处置场所，其费用则由核电企业承担。《1985 年低放射性废物政策法修正案》授权州政府处置本州产生的低放射性废物，订立州际协定，共同建设使用一个处置场。该处置设施由核管会及协议州共同负责监管，而核管会仍负责制定安全标准，确定放射性核素在废物流中达到何种浓度和数量时就必须采取相应的监管措施。该法修正案还详细规定了规划和开发永久处置场所的批准程序，确保各州政府、部落及公众的参与权。此后，《1982 年核废物政策法》的 1987 年修正案确定内华达州尤卡山为美国永久核废物处置库的唯一厂址；《1992 年能源政策法》重新界定了美国核管会、环保局、能源部和交通部在核废物处置和防止核污染事务中的职责。

（四）核安全监管的法治原则

核安全法律体系和监管体制必须具有高度系统性和专业性，这必须靠法治才能实现。美国原子能委员会时代就已经确立了独立、公开、有效、清晰以及可靠五项监管原则。监管规则应该清晰、符合逻辑并且切实可行。核能监管是一项公共事业，必须公开地予以实施，原子能委员会应该与公众保持公开的沟通渠道，公众有机会依法获得相关信息，有机会参与监管过程，并实施监督。

核安全监管的程序和标准应该清晰明确，监管机构必须有效地执行法律规定，保障核安全。美国核管会制定了近乎苛刻的审核程序。一个新核电站从申请建造到投入运行需要进行三个阶段的审核批准。第一是早期厂址许可审批，包括自然因素（地震、海啸、洪水、龙卷风等）和人为因素（爆破、恐怖分子袭击、大型飞行器撞击等）的考量。第二是设计批准证书审批，重点是对安全性能进行审查。第三是建造和运行许可证审批程序，包括严格管理制度、工程人员资格审查以及核电运行经济性审查等。而核废物处置问题则是贯穿核管会整个审批过程的一项重要内容。在三里岛核事故和前苏联切尔诺贝利核事故之后，美国还建立了严格的核电厂许可证更新审查程序。

本 章 小 结

　　美国核安全监管体制的演变主要体现在机构设置及其监管职能和程序的转变。机构设置的变化紧紧围绕着促进核能发展和核安全监管这对主要矛盾进行。（1）军管时代是军事专制期，"促"、"管"职能集中在曼哈顿工程兵军区，实施军事管制政策，其目标是促进核能军事利用。（2）原子能委员会时代分为两个阶段：《1946年原子能法》成立美国原子能委员会，终结军事专制，开启民管时代。《1954年原子能法》终结政府核垄断，实现"军"、"民"分离，开启民用核能之路，但美国原子能委员会"促"、"管"职能之间的矛盾却愈演愈烈。（3）《1974年能源重组法》将美国原子能委员会一分为二，最终确立"军""民"分离、"促""管"分立的原则，由两个独立的联邦机构分别负责军事和民用核能的促进及安全监管职能，核安全监管进入核管会时代。（4）在后三里岛时代，民众出现恐核情绪。核管会停止核发新的建造许可证，工作重点转向核事故应急准备与响应、核辐射安全防护、许可证更新、核材料监管、风险评估等领域。《1992年能源政策法》明确核管会、环保局、能源部和交通部在核废物处置与核辐射安全防护中各自的工作职责，标志着美国现代核安全监管体制的形成。（5）20世纪90年代，随着气候变化谈判及气候变化国际法的兴起，核能技术进步和环境及能源危机推动美国公众形成比较积极的社会心理。《2005年能源政策法》推出财政和税收激励措施；核管会通过放松管制、简化或合并许可证审批等监管措施；能源部重启乏燃料后处理技术研发。这些因素使美国进入核能复兴时代。

　　美国核安全监管体制的主体是核管会、环保局和能源部。此外，劳工部、交通部、国务院、国防部、农业部、商务部、内政部、卫生和公众服务部以及州政府也承担一定的核安全监管职责。2010年国际原子能机构应邀对美国核管会提供"综合监管评审服务"后高度评价美国的核安全监管体制，认为它是一整套成熟稳定的体系。究其原因，美国核安全监管体制具有机构独立、职责统一、"立法—行政"相互制约以及依法治理四大特点。其中，独立监管机构原则已经发展成为国际核安全法律的基本原则。

第三章　美国与国际核安全
法律制度的互动

第一节　美国对国际核安全法律制度的影响

一、美国对国际核安全立法体制的影响

国际核安全立法权是核能大国博弈的重点领域。美国通过国际原子能机构确立并不断巩固其在国际核安全治理中的领导地位，掌握国际核安全立法权，构建国际核安全法律制度，主导国际核安全标准及其发展趋势。

（一）美国与国际原子能机构

首先，美国首倡建立国际原子能机构，并在制度设计过程中发挥主导作用。1945 年 11 月，美国、英国和加拿大三国发表共同声明，呼吁联合国建立一个确保原子能仅用于和平目的的国际保障体系。1946 年 6 月，美国在联合国原子能委员会第一次会议上又提出原子能国际控制的"巴鲁克计划"（Baruch Plan），主张建立国际原子能开发机构，掌控核材料并拥有对核活动的许可权和核查权。1953 年 12 月，美国总统艾森豪威尔在联合国大会上发表著名的"原子能为和平服务"演讲，正式提出和平利用核能计划。究其原因，固然有美国丧失其核垄断地位的外在因素，最根本的是，美国希望通过多边合作确保其核材料供应以及它在原子能领域的主导地位和竞争优势，维护其政治和经济利益。

其次，美国在建立国际原子能机构的谈判过程中发挥主导作

用。国际原子能机构的原则政策与制度框架都是由美国提出来的。① 1954年1月，美国开始与前苏联、英国、加拿大等国进行谈判，并在3月份提出"国际原子能机构规约草案"，为国际原子能机构的宗旨、职责、决策机构以及成员国权利和义务等具体问题制定了规则。此后，美国按照它的制度设计和议程推动建立国际原子能机构的谈判进程。1954年12月，美国还推动联合国大会通过决议，呼吁加快建立国际原子能机构的谈判进程。次年8月，美国把"国际原子能机构规约草案"送交联合国成员国及相关专门机构，全面推进多边谈判。

最后，美国在国际原子能机构中占据主导地位，掌握国际核安全立法权。1956年9月—10月召开的筹建国际原子能机构国际会议一致通过了以美国草案为基础的《国际原子能机构规约》，建立国际原子能机构，初步形成国际原子能多边合作机制。事实上，国际原子能机构的宗旨、功能、组织构架和决策机制等核心规则都是以美国草案为基本依据建立起来的。1957年3月，艾森豪威尔总统把《国际原子能机构规约》提交参议院审议时指出，它"体现了美国的政策计划和目的，有关的安全保障条款和决策程序足以保护美国的利益"②。此后，美国人斯特林·科尔当选第一任总干事，成为新的国际原子能体系的掌舵人。总之，国际原子能机构是美国政策设计的产物，体现了美国的国家利益和政策主张。

（二）美国与国际核安全法律制度框架

核安全水平的高低不仅事关主权国家乃至国际核能的发展与利用，甚至还会对国际和平与安全产生影响。因此，核安全问题不仅是核能利用国需要考虑的首要问题，而且也是整个国际社会必须面对的重大安全问题之一。虽然国家和核电营运者承担主要核安全职

---

① 参见舒建中：《美国对外政策与国际原子能机构的建立》，载《国际论坛》2015年第1期。

② 舒建中：《美国对外政策与国际原子能机构的建立》，载《国际论坛》2015年第1期。

责，但是国际核安全法律制度则体现了世界所有核电营运者和监管机构对高水平核安全的共同期望。国际核安全法律制度需具备以下四个基础要素：国际法律文书的广泛签署、核安全标准的广泛应用、国际安全咨询评审和服务的普遍实施以及国内法律和监管基础设施的普遍建立和完善。①

为此，美国不断推动国际原子能机构构建国际核安全法律制度框架，确立并维护美国在核安全领域的主导地位。"美国核管会与国际原子能机构密切合作，开展技术研发，制订新的政策，不断提升国际核安全及核安保水平。"②《核安全公约》就是在美国主导下进行国际核安全立法的结果。1991 年 9 月，美国推动国际原子能机构大会通过一项决议，要求秘书处制定一个国际核安全公约草案。此后，美国又在 1992 年和 1993 年 G-7 经济峰会上获得其他六国对核安全公约的大力支持。1992 年到 1994 年，美国全程参与国际原子能机构主持召开的 7 次专家组会议，最终形成了核安全公约草案，并于 1994 年 2 月获得理事会的通过。1994 年 9 月 20 日，美国在核安全公约开放签署的当天就签署公约，并在 1995 年 5 月提交国会批准。③除了《核安全公约》，国际原子能机构还在美国的推动下制定多项国际条约、协定和议定书，包括《联合公约》、《核事故或辐射紧急情况援助公约》和《及早通报核事故公约》等，推出国际核安全标准系列文件、安全导则和标准体系，构建国际核安全法律制度，通过同行评审机制提供指导服务，开展国际核

① 参见赵洲：《国际法视野下核能风险的全球治理》，载《现代法学》2011 年第 4 期，第 149～161 页。

② NRC, "International Organizations", available on United States Nuclear Regulatory Commission Official Website, available at http：//www. nrc. gov/about-nrc/ip/intl-organizations. html (last visited on March 14, 2015).

③ See Department of State of USA, "Letter of Submittal of Convention of Nuclear Safety", available at http：//www. state. gov/1997-2001-NOPDFS/// global/arms/treaties/safety. html (last visited on April 20, 2015).

安全协作活动，推进国际核安全治理。美国还在经合组织核能署
（NEA）①、国际核监管机构协会（INRA）② 以及世界核电协会等
政府间和非政府间国际组织中发挥着不可或缺的作用，并通过这些
国际组织不断促进国际核安全法律制度的发展。③

　　目前，国际社会已经初步建立一个由国际公约和技术规范构成
的国际核安全法律制度框架。如下图所示④，从总体上来看，国际
核安全法律制度框架的基础是各国建立核安全法律体系和有效的监
管体制，积极参与国际协商机制、监督机制和危机应对机制，不断
提升核安全水平；在此基础之上，这个框架为各国提供国际核安全
法律原则与规范、安全标准与导则、同行评审、咨询服务和知识网
络，支持国内治理和区域协作机制，预防核事故，并做好核应急准
备和响应工作。⑤

　　具体而言，国际核安全法律制度主要由普遍性国际条约、协定
和议定书构成。第一，目前国际核安全领域产生了多个国际公约。
主要包括《核安全公约》、《及早通报核事故公约》和《核事故或
辐射紧急情况援助公约》、《联合公约》、《维也纳公约》等，它们
重点规范以下五个方面的核安全问题：核设施建造和运行安全、核
废物处理和处置安全、核事故应急准备和响应、核材料实物保护以

---

　　①　经合组织核能署（Nuclear Energy Agency）是经合组织的一个下属机
构，目前有 28 个成员国。

　　②　国际核监管机构协会（International Nuclear Regulators Association，
INRA）创建于 1997 年，由加拿大、法国、德国、日本、西班牙、瑞典、英国
和美国 8 个国家的核监管机构高级官员组成，其宗旨是通过在监管机构之间
开展合作与交流以加强成员国乃至全世界的核安全。

　　③　参见舒建中：《美国对外政策与国际原子能机构的建立》，载《国际
论坛》2015 年第 1 期。

　　④　图片来源：IAEA, "Nuclear Safety Review for the Year 2009", GC
（54）/INF/2, p.1, available at http://www.iaea.org/Publications/Reports/
（last visited on October 31, 2014）.

　　⑤　See IAEA, "Nuclear Safety Review for the Year 2009", GC（54）/INF/
2, pp.1-2, available at http://www.iaea.org/Publications/Reports/（last visited
on October 31, 2014）.

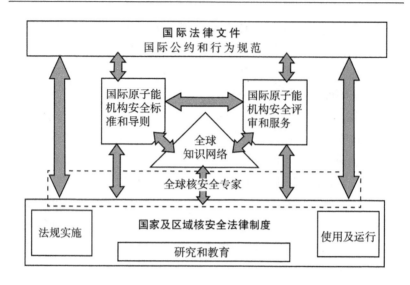

及核损害赔偿责任；此外，它们也规范国际协作、核燃料循环、核安全文化建设以及辐射标准制定等相关问题。这些公约为国际核安全治理提供了必要的激励机制①，是国际核安全法律制度的主要渊源。第二，以国际原子能机构为主体的政府间国际组织根据其法定职责，制定了大量国际法律文书。这些法律文书包括国际原子能机构的决议、国际核安全标准、联合国大会与安理会的决议以及国际法院裁决等，它们作为确立国际核安全法一般法律原则的辅助资料，同样具有不可或缺的作用，属于广泛历史意义上的国际法渊源。其中，"涉及有关国际法原则、规则及制度的所谓规范性决议（声明、宣言等），因其具有广泛的代表性和舆论价值，具有重大的道德及政治影响，所以它们在国际司法活动中，作为一种'确定法律原则之补充资料'，其地位和作用，应高于司法判决和国际法学说"②。国际原子能机构核安全标准系列文件就属于这种性质，

---

① 参见［法］亚历山大·基斯著：《国际环境法》，张若思编译，法律出版社2000年版，第47页。

② 梁西主编：《国际法》（修订第二版），武汉大学出版社2003年版，第35~36页。

它是确立国际核安全法律原则、促进缔约国履行公约义务的重要补助资料。国际核安全法律制度主要包括以下七个领域的国际公约：

1. 核设施建造和运行领域的国际公约

"1975 年以来，国际原子能机构完成了制定核电站良好操作守则和安全标准的计划，提出了指导各国立法的规则，逐步形成了一套非常全面的核安全法规体系。"①在核设施建造和运行领域最重要的国际公约当属《核安全公约》。②《核安全公约》适用于陆基民用核电站③，是第一个直接规范民用核电站安全的国际公约。公约的目的有三：（1）通过加强国内治理与国际协作，在世界范围内实现和维持高水平核安全；（2）在核设施内建立和维持防止潜在辐射危害的防御措施，保护个人、社会和环境免受辐射影响；（3）防止核事故并减轻事故损害后果。每一缔约方建立并维持核安全立法和监管框架，设立核安全监管机构，对核设施的选址、设计、建造、调试、运行或退役进行全程监管。具体包括四个方面的内容：（1）核安全法规和标准体系；（2）核设施许可证制度；（3）核安全监管、检查和评估制度；（4）强制执行制度，如中止、修改和吊销许可证等。

《核安全公约》确立三项核安全基本原则。第一，核安全监管机构与核能促进机构分立原则。为了发展核工业，政府往往成立一个主管部门，统筹管理所有核能事务，甚至要同时承担核安全监管

---

① 王晓丹：《浅谈国际核安全立法现状》，载《中国核工业》2003 年第 4 期，第 39~41 页。

② 1994 年 6 月 17 日，国际原子能机构在维也纳举行的外交会议上通过《核安全公约》，9 月 20 日起开放签署，现有 77 个缔约方（截至 2014 年 4 月）。中国于 1994 年 9 月 20 日批准《核安全公约》，1996 年 10 月 24 日对中国生效；1994 年 9 月 20 日，美国批准《核安全公约》，1999 年 7 月 10 日对美国生效。

③ 公约所指的核设施包括所有陆基民用核电站，也包括设在同一场址并与该核动力厂的运行直接有关的设施，如贮存、装卸和处理放射性材料的设施。"许可证"则包括由监管机构颁发给申请者使对核设施的选址、设计、建造、调试、运行或退役承担责任的任何批准文件。

职能，这可能会导致核安全监管机构服从于领导部门，失去其独立性和权威性。因此，每一缔约方应确保将核安全监管职能与核能促进职能有效地分离，赋予核安全监管机构以足够的权力、财政与人力资源，使其可以独立地行使立法和监管职权。第二，安全优先原则。每一缔约方应确保从事与核设施直接相关活动的一切组织都制定核安全优先的政策，而且这个原则必须贯穿于财政与人力资源配置、人因问题的预防、质量保证、安全检查与评估、辐射防护、应急准备以及核设施的选址、设计、建造和运行等各个方面。第三，国内治理与国际协作相结合的原则。各缔约方有义务在召开缔约方审议会议之前，就它为履行公约义务所采取的措施提出报告，以供大会审议。

但是，《核安全公约》只是鼓励性质。它"没有为确保世界核安全建立一个国际制度。它要求各国实施保证核设施安全的基本原则，而不是详细的安全标准"①。公约实施有赖于国际社会的国内治理和国际协作。1999 年国际原子能机构编制的《基本安全原则》专门规定 10 项核安全基本原则，鼓励成员国"建立和保持有效的法律和政府监管框架"以履行核安全监管职责②；国际原子能机构修订完善了 129 个国际核安全标准③，这些都对《核安全公约》的实施起到推动作用。

2. 核废物处理和处置领域的国际公约

在核废物处理和处置方面最重要的国际条约有两个：其一是1975 年 8 月生效的《防止倾倒废物及其他物质污染海洋公约》④，

①　王晓丹：《浅谈国际核安全立法现状》，载《中国核工业》2003 年 4期，第 39~41 页。

②　参见汪劲：《论〈核安全法〉与〈原子能法〉的关系》，载《科技与法律》2014 年第 2 期，第 168~182 页。

③　See IAEA, "Status of Safety Standards (November, 2014) ", available at http：//www-ns. iaea. org/standards/ (last visited on December 8, 2014).

④　中国在 1985 年 9 月 6 日批准加入《防止倾倒废物及其他物质污染海洋公约》，1985 年 11 月 21 日对我国正式生效。

后经 1978 年、1980 年和 1996 年三次修正①，成为全球海洋环境保护领域最重要的国际公约。该公约明确禁止向海洋倾倒任何高放射性废物，倾倒中低放射性废物必须由当事国颁发许可证并通知国际海事组织。②另一个是国际原子能机构 1997 年通过的《联合公约》，它确立并发展了可持续发展原则、国际合作原则、国家主权原则和国家报告制度等基本原则和制度，是核废物处理和处置领域最重要的全球性公约。

（1）可持续发展原则。《联合公约》要求缔约方确保乏燃料和核废物的管理安全，"在满足当代人的需要和愿望而又无损于后代满足其需要和愿望的能力的前提下"，建立有效防御措施（第 1条），"避免那些对后代产生的能合理预计到的影响大于对当代人允许的影响的行动"（第 4 条）。可持续发展是国际环境保护和发展工作的重要主题，也是《联合公约》的指导思想及其制度设计的基础。③

（2）国际合作原则。国际合作原则是国际核安全法律的基本原则。通过加强国内治理和国际合作，在世界各国范围内达到和维持乏燃料和放射性废料管理方面的高安全水准（第 1 条）。发展中国家缺乏必要的资金、技术和监管机制，国际社会应当推动国际协作机制的发展，加强国际核安全合作，为他们提供技术、设备援助，帮助其行使公约权利、履行公约义务，提高核安全水平。

---

① 2006 年 11 月 2 日在伦敦召开的《防止倾倒废物及其他物质污染海洋的公约 1996 年议定书》首届缔约方会议上通过《防止倾倒废物及其他物质污染海洋的公约 1996 年议定书》附件 1 修正案，2007 年 2 月，中国政府正式接受此修正案。

② 参见公约附件 1 第 3 项。另外还有一些区域性安排也反对向海洋倾倒放射性物质：例如 1976 年巴塞罗那的公约、1977 年经合组织委员会建立的放射性废料海洋倾倒多边咨询和监视机制、1985 年《南太平洋无核武器区条约》等。

③ 参见李奇伟、彭本利：《放射性废物管理的国际法制度——〈乏燃料管理安全和放射性废物管理安全联合公约〉的视角》，载《中国公共安全·学术版》第 5 期，第 41~44 页。

（3）国家主权原则。核废物处理和处置离不开国家主权原则。首先，缔约方承担放射性污染防治的责任，有权"在本国的法律框架内采取为履行本公约规定义务所必需的立法、监管和行政管理措施及其他步骤"（第4条），制定许可制度、检查制度、报告制度等安全法律制度。其次，乏燃料和放射性废物跨境运输必须获得当事国的同意，缔约方有权禁止外国乏燃料和核废物进入其领土。

（4）国家报告制度。与《核安全公约》相比，"《联合公约》在国家报告书制度上更进一步，详细列举了应当叙述的各项内容，从而使该制度更具操作性，便于国际社会的监督。"① 缔约方需报告其履约措施、乏燃料与核废物的分类准则及其管理政策；还需提供乏燃料、核废物及其管理设施的详细信息（第32条）。国家报告制度的具体化，有利于缔约方审议会议掌握信息，进行同行评审。

此外，公约还在核废物处理和处置领域确立信息公开制度（第6条、第13条）。总之，《联合公约》借鉴并发展了《核安全公约》责任原则和框架义务。

3. 核事故应急准备和响应领域的国际公约

每次重大核事故都能推动核安全领域的技术进步，完善核事故应急准备和响应机制，加强国际协作。三里岛核事故②推动世界核电技术的变革。例如，增加安全壳的包容性；在世界范围内普及仿真机应用；促使中国第一座核电站——秦山核电站建设安全壳。三里岛核事故还推动美国核安全法律制度的完善，如加强核应急响应制度，明确核电站、地方政府、州政府、核管会、国土安全部和环

---

① 李奇伟、彭本利：《放射性废物管理的国际法制度—〈乏燃料管理安全和放射性废物管理安全联合公约〉的视角》，载《中国公共安全·学术版》第5期，第41~44页。

② 1979年3月28日，美国宾夕法尼亚州的三里岛核电站发现异常，一个误关闭的阀门和一系列错误操作导致2号机组反应堆冷却水大量流失，堆芯材料余热累积，燃料棒部分熔毁，被认定为5级核事故。

保局的核应急职责。① 切尔诺贝利核事故②不仅引起核反应堆技术变革，而且还推动《及早通报核事故公约》和《核事故或辐射紧急情况援助公约》的产生，把国际核应急的指导原则上升为公约义务。

《及早通报核事故公约》的宗旨是加强国际核安全合作，尽早提供有关核事故的情报，把跨界辐射后果降到最低限度。公约适用于所有核反应堆、核燃料循环与核废物管理设施以及在运输和贮存过程中发生的跨界辐射事故。③ 缔约方有及时通报的义务：既要通知核事故发生时间、地点、性质及其严重程度，也要提供减少辐射后果的情报（第2条），还要及时更新情报（第6条）。

《核事故或辐射紧急情况援助公约》的目的是建立一个在发生核事故或辐射紧急情况时迅速提供援助以减轻损害后果的国际制度。在援助程序上，缔约方可以向国际原子能机构、其他缔约方或国际组织请求援助；被请求国应迅速决定并通知请求国是否能够提供援助以及援助范围和条件（第2条）。就具体实施而言，请求国负责对在其领土范围内的援助活动进行全面指导、管理、协调和监督（第3条）。国际原子能机构承担双重职责：在事故发生时，它发挥中介作用，收集、传播和提供相关应急资源；在日常管理中，它协助缔约方制定应急计划法规、人员培训计划以及辐射监测计划等（第5条）。

4. 核材料实物保护领域的国际公约

《核材料实物保护公约》是民用核材料实物保护领域唯一具有

① 参见官慧：《核安全进化论—世界历次核事故给核能发展带来的启示》，载《中国核工业》2011年第4期，第14~19页。

② 1986年4月26日，前苏联切尔诺贝利核电站4号反应堆发生爆炸，大量强辐射物质泄漏，致使俄罗斯、白俄罗斯和乌克兰许多地区遭到核辐射污染。该事故被定为7级核事故。

③ 虽然核武器被排除在公约的适用范围之外，但核武器造成的事故可以在国家自愿的基础上成为通过的内容。事实上，所有拥有核武器的国家都宣称它们愿意通报这类事故。参见王晓丹：《浅谈国际核安全立法现状》，载《中国核工业》2003年4期，第39~41页。

法律效力的国际条约。公约的宗旨是保护核材料的国际运输安全，防止任何人非法获取、使用或扩散核材料。对国际运输中的核材料，缔约方应按附件规定的级别予以保护；当核材料被偷盗、抢劫或受到威胁时，缔约方应向请求国提供协助，追回失落核材料；缔约方对相关犯罪具有普遍管辖权。2005 年修订案①把公约适用范围从"国际运输中的用于和平目的的核材料"扩大到"使用、贮存和运输中用于和平目的的核材料和用于和平目的的核设施"。缔约方应建立核材料和核设施实物保护制度，防止盗窃或非法获取核材料，防止核材料和核设施遭受破坏。缔约方还应严惩针对核材料和核设施的犯罪行为。总之，该修订案有利于加强缔约方防范和打击核恐怖主义的能力，对加强国际核安保体系具有重要意义。

5. 核损害赔偿领域的国际公约

在核损害赔偿领域，国际社会已经产生多个国际法律文件，其中，经合组织主导制定了《1960 年关于核能领域第三方责任的巴黎公约》（《巴黎公约》）及其 1964 年布鲁塞尔附加议定书②和 1982 年议定书，统称《巴黎公约》体系。而国际原子能机构主导制定了《1963 年关于核损害民事责任的维也纳公约》③及其 1997 年议定书④和《1997 年核损害补充赔偿公约》，统称《维也纳公约》体系。《维也纳公约》体系与《巴黎公约》体系的内容基本一致，都明确核设施营运者应承担绝对的核损害赔偿责任，并设定了

---

① 中国于 2009 年 9 月 14 日向国际原子能机构递交《核材料实物保护公约》修订案批准书，从而成为继俄罗斯之后，第二个递交该公约修订案批准书的核武器国家。

② 2004 年还通过了 2 个议定书，分别对《巴黎公约》及其 1964 年布鲁塞尔附加议定书进行了修订：（1）Protocol to amend the Paris Convention on Third Party Liability in the Field of Nuclear Energy, February 12, 2004；（2）Protocol to amend the Brussels Convention Supplementary to the Paris Convention on Third Party Liability in the Field of Nuclear Energy, February 12, 2004。

③ 该公约是在国际原子能机构主持下制定的全球性核损害责任公约，目前已对 38 个成员国生效，另有 13 个国家签署但尚未生效。中国虽未加入，但在立法中采用了该公约的大部分核损害责任原则。

④ 该议定书仅有 15 个签署国、9 个成员国。

赔偿标准及实现路径，从而最大限度地为受害者提供补偿。二者的区别主要体现在责任限额方面：（1）《维也纳公约》规定缔约方核损害赔偿的下限是 500 万美元，而上限则由各国自行规定。1997年议定书将核电营运者的赔偿责任下限提高到不少于 1.5 亿~3 亿特别提款权；导致死亡和人身损害的赔偿诉讼时效延长至自核事件发生之日起 30 年；把公约适用的地理范围扩大到在任何地方遭受的核损害。（2）《巴黎公约》则规定了责任限额的上限。营运者核损害赔偿责任的最高额是 1500 万欧洲货币协定计算单位①；核损害赔偿诉讼时效是自核事件发生之日起 10 年。为解决两个公约的冲突问题，国际原子能机构和经合组织于 1988 年 9 月通过《关于适用〈巴黎公约〉和〈维也纳公约〉的联合议定书》，规定同一核事故只能适用其中一个公约，而不能同时适用；无论是核设施内发生的核事故，还是在核材料运输过程中发生的核事故，都应适用该核设施所在国为当事国的那个公约。

　　这些国际公约确立了核损害赔偿制度的基本原则，包括严格责任原则、责任唯一原则、责任豁免原则、责任限定原则、特殊时效原则、核事故发生地国管辖原则等。但核损害赔偿责任公约体系仍存在缺乏普遍性、制度不完善等问题。世界核能大国如加拿大和韩国等都尚未加入。核损害赔偿仅由营运者承担有限责任，而核材料及核设备的制造者、供应者以及运输人不承担核损害赔偿责任；核辐射影响短期之内无法确定，而核损害赔偿诉讼时效又太短。这些制度性缺陷严重损害公约的有效性。因此，各国仍需通过国内法建立核损害赔偿制度。

　　6. 与核安全相关的其他国际公约

　　众多国际环境法律基本原则也影响着国际核安全法律制度的发展。有些基本原则属于实体法，而有些基本原则属于程序法。前者

---

　　① 布鲁塞尔补充公约又提高到 1.2 亿计算单位，并规定了保险费或财政保证金提供至少 500 万计算单位，超过 500 万而低于 700 万之间的部分由核装置所在国的公共资金提供，而对于超高 700 万的部分则由缔约方在公共基金中提供。

包括无害原则、污染者付费原则以及国家责任原则等；后者包括通知与协商原则、公众参与原则和预防原则等；睦邻友好原则和国际合作原则则兼具程序法和实体法性质的基本原则。（1）无害原则是最重要的实体法基本原则，是国际环境法的基石。特雷尔冶炼厂仲裁案（The Trail Smelter Arbitration）仲裁庭在 1941 年裁决中就声明"根据国际法以及美国法律的原则，任何国家也没有权利这样地利用或允许利用它的领土，以致其烟雾在他国领土或对他国领土上的财产和生命造成损害。"①换句话说，国家有义务保证在其领土范围内进行的活动不损害他国的环境、人身或财产，即"无害原则"。该仲裁庭还确立了污染者付费原则。这些原则在国际环境法律文件中多次得到体现，如《人类环境宣言》②、《里约环境与发展宣言》③、1992 年《气候变化框架公约》和《生物多样性公约》等。1996 年国际法院在"使用核武器或威胁使用核武器的合法性"咨询意见中认为，"国家确保在其管辖或控制范围内进行的活动"不损害其他国家和地区环境的一般性义务已经成为"国际环境法律体系的一部分"。④（2）公众参与原则是重要的程序法基本原则。1991 年联合国通过的《跨界背景下环境影响评价公约》⑤规定，缔约方建设核电站的行为可能对另一缔约方造成重大不利影响时，应该采取有效的措施阻止、减少或控制跨界影响，并允许本国公众和可能受到影响的他国公众都有机会参与环境影响评价程序

---

① 转引自王曦编著：《国际环境法》，法律出版社 1998 年版，第 24 页。

② See Principle 21, Declaration of the United Nations Conference on the Human Environment, available at http：//www. unep. org/Documents. Multilingual/ Default. asp？ documentid＝97&articleid＝1503（last visited on April 27, 2015）.

③ See Principle 2 of the Rio Declaration on Environment and Development, available at http：//en. wikipedia. org/wiki/Rio_Declaration_on_Environment_and_ Development（last visited on April 27, 2015）.

④ See Legality of the Threat or Use of Nuclear Weapons, Advisory Opinion, 1996 I. C. J. 226, 241-42（July 8）.

⑤ 《跨界背景下环境影响评价公约》 （The 1991 Convention on Environmental Impact Assessment in a Transboundary Context）由联合国欧洲经济委员会于 1991 年在芬兰埃斯波通过。

（第2条第6款）。联合国欧洲经济委员会（UNCED）1998年通过的《奥胡斯公约》①也明确承认，确保公众对核设施安全信息的知情权及相关立法和监管活动的参与权是缔约方的公约义务；公约还创立申诉制度，允许公众就缔约方的违约行为向"奥胡斯公约遵守委员会"提出申诉。

国际法委员会正在编纂的国家责任条款草案也在一定程度上推动国际核安全法律制度的完善。对于那些本身合法但却可能导致国际责任的行为，国际法委员会在《国家对国际不法行为的责任的条款草案》中把它界定为国际不法行为，构成对该国国际义务的违背。②国际法委员会在总结长期国家实践和国际法律的基础上拟定了《预防危险活动的跨界损害的条款草案》和《关于危险活动造成的跨界损害案件中损失分配的原则草案》。这些草案确立的国家责任与核安全领域的国家责任高度一致：国家必须采取必要的行政、立法、或司法措施，防止危险活动造成重大跨界损害，同时，还应对危险活动承担核准、评估、通知、协商、交换资料、和平解决争端等具体义务；对于已经造成的跨界损害，国家应当完善国内法规，建立严格责任制度，设置各种担保或保险基金，确保受害者得到及时和充分的赔偿，减轻不利影响。③国家责任条款草案是对国际实践和共识观念的提炼整合，具有习惯国际法的效力，它和核安全公约共同构成国际核安全治理的基础。④总之，核安全领域的国际条约对缔约方具有法律效力，而

---

① 《在环境问题上获得信息、公众参与决策和诉诸法律的公约》（Convention on Access to Information, Public Partification in Decision-making and Access to Justice in Environmental Matters）简称《奥胡斯公约》。

② See Ved P. Nanda, *International Environmental Norms Applicable to Nuclear Activities, With Particular Focus on Decisions of International Tribunals and International Settlements*, 35 DENV. J. INT'L L. & POL'Y 47 (2006).

③ 参见杨泽伟著：《国际法》（第二版），高等教育出版社2012年版，第136~143页。

④ 参见赵洲：《国际法视野下核能风险的全球治理》，载《现代法学》2011年第4期，第149~161页。

国际法委员会编纂的风险活动跨界损害责任条款可以对核安全公约起到补充作用。

7. 国际核安全标准系列文件

编制核安全标准是国际原子能机构的法定职权，是帮助缔约方履行公约义务的重要途径。国际原子能机构下设四个审核委员会——核安全标准委员会、放射性废物安全标准委员会、辐射安全标准委员会和放射性物质运输安全标准委员会。它们由成员国高级代表组成常设机构，负责提出建议、审核并修订相关安全标准及其实施活动。核安全标准主要由核安全标准委员会负责制定，其成员由总干事任命，其中包括各国负责制定本国核安全标准的高级监管人员。所有成员国均有权提名委员会专家；国际组织也有权参与制定核安全标准。总之，核安全标准系列文件是在成员国积极参与、充分沟通后制定出来的，体现了国际社会的共同愿望。

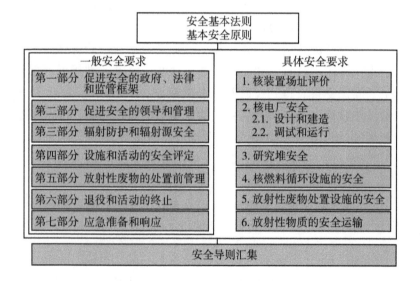

如上图所示，核安全标准系列文件分为三大类：

（1）安全基本原则（Safety Fundamentals）。主要涉及核安全的目标、概念以及保障核安全必须遵守的基本原则。国际原子能机构福岛核事故专家调查组报告显示，这些基本安全原则涉及福岛核事故教训的所有方面，为核安全提供了坚实基础，基本安全原则与具体核安全要求相结合完全可以确保核安全。

（2）安全要求（Safety Requirements）。根据核安全基本原则，国际原子能机构提出一般安全要求和具体安全要求：前者对核安全法律和监管体制、安全领导和管理、辐射防护安全、核设施安全评估、核废物处置管理、核设施退役以及应急准备和响应工作提出了一般性安全要求；后者针对核电厂选址、设计、建造和运行、研究堆、燃料循环设施、核废物处置设施及核材料运输分别提出具体安全要求。这些核安全要求为成员国建立监管框架提供了模板。

（3）安全导则（Safety Guides）。国际原子能机构根据国际核安全管理经验，提出可行性建议和成功案例，帮助成员国达到核安全标准。目前，国际原子能机构已经发布 137 个安全导则①。以核安全法律和监管体制建设为例，国际原子能机构制定了 5 个一般性安全导则（《核设施监管机构的组织和人员配备》、《监管机构对核设施的审查和评定》、《监管机构对核设施的监管检查和执法》、《在核设施监管过程中使用的文件》以及《辐射源的监管控制》）和 4 个具体安全导则（《核设施许可程序》、《建立核电项目的安全基础设施》、《放射性流出物排入环境的审管控制》以及《监管机构对外部专家的使用》）。

总之，国际原子能机构安全标准系列文件是核设施应该实现的安全目标，体现国际核安全防护标准的最高水平，是核安全领域的指导性法律文件。诚然，核安全标准系列文件对成员国并没有普遍性法律约束力，但它们有规范化的效力，可以引起法律后果并对法律的形成和发展产生影响②，有助于提高现有核安全公约的可操作

---

① 参见核安全标准系列文件（截至 2014 年 11 月 6 日），网址 http：//ns-files. iaea. org/standards/iaea-safety-standards-ch. doc（最后访问日期 2015 年 4 月 27 日）。

② 参见秦娅：《联合国大会决议的法律效力》，载中国国际法学会编：《中国国际法年刊》（1984），中国对外翻译出版公司 1984 年版，第 166 页。

性，同时为公约发展打下实践基础。① 国际原子能机构有权将安全标准适用于机构本身的工作，或应当事国请求而适用于依任何双边或多边协议所进行的工作。② 换言之，核安全标准对国际原子能机构具有约束力，是它开展综合监管评审服务（IRRS）、安全运行评审服务（OSART）等职能工作的基础；国际核安全标准仅对那些与国际原子能机构缔结援助协定的成员国具有约束力。总之，国际原子能机构核安全标准与有法律约束力的国际公约、行业标准以及国家标准形成有机联系的整体，为国际核安全法律制度奠定坚实的技术基础。

福岛核事故之后，国际原子能机构不断推动核安全标准的完善。在 2011 年 6 月举行的部长级核安全大会上，国际原子能机构总干事天野之弥曾呼吁建立一套具有普遍法律约束力的核安全规范、安全标准和核查规则，确保每个国家遵守安全标准，从而加强国际核安全治理，但却遭到反对。2011 年 9 月国际原子能机构理事会通过《核安全行动计划》，决定开展 12 项行动，其中就要求核安全标准委员会和秘书处结合福岛核事故教训对核安全标准进行评估和修订、加强同行评审确保监管机构和营运者核安全工作的有效性。虽然瑞士、法国、德国、加拿大和丹麦等缔约方支持国际原子能机构采取强制性监管措施，但美国、中国、印度和巴基斯坦等国反对任何强制性核查措施。因此，该计划仍是自愿性安排。

（三）美国与国际核安全法律制度的性质

美国对国际核安全法律制度最大的影响在于美国坚持国际核安全法律制度的鼓励性质，拒绝赋予其任何强制性约束力。③ 目前，核安全领域所形成的法律制度大多是原则性框架义务，它们虽然对确保核安全、防止辐射污染、保证人身和环境安全、促进可持续发

① 参见高宁著：《国际原子能机构与核能利用的国际法律控制》，中国政法大学出版社 2009 年版，第 89 页。

② 《国际原子能机构规约》第三条。

③ See Gary L. Jones, "Nuclear Safety: The Convention on Nuclear Safety, Testimony Before the Committee on Foreign Relations", U. S. Senate, United States General Accounting Office, March 17, 1999.

展发挥着积极作用，构成了"确立和发展更有约束力和实效的核能风险全球治理机制的基础和路径"①，但是国际核安全法律制度从本质上讲仍属鼓励性质，不具有普遍强制力。国际核安全法律制度的实施主要依靠主权国家的国内治理和国际协作。"通过立法保障核安全是各类核安全条约与原子能公约对缔约国提出的首要要求"②，主权国家通过自我治理、己法自律、自我监督、管促分立、信息公开、公众监督等国内治理机制来实现核安全。主权国家国内治理与国际协作相结合的模式是国际核安全法律制度的最大特点，也是国际核安全治理的核心。

1. 法律性质：国际核安全法律制度的鼓励性质

国际核安全法律制度是鼓励性国际协作法。核能开发利用本质上属于国际法不加禁止的危险活动，国际法的约束较少；相关国际核安全公约对主权国家也没有强制约束力，主要通过主权国家在国际条约基础上进行国内治理的方式来付诸实施。然而，核能及核安全的特性使国际核安全法律制度对主权国家具有天然的内在强制性，主权国家会自觉履行公约义务，或通过国内立法主动采用国际核安全法律制度，开展国际协作，接受国际社会的监督。具体表现为主权国家对内具有较强的维护核安全的自主性和自觉性，自愿实施核安全法律，而不需要外在的强制性义务规定；对外则具有较强的国际合作与交流的意愿，同样可以在没有国际社会监督的情况下自觉地履行公约义务，承担国际责任。

首先，主权国家具有在其境内和平利用核能的权利和自由，相应地需要承担核安全治理责任以及国际协作义务。"根据现有的国际法基本原则或规范框架，从事风险活动的行动自由与国内治理责任，以及国际协调合作义务构成了一种特殊的结构性关系。也就是说，各国虽然承担着风险治理上的国内和国际责任，但这并不意味

① 赵洲：《国际法视野下核能风险的全球治理》，载《现代法学》2011年第4期，第149~161页。

② 汪劲：《论〈核安全法〉与〈原子能法〉的关系》，载《科技与法律》2014年第2期，第168~182页。

着各国的行动自由必须受到硬性的限制。"①主权国家具有利用核能的自由，无需事先征得其他国家的同意；而主权国家具有进行核安全治理的自觉性，亦无须他国监督实施。对于可能产生的跨界影响，国际法委员会一直强调预防责任及相应的通知、协商和谈判的责任，但是，即使主权国家未履行这些责任，也并不构成违法行为，"原因是希望尊重一国的自由和它在进行必要的发展活动和其他有益活动时对其领土与资源所享有的主权"②。总之，无论是国际法还是国内法都承认，主权国家享有核能开发利用的自主权；同时，主权国家在核安全领域具有较强的自觉性，愿意自觉地承担核安全管理义务，协调其国内和国际的核安全义务。

其次，主权国家国内和国际核安全义务并不平衡，国内核安全义务处于主要地位，而国际核安全义务则处于次要地位。第一，这是由国家主权原则决定的。国家承担着维护生命财产与环境安全的责任，这种责任首先是对内责任，即维护本国人民享有的生存发展权等基本人权，然后才是对外责任，即防止可能产生的跨界损害，进行国际合作与交流。第二，这也是由核安全事件的客观规律决定的。核事件影响最直接、最严重的对象是核设施所在国，而其跨界影响的范围和严重性相对较小，这当然要求主权国家把核安全管理的重点放在国内。第三，这种不平衡性也是由国际核安全法律制度不完善、缺乏刚性强制力所造成的。相对而言，主权国家的国内治理就明显处于强势地位。

总之，"科学不确定性理论的发展，使人们认识到预防性国际环境合作的重要性"。③ 主权国家在核安全治理问题上更加强调规

---

① 赵洲：《国际法视野下核能风险的全球治理》，载《现代法学》2011年第4期，第149~161页。

② 国际法委员会特别报告员彭马拉朱·斯雷尼瓦萨·拉奥：《关于防止危险活动的越界损害的第一次报告》（A/CN.4/487/Add.1）第31页，参见联合国官方网站：http://legal.un.org/ilc/sessions/50/50docs.htm（最后访问日期2015年2月1日）。

③ 孙法柏等著：《国际环境法基本理论专题研究》，对外经济贸易大学出版社2013年版，第146页。

则的制定和遵守，这就使国内责任和国际责任具有天然的强制性，"它能够产生一种结构性的规范约束效力，促使各国在享有行动自由的同时，必须实施国内治理，以及与相关各方进行必要的协调平衡等，从而使国家的行动自由不能完全无所顾忌"。①可以说，主权国家参与国际核安全法律制度和协作机制的根本目的是为了维护其国内的核安全。

2. 法律内容：国际法与国内法的高度一致性

国家核安全法律制度与国际核安全法律制度存在高度一致性。主权国家不仅自觉履行国际核安全公约义务，而且还主动采用国际原子能机构修订的核安全标准。这些核安全标准系列文件并不具有法律约束力，一般情况下，只有那些国际原子能机构援助的项目才要求受援国必须强制性地适用。但是，国际核安全标准系列文件已经对国家核安全立法产生直接而深远的影响。"核能利用领域由于与科学技术密切关联，无法律约束力的行为准则相比传统的有法律约束力的法律制度发展更为迅速，影响更为广泛。"②大多数国家在建设本国核安全法律体系及监管体制的过程中都广泛采用这些文件，主动把它们转化为本国监管法规。③

"本世纪以来多部原子能法草案的内容，几乎就是根据《核法手册》的体系来草拟的。"④国际原子能机构出版的安全标准系列文件和国际辐射防护委员会出版的辐射防护建议标准，都被世界各国直接或间接地引用为本国的行业标准。这些国际标准的制定规则相对简单，具有政治中立性和较高的公信力，容易被各个国家所接受并最终上升为国际公约或国内法律。国际放射防护委员会 1977

---

① 赵洲：《国际法视野下核能风险的全球治理》，载《现代法学》2011年第 4 期，第 149~161 页。

② 陈刚：《核能相关国际标准的制定和地位》，网址 http：//blog. sina. com. cn/s/blog_aed52f3201014pqa.html（最后访问日期 2015 年 2 月 1 日）。

③ 参见陈钢：《核电站的安全标准和行为准则》，网址 http：//blog. sina. com. cn/s/blog_aed52f320101612n.html（最后访问日期 2015 年 2 月 1 日）。

④ 汪劲：《论〈核安全法〉与〈原子能法〉的关系》，载《科技与法律》2014 年第 2 期，第 168~182 页。

年发表的第 26 号建议提出了一套国际辐射防护标准，1980 年被欧共体法令——《对公众与工作人员的辐射防护的基本安全法令的修正》所接受，随后又为法国、联邦德国、英国、日本和加拿大等国的国内法所采用；1990 年国际放射防护委员会发表的第 60 号建议成为国际性的辐射防护基本标准以及各国修订辐射防护标准的基本依据。1996 年，国际原子能机构、联合国粮农组织、国际劳工组织、世界卫生组织、经合组织核能署、泛美卫生组织这 6 个国际组织根据第 60 号建议联合发表《国际电离辐射防护和辐射源安全的基本安全标准》 （国际原子能机构安全丛书第 115 号：International Basic Safety Standards for Protection against Ionizing Radiation and for the Safety of Radiation Sources），成为国际原子能机构相关援助活动中适用的强制性安全标准。2002 年，中国国家质量监督检验检疫总局据此制定了新的辐射防护标准《电力辐射防护与辐射源安全基本标准》（GB18871—2002），成为中国辐射防护领域的根本标准。[1]

目前，国际社会已经制定多部具有一定约束力的国际法律文件，不断推进国际核安全法律制度的完善，各国已经初步形成国内治理机制和国际协作机制。核安全领域的国际条约确立国内治理和国际协作的基本原则和框架义务，构成国际核安全治理的直接要素基础。[2] 主权国家的国内治理机制和国际协作机制相互补充，是国际核安全法律制度的根本特点，主要表现有二：

第一，主权国家的国内治理机制是国际核安全法律制度的基础。如前文所述，包括《核安全公约》在内的众多国际公约都直接确认主权国家的国内治理是国际核安全法律制度的基础和核心，并对国内治理的一般原则和具体制度都提出了全面要求。国际法委员会通过的《预防危险活动的跨界损害的条款草案》也规定各国

---

[1]　参见陈刚：《核能相关国际标准的制定和地位》，网址 http：//blog. sina. com. cn/s/blog_aed52f3201014pqa. html（最后访问日期 2015 年 2 月 1 日）。
[2]　参见赵洲：《国际法视野下核能风险的全球治理》，载《现代法学》2011 年第 4 期，第 149~161 页。

在预防危险活动所造成的跨界损害方面具有一般责任和具体责任，前者包括起源国预防责任、合作责任和履约责任，而后者则包括对危险活动许可与评价责任、通知受影响国并提供信息的责任、协商责任以及提供司法救济的责任等。①

第二，国际核安全法律制度为主权国家进行国内治理和国际协作提供了国际法律框架。《联合公约》、《核事故或辐射紧急情况援助公约》、《及早通报核事故公约》和《核安全公约》等国际条约制定了核安全领域的基本原则和义务，确立了基本法律制度，推进主权国家开展国内治理和国际协作。例如《核安全公约》建立国家报告制度，缔约方会议对缔约国的履约报告进行同行评审，从国际层面督促缔约国加强国内核安全法律制度建设，履行条约义务，从而提升缔约国乃至国际核安全水平。《联合公约》在乏燃料和核废物安全管理方面制定了类似的框架性原则和义务。《及早通报核事故公约》和《核事故或辐射紧急情况援助公约》则规定了缔约国向相关国家及时通报核事故、提供国际援助与合作的框架性安排。概言之，国际核安全法律制度规定了众多具有法律约束力的核安全责任原则和框架义务，构成核安全治理的国际法基础。②

3. 法律实施：主权国家具有自我治理、己法自律的主动性

国际核安全法律的实施主要通过主权国家自主、自愿实施。主权国家对外参与国际核安全公约，履行国际法律义务，对内完善本国核安全法律，通过自我治理、己法自律、管促分立来履行国内治理责任。除主权国家之外，以国际原子能机构为首的政府间组织、非政府组织和公众等多元主体在国际核安全治理中也发挥着重要作用。然而，国际核安全领域中的条约、宣言等国际法律文件的签订和实施都离不开主权国家的自觉性，无论是从国际法层面还是从国

---

① 参见杨泽伟著：《国际法》（第二版），高等教育出版社2012年版，第136~140页。

② 参见赵洲：《论核事故风险及其全球治理》，载《世界经济与政治》2011年第8期，第127~139页。

内法层面来看，核安全法律的主体仍是国家，主权国家及其核安全监管机构掌握着核能和核安全问题的决策权，同时，也承担着维护核安全的义务。

对于履约监督机制而言，《核安全公约》与《联合公约》都规定缔约方须向审议会议提交国家报告并接受同行评审。虽然后者对报告内容提出更具体的要求，但是，国家报告仍是有限地公开履约情况，缔约方审议会议同行评审仍是形式意义上的监督。主权国家仍然是从实质意义上进行核安全监督的唯一主体。①首先，从国际法的本质来看，国际社会是由平等主权国家构成的，不存在一个凌驾于主权国家之上的超国家实体，因此，主权国家是制定、实施、监督相关核安全法律制度的首要主体，无论是国际环境法，还是国际核安全法，都不可能产生一个超国家实体负责所有主权国家之内的环境安全或核安全，这是国际核安全法律制度的根本前提。其次，保护本国人民和环境免受核与辐射危害是国家主权的应有之义。"国家主权不仅是一种权利，而且是一种义务或责任。作为责任的主权意味着：对外是尊重别国的主权；对内是尊重国内所有人的尊严和基本权利，保护本国人民免遭屠杀、种族清洗和饥饿等严重伤害。"②即使国际社会不存在具有强制性的国际法律规范、执行机制和监督机制，主权国家也决不能放任本国人民和环境遭受核事故或辐射紧急情况的危害。最后，主权国家通过构建核安全法律体系和监管体制确保本国和国际核安全。通过国家立法实现核能促进职能和核安全监管职能相分离，建立具有独立性、权威性和专业性的核安全监管机构，采取多种监管措施，确保所有核燃料、核设施及核废物等领域的核安全。因此，国际监督只是国家核安全监管机构采取的众多积极措施之一。国家报告是一种鼓励性的同行评审制度，其根本价值在于通过国家报告制度开展国际协作，为各国提供

①　参见李奇伟、彭本利：《放射性废物管理的国际法制度—〈乏燃料管理安全和放射性废物管理安全联合公约〉的视角》，载《中国公共安全·学术版》第 5 期，第 41~44 页。

②　杨泽伟著：《主权论》，北京大学出版社 2006 年版，第 261 页。

交流沟通、相互学习的机会。

4. 法律监督：国际监督和国内监督的全面性

主权国家和平利用核能受到来自国内外的双重监督。首先，国际社会已建立多种监督机制。"国际原子能法的实施是指各国依据国际原子能法律规则行使权利并履行义务。国际原子能法的实施关系到国际集体安全机制的维护，关系到各国在核能和平利用方面的密切合作，也关系到核能技术研发的顺利向前发展。"① 在核安全领域，国际组织扮演着重要的监督作用。国际原子能机构、经合组织核能署、国际劳工组织以及国际海事组织等国际组织不仅推动国际核安全立法，同时也是保障法律实施的制度化平台。这些国际组织的大会、理事会、秘书处及职能机构通过决议、提供援助、通报信息，把国际核安全法律付诸实施。同时，这些国际组织开展国际协作活动，推动国家提供技术和资金、派遣专家、参与合作项目、完善立法和监管体制等，保障国际法律制度得到贯彻执行。② 国际监督的重点是完善监督核查机制以及严格限制核能军事应用。如果国家违反核不扩散与核安保国际公约且拒不改正的，国际原子能机构有权向联合国大会或安理会报告，通过国际集体安全机制采取制裁行动，制止违法行为；在极端情况下，安理会有权依据《联合国宪章》第七章之规定采取一切必要措施。其次，主权国家还需要完善国内民众监督机制。"放射性废物管理绝不仅仅是技术问题，更多涉及的是公众态度、经济、社会、发展等方面的问题，有的国家在放射性废物管理方面的阻力主要来自非技术因素。"③例如，中核集团广东江门鹤山核燃料项目虽然安全程度非常高，当地

---

① 陈刚：《国际原子能法实施的强制性特征》，网址 http：//blog. sina. com. cn/s/blog_aed52f3201014pr6. html（最后访问日期 2015 年 2 月 1 日）。

② 参见陈刚：《国际原子能法实施的强制性特征》，网址 http：//blog. sina. com. cn/s/blog_aed52f3201014pr6. html（最后访问日期 2015 年 2 月 1 日）。

③ 李奇伟、彭本利：《放射性废物管理的国际法制度—〈乏燃料管理安全和放射性废物管理安全联合公约〉的视角》，载《中国公共安全·学术版》第 5 期，第 41~44 页。

官员也积极努力，但仍因当地人民的坚决反对而最终被迫取消。①
"知悉、参与、维护是公民行使环境权的完整过程，他们相互之间
不是孤立的，而是环环相扣紧密联系的"②。因此，无论是《核安
全公约》，还是《联合公约》都强调核安全监管过程中信息公开和
公众参与的重要性，要求缔约方构建公众监督机制，不断完善知情
权和决策权相关的法律制度，确保公众及时获得信息、充分参与决
策，并在其人身、财产或环境权益受到损害时，提供适当的救济措
施。

总之，国际核安全领域已经形成为一些国际公约和大量的声
明、导则、决议、标准、行为准则等规范性文件。虽然它们大多对
主权国家并无强制性的法律约束力，但是事实上却发挥着极其重要
的作用，主权国家的核安全监管机构往往自愿通过国内立法将这些
规范性文件付诸实施，而且在国际和国内的双重监督之下，不断加
强核反应堆的设计和运行安全，防止核事故，提高核应急准备和响
应能力。

二、美国核安全法律制度对国际核安全法律制度的影响

美国核安全法律制度为国际核安全法律制度的建立和发展作出
了众多贡献。首先，美国核安全法律制度是各国核安全法律制度建
设的模板。作为世界上最早投入商运、装机容量最大的核能大国，
美国在核安全立法和监管过程中积累了丰富的经验。例如，核安全
治理必须完善核安全法律体系，组建独立核安全监管机构，建立核
应急准备及响应机制，提高公众参与及透明度，参加国际同行评
审，建设核安全文化等。美国核安全法律制度为世界各国进行核安
全法律制度建设提供了有益的借鉴。其次，美国核安全法律制度是
国际核安全法律制度的重要来源。美国是对国际核安全进行法律规

---

① 参见江海波：《江门核电"惊鸿一瞥"核能监管机制权威性缺失》，
载《中国联合商报》2013 年 7 月 22 日第 D02 版。

② 李奇伟：《略论我国环境知情权》，载《巢湖学院学报》2004 年第 1
期，第 32~35 页。

制的发起者——早在 1946 年联合国第一届大会上美国政府就提议
成立联合国原子能委员会，目的是研究并制定国际核能安全利用法
律。美国还是国际核安全法律制度发展的积极推动者——美国通过
开展双边和多边交流与协作把这些核安全法制建设的成功经验推广
到国际社会，成为其他国家研究和学习的对象；美国利用其国际核
安全立法体系中的主导地位，把美国相对比较先进的核安全法律制
度转化成为国际核安全法的核心内容。美国核安全法律的许多原则
和制度已经成为《核安全公约》等国际法律规范的基本制度，并
通过缔约方审议机制保证其在国际社会的贯彻实施。其中尤其值得
关注的是独立监管机构原则、核应急规划制度和环境影响评价制
度。

（一）独立核安全监管机构原则

独立核安全监管机构原则是美国核安全法律制度对国际核安全
法律制度的最大贡献。美国核安全监管体制经过五十多年的历史演
变，逐步实现"促"、"管"分立，最终建立独立的核安全监管机
构——核管会，在维护核安全方面发挥核心作用，为世界核安全监
管提供了宝贵的实践经验。三里岛核事故使新兴核电国家认识到核
事故的确可能发生，不仅会产生灾难性辐射后果，而且会对核电产
业造成致命打击。因此，国际社会都汲取美国经验教训，把核安全
监管职能从核能促进机构中分离出来，转由一个独立的核安全监管
机构专门负责。1986 年切尔诺贝利核事故又从反面证明独立核安
全监管机构的重要性。虽有三里岛核事故的前车之鉴，但是前苏联
好像并未从中汲取教训，并未及时完善其核安全法律体系和监管体
制，未组建独立的核安全监管机构，也未对反应堆设计进行独立的
技术评价和安全分析，更没有对核电站进行独立的安全监管，这些
被认为是导致切尔诺贝利核电站存在重大设计缺陷却仍投入运行并
发生事故的根本原因。这使国际社会更加清楚地认识到独立核安全
监管机构的重要性。

独立监管机构原则已经成为国际核安全法律制度的基本原则，
并成为诸多国际核安全法律文件的基础。国际原子能机构国际核安

全咨询组（INSAG）1986 年《切尔诺贝利核事故后评审会总结报告》（*Summary Report on the Post-Accident Review Meeting on the Chernobyl Accident*）和 1988 年《核电安全的基本原则》都承认独立核安全监管机构原则是一项基本安全原则。① 1994 年《核安全公约》第 8 条明确规定："每一缔约方应建立或指定一个监管机构，委托其实施第 7 条中所述的立法和监督管理框架，并给予履行其规定责任所需的适当的权力、职能和财政与人力资源。每一缔约方应采取适当步骤确保将监管机构的职能与参与促进或利用核能的任何其他机构或组织的职能有效地分开。"建立独立监管机构成为所有缔约方的国际公约义务，并接受国际同行评审监督。1999 年《核电安全的基本原则》进一步明确独立监管机构原则的具体内涵："各国政府建立核法律框架，设立独立的核安全监管机构，由其负责许可、监管核电厂以及执行监管法规。监管机构的职责必须独立于其他机构，监管人员在安全监管方面具有独立性和权威性，不受非法干涉。"② 2007 年国际原子能机构安全标准系列文件——《基本安全原则》（第 SF-1 号）把政府建立并保持有效的法律体系和包括独立监管机构在内的监管体制作为核安全监管的基本原则。监管机构必须具备充分的法律授权、充足的技术、管理能力、人力资源和财政预算，必须独立于许可证持有者以及其他政府机构，独立履行核安全监管职责，免受任何不正当压力。③ 根据这些基本原则，国际原子能机构还制定了一般安全要求——《促进安全的政

---

① See IAEA, Basic Safety Principles for Nuclear Power Plants - A Report by the IAEA International Nuclear Safety Advisory Group, Safety Series No. 75-INSAG-3, IAEA, Vienna (1988).

② Basic Safety Principles for Nuclear Power Plants - A Report by the IAEA International Nuclear Safety Advisory Group (75-INSAG-3 Rev. 1, 1999), paragraph 39, available at http://www-pub. iaea. org/MTCD/publications/PDF/P082_scr. pdf (last visited on Sept. 2, 2014).

③ 参见国际原子能机构：《基本安全原则》（第 SF-1 号），网址 http://www-ns. iaea. org/standards/default. asp? s = 11&l = 90# (最后访问日期 2015 年 7 月 12 日)。

府、法律和监管框架》（第 GS-R-1 号）以及多个安全导则，如《核设施监管机构的组织和人员配备》（第 GS-G-1.1 号）、《监管机构对核设施的审查和评定》（第 GS-G-1.2 号）等。国际原子能机构把这些基本原则、安全要求和安全导则作为同行评审服务的标准，对成员国是否履行国际公约义务进行审查，并提出改进建议。

日本福岛核事故再次证明独立核安全监管机构原则的重要性。日本福岛核事故是天灾，更是人祸。事故发生既有设备老化、技术落后、自然灾害等客观原因，又有核安全文化观念淡薄、监管不力等的主观原因。但是，归根到底就是核安全法律体系和监管体制不完善所造成的：福岛核电站的运营商东京电力公司竟然与日本核安全监管机构——原子能安全保安院（NISA）隶属于同一个上级——经济产业省①。经济产业省拥有民用核能的促进职能，而原子能安全保安院作为专门负责核安全监管的机构，却是经济产业省自然资源与能源厅的下设机构。在这种情况下，核安全监管机构无法独立于核电企业，更无法独立于核能促进部门。对此，早在 2007 年，国际原子能机构应邀提供综合监管评审服务（IRRS）后，就曾建议日本把原子能安全保安院从经济产业省自然资源与能源厅独立出来，并明确界定它与内阁核安全委员会的职责范围（特别是在核安全导则的制定权方面），而日本却置若罔闻，最终酿成大祸。

福岛核事故后，日本痛定思痛，于 2012 年 6 月 20 日通过《原子能规制委员会设置法》，决定把原子能安全保安院从经济产业省分离出来，在环境省下设立一个独立的核安全监管机构——原子能规制委员会，它整合了内阁核安全委员会和文部科学省环境监测部门的职能，从而统一行使核安全、核安保、辐射监测等监管职能。原子能规制委员会具有独立的人事权和财政预算，主席和委员由日本首相任命，有权对核反应堆技术性问题作出独立判断，首相无权干涉。日本通过核安全监管体制改革来加强核安全监管并恢复民众

---

① 参见李萌萌：《核电安全的法律问题研究》，载《法制与社会》2013年第 3 期，第 72~74 页。

对核安全的信心。① 日本原子能规制委员会成立之后即表示，它将在 2015 年底前后接受国际原子能机构的同行评审，从而确定日本核能监管体制是否达到国际标准。虽然国际同行评审尚未进行，但是美国核管会主席麦克法兰已经对日本原子能规制委员会赞誉有加，认为它已经取得不菲成绩。②

后福岛时代，独立核安全监管机构原则作为国际核安全法律基本原则的地位得到进一步认可。2012 年 8 月国际原子能机构《核安全公约》第二次特别会议上，一些国家提议根据福岛核事故的经验教训修订核安全公约及安全导则，会议提出了 15 项核安全行动目标，并决定设立一个工作组对如何提高公约有效性问题提出可行性建议。③ 在 15 项核安全行动目标中，美国虽然对大多数持否定态度，但是却坚定地支持那些有助于提高核安全监管透明度和独立性、有利于国际合作的行动目标。④ 前者包括三项：缔约方保证核安全监管机构与核能发展机构有效分离，有权独立地履行监管职责、采取强制执行措施（第 3 项）；核安全监管机构应当具有充足的法律权威、人力和财政资源（第 4 项）；同时，核安全监管机构应公开透明，充分照顾产业界及公众的合法诉求（第 6 项）。后者主要针对国际原子能机构同行评审，包括两项：鼓励缔约方在兴建

---

① 参见环境保护部核与辐射安全监管二司、环境保护部核与辐射安全中心编：《日本福岛核事故》，中国原子能出版社 2014 年版，第 2~8 页、第 336~337 页。

② 参见中国新闻网：《美国核管委主任高度评价日本原子能规制委》，网址 http：//world. people. com. cn/n/2014/0312/c157278-24617200. html（最后访问日期 2015 年 7 月 12 日）。

③ IAEA, "Final Summary Report of 2nd Extraordinary Meeting of the Contracting Parties to the Convention on Nuclear Safety"（CNS/ExM/2012/04/Rev. 2），27-31 August 2012, Vienna, Austria.

④ NEI, "National Regulators Agree on Measures to Strengthen Nuclear Safety", available on Nuclear Energy Institute Official Website（September 6, 2012）, available at http：//safetyfirst. nei. org/safety-and-security/national-regulators-agree-on-measures-to-strengthen-nuclear-safety/（last visited on June 8, 2015）.

第一座核电厂前通过同行评审服务对其场址与设计安全进行评估（第 10 项）；鼓励缔约方在运核电厂定期接受国际同行评审，对运行安全进行评估（第 9 项）。

世界主要核电国家都相应地加强了核安全监管机构的独立性。英国成立了独立的核安全监管机构——核安全监管局（ONR），统一行使核安全、核安保与核保障的监管职责，职能范围涵盖核设施、放射性物质、放射性废物以及核武器等所有涉核设施及活动的安全管理，同时，英国着手通过新的立法来加强核安全监管局的法定职能，确保它独立于促进和利用核能的机构。韩国也进一步贯彻独立监管机构原则，把核安全监管机构从教育科技部（MEST）分离出来，成立了独立的核安全和安保委员会（NSSC），并把韩国核安全研究院（KINS）与韩国核不扩散和管制研究院（KINAC）整合进来，加强其技术分析和安全评估能力。[1]

（二）核应急规划制度

三里岛核事故使美国认识到美国核电厂需要完备的场内和场外核应急规划以及核辐射应急准备和响应机制。美国国会通过的《核管会 1980 年财年授权法》要求核管会颁布州应急规划标准，并把应急计划作为核管会签发运行许可证的必备条件。1980 年核管会和联邦应急管理局共同制定了核应急规划指导性文件（NUREG-0654/FEMA-REP-1），公布核电厂辐射应急计划的编制及评估标准，为许可证持有者、州政府、地方政府和部落制定应急计划提供明确的法律依据。后来，双方又联合制定多部联邦法规，包括 1985 年《联邦辐射应急响应预案》，从而进一步完善了联邦应急管理局负责"场外"而核管会负责"场内"的核应急规划审批机制。[2]

美国核管会在三里岛核事故之后推出的核应急规划监管规则，

---

① 参见环境保护部核与辐射安全监管二司、环境保护部核与辐射安全中心编：《日本福岛核事故》，中国原子能出版社 2014 年版，第 335 页。

② 更多关于美国核应急规划制度的内容可以参见第一章第三节"美国核应急准备与响应法律制度"部分。

如要求核电站与州政府及警察和消防等部门协调划定一个半径为10英里的应急规划区、制订核事故紧急疏散计划①等，是美国完善其核安全法律体系及监管制度的重要措施，也是良好的核安全实践。《核安全公约》（第16条）以及《联合公约》（第25条）都对核应急规划进行了详细的规定，要求每一缔约方确保核设施制定场内和场外应急计划，定期举行演习，从而使民用核电站的核应急规划成为世界公认的核安全法律制度②。

（三）环境影响评价制度

《1969年美国环境政策法》第102条第2款（C）项规定，所有联邦政府机构开展可能对人类环境产生重大影响的立法及其他重大行动计划的时候，都应当提供环境影响报告，从而通过制定法确立了环境影响评价制度，这被认为是它为环境法做出的最大贡献。

在此基础之上，1971年"卡尔弗特·克里夫斯核电站协调委员会诉美国原子能委员会案"③（以下简称卡尔弗特核电站案）进而又把事前环境影响评价确立为环境法的一项基本原则。1970年末，美国原子能委员会颁布实施细则，要求核电站建造及运行许可证的申请人必须提供环境影响报告，但是除非有人对环境影响提出异议，美国原子能委员会的许可理事会一般不对环境影响报告进行独立评价，也不作为许可审查的必要条件。马里兰州的卡尔弗特·克里夫斯核电站协调委员会以该实施细则违反《1969年美国环境政策法》为由，把美国原子能委员会诉至华盛顿哥伦比亚特区巡回法院。卡尔弗特核电站案斯凯利·莱特法官（J. Skelly Wright）认为，所有联邦机构都必须最大限度地适用《1969年美国环境政策法》，尤其是在决策阶段，他创造了"根本性的新法律概念——

---

① See Emily S. Fisher（ed.），*Nuclear Regulation in the U. S.：A Short History*，Nova Science Publishers，Inc.，2012，p. 46.

② 参见阎政著：《美国核法律与国家能源政策》，北京大学出版社2006年版，第447页。

③ See Calvert Cliff's Coordinating Committee，Inc. *v.* AEC（D. C. Cir. 1971）.

事前环境影响评价。这一概念超越环境政策法文本以及这一诉讼本身，最终成为国内和国际环境法的基本原则之一"①。

根据《1969 年美国环境政策法》第 102 条第 2 款（C）iii 项，联邦政府机构提供独立环境影响报告时还必须考虑替代性方案。在"佛蒙特北佬核电公司诉自然资源保护委员会案"② 中，美国联邦最高法院确认原子能委员会对替代性方案进行的审查是程序性审查，属于司法审查范围；而对于是否存在比核电站更好的替代性方案这一实质问题，美国原子能委员会拥有自由裁量权，法院不能干涉。

由此可见，环境影响评价制度是由美国制定法首先提出来的，而后又经过判例法的不断细化和发展，最终由美国核安全监管机构在核与辐射安全领域建立了完备的环境影响评价制度，并且成为国际核安全法的重要制度之一。

总之，美国利用其核安全技术及监管优势，通过国际原子能机构把它的核安全法律体系及监管制度转化为国际法律规范，从而牢牢把握住国际核安全立法权，引导国际核安全法律制度朝着符合美国战略利益的方向发展。

第二节　国际核安全法律制度的
完善及其对美国的影响

一、福岛核事故凸显国际核安全法律制度的不足

日本国会核事故独立调查委员会（Nuclear Accident Independent Investigation Commission）的调查报告认为，福岛核事故的原因是天灾，更是人祸，是由核电站营运者、监管机构和日本政府一系列错误和玩忽职守行为造成的。从技术层面来讲，福岛第

---

① ［美］理查德·拉撒路斯，奥利弗·哈克著：《环境法故事》，曹明德等译，中国人民大学出版社 2013 年版，第 62 页。

② Vermont Yankee Nuclear Power Corp. *v.* Natural Resources Defense Council, 435 U.S. 519（1978）.

一核电站存在设计缺陷，机组设备老化（1 号机组已运行 40 年），根本无法承受地震和海啸等超设计基准事件；而从核安全管理的角度来看，日本核安全法律体系和监管体制存在先天性缺陷，福岛第一核电站和监管机构之间的关系错位、对严重核事故的应急准备和预防措施严重不足。此外，"日本政府违反核安全国际法律和制度，监管及应对核安全问题能力较弱"，"东京电力公司在核电厂安全运行管理上存在不规范行为，在处理事故时的表现与其企业地位不符"①等。完备的核安全法律体系、高效的监管机构、强有力的监管措施和严格的安全标准是确保核安全的根本保障。②但是，对日本政府违反《核安全公约》的行为，国际法却无能为力，国际原子能机构也缺乏有效监督和惩罚权。

除此之外，日本政府还在未事先向国际社会和周边国家通报的情况下擅自批准核电运营公司向海洋排放上万吨超标 500 倍的放射性废水，致使海洋环境遭受严重的放射性污染，这明显违反了《及早通报核事故公约》、《联合国海洋法公约》和《防止倾倒废物及其他物质污染海洋的公约》③，同样，日本也未因此受到任何惩罚。

那么，对于日本不履行国际核安全法律义务的行为，日本政府到底需要承担什么责任？国际原子能机构是否有权采用惩罚措施，甚至拒绝向日本提供国际同行评审服务？事实上，回答这些问题却并不容易。一方面，国际核安全法律制度仍不完善。虽然上述国际公约规定了方方面面的核安全问题，包括制定核辐射安全标准和安全导则，及早通知核事故并相互援助，要求国家承担核损害赔偿责任等，但是切尔诺贝利核事故和福岛核事故都证明现有的国际核安

① 夏立平著：《冷战后美国核战略与国际核不扩散体制》，时事出版社 2013 年版，第 132 页。

② See Michael J. Walker, Elise M. Henry, *Response to the Changing Perspective of U. S. and Japanese Nuclear Energy Policies in the Aftermath of the Fukushima Daiichi Disaster*, 30 PACE ENVTL. L. REV. 255, 291-298 (2012).

③ 参见彭丁带、陈玮：《日本福岛核事故及其相关国际法问题探析》，载《江西社会科学》2011 年第 10 期。

全法律制度在法律约束力、强制执行力和国际监督等方面存在严重缺陷，仍有待改进。另一方面，福岛核事故固然说明国际核安全公约缺乏有效的国际监督，无法通过强制执行措施确保国家履行公约义务，但是此次核事故也表明国家不履行国际公约义务既有可能是出于主观故意，也有可能是因客观履约能力不足。对此，应区别对待，而不能一概而论。"国家实际履约能力不足是造成不遵约的主要原因之一。现代的多边环境条约不仅致力于影响国家的行为，也希望能影响个人、公司和其他亚国家实体的行为。其结果是政府必须千方百计采取各种措施实施国际条约，并进行监督。这就给政府造成了行政、技术和资金方面的负担。最终结果是，政府有心实施条约，却力不从心。"①核事故的灾难性影响使日本政府不太可能故意不履行国际核安全公约义务，因而更合理的解释是日本履约能力不足。在这种情况下，强制执行措施甚至制裁措施等传统履约促进机制都会适得其反。因此，对于履约能力不足所导致的违约行为，国际社会应当帮助其加强能力建设，提高履约能力，而不能拒绝核安全服务，甚至施加制裁。

总之，对于日本不履行公约的行为要充分考虑其原因，根据国际法对症下药。国际社会应当完善国际核安全法律制度，加强国际监督，要求日本及东京电力公司对其向海洋排放放射性废水的违法行为承担国际法律责任；同时，国际社会还应该加强国际协作，帮助包括日本在内的所有缔约方提高履约能力。

二、国际核安全法律制度的发展方向

基于国际环境公约义务的非对称性、不履约行为后果的严重性及其原因的特殊性，传统的事后制裁模式根本无法保障国际环境法的履行。国际环境法遵约机制更侧重于通过帮助性措施加强缔约国履约能力建设，包括"提供咨询、协助、建议；进行技术援助、能力建设、资金援助；提供有关进一步遵约的咨询意见；要求其提

---

① 王晓丽著：《多边环境协定的遵守与实施机制研究》，武汉大学出版社 2013 年版，第 40 页。

交一项计划以供审评和评估并要求其定期提交计划执行情况进度报告"。① 国际核安全法律制度只是一个鼓励性机制，并不具有普遍强制性。为此，国际社会应当努力推动国际核安全法律制度在以下两个方面取得突破。

（一）增加国际核安全法律制度的约束力

国际核安全治理离不开完备的国际核安全法律制度、履约监督和管理机构以及国际协作机制。

首先，国际社会需要提高相关国际公约的普遍性和约束力。"鉴于软法规定本身的模糊性，它不可避免会损害法律的权威性与确定性。"② 国际社会可以推动在某些特定领域通过一些国际核安全条约，形成具有一定约束力的国际法律制度，同时"对分散、孤立的风险治理上的程序和实质要素进行整合，以形成稳定的、国际认同的风险治理框架结构，并在 2001 年《关于预防危险活动的跨界损害的条款草案》的基础上，形成国际合作以预防应对核能风险及其损害方面明确具体的条约义务或习惯国际法义务"③。在应对国际法不加禁止的危险活动所带来的跨界损害方面，目前国际法委员会已经二读通过了《预防危险活动的跨界损害的条款草案》和《关于危险活动造成的跨界损害案件中损失分配的原则草案》。核事故的灾难性后果对国际核安全产生了巨大影响，国际核事故应急准备与响应已经受到国际社会的广泛关注，成为国际核安全立法的关键领域。

其次，国际社会要加强国际原子能机构的监督和管理作用。国际原子能机构在核设施的建设、运行和监管等方面制定了大量国际法律规范、安全标准和指导原则，并通过国家报告制度和同行评审制度促使主权国家付诸实施。国际原子能机构大会 2008 年核准的

① 参见朱鹏飞：《国际环境条约遵约机制研究》，载《法学杂志》2010年第 10 期。
② 孙法柏等著：《国际环境法基本理论专题研究》，对外经济贸易大学出版社 2013 年版，第 128 页。
③ 赵洲：《国际法视野下核能风险的全球治理》，载《现代法学》2011年第 4 期，第 149~161 页。

《国际核事件分级表》（修订稿），为正确分析和评定核与辐射事件的影响提供了国际标准，为国际核安全协作提供了依据，有利于国际社会就相关核安全信息进行及时有效的交流沟通，采取适当的评估和预防措施，从而最大可能地避免潜在的跨境损害。① 但是，国际原子能机构在监督与执行、同行评审服务以及核安全能力建设等方面的职能仍有待进一步加强。

最后，国际社会要构建和完善国际核安全协作机制。"国际合作作为国际法的基本原则，要求各国无论在政治、经济和社会上有何差别，都有义务在国际关系的各个领域内加强合作。国际环境合作原则是国际合作原则在环境领域的延伸与发展。"② 核安全问题的全球化和核事故损害的不可逆转性，对国际核安全协作提出了更高的要求，国际社会应完善以国际原子能机构为中心的国际核安全协作机制，巩固其主导地位。国际原子能机构除了有权根据主权国家请求而启动同行评审、咨询、指导等服务业务之外，还应当具有"在特定情形下依职权提起同行评审、咨询、指导等检查监督的职能权限"③，特别是在核事故可能产生跨界影响的情况下，应当结合危险活动领域的国际立法实践，构建具有强制性的预防机制、通知与交流机制、损害赔偿机制以及检查监督机制。2013 年 12 月，瑞士和俄罗斯提议修订《核安全公约》第 18 条，以使国际原子能机构同行评审和安全标准具有法律强制性，提议虽然因美国反对而胎死腹中，但这是国际社会加强核安全公约约束力的最新尝试，也是国际核安全立法的发展趋势。

（二）加强主权国家的核安全治理

鉴于国际核安全立法以及相关机制的完善并非一蹴而就，国际社会的当务之急是帮助缔约国加强履约能力建设，推进主权国家的

---

① 参见赵洲：《国际法视野下核能风险的全球治理》，载《现代法学》2011 年第 4 期，第 149~161 页。

② 孙法柏等著：《国际环境法基本理论专题研究》，对外经济贸易大学出版社 2013 年版，第 145 页。

③ 赵洲：《国际法视野下核能风险的全球治理》，载《现代法学》2011 年第 4 期，第 149~161 页。

国内治理，同时促进国际核安全协作。

1. 全球生态环境问题对国家主权提出了严峻挑战

全球化浪潮席卷而来，全球性问题日益严重，全球化与国家主权之间形成一种既对立又统一的辩证关系：一方面，全球化的开放性、相对性与主动性和国家主权的封闭性、绝对性与被动性产生对立关系；另一方面，全球化并不排斥国家主权而国家主权也并未成为国家参与全球化的障碍，而且国家通过参与全球化进程增强了维护国家主权的能力。①随着全球化而来的气候变化、大气污染、核辐射等全球性环境问题给国家主权带来了前所未有的挑战。② "全球是一个统一的生态系统，如果其中任何一个环节受到干扰、破坏，整个生态系统就会失衡，甚至还有可能爆发人类环境灾难。"③面对全球环境恶化的严峻形势，一些欧美学者主张限制国家主权。"他们认为，当前的生态危机，正是享有主权的民族国家的行为造成的，要切实避免威胁到人类生存和福利的生态灾难的发生，必须对某些过去认为是天经地义的权利进行约束，或者将一些权力归由具有权威性的国际机构集中掌握。"④ 例如，加拿大学者吉姆·麦克奈尔认为，大多数环境问题都是所谓的 "国内发展政策" 造成的。这些政策的影响，绝不限于本国的范围，而是已经涉及其他国家的利益和人类的共同利益。然而，这些政策通常却被当作不容干涉的 "内部事务" 来看待。如果继续保持由各国分散决策的方式，不对国际制度进行相应变革，人类很难遏止生态环境恶化的趋势，

---

① 参见杨泽伟著：《国际法析论》（第三版），中国人民大学出版社2012年版，第240~242页。

② 20世纪60年代末70年代初是全球化进程具有转折性的时代，尤其70年代是全球化进程的关键时期，而90年代则是真正意义上的全球化时代。参见杨泽伟著：《国际法析论》（第三版），中国人民大学出版社2012年版，第236~237页。

③ 杨泽伟著：《国际法析论》（第三版），中国人民大学出版社2012年版，第203页。

④ 梁光严：《评环境保护问题上的 "限制主权论"》，载《世界经济与政治》，1991年第5期，第29~31页。

科学家预言的环境灾难将很难避免。因此，应当进行"根本性的变革，包括集中掌握某些国家主权"①。美国国际法协会主席冈瑟·汉德尔则说："第三世界国家必须调整自己关于各国相互依存和领土主权的观点，以适应处于危境中的实际相互依存的现实，并接受决策权从各国当局向国际论坛和国际机构的不可避免的转移。"②

国际环境公约对国家的环境主权（Environmental Sovereignty）也提出了挑战。一方面，国家签署国际环境公约后，需要采取相应的立法和监管措施、提交国家报告来履行公约义务，接受国际机构的监督或强制检查，甚至要让渡部分主权权利；另一方面，尽管国家拥有自然资源主权和环境主权，但是，"一些发达国家却打着保护环境、保护人类共有财产的旗号干涉别国内政，不正当地介入发展中国家的社会、经济规划，侵犯发展中国家自然资源及其开发利用的主权"③，破坏国家的环境主权。

当今社会是一个复杂的国际体系，国家主权的形式和内涵呈现多样性。主权国家的自主性受到限制，甚至在某些方面被削弱、分割。"任何认为主权是体现于一国之内的、不可分割的、无限制的、排他的、永恒的公共权力的观念都过时了。"④ "随着全球化进程的加速发展和国际合作的增强，主权国家自由处置其天然财富和资源的主权权利受到侵蚀和制约，国家主权的相对性日益凸显。"⑤ 但是，主权国家仍是国际核安全法律制度的基础和保障。

---

① ［加］吉姆·麦克奈尔：《国际关系的绿色化》，载加拿大《国际杂志》第45卷1990年第1期。转引自梁光严：《评环境保护问题上的"限制主权论"》，载《世界经济与政治》，1991年第5期，第29~31页。

② ［美］G.汉德尔：《关于大气的法律和大气保护》，载美国《经济影响》杂志第71期，1990年。转引自梁光严：《评环境保护问题上的"限制主权论"》，载《世界经济与政治》，1991年第5期，第29~31页。

③ 杨泽伟著：《国际法析论》，中国人民大学出版社2003年版，第116页。

④ ［英］戴维·赫尔德著：《民主的模式》，燕继荣译，中央编译出版社1998年版，第434页、第439页。

⑤ 杨泽伟著：《国际法析论》（第三版），中国人民大学出版社2012年版，第251页。

主权国家既是全球化进程的推动者，也在一定程度上抵制其渗透和扩张。国际社会处于一种相互依存状态，国家需要参与国际协作，尊重共同价值，甚至要牺牲、让渡部分主权权利。①

2. 主权国家是国际核安全协作的基本主体

国际核安全协作机制的基本主体仍是主权国家。虽然国际原子能机构等国际组织在国际协作中发挥着至关重要的作用，但是主权国家的作用和地位仍是任何国际组织也无法替代的。国际核安全法律制度中具有里程碑意义的条约、宣言以及重大协作活动都离不开主权国家的努力，需要国家行使权利、承担义务。

主权国家还是国际核安全协作机制的保障。国际核安全公约的具体实施及国际协作都离不开主权国家的大力支持。"一国政府在国内具有至高无上的权威，拥有稳定而夯实的国家财政，背后有强大的国家强制力作为支撑"②，主权国家通过国际核安全协作机制参与国际协商谈判，接受国际监督，采取危机应对和安全保障措施，推进国际核安全条约、宣言等法律规范的顺利实施。

加强主权国家的国内治理是应对全球核安全问题的根本途径。一方面，各国需要通过国际条约保障国家利益，维护国际社会的共同利益。"全球化进程也是国际社会逐步走向法制、加强法治的过程。"③ "由于国际社会没有一个统一的最高立法机关来制定法律，因此，全球化背景下的国际法律规则是各主权国家在相互协议的基础上逐步形成的。"④主权国家应适应新的历史条件，加强国内治理和法制建设，实现国内法与国际规则的接轨。另一方面，国际社会应加强国际核安全协作，努力帮助主权国家完善国内核安全法律体

---

① 参见杨泽伟著：《国际法析论》（第三版），中国人民大学出版社2012年版，第256页。

② 孙法柏等著：《国际环境法基本理论专题研究》，对外经济贸易大学出版社2013年版，第149页。

③ 饶戈平、黄瑶：《论全球化进程与国际组织的互动关系》，载《法学评论》2002年第2期，第3~13页。

④ 杨泽伟著：《国际法析论》（第三版），中国人民大学出版社2012年版，第253页。

系和监管体制，提升其治理能力。国际核安全归根到底是通过各个
主权国家的国内治理实现的，这就要求各国既要根据本国国情承担
适当的勤勉注意责任，又要遵守统一的核安全标准。以国际原子能
机构为主的国际社会应当帮助相关国家获得资金和技术援助，促进
技术研发，促使其履行相应的国际核安全法律义务。

2013 年，沙特阿拉伯、土耳其、白俄罗斯、孟加拉国、约旦、
尼日利亚、波兰、阿联酋和越南等 30 多个国家开始建设核电项目。
组建独立、高效的监管机构，构建完善的监管制度，对这些刚开始
发展核电的国家而言困难重重。在完善国际核安全公约、加强国内
治理的同时，应当充分发挥国际原子能机构等国际组织的鼓励和支
持作用，构建多层次、多元化的国际协作机制。多层次是指国际社
会在国际、区域、次区域、国家、行业组织和营运者等层面构建国
际协作机制；多元化是指国际协作应当吸引国际原子能机构等国际
组织、主权国家、行业组织、核电企业、公众等多元主体的参与。
通过多元主体积极参与，共同构建多层次的国际核安全协作机制，
加强新兴核电国家的核安全治理能力。

三、国际核安全法律制度的完善

福岛核事故发生之后，国际社会认识到需要鼓励更多国家加入
《核安全公约》、《联合公约》、《及早通报核事故公约》和《核事
故或辐射紧急情况援助公约》，提高国际核安全法律制度的普遍
性，同时，修订《核安全公约》和《及早通报核事故公约》，探索
增强公约有效性的机制。①

（一）《核安全公约》的修正案提议

2011 年 4 月，《核安全公约》缔约方第五次审议会议决定在
2012 年举行一次关于福岛核事故的特别会议，根据福岛核事故的
经验教训对《核安全公约》的有效性进行全面审查。为此，俄罗
斯和瑞士先后向国际原子能机构总干事提交了《核安全公约》修

---

① 参见《国际原子能机构核安全行动计划》(GOV/2011/59-GC(55)/
14)第 5 页。

正案提议，内容主要涉及国际核安全标准、监管透明度及有效性、国际同行评审等问题，其目的是增加公约的有效性。

1. 俄罗斯修正案提议

2011 年 6 月，俄罗斯向国际原子能机构总干事提交修正案①，提议对《核安全公约》第 6 条、第 7 条、第 14 条、第 16 条和第 18 条进行修正。俄罗斯修正案提议的主要目的是弥补国际核安全标准的不足之处。

首先，各缔约方应根据国际原子能机构核安全标准对所有核设施进行安全审查和定期评估；采取一切合理可行的改进措施提高在运核设施的安全性；初次计划建设核设施的缔约方应在开工前按照核安全标准建立完善的法律体系和监管制度（第 6 条）。

其次，缔约方应建立立法和监管框架，明确国家在核事故管理中的责任，制定国家及其监管机构与核设施营运者的协作程序，并依据核安全标准进行定期评估。重大核事故属小概率、高风险事件，一旦发生就会对生命健康和环境产生灾难性影响。然而，国际法仅仅规定核设施运营者承担首要核安全责任，但却未规定国家的事故管理责任。因此，缔约方应建立立法和监管框架，并制定一个国家、营运者和监管机构的协调与合作程序，以有效地管理核设施安全，减轻事故后果（第 7 条），而且应当根据国际核标准进行定期安全评估（第 14 条）。缔约方应制定监管机构和核设施营运者联合行动程序，从而可以在事故发生后的几个小时内迅速动员所有资源，降低事故损害（第 16 条）。

最后，历次核事故都表明，事故是由自然和人为因素共同作用的结果，因此，缔约方应当对现有设计进行审查，并重点针对外部因素采取改进措施，确保核设施的设计和建造安全。

2. 瑞士 2012 年修正案提议

国际核安全是国际社会的共同利益，确保国际核安全是国际社会的共同责任，为此，国际社会应提高核安全标准，保证它们在各国得到有效实施，并由国际原子能机构同行评审工作组进行定期评

---

① 参见俄罗斯《核安全公约》修正案提议及其说明。

审。2012 年 4 月，瑞士向《核安全公约》缔约方第二次特别会议提交了修正案，提议对《核安全公约》第 8 条、第 14 条、第 17 条、第 18 条、第 19 条、第 25 条和第 27 条进行修正。①

瑞士修正案第一项是要求增加同行评审的约束力。首先，缔约方监管机构应定期接受国际同行评审监督（第 8.3 条）；其次，国际原子能机构应该加强同行评审服务，特别是设计安全评审和定期运行安全评审，确保缔约方遵守国际原子能机构的要求（第 18 条、第 19 条）。瑞士特别指出，《欧洲核安全指令》规定的定期接受国际同行评审已成为西欧核监管者协会成员国的一项法律义务。由此可见，改变同行评审的自愿性质、把它转变成为一种法律义务，是瑞士的核心诉求。

鉴于福岛核事故的原因之一是对事故危害假设不足，瑞士修正案第二项提出对核设施选址、设计、建造、调试和运行进行安全评价时，应该按照最新科技发展水平重新考虑危害假设并更新安全资料（第 14 条、第 17 条），监管机构应对事故危害假设重新进行全面审查，从而提高监管的有效性。

瑞士修正案第三项则要求提高核安全监管工作的透明度。一方面，监管机构应公开核安全监管报告，提高监管机构的透明度（第 8.4 条）。另一方面，缔约方应向公众公布国家报告以及缔约方审议意见（第 25 条），而且《核安全公约》审议会议应公开对国家报告的专家辩论内容（第 27 条），其目的是增加透明度、提高沟通的有效性。

2012 年 8 月，《核安全公约》缔约方第二次特别会议对俄罗斯和瑞士的修正案进行审议后决定建立一个"有效性和透明度工作组"，其任务是向《核安全公约》缔约方第六次审议会议提出加强《核安全公约》的行动清单，并在必要时提出修正案提议。

3. 瑞士 2013 年修正案提议

从表面上看，日本福岛核事故是由地震引发海啸所导致的，但进一步分析后发现，缺乏对超设计基准的严重核事故的预防和应对

---

① 参见瑞士《核安全公约》修正案提议（2012）。

能力才是事故发生的主要原因。但是，对于超设计基准核事故及其场外安全问题，不仅国际核安全公约没有任何规定，而且国际原子能机构也没有任何监督机制。因此，国际核安全公约必须对超基准事故与场外安全及其国际监督作出相应的规定。2013 年 12 月 3日，瑞士向国际原子能机构总干事提交了新的公约修正案：提议在《核安全公约》第 18 条中增加 1 款，即"核电厂的设计和建造必须以防止事故和在一旦发生事故时减轻事故的影响和避免造成长期厂外污染的放射性核素释放为宗旨。为了确定和实施适当的安全改进，这些宗旨还必须适用于现有电厂"。总干事作为保存人将提案通报各缔约方，从而启动公约修正程序。①

4. 修正案审议程序及结果

修正案的审议和通过程序可以分为常规程序和特殊程序。常规程序是由审议会议对修正案进行审议后以协商一致方式通过此修正案；特殊程序是在审议会议无法协商一致时将修正案提交外交会议审议通过。特殊程序分两步走：首先，审议会议需要决定是否将修正案提交外交会议，决定由出席会议并参加表决的缔约方三分之二多数票作出（条件是表决时至少半数缔约方出席）；其次，把修正案提交外交会议后，外交会议应尽可能以协商一致方式通过修正案，如确实无法协商一致时才能以全体缔约方的三分之二多数通过修正案。修正案通过之后，还需要获得缔约方批准、接受、核准或确认，并在保存人收到至少四分之三缔约方的法律文书后第 90 天生效。

瑞士修正案审议采取特殊程序。2014 年 3 月 24 日至 4 月 4 日，在《核安全公约》缔约方第六次审议会议上，出席会议并参加表决的缔约方以三分之二多数决定在一年内召开一次外交会议审议瑞士修正案，同时要求保存人在外交大会前至少 90 天组织一次磋商会议，以便全体缔约方交流意见并制定议事规则。此后成立了一个由阿根廷拉斐尔·马里亚诺·格罗希大使担任主席的非正式工作组，负责外交会议的筹备工作。2014 年 10 月 15 日，磋商会议如

① 参见瑞士《核安全公约》修正案提议（2013）。

期召开，会议就修正案的实质内容和议事规则草案等组织事项交换了意见。2015 年 2 月 9 日，关于瑞士《核安全公约》修正案的外交会议在维也纳国际原子能机构总部召开。会议确定将以协商一致的方式审议修正案。然而，由于美国和俄罗斯的反对，缔约方无法对修正案达成协商一致。

为此，外交会议通过《维也纳核安全宣言》，用一种没有法律约束力的声明确立了以下三个原则：第一，防止核事故及一旦发生事故时减轻长期厂外污染的放射性释放的目标仅适用于新建核电厂，而不适用于在运核电厂。第二，为了实现上述目标，国家应及时实施合理可行或可实现的安全改进措施，但具体安全改进措施及其实施时间则仍由国家自主决定。第三，国际原子能机构的安全标准对国家没有约束力，仅供参考。《维也纳核安全宣言》虽然在一定程度上间接体现了瑞士修正案的内容，但是这与瑞士完善核安全法律制度的初衷相去甚远，标志着国际社会修正《核安全公约》的尝试以失败而告终。

（二）国际原子能机构的强制力

国际原子能机构是全球唯一一个既负责核能产业发展同时又负责核安全、核安保以及核不扩散的国际组织。然而，国际原子能机构在核安全监管方面的职权相当有限，它有权推荐安全标准，但却无权制定有约束力的指令，更无权要求成员国必须遵守。[1] 福岛核事故之后，国际原子能机构虽然发布报告猛烈批评日本监管机构的独立性，但是对日本政府的不作为也毫无办法。难怪国际原子能机构总干事天野之弥认为国际原子能机构并非国际核安全事务的看门狗（Watchdog），只是国际核安全事务的合作者（Cooperator），只能在获得成员国许可的前提下与世界各国合作，共同提升国际核安

---

[1]　See Stephen Kurczy, "Japan nuclear crisis sparks calls for IAEA reform", available at http: //news. yahoo. com/japan-nuclear-crisis-sparks-calls-iaea-reform-20110317-151912-218. html; _ ylt = AOLEVxNmvGVVslcAtdNXNyoA; _ ylu = X3oDMTEzZ29ta3RhBGNvbG8DYmYxBHBvcwM2BHZ0aWQDVklQNTgyXzEEc2VjA3Ny (last visited on May 27, 2015).

全水平。①而这正是《核安全公约》和《及早通知核事故公约》等核安全公约体系的现实基础。

1. 国际原子能机构在核安全方面的强制执行权

福岛核事故后，国际原子能机构着手提升其在核安全监管方面的权威性。在 2011 年 6 月召开的部长级会议上，一项提案主张专家组应随机挑选 10% 的在运核电厂，对其运行状态、应急程序、监管职能等问题进行突击安全检查。但是，核能大国坚持核安全监管是国家主权，不容侵犯；而新兴发展中国家则认为监管过严会导致核电厂建设成本过高，无法满足其日益增长的能源需求。因此，2011 年 9 月国际原子能机构大会通过的《核安全行动计划》，对于"对 10% 的核电厂进行随机检查"以及"每十年派遣一次检查组"这些提议避之不谈，原本提议的"突击安全检查"最后又沦落为一个以成员国自愿为基础的鼓励措施。

2. 国际原子能机构核安全标准的强制性

早在 1974 年，为了确保核反应堆的设计安全、选址安全以及运行安全，国际原子能机构开始实施核安全标准项目，制定核安全标准和安全导则。西欧核安全专家就因怀疑核安全标准项目的实质就是推行美国标准以限制法国和德国核工业发展而抵制它。当时，各国都是第一次建设核电站，都请求国际原子能机构帮助评估其核电项目的安全性。为此，国际原子能机构决定首先就核电站设计、建造和运行安全的技术性原则达成国际协议，然后，再在此基础之上制定具体安全标准以及实现这些标准的安全导则。1979 年美国三里岛核事故发生前，国际原子能机构已经制定了 5 个核安全标准和 10 个安全导则，另有 49 份核安全标准正在拟定之中。

1974 年，国际原子能机构理事会经讨论后决定把核安全标准的性质界定为建议性质，不具有法律约束力。20 世纪 80 年代，核

---

① See "IAEA grapples with limits of being a nuclear watchdog", available on *The Asahi Shimbun GLOBE*, available at http：//ajw. asahi. com/article/globe/feature/IAEA/AJ201203110088（last visited on 26 May, 2015）.

安全标准系列文件完成后，其性质再次引发讨论，但增加其法律约束力的提议再次被拒绝。然而，核安全标准却在事实上得到成员国支持，1987 年 47 个国家表示其核监管机构的基本理念、宗旨与职能与国际原子能机构核安全标准相一致。① 1992 年，国际原子能机构在制定核安全公约时，仍然没有把核安全标准系列文件整合进去，形成公约义务，理由是这会把核安全标准固化，不利于核安全标准的不断更新。②

2011 年《核安全行动计划》再次提出审查和加强国际核安全标准，指定核安全标准委员会和秘书处在必要时对核安全标准提出修订意见，并要求成员国以公开、及时和透明的方式尽可能广泛和有效地利用核安全标准。原子能机构秘书处应继续为执行安全标准提供支持和援助。

（三）国际原子能机构的同行评审职能

1. 国际原子能机构同行评审职能的法律依据

《国际原子能机构规约》第三条 A 款 6 项规定，国际原子能机构有权"与联合国主管机关及有关专门机构协商，在适当领域与之合作，以制定或采取旨在保护健康及尽量减少对生命与财产的危险的安全标准（包括劳动条件的标准），并使此项标准适用于机构本身的工作及利用由机构本身、或经其请求、或在其管制和监督下供应的材料、服务、设备、设施和情报所进行的工作；并使此项标准，于当事国请求时，适用于依任何双边或多边协议所进行的工作，或于一国请求时，适用于该国在原子能方面的任何活动"。这就包括制定国际核安全标准，并在应成员国请求向其提供安全审查和评估服务时直接使用这些安全标准。

为了帮助成员国加强核安全法律体系及监管制度，国际原子能

---

① See H. C. L. Merilatt （Ed.），*Legal Advisers and International Organizations*，*American Society of International Law*，Oceana Publications，New York （1966），p. 188.

② See David Fischer，*History of the International Atomic Energy Agency：the First Fourty Years*，Vienna：The Agency，1997，pp. 188-189.

机构曾经提供过5种同行审查和评估服务：（1）国际监管评审组（International Regulatory Review Team）：帮助成员国加强核安全法律法规和监管制度的有效性；（2）放射安全和安保基础设施评估（Radiation Safety and Security Infrastructure Appraisal）：对成员国的放射安全监管制度进行评估；（3）运输安全评估服务（Transport Safety Appraisal Service）：对成员国实施国际原子能机构运输规则的情况进行评估；（4）应急准备评审（Emergency Preparedness Review）：对核事故及放射性紧急情况的准备工作和相关立法进行评估；（5）国际实物保护咨询服务（International Physical Protection Advisory Service）：对国家实物保护体系的有效性进行评审，并提供建议和协助。为了提高同行评审服务的有效性和灵活性，国际原子能机构核安全及安保司把上述五种服务整合成综合监管评审服务（IRRS），并提交2005年《核安全公约》缔约方第三次评审会议，得到理事会和大会的一致支持。综合监管评审服务包括四个步骤：准备会议、自评阶段、评审服务、2~4年后的随访评审。自从2006年1月在罗马尼亚进行初次综合监管评审以来，国际原子能机构共开展了40多次此类服务，为国际原子能机构和成员国完善核安全标准提供了第一手资料。①

2. 国际原子能机构同行评审职能的加强

同行审议过程"必须是高效的，费用合理，编制国家报告也不会带来过重的负担；它还必须是有效的和透明的，能证实公约得到了遵守并让人们了解缔约方是如何履行其义务的。这一过程将必须以鼓励为主的方式发挥作用，从而成为一种相互学习和自我教育的机制"。②2011年9月13日-22日举行的国际原子能机构第55届成员国大会通过了《核安全行动计划》，提出从以下三个方面加强国际同行评审：第一，国际原子能机构秘书处应完善有关监管有效

---

① See IAEA, "IRRS History", availale at http：//gnssn. iaea. org/regnet/irrs/Pages/IRRS-History. aspx（last visited on June 16, 2015）.

② Odette Jankowitsch 和 Franz-Nikdaus Flaku：《国际核安全公约：核法律的里程碑》，载《国际原子能机构通报》1994年第3期，第36~40页。

性、运行安全、设计安全以及应急准备和响应等方面的同行评审，确保其有效性；第二，秘书处应公开同行评审的地点和时间等简要资料，并经有关国家同意后及时公布评审结果，以增加透明度；第三，强烈鼓励成员国自愿定期接待原子能机构同行评审工作组，包括后续评审工作组。此后，许多缔约方请求国际原子能机构提供同行评审和后续评审服务，而且向 2014 年 3 月《核安全公约》第六次缔约方大会提交国家报告接受国际同行的审议。可以说，该行动计划推动了国际原子能机构同行评审的发展。然而，如何更好地利用国际运营和监管经验以及同行评审服务，仍是一个极具挑战性的问题。①

为了提高同行评审的有效性和透明度，《核安全公约》第六次缔约方大会讨论了关于修正《核安全公约》细则文件的建议。2015 年 1 月，国际原子能机构通报了三个细则文件的修订结果：《〈核安全公约〉审议过程细则》（INFCIRC/571/Rev. 7 号）、《〈核安全公约〉国家报告细则》（INFCIRC/572/Rev. 5 号）和《〈核安全公约〉议事规则和财务规则》（INFCIRC/573/Rev. 6 号）。修订后的细则文件对编写国家报告、改进审议过程、加强国际合作以及提高透明度提供更加明确的指导要求，从而进一步加强了国际原子能机构同行评审职能。

四、国际核安全法律制度对美国的影响

（一）国际核安全公约在美国的效力

美国是国际核安全法律制度的践行者。首先，美国法律确认国际核安全公约的国内法效力。对于国际法和国内法的关系问题，包括中国、德国、法国、日本、阿根廷等在内的大多数国家都承认国际法在本国法律体系中的效力，但不能与本国宪法相抵触。《美国联邦宪法》则规定："本宪法及依本宪法所制定之合众国法律，以及合众国已经缔结及将要缔结的一切条约，皆为全国之最高法律"

---

① 参见《〈核安全公约〉缔约方第六次审议会总结报告》（CNS/6RM/2014/11_Final），2014 年 3 月 24 日至 4 月 4 日，第 35 段。

（第6条）。但是，从美国最高法院的司法实践来看，"当国际法与国内法发生抵触时，以后法优于先法执行"①。美国法学会在《美国对外关系法重述》第2章第115节第3项指明："一项国际法规则或美国的国际协议规定如果与美国宪法不一致，则不能作为美国法律来实行。"② 因此，一般认为美国联邦宪法是最高法律，高于国际条约、联邦制定法和各州制定法以及普通法；国际条约和联邦制定法的地位平等，但高于联邦普通法以及各州的制定法和普通法。③ 对于国际条约和联邦制定法之间的关系，在"默里诉魔力贝特西号案"中，美国联邦最高法院大法官马歇尔认为："国会的法令应该从来不被解释为违反万国法，如果有任何其他可能的解释存在的话。"④美国法院在解释联邦制定法时一贯遵循"三权分立"的原则，确保联邦制定法与美国签署或参加的国际条约相一致。从这种意义上讲，国际条约与联邦制定法地位平等而且不存在冲突问题。由此可见，美国签订的众多国际核安全公约与联邦制定法都具有平等的法律地位。其中主要包括《核不扩散条约》、《核材料实物保护公约》、《及早通报核事故公约》、《核安全公约》、《核事故或辐射紧急情况援助公约》、《1957年加入国际原子能机构法》、《国际原子能机构规约》、《美利坚合众国和国际原子能机构关于在美国实施保障的协定》及其《附加议定书》和《美国附加议定书实施法》、《防止倾倒废物及其他物质污染海洋的公约》以及《联合公约》等。

其次，美国国内法对这些条约的实施机制也进行了相应的规

---

① 吴泽林、钮维敢：《当代美国外交实践的悖论—国际法与国内法关系的一元论视角》，载《国际展望》2012年第3期。

② 转引自黄瑶：《习惯国际法与美国国内法的冲突问题》，载《中山大学学报（社会科学版）》1997年增刊。

③ See Michael J. Glennon, Raising The Paquete Habana: Is Violation of Customary International Law by the Executive Unconstitutional?, 80 NW. U. L. REV. 321, 334 (1985).

④ 转引自黄瑶：《习惯国际法与美国国内法的冲突问题》，载《中山大学学报（社会科学版）》1997年增刊。

定，保证国际核安全公约在美国的实施。例如，美国核管会作为核安全主管部门，依法负责《核材料实物保护公约》的实施，确保核材料的国际运输安全；依法负责《及早通报核事故公约》和《核事故或辐射紧急情况援助公约》的实施，及时通过美国国务院向国际原子能机构和受影响的国家通报重大核事故；此外，核管会还负责每三年向《核安全公约》缔约方审议会议提交美国国家报告、选派资深技术官员参与同行评审。美国能源部作为核废物处置的主管部门，则负责《联合公约》的实施，在核管会、环保部和国务院的协助下编制向公约缔约方审议会议提交的美国国家报告。美国不仅保证国际核安全法律制度在美国的实施，而且还不遗余力地推动更多国家批准并实施国际核安全公约，提高核安全水平。美国通过双边和多边国际机制推动更多国家加入《核安全公约》、《核损害补充赔偿公约》等国际公约，实施《核安全行动计划》，提升国际核安全标准，构建国际核损害赔偿机制。①

最后，国际核安全法律制度不能对美国经济利益产生不利影响。美国并非一以贯之地推动国际核安全法的修订和实施，而是有选择地推动。《核安全公约》对立法和监管体系、核设施选址、设计与运行安全、辐射防护以及核应急准备都做出了相应的规定，而且还通过缔约方审议会议和同行评审机制推动主权国家实施公约。但是，公约不仅没能阻止日本核事故的发生，而且缔约方审议会议对日本 2010 年国家报告审议后竟然得出"日本已充分实施《核安全公约》"的结论。而福岛核事故发生后却查明，日本根本没有达到公约要求的许可标准、立法及监管要求，特别是没有按照公约第 8 条的规定保证核安全监管机构的独立性，也没执行公约第 17 条关于核电厂选址的程序性要求。究其原因在于公约仅仅是鼓励性机制，缺乏强制性约束力。为此，2013 年 12 月，瑞士和俄罗斯提

---

① See U.S. Statement by Mr. Richard J. K. Stratford, First Session of the Preparatory Committee, 2015 Review Conference of the States Parties to the Treaty on the Non-Proliferation of Nuclear Weapons (May 10, 2012), availble at http: // vienna. usmission. gov/120510nptc3. html (last visited on March 14, 2015).

议修订公约第 18 条，使国际原子能机构同行评审和安全标准具有法律强制性。该提议得到国际原子能机构及欧盟国家的普遍支持，但美国却坚持公约的鼓励性质，以提高安全标准会产生巨额费用为由而强烈反对，经过一年多的谈判，欧盟最终在 2015 年 2 月放弃修订提议。①美国之所以反对强制性同行评审和安全标准，主要出于两方面的原因：政治原因是美国不容他国插手其国内事务，维护国家主权，而经济原因是美国作为最早实现核电商业运营的国家，一旦提高核安全标准，大量 20 世纪 60—70 年代批准建造的核电厂就必须关闭，同时，对于新建核电厂也必须增加最新的安全设计，这势必需要投入巨额的成本。由此不难看出，美国推动国际社会加入并实施核安全法是有选择性的，是实现其核安全战略、维护其自身利益的工具。

　　综上所述，国际核安全法律制度只能在符合美国经济利益的前提下对美国产生有限影响。美国既是国际核安全法律制度的制定者，又在一定程度上是国际法律制度的践行者。美国明确国际核安全法律规范在国内法中的效力，保障在美国的实施，履行其核安全国内治理和国际协作义务；同时，美国把其完善的核安全法律体系和监管体制推广到全世界，从而掌握国际核安全立法的话语权。

（二）国际原子能机构同行评审对美国的影响

　　在福岛核事故前后，美国政府主动邀请国际原子能机构提供综合监管评审服务（IRRS），包括正式同行评审服务和随访评审服务。2010 年 10 月，国际原子能机构应邀向美国核管会派出由 20 名高级安全专家组成的综合监管评审服务工作组，对美国核安全监管制度框架及其有效性进行同行评审。2014 年 2 月，国际原子能

---

①　See Mark Hibbs, "A Failed Effort to Toughen Nuclear Safety Standards", available on Carnegie Endowment website (February 18, 2015), available at http：//carnegieendowment. org/2015/02/18/failed-effort-to-toughen-nuclear-safety-standards; and "U. S. leads opposition to strengthening post-Fukushima international safety standards", available at http：//www. beyondnuclear. org/home/2015/2/4/us-leads-opposition-to-strengthening-post-fukushima-internat. html （last visited on March 14, 2015）.

机构应美国邀请又提供了随访评审服务，重点审查美国根据 2010 年同行评审意见和建议所采取的措施。无论是初次评审，还是随访评审，国际原子能机构都是根据核安全标准系列文件对美国核安全监管法律制度进行同行评审的；评审结束后，国际原子能机构也是根据国际核安全标准为美国提出了 2 项意见和 20 条建议，具体涉及美国政府、核管会的职责、国际核安全法律制度、核管会监管制度和监管活动、核应急准备与响应等方面。针对 2010 年评审专家组提出的 20 条建议，美国积极开展整改措施，并于 2014 年前完成对其中 19 条建议的整改工作，受到随访专家组的充分肯定。

唯一一个美国没有采取整改措施的建议是关于国际核安全标准在美国的适用问题。2010 年国际同行评审专家组建议，"美国核管会应评估将其核安全监管法规、导则与国际原子能机构安全标准保持一致所带来的附加价值，并就核管会监管法规和导则如何兼顾国际原子能机构安全标准问题提出可行的方法"（第 2 条建议）①。此外，美国还应该根据国际安全标准对监管法规和导则进行定期审查（第 13 条意见）②。对此，美国核管会认为它在制订监管法规和导则的时候已经充分考虑到各类国际标准，因国际原子能机构核安全标准并不详细，所以核管会法规和导则无法直接引用。但是，这并不意味着美国不重视国际核安全标准。在国际层面，"美国核管会积极参与国际核安全标准的制定工作，而且还以美国核管会现有法规和导则为标准对国际核安全标准进行审查和评估，其目的是缩小二者之间的差距"，而在国内层面，美国计划"在修订监管导则的过程中考虑运行经验及国际安全标准，特别是国际原子能机构核

---

①　IAEA, "Integrated Regulatory Review Service（IRRS）Follow-Up Report to USA"（IAEA-NS-2014/01），p. 15, available at http：//www. nrc. gov/reactors/operating/ops-experience/japan-dashboard. html（last visited on June 18, 2015）.

②　See IAEA, "Integrated Regulatory Review Service（IRRS）Follow-Up Report to USA"（IAEA-NS-2014/01），p. 30, available at http：//www. nrc. gov/reactors/operating/ops-experience/japan-dashboard. html（last visited on June 18, 2015）.

安全标准"①。总之，美国既不愿意接受国际核安全标准的国际法律约束力，也不愿意承担将其转化为国内标准的公约义务，而是希望将国内核安全标准转化为国际标准，进而推广到全世界。

（三）国际核安全公约修正案对美国的影响

美国主动邀请国际原子能机构提供同行评审服务，主动参与国际核安全文化建设，推动核安全文化的标准化和国际化，推动国际核安全法律制度的发展，但是，美国为什么会坚决反对俄罗斯、瑞士完善《核安全公约》公约的修正提议呢？这需要对修正案的实质问题进行分析。

从历史角度来看，美国在加入《核安全公约》时就坚持公约的鼓励性质。美国联邦审计署盖瑞·琼斯在美国参议院外交关系委员会上作证时明确表示，"美国政府把《核安全公约》当做一项鼓励那些拥有苏联设计的核反应堆的国家提高核安全的重要政策工具之一"，"公约履行机制依靠国家自觉遵守一般安全原则，而不是依靠强制性技术标准，而且，公约没有规定针对违约行为的制裁措施，也没有要求国家关闭不符合公约安全原则的核反应堆"，"同行评审程序的目的是建立一个交流平台，以供国家在自评基础上就核安全问题开展国际交流，从而鼓励各国提高核安全水平"。② 鉴于公约并无任何违约制裁措施，因此，同行评审程序事实上就发挥着监督缔约方履约的作用。只是它采取了一种特殊方式，即通过同行评审会议的信息公开程序使国家实践接受世界舆论的审判，以期对国家履约产生积极影响。缔约方会议举行之后，经缔约方协商一致通过一份简要报告，向公众介绍会议讨论的问题及其结论。然而，缔约方会议简要报告只针对一般性安全问题，而不明确指出具体国家及其违约行为。从这一方面来

---

① IAEA, "Integrated Regulatory Review Service (IRRS) Follow-Up Report to USA" (IAEA-NS-2014/01), p. 15, available at http：//www. nrc. gov/reactors/operating/ops-experience/japan-dashboard. html (last visited on June 18, 2015).

② See Gary L. Jones, "Nuclear Safety: The Convention on Nuclear Safety, Testimony Before the Committee on Foreign Relations, U.S. Senate", United States General Accounting Office, March 17, 1999.

看，《核安全公约》通过信息公开程序促进国家履约的目标很难实现，也不会对美国履约行为产生实质性的影响。此外，美国国务院在向总统提交的报告中明确指出，美国不必专门为实施《核安全公约》而采取任何立法措施。①由此可以看出，《核安全公约》"从一开始就被设想成一种可供各国推动核安全工作不断前进的催化剂和鼓励因素。它的实施将加速和不断增强国际上对核安全的集体参与和承诺，从而稳步地推动全世界的核安全"②。更为重要的是，美国不必为《核安全公约》履行任何法律义务，但可以把它当作一个重要的政策工具。因此，美国国会才最终批准了《核安全公约》。

从现实角度而言，《核安全公约》修正提议不符合美国经济利益。美国科学院受美国国会委托，对日本福岛核事故的原因及其对美国的经验教训问题进行研究后，发表了《福岛核事故对美国核安全的启示》的研究报告。报告认为，美国现行核安全监管主要针对设计基准事故（design-basis events），其目标是保证核电厂设计和建造可以承受特定的设计基准事故，如设备故障、断电、冷却系统失灵等，但是对超设计基准的地震、海啸、洪水等自然灾害以及人为失误却无能为力，根本无法防止由此引起的堆芯熔化等严重核事故及其后果。三里岛核事故、切尔诺贝利核事故和福岛核事故都说明，美国应当加强针对严重核事故的应急准备，特别是那些可能导致场外灾难的严重核事故。③

然而，事实上早在福岛核事故发生之前的 2010 年 10 月，国际原子能机构综合监管评审服务（IRRS）专家组也曾建议，"美国核

---

① See Department of State of USA, "Letter of Submittal of Convention of Nuclear Safety", available at http：//www. state. gov/1997-2001-NOPDFS///global/arms/treaties/safety. html（last visited on April 20, 2015）.

② Odette Jankowitsch 和 Franz-Nikdaus Flaku：《国际核安全公约：核法律的里程碑》，载《国际原子能机构通报》1994 年第 3 期，第 36~40 页。

③ See Reuters, "Fukushima lessons：US nuclear plants 'must be better equipped for offsite disasters'", available at http：//rt. com/usa/175532-report-us-nuclear-threat/（last visited on 26 May, 2015）.

管会应采取有效措施，确保所有被许可人更加积极主动地升级核设施的系统、结构和部件，提高核安全水平"（第 1 条和第 14 条建议）。但是，三年之后，国际原子能机构综合监管评审服务专家组2014 年随访评审结果却认为"美国核设施被许可人仍不够积极主动，核管会仍须继续努力"①。美国一共拥有 100 座核反应堆，却仅仅投入 30 亿美元用以购买便携式发电机和冷却储备；而法国电力公司（Electricite de France）只有 59 座核反应堆，却投入 130 亿美元升级安全系统。② 这说明美国在后福岛时代对核安全的重视程度和投入远远不足。瑞士修正案意味着美国的老旧核电厂必须大量增加安全投入，才能达到国际核安全标准，美国担心这会增加核电产业成本，损害其核工业。③

因此，美国坚持《核安全公约》的鼓励性质，反对任何给核安全标准赋予法律约束力的修正提议。2012 年 8 月国际原子能机构《核安全公约》第二次特别会议提出的 15 项核安全行动目标④中，美国仅支持其中 5 项有助于提高核安全监管透明度和独立性、

---

① IAEA, "Integrated Regulatory Review Service（IRRS）Follow-Up Report to USA"（IAEA-NS-2014/01）, pp. 13-14, 30-32, available at http://www. nrc. gov/reactors/operating/ops-experience/japan-dashboard. html（last visited on June 18, 2015）.

② See Reuters, "US opposes post-Fukushima nuclear safety proposal", available at http://rt. com/usa/199024-cns-nuclear-safety-proposal/（last visited on 26 May, 2015）.

③ See Shadia Nasralla, "Global nuclear safety push to be softened by U. S. objections", available at http://www. japantimes. co. jp/news/2015/01/31/world/global-nuclear-safety-push-softened-u-s-objections/? utm_source = rss&utm_medium = rss&utm_campaign = global-nuclear-safety-push-softened-u-s-objections（last visited on June 8, 2015）.

④ IAEA, "Action-Oriented Objectives For Strengthening Nuclear Safety—Annex to Final Summary Report of 2nd Extraordinary Meeting of the Contracting Parties to the Convention on Nuclear Safety"（CNS/ExM/2012/04/Rev. 2）, 27-31 August 2012, Vienna, Austria.

有利于国际合作的行动目标①，而对于涉及强化核安全标准约束力的尝试则持否定态度。美国坚称，正是由于国际核安全标准和导则的建议性质才使国际社会可以在不修订公约的情况下及时对其修订更新，在福岛核事故发生后3年内国际原子能机构就完成对其经验教训的整合并迅速更新国际核安全标准系列文件，从而保障《核安全公约》的有效性②。国际核安全标准一直随着核能及安全技术的发展而不断演进：截至2015年5月，国际原子能机构已经制定128项核安全标准，但正在修订的核安全标准有50项，占40%。

综上所述，历史和现实都证明国际核安全法律制度对美国几乎没有产生实质影响。国际核安全公约并未使美国承担额外履约责任，对美国也没有强制性约束力。美国根本无意履行公约义务，更不愿受公约的约束，只是把它当作实现其国家利益、扩大话语权的政策工具。

（四）国际核安全法律制度对美国的实用价值

美国虽然反对国际核安全公约修正提议、反对赋予安全标准强制性、反对加强国际原子能机构的职能，但是美国却仍在坚持鼓励性质的基础上推动核安全法律制度的发展，尤其是不遗余力地推动美国核安全标准的国际化。"多国设计评估计划"和国际核安全文化建设就是例证。

首先，美国在"多国设计评估计划"中发挥主导作用。2006年经合组织核能署推出"多国设计评估计划"（Multinational Design Evaluation Program），通过国际合作协调各国核安全法规和标准、

---

① See NEI, "National Regulators Agree on Measures to Strengthen Nuclear Safety", available on Nuclear Energy Institute Official Website (September 6, 2012), available at http://safetyfirst. nei. org/safety-and-security/national-regulators-agree-on-measures-to-strengthen-nuclear-safety/ (last visited on June 8, 2015).

② See Remarks at Diplomatic Conference on the Convention on Nuclear Safety by C. S. Eliot Kang, Deputy Assistant Secretary, Bureau of International Security and Nonproliferation, International Atomic Energy Agency, available at http://www. state. gov/t/isn/rls/rm/2015/237313. htm (last visited on May 27, 2015).

建立基准监管标准来提高第四代核反应堆设计的安全性。目前，14个国家的核安全监管机构参与其中，包括美国、俄罗斯、法国等所有核能大国。该项目内设 8 个工作组，分别负责 5 种核反应堆设计（EPR、AP1000、APR1400、VVER、ABWR）和 3 大问题领域（核安全数字化仪控（DI&C）系统平台、法规与标准、供应商国际检查合作）。通过多国设计评估计划，美国核管会不仅提出第四代核反应堆国际设计认证的三步流程，并在 2007 年宣布第四代核反应堆进入设计评估阶段制定共同设计要求，协调各国设计标准，而且美国核管会还制定设计要求草案，并以此为基础制定国际设计要求。由此可以看出，美国不遗余力地利用新的国际协作平台把美国标准转化为国际标准，从而巩固它在国际核安全立法中的主导地位。

其次，美国还积极参与国际核安全文化建设。历次核事故调查结果都表明人为因素是酿成灾难的主因[1]。这促使国际社会开始关注人为因素对核安全的价值，进行核安全文化建设。核安全文化的概念、体系、建设方法、评估办法和自我完善机制等内容是通过一系列核安全公约、宣言和导则逐渐提出的[2]。国际原子能机构国际核安全咨询组 1986 年《切尔诺贝利核事故审议会总结报告》（*Summary Report on the Post-Accident Review Meeting on the Chernobyl Accident*）首次把"安全文化"一词引入核安全领域[3]，1988 年

---

① 参见张力：《核安全文化的发展与应用》，载《核动力工程》1995 年第 5 期，第 443~446 页。

② 1988 年《核电安全的基本原则》把安全文化定义为"从事涉及核电厂安全事务的所有工作人员的奉献精神和职责范围"，其核心元素是"保持质疑态度、防止自满情绪、追求卓越、培育在安全问题上的个人可归责性和单位的自我管理机制"。1991 年《安全文化》认为"安全文化是单位和个人的各种特性与态度的总和，它确保核电厂安全问题得到与其重要性相称的重视，并享有绝对优先的地位"。参见 1991 年国际原子能机构国际核安全咨询组《安全文化》报告（INSAG-4）和《核电安全的基本原则》（75-INSAG-3, IAEA）。

③ See Safety Culture - A Report by the IAEA International Nuclear Safety Advisory Group, 1991, available at http://www-pub.iaea.org/MTCD/publications/PDF/Pub882_web.pdf (last visited on Sept. 2, 2014).

《核电安全的基本原则》宣称"安全文化"是一项基本的核安全监管原则①。此后，国际原子能机构发表《安全文化》（1991）、《发展核活动中的安全文化：有助于发展的实用建议》（1998）、《加强安全文化面临的主要现实问题》（2002）和《安全问题基本原则》（2006），不仅完善核安全文化概念，而且还为核电企业进行核安全文化建设提供标准、导则、成功案例以及评估方案。然而，国家在核安全文化建设中的地位尴尬，作用有限，这是因为国际核安全咨询组认为监管机构不能直接规范安全文化，其监管措施仅能在推动核电企业加强安全文化建设、重视人为因素的范围内发挥作用。② 因此，核安全文化建设形成了国际原子能机构提供政策指引、核电企业自觉构建的二元结构，而国家监管一直处于真空状态。

美国在国际核安全文化建设方面发挥了引领作用。早在切尔诺贝利核事故之后，美国就认识到在核工业中创造"安全第一"工作氛围的重要性。1989 年，核管会发布《管理核电厂操作行为的政策声明》（*Policy Statement on the Conduct of Nuclear Power Plant Operations*），在核电厂安全操作方面，向设施管理者、持照操作员以及所有从事涉及核电厂安全的人员提出明确的安全要求；1996 年，核管会又发布《核工业雇员安全顾虑表达自由宣言》，规定所有许可证持有者及其承包人、分包人建立并维持有利于加强员工安全意识的工作环境，保证员工可自由地向管理层和核管会表达其安全顾虑，而不必担心会因此受到打击报复。美国核电运行研究所

---

① See Basic Safety Principles for Nuclear Power Plants - A Report by the IAEA International Nuclear Safety Advisory Group, Safety Series No. 75-INSAG-3, IAEA, Vienna（1988）; also see Basic Safety Principles for Nuclear Power Plants - A Report by the IAEA International Nuclear Safety Advisory Group（75-INSAG-3 Rev. 1）, 1999, available at http：//www-pub. iaea. org/MTCD/publications/PDF/P082_scr. pdf（last visited on Sept. 2, 2014）.

② Key practical issues in strengthening safety culture：INSAG-15 / a report by the International Nuclear Safety Advisory Group. — Vienna : International Atomic Energy Agency, 2002.

（*INPO*）分别于 2004 年 11 月和 2009 年 10 月发布《核安全文化八大原则》（*Principles for a Strong Nuclear Safety Culture*）①及其附录②，对核安全文化八大原则做出详细规定，并对管理层和安全人员应采取的措施提出具体要求。2011 年 6 月 14 日，美国核管会公布《安全文化政策声明》③，把核安全文化的适用对象扩大化④、内容具体化；核管会主动介入核安全文化建设，通过修订现有监管措施和法律法规，填补立法空白，把核安全文化纳入国家的核安全监管体制，在国际原子能机构和核电企业之间架起了一座桥梁。可以说，美国《安全文化政策声明》是世界上首个从国家层面倡导核安全文化建设的专门性政策声明，它继承并发展了国际原子能机构的核安全文化。美国成为世界上第一个从国家角度规范核安全文化问题的国家，引领核安全文化建设的新方向。

从以上两个例证可以看出，国际核安全法律制度对美国的实用价值在于它是美国固化国际立法主张、扩大国际话语权的工具。

第三节　美国在国际核安全协作
机制中的地位与作用

核安全是一个涉及众多国家、国际组织和各国民众的全球性问题。虽然现有国际核安全法律制度既有国内核安全法的强力支

---

①　美国核电运行研究所（INPO）发行了《核安全文化八大原则》此后被世界核电营运者协会采用为同名的 GL2006-02 号指引文件。

②　《核安全文化八大原则附录 I：》（Principles for a Strong Nuclear Safety Culture Addendum I: Behaviors and Actions That Support a Strong Nuclear Safety Culture）。

③　Final Safety Culture Policy Statement, NRC-2010-0282, Federal Register, Vol. 76, No. 114, Tuesday, June 14, 2011, p. 34773.

④　美国《安全文化政策声明》适用对象包括所有许可证持有者、授权证持有者、质量保证项目批准证书持有者以及相关安全部件供应商，甚至还包括核管会许可证、授权文书和批准证书的所有申请人。

撑，又有条约实施监督机制的保障，具有较高的实效性，但这并不能改变其弱法性质。国际核安全条约的数量有限，覆盖面不足，法律规范仍不完善；更重要的是，国际核安全法律制度仍是鼓励性的法律原则和义务，缺乏强制性约束力。国际核安全治理仍有赖于主权国家的国内治理以及国际社会的全球治理。因此，国际社会应当在国内治理的基础上建立一种多元主体参与的国际核安全协作机制，在加强国内治理的同时提高国际核安全条约的约束力，完善国际核安全法律制度。

一、美国在国际核安全协作机制中的地位

国际核安全协作机制主要是指以国际原子能机构和经合组织核能署①等为主的政府间国际组织根据现有核安全法律制度履行法定职责，开展国际合作，制定规则，提供同行评审和指导服务，构建全球核安全知识网络，通过其职能活动维护国际核安全。这些机制是正式机制，具有国际法律地位，其成员国也具有创造法律权利和义务关系的意图。此外，国际核安全协作机制也包括国际社会在核安全领域构建的多边协作平台，包括核安全峰会、国际核能合作框架、国际核能监管机构协会和世界核电营运者协会等，它们可以推动国际愿望趋同共存、达成合作协议，不断推动国际核安全法律制度的完善。这些机制是非正式机制，它们没有正式的国际法律地位，只对成员国产生政治和道德上的约束力。②

（一）美国在正式协作机制中的地位

国际核安全协作机制主要是指以政府间国际组织及相关国际条约为依托的正式机制。美国在多边和双边国际核安全协作机制

---

①　经合组织核能署（OECD-NEA）也在国际核安全机制中发挥着重要作用。它的职能主要集中于国际核安全合作研究和安全监管问题，它与国际原子能机构共同负责促进核电厂营运经验的国际交流问题。

②　参见刘宏松著：《国际防扩散体系中的非正式机制》，上海人民出版社2011年版，第47页。

中占据主导地位，前者如国际原子能机构、经合组织核能署
（NEA）、美洲核安全协作机制等；后者如《美国和加拿大关于民
事应急规划及管理问题的全面合作协议》①，美国与墨西哥《核
安全事务合作和信息交流协议》及其《实施程序》等。其中，
美国对国际核安全体系的影响主要通过国际原子能机构和经合组
织核能署来实现。在全球层面，国际原子能机构在国际协作机制
中发挥着枢纽作用。美国在国际原子能机构的成立、制度设计和
职能活动中发挥了主导作用。国际原子能机构成员国参考国际原
子能机构制定的国际法律文件建立和完善国家核安全法律体系、
监管体制和安全标准；国际原子能机构召开缔约方审议大会、应
邀为成员国提供同行评审服务，确保其履行公约、提高安全标
准。国际原子能机构"全球核安全和安保网络"（Global Nuclear
Safety and Security Network）则为分享信息、交流实践经验、促进
在国家和区域层面的核安全提供了平台。在区域层面，最典型的
当属经合组织核能署。这些国际组织具有国际法主体资格、依据
特定国际公约履行职责，但是它们仅限于那些已经形成国际共同
愿望的少数几个问题领域，如及早通知核事故、提供国际援助、
核损害赔偿等，但是，对于除此之外的众多核安全问题却无能为
力。

（二）美国在非正式协作机制中的地位

美国不仅通过国际原子能机构等正式机制确立并巩固它在国
际核安全法律制度建设中的主导地位，而且还善于构建非正式的
国际协作平台，补充国际原子能机构的职能，维持其在国际协作
机制中的主导地位。国际核安全是一个仍处于无政府状态的问题
领域。因此，美国积极参与或构建为数众多的非正式协作机制，
抢占国际核安全话语权竞争的制高点。例如，阿拉伯核监管机构

① 《美加关于民事应急规划及管理问题的全面合作协议》（Agreement
between the Government of the United States of America and the Government of
Canada on Cooperation in Comprehensive Civil Emergency Planning and
Management）。

网络（Arab Network of Nuclear Regulators）、亚洲核安全网络
（Asian Nuclear Safety Network）、欧洲核安全监管机构联盟
（European Nuclear Safety Regulators Group）、非洲核监管机构论坛
（Forum of Nuclear Regulatory Bodies in Africa）、伊比利亚美洲辐射
和核监管机构论坛（Ibero-American Forum of Radiological and
Nuclear Regulatory Agencies）、监管合作论坛（Regulatory
Cooperation Forum）、科技支持机构论坛（Technical and Scientific
Organizations Forum）以及西欧核监管机构协会（Western
European Nuclear Regulators' Association）。除了这些协作平台，美
国还推动核能大国创造新的核安全协作机制，如"全球核能合作
伙伴"计划、核安全峰会以及"多国设计评估计划"等，不断
推动核安全共识的形成。其中，美国首倡建立的国际核安全峰会
机制就是最好的例证。

首先，美国高举"反恐"大旗，召开国际核安全峰会①，为
推行美国核安全战略开辟了一个崭新的舞台。核安全峰会既不同
于联合国在核不扩散和核裁军领域每5年举行一次的《核不扩散
条约》审议大会，也不同于每3年内举行一次的《核安全公约》
审议会议，而相同之处在于，美国作为超级核大国都在其中发挥
着主导作用。每两年召开一次的核安全峰会，已经成为美国推行
其核政策的另一个重要工具。

其次，核安全峰会的议题由美国拟定。作为全球峰会的"召
集人"，美国把事关其最大核心利益的"加强核安全、防范核恐
怖主义"确定为首届核安全峰会的议题，为各国强化核安全监管
措施指明方向。峰会强调建立有效的国家核安全法律体系及监管
体制的重要性，加强国际原子能机构在核安全领域的中心地位，
探讨通过高浓缩铀低浓化国际合作来防止核恐怖主义问题，并主
张建立核材料的"非法贸易数据库"和国际核燃料库，以加强所

---

① 核安全峰会的英文是 Nuclear Security Summit，而非 Nuclear Safety
Summit，因此，应译为"核安保峰会"。在核安全峰会的语境下，中美所说
的核安全的含义并不完全一致。

有核材料的安全保护。美国政府希望通过核安全峰会扩大各国对防范核恐怖主义威胁的共识，制定确保核燃料安全的有效措施。

最后，美国制订了一份开展国际核安全合作的工作计划以及国际立法进程，为国际合作奠定了基础。峰会通过了《华盛顿核安全峰会公报》和《华盛顿核安全峰会工作计划》，强调通过国际协作有效地维护核安全，呼吁各国及国际组织共同努力，争取在4年内确保所有易失控核材料安全。修订后的《核材料实物保护公约》和《制止核恐怖主义行为国际公约》等国际核安全法律文件的宗旨被确定为国际核安全法律制度的实质要素。

华盛顿核安全峰会对国际核安全协作产生了深远的影响。核安全峰会的直接影响是智利和乌克兰分别于2010年3月和4月同意将其储存的武器级浓缩铀交给美国处理，这对推动国际核燃料后处理及循环利用安全具有重大意义；同时，这也被认为是奥巴马政府核政策的最大进展。然而，华盛顿核安全峰会的最大影响在于它确定了国际核安全峰会的宗旨及框架性制度安排。美国把华盛顿核安全峰会的核心议题设定为"加强核安全、防范核恐怖主义"，并确保此后的两次峰会都紧扣这一个主题，始终贯彻如一。其目的是强化针对恐怖主义的核安全概念，把核安全与核裁军、核不扩散、核能和平利用确立为国际核安全治理的四大支柱。2012年第二届核安全峰会仍然紧紧围绕"核安保"和"核安全"，聚焦核材料及核设施安全。《首尔公报》针对核安全体系、国际原子能机构、核安全与核安保等问题提出了13项非约束性的具体承诺或鼓励措施。这标志着国际社会在核安全问题上从"共识"走向"行动"，使国际核安全峰会逐步机制化，成为世界各国及国际组织探讨核安全问题的重要平台。2014年第三届核安全峰会仍然延续了"加强核安全、防范核恐怖主义"的主题，而且《海牙公报》的内容涉及全球核安全体系、核安全与核安保、国际原子能机构作用、核材料、国际合作等领域，提出了6项具体承诺或鼓励措施，规划相关谈判进程，构建更加具体的国际核安全目标。2016年第四届核安全峰会将继续在美国华盛顿举行,峰会主题也仍然是全球协作打击核恐怖主义。①

总之,美国主导开创的国际核安全峰会已经成为国际核安全治理的最高层次磋商和对话机制,成为美国构建一个防范核恐怖主义多边机制的战略工具。但是,对国际核安全而言,核安全峰会充其量不过为国际核能合作提供一个论坛,并没有改变核安全法律制度的鼓励性质,并不创设具体法律义务。"全球环境保护政府间合作的发展轨迹应当经历由实践—原则—机制三个阶段。就目前全球环境保护政府间合作的现状及发展要求来看,全球环境保护政府间合作应当已进入第三个发展阶段,即构建和完善机制。"② 美国一方面通过完善国内法律体系和监管制度不断加强国内核安全治理水平,另一方面,美国通过构建和完善国际原子能机构以及核安全峰会机制等国际协作平台,不断推动现有国际核安全法律制度朝着有利于其战略目标的方向发展。

"国家选择非正式国际机制,是国内层次和国际层次的激励因素共同作用的结果。这些激励因素包括:国内偏好、承诺可信性需求和国家间相互依赖的结构性特征。"③ 国家选择非正式国际核安全协作机制是上述三种因素共同作用的结果。首先,各国国内没有政治意愿(或共同愿望)来设立正式国际组织或制定具有法律约束力的正式国际协议;其次,国际核安全法律制度具有天然强制性,各国核安全政策偏好很容易趋同共存,国际协作的承诺具有较高可信度,各国没有通过正式机制加强承诺可信度的迫切需求;最后,国际核安全协作的议题以非排他性为结构性特征,非正式国际协作机制不会对国家权利产生不利影响,成员国

---

① 参见中国国家核安全局:《美宣布第四届核安全峰会将在华盛顿举行》,载中国国家核安全局网站(2015 年 8 月 15),网址 http://nnsa. mep. gov. cn/zhxx_8953/yjzx/201508/t20150820_308459. html(最后访问日期:2015 年 9 月 15 日)。

② 孙法柏等著:《国际环境法基本理论专题研究》,对外经济贸易大学出版社 2013 年版,第 142 页。

③ 刘宏松著:《国际防扩散体系中的非正式机制》,上海人民出版社2011 年版,第 128 页。

完全在自主、自愿的基础上分享经验，共谋核能发展的经济利益。①因此，除了以国际原子能机构及少数核安全公约为核心的正式机制，国际社会还存在大量的非正式机制，这种二元结构并不是国际社会应对核安全领域无政府状态、促进国际合作的最优的理性选择，而是国内层次和国际层次的各种激励因素共同作用的结果。

（三）国际核安全协作机制的功能

国际核安全协作机制对国际核安全法律制度的完善和实施发挥着积极的推动作用。

首先，国际核安全协作机制可以推动国际核安全法律制度的完善。国际核安全法律制度既具有国际环境法的一般特点，也有其自身特点。众多国际法律文件都规定了国际环境法的基本原则、环境保护机制及国际协作机制等。这些基本原则包括"国家资源主权权利和不损害国外环境义务原则、共同但有区别的责任原则、可持续发展原则以及预防原则等"②。《人类环境宣言》（第21项原则）、1974年《各国经济权利和义务宪章》（第30条）、1982年《世界自然宪章》（第21条）、1992年《里约环境与发展宣言》（第2项原则）以及国际司法判例③都确认国家有责任保证在其管辖或控制之内的活动不得损害其他国家的环境。1987年《保护臭氧层蒙特利尔议定书》、1989年《控制危险废物越境转移和处置的巴塞尔公约》以及1992年《气候变化框架公约》等众多国际环境公约和多届环境与发展大会都确认"共同但有区别的责任原则"和可持续发展原则，而且"鉴于发达国家的社会对全球环境施加的压力以及它们掌握的技术和财力资源，

① See IFNEC, "History", available on International Framework Nuclear Energy Cooperation Official Website, available at http：//www.ifnec.org/About/History.aspx（last visited on April 20, 2015）.

② 杨泽伟著：《主权论》，北京大学出版社2006年版，第121页。

③ 1941年特雷尔冶炼厂仲裁案、1949年科孚海峡案、1957年拉努湖仲裁案和1974年核试验案都承认国家不得允许其领土被用于有损于他国权利的行为。

发达国家承认它们在追求可持续发展的国际事业中应承担的责任"。同样,上述国际法律文件也都承认或体现了风险预防原则。"对一切"义务(Obligation Erga Omnes)是"各国公认的、为维护人类基本道德价值和国际社会共同利益所必需的、针对整体国际社会和明确事项的、依照国际法基本准则作出一定作为或不作为的绝对的国际法律义务"①。在国际环境保护领域确立"对一切"义务无论从逻辑上来讲,还是从环境保护的特殊性而言,都"具有历史必然性"②,并得到国际法学者和国际法院司法实践的承认。③有学者甚至提出由联合国代表国际社会行使对违反国际环境法上"对一切"义务的国家提起诉讼的权利。④为了保障国际环境法的实施,监督国家履行国际环境法律义务,国际社会建立了国际环保协作机制。众多国际组织都具有环境保护的职能,这些国际组织既有政府间组织,如联合国安理会、环境规划署、国际法院、国际原子能机构、经合组织核能署以及世界贸易组织⑤等,也有非政府组织,如1948年成立的国际自然与自然资源保护联盟、1961年成立的世界野生生物基金会、2001年成立的世界核能协会等。以联合国及其专门机构为核心的国际组织开展研究,制定规则,监督条约的实施,协调矛盾,促进合作,发挥了积极的组织、协调和推动作用。目前,国际环境条约已经确立申诉制度、报告制度、处罚和补救措施以及国际环境责任等一般性环保协作机制。

①　王曦:《论现代国际法中的"对一切"义务概念》,载王曦主编《国际环境法与比较环境法评论》,法律出版社2002年版,第84页。

②　孙法柏等著:《国际环境法基本理论专题研究》,对外经济贸易大学出版社2013年版,第9页。

③　参见杨泽伟著:《主权论》,北京大学出版社2006年版,第121~124页。

④　参见孙法柏等著:《国际环境法基本理论专题研究》,对外经济贸易大学出版社2013年版,第41页。

⑤　世界贸易组织中有多个协定都规定了协调贸易与环境保护之间的内容。参见杨泽伟著:《主权论》,北京大学出版社2006年版,第125页。

国际环境法的基本原则和环保协作机制对"一国依其主权而从事的活动产生某种强制性的影响力，它促使各国在从事生产经营活动时，要注意环境保护的义务，否则必须承担相应的国家责任"①。这同样适用于国际核安全法律制度，成为其基本要素与核心内涵。国际核安全法律制度也有专门适用于核与辐射污染防治的具体特点。三次严重核事故的灾难性损害后果使国际社会认识到核能利用的巨大风险。核事故与辐射紧急情况所特有的"小概率、大风险"特点迫使相关国家建立并不断完善核事故预防、过程管理及核损害赔偿等方面的法律法规及监管制度，国际社会通过诸多核安全领域的国际公约，推动国家完善国内法律体系和监管体制的同时，促进在国际核安全、事故预防、及时通知以及跨境损害赔偿责任等方面进行国际协作，提升国际核安全水平。总之，国际协作机制推动国际共同愿望的形成，完善国际法律体系，监督国家履行公约义务，确保核安全法律规范不断完善。

其次，国际核安全协作机制可以促进国际核安全法律制度的实施。国际核安全法律制度仍属弱法性质。一方面，国际核安全法律制度内容大多为框架性的法律原则和义务。核安全领域的国际条约大多是鼓励性条约，并非强制性的法律义务，而且也未建立强制性的执行机构、执行机制或检查监督机制，主要靠主权国家主动加入相关条约并通过国内立法、司法和行政机构实施。国际社会尚未形成具有强制力的国际法律规范，国家在核能开发利用与核安全监管方面仍拥有独立自主的权利和广泛的自由裁量权。另一方面，法律体系仍不完善。国际核安全条约的数量有限，条约涵盖的领域较少，缔约国不多，其代表性、影响力相对有限。"由于国际条约、协议和宣言首先不是考虑法律的操作性，因此，一旦从法学理论和法律技术的角度看待这些内容，并落实到良好环境权的主体上，国际法所宣示的本来比较模糊的权利主体'人'、'人民'等，在国际环境法中就变得更加模糊不清

---

① 杨泽伟著：《主权论》，北京大学出版社 2006 年版，第 129 页。

了。"①结果造成相关条约、宣言和标准具有较大的不确定性。

《核事故或辐射紧急情况援助公约》、《及早通报核事故公约》、《联合公约》和《核安全公约》从本质上讲都只是规定了框架性原则②。例如，及早通报核事故是一项重要的公约义务，目的是促使缔约方及早通报本国发生的核事故，以便受影响的国家采取有效措施避免或减少辐射影响，但是国际公约对通报的具体时间和内容语焉不详，对违反及早通报义务的行为是否需要承担国家责任也尚无定论，更未建立明确且有约束力的合作预防和利益协调机制，严重影响公约的实效性。因此，日本福岛核事故发生之后，日本政府虽然在事故信息披露与交流问题上饱受诟病，严重影响风险信息的有效交流沟通，但国际社会也只能听之任之。《核安全公约》也是鼓励性的，"仅要求承诺适用核设施的安全基本原则，而非详细的安全标准；并承认存在着国际编制的各种安全指导文件，这些指导文件不时更新因而能提供实现高水平安全的最新方法方面的指导"③，各国应在其法律框架内采取立法、监管和行政措施，履行公约义务。因此，"它的签署并不是为了制裁某个或某些国家，而是由各缔约方通过信息交流和定期开会的方式，达到更高安全水准这一共同利益。"④同时，该公约也没有一个强制检查监督机制，只是通过对缔约方核安全国家报告进行同行评审的方式支持缔约方的核安全建设。

鉴于核安全法律制度的弱法和鼓励性质，以国际原子能机构为主体的国际协作机制为公约实施发挥着积极的支持和推动作用。2013 年以来，沙特阿拉伯和土耳其等 30 多个国家开始投入核电建设。对于这些新兴核电国家而言，亟需核安全法律体系和监管体制建设，国际原子能机构为首的国际社会制定《构建核电

①　周训芳著：《环境权论》，法律出版社 2003 年版，第 39 页。

②　参见赵洲：《国际法视野下核能风险的全球治理》，载《现代法学》2011 年第 4 期，第 149～161 页。

③　《核安全公约》序言 VII 和 VIII。

④　杨国华、胡雪著：《国际环境保护公约概述》，人民法院出版社2000 年版，第 156 页。

安全制度导则》①，提供安全制度综合评审服务②，并提供从培训资料到人力资源培训等全方位的支持。除此之外，其他多边国际协作机制同样也发挥着重要作用。以中国为例，中国先后加入国际原子能机构《亚太地区核科技研究、发展和培训区域合作协定》、联合国原子辐射效应科学委员会、国际放射防护委员会等，并通过亚洲地区核合作论坛、亚洲核安全网络、科技支持机构论坛和全球核安全网络进行国际交流与合作。

二、美国在国际核安全协作机制中的作用

（一）国际核安全法律制度建设的主导者

美国主导国际核安全协作机制是为了维持它在国际核安全立法中的话语权。国际核安全法律制度是与国际法的"协调意志"属性一脉相承的。国际核安全法律制度的基础是核电厂营运者在主权国家严格监管下承担确保核安全的责任。无论是国际核安全法律制度还是国际核安全协作机制，都是建立在这个基础之上的，都只能为主权国家的核安全治理提供一定程度上的帮助。一个国家到底在多大程度上参与国际核安全公约和国际核安全协作，属于国家主权的范畴，由国家自主决定。这是国际核安全法律制度建设最根本的现实，一旦脱离这个现实，任何加强国际核安全的设想都只能是空中楼阁。首先，鉴于核电对国家能源供给的战略价值，没有国家愿意把核电营运权及监管权拱手相让。其次，由一个国际机构负责对全世界几十个国家的 400 多座核反应堆进行监管并确保其符合安全标准是完全不可能的，更别说建立这个机构本身就是不可能的。最后，这也是由核安全的地域性特点决定的。核设施附近的民众是核安全事件的直接受害者，他们愿意相信那些和他们休戚与共的核电营运者和国家监管机构？还

---

① Establishing the Safety Infrastructure for a Nuclear Power Programme (IAEA Safety Standards Series No. SSG-16), available at http：//www-pub. iaea. org/MTCD/publications/PDF/Pub1507_Web. pdf.

② IAEA Integrated Review of Infrastructure for Safety (IRIS).

是愿意相信那些远在异国他乡的国际监管机构? 答案很明显,核电营运者和国家监管机构与当地民众同呼吸、共命运,自然愿意承担更大的核安全责任。因此,核安全监管的首要责任主体只能是主权国家,而由一个国际监管机构承担国际核安全监管职责的主张,既是脱离现实的,也是不受欢迎的。

在主权国家国内治理的基础上构建国际核安全法律制度、开展国际核安全协作是国际社会的理性选择。制定具有强制性的国际核安全公约和标准体系、建立强有力的实施机制和争端解决机制、完善核安全公约体系,固然是加强国际核安全的理想路径。然而,目前国际社会仍处于无政府状态,这种理想路径仍是空中楼阁,根本无法实现。"长期以来,各国政府一直致力于达成核安全国际上的协调一致,而达成这种协调一致的基本途径就是制定国际间广泛同意的安全条约与安全标准,并促进其在全球的应用。"[1] 在这种情况下,国际核安全协作可以在国家核安全法律制度和国际核安全法律制度之间架起一座桥梁,以权力分布、利益均衡和知识传播为杠杆,推动国际核安全领域的合作交流,协调意志,汇聚共识,推动国际核安全法律制度的发展。这也正是美国反对修正国际核安全公约但却不遗余力地主导国际核安全协作机制的主要原因。

此外,美国主导核安全协作机制也是为了维护自己的安全利益。国际社会在核安全领域拥有共同利益是不可否认的事实。核安全对核能开发利用发挥着决定性作用,一国发生核事故就必然影响本国乃至世界各国民众对核电的信心,从而阻碍核电发展。同时,我们必须承认在核安全领域存在木桶理论:即国际核安全的总体水平不是由那些具有良好安全纪录的国家决定的,而是由那些安全纪录最糟糕的国家所决定的。因此,从这种意义上讲,任何一个国家的核安全都是国际核安全的有机组成部分,都是所有核电国家的共同利益;为每一个核电国家提供帮助,提高核安

---

[1] 高宁著:《国际原子能机构与核能利用的国际法律控制》,中国政法大学出版社 2009 年版,第 77 页。

全水平，是确保国际核安全的必然路径。新兴核电国家的核安全法律体系和监管体制不完善，监管经验不足，尤其需要国际社会的援助。

各国参与核安全协作机制不仅有利于扩大国际社会的共同利益，而且还可以获得巨大的绝对收益。首先，国际社会可以通过开展广泛的国际交流与合作，提高国际核安全水平，从而为世界创造更多的安全利益。世界上的核反应堆已经积累了 13000 堆年的运行经验，通过国际核安全协作机制共享这些经验已经使世界受益匪浅，更重要的是，国际核安全协作机制为协调国际核安全研究、共享研究成果提供了平台，推动全球核安全知识网络不断增加。其次，国家通过参与国际核安全协作提高本国核安全水平，推动本国核电发展，从而增加本国的安全和经济利益。而这种利益是绝对收益而非相对收益，它的增加并不意味着其他国家利益的减损，相反，一国核安全水平的提高及核电效益的增加可以为其他国家提供良好的实践经验、提高民众对本国核安全及核电效益的信心，从而增加其他国家的绝对收益。总之，美国参与或主导国际核安全协作既可以提高国际社会的安全利益和经济利益，又可以提高国际社会的共同利益以及每个国家的绝对收益。

（二）国际核不扩散机制的主导者

1. 核安全与核不扩散及核安保的关系

核不扩散、核安保与核安全属于三个不同的国际问题领域，需要不同的国际机制①来应对。如下表所示，国际核不扩散机制主要由《核不扩散条约》、《全面禁止核试验条约》、国际原子能机构、核供应国集团、桑戈委员会及其相关原则、规则、规范与决策程序构成，其核心是《核不扩散条约》和国际原子能机构。

---

① 史提芬·克拉斯纳（Stephen Krasner）则把机制定义为"在某一特定国际关系领域使众多行为主体的期望趋同共存的一系列原则、规范、规则和决策程序"。See Stephen D. Krasner, "Structural Causes and Regime Consequences: Regimes as Intervening Variables", in Stephen D. Krasner, Ed., *International Regimes*, Peking University Press, 2005, p. 2.

国际核安保机制是为了"防止、侦查和应对涉及核材料和其他放射性物质或相关设施的偷窃、蓄意破坏、未经授权的接触、非法转让或其他恶意行为",主要是以《核材料实物保护公约》及其2005 年修订案、《制止核恐怖主义行为国际公约》和国际原子能机构为核心的各项原则、规范、规则和决策程序,现阶段的主要宗旨是应对核恐怖主义。国际核安全机制①是指以《核安全公约》和国际原子能机构为核心的一系列原则、规范、规则和决策程序,其目标是"在核能开发利用过程中实现正常的运行工况,预防或控制核事故,保护工作人员和公众健康以及环境免受辐射危害,而不包括由未经授权的行为或恐怖主义所导致的核安全问题"。

核不扩散机制、核安保机制与核安全机制对照表

	主要公约	主要负责机构	重点领域
核不扩散机制	1968 年 6 月联合国通过《核不扩散条约》	联合国;国际原子能机构	核武器—核恐怖主义
核安保机制	1980 年联大通过《核材料实物保护公约》2005 年联大通过的修正案2005 年联合国大会通过《制止核恐怖主义行为国际公约》	联合国;国际原子能机构	核材料及核设施的外部安全:偷窃、蓄意破坏、未经授权的接触、非法转让或其他恶意行为;利用或破坏核材料或核设施进行恐怖主义行为

---

① 本文根据史提芬·克拉斯纳机制理论把国际核安全机制定义为"在国际核安全这一个特定问题领域使相关主体的期望趋同共存的一系列原则、规范、规则和决策程序",其外在表现形式是国际核安全法律制度和国际核安全协作机制。

	主要公约	主要负责机构	重点领域
核安全机制	1994 年国际原子能机构通过《核安全公约》 1997 年国际原子能机构通过《乏燃料管理安全和放射性废物管理安全联合公约》 1986 年国际原子能机构通过《及早通报核事故公约》和《核事故或辐射紧急情况援助公约》 国际原子能机构制定的核损害民事责任的维也纳公约体系（1963 年、1997 年）	国际原子能机构	核材料及核能和平利用本身的安全：核电技术、国家监管法律法规、安全标准、核电厂安全文化

　　核不扩散、核安保与核安全这三个问题领域存在相互联系、甚至相互交叉的关系。首先，核不扩散与核安保机制在应对核恐怖主义问题上存在交集之处。核恐怖主义既包括非法获得或制造核武器或脏弹、非法控制核武器并制造意外发射事件，也包括通过民用核设施获取核材料或破坏民用核设施造成核辐射事件，因此，核恐怖主义需要国际核不扩散机制与核安保机制的共同规制。其次，核不扩散与核安全在"保障协定"方面存在交集之处，成员国与国际原子能机构缔结保障协定，承诺该国和平利用核能但绝不推进任何军事目的，并授权国际原子能机构进行监督。其中，核燃料循环可以增加核燃料的利用率并减少核废物的数量，但也可能用于制造武器级核材料，从而导致核扩散风险，因此，核燃料循环既关系到核安全问题，又涉及核不扩散问题，成为核不扩散与核安全机制共同规制的重点问题。美国采取开放核燃料环政策、建设国际核燃料库、成立核燃料供应国集团、推动增强国际原子能机构核查职权和保障

措施制度，其根本目的就是为了防止核扩散。最后，核安全和核安保对核能利用安全同等重要，缺一不可。它们都具有保护人类生命与健康、保护环境的共同目的，都要通过采取安全保障措施，例如对核设施的设计和建造作出适当规定、对核设施采取控制措施、为减轻事故后果作出安排、对放射性物质采取保安措施等，都需要通过法律制度与技术规范防止核与辐射事件、盗窃及破坏等不法行为，确保核能利用安全以及核材料与设施安全。

2. 美国的核不扩散政策

自核能利用之始，核不扩散就是美国核政策的核心问题。第二次世界大战结束后，美国推出《1946 年原子能法》实施核垄断政策，其原因之一就是杜鲁门政府为了阻止他国获得核武器，防止核扩散。此后，美国与苏联达成共识，成立联合国原子能委员会负责管理原子能，并向委员会提交了包括和平利用核能、销毁所有核武器等内容的《巴鲁克计划》。随着巴鲁克计划的失败，美苏进入激烈的核军备竞赛，美国核技术垄断局面被打破。于是，《1954 年原子能法》允许美国与其他国家展开核能合作，为其他国家和平利用核能提供技术和物质帮助。在艾森豪威尔时期，美国帮助其他国家建立了 26 座核反应堆，并培养了大批核技术人才，其目的是用核能和平利用为条件诱使其他国家放弃核武器开发。然而，结果却事与愿违，这些核能利用技术和人才却为核武器开发打下了基础。鉴于这种教训，从肯尼迪政府开始，美国执行严格的核不扩散政策。在国内层面，1978 年美国国会通过《核不扩散法》，规定美国只能向接受国际原子能机构完全监督的国家提供核材料。1985 年美国又通过《普莱斯勒修正案》和《索拉尔兹修正案》强化美国核不扩散政策。在国际层面，美国推动国际社会于 1968 年签署《核不扩散条约》，该条约成为国际核不扩散机制的基石。此外，美国还签署了《外层空间条约》、《拉丁美洲禁止核武器条约》、《南太平洋无核区条约》等。总之，核不扩散政策是美国在冷战期间国际核战略的核心，其发展演变是"随着美苏战略核力量对比的变化和核武器技术的发展所产生的合乎逻辑的必然结果"①。

冷战结束后，美苏两极军事对抗格局终结，爆发大规模战争的可能性不复存在。然而，随着核能的发展，核设施及核材料的数量不断增加，核恐怖主义的威胁也与日俱增。"自1993年到2011年，全球共发生2163起遗失、盗窃、走私或贩卖危险放射性材料的案件。其中，从20世纪90年代至今，全球共发生经确认的武器级核材料被偷窃或丢失等事件多达18起。"② 为此，美国推动联合国构建国际反对核恐怖主义法律框架以及具体法律制度，在应对国际核恐怖主义中发挥了核心作用。联合国安理会先后通过第1269号决议（1999年）、第1373号决议（2001年）、第1535号决议（2004年）和第1540号决议（2004年）③。2005年，联合国大会还通过了《制止核恐怖主义行为国际公约》，成为这一领域国际法律规范的基础。核恐怖主义界定为"任何人非法和故意：（一）拥有放射性材料或制造或拥有一个装置：（1）目的是致使死亡或人体受到严重伤害；或（2）目的是致使财产或环境受到重大损害；（二）以任何方式利用放射性材料或装置，或以致使放射性材料外泄或有外泄危险的方式利用或破坏核设施：（1）目的是致使死亡或人体受到严重伤害；或（2）目的是致使财产或环境受到重大损害；或（3）目的是迫使某一自然人或法人、某一国际组织或某一国家实施或不实施某一行为。"（第2条）此外，任何共同实施或威胁实施以上行为也构成犯罪，缔约方应在国内法中把核恐怖主义行为定为刑事犯罪，并根据犯罪的严重性规定适当的刑罚（第五条）。由此可以看出，核恐怖主义的形态既包括传统意义上的核扩散的内容，如非法获得或制造核武器或脏弹、非法控制核武器并制造意外发射事件，也包括新的核扩散内容，即通过民用核设施获取核材

---

① 夏立平著：《冷战后美国核战略与国际核不扩散体制》，时事出版社2013年版，第12页。

② 夏立平著：《冷战后美国核战略与国际核不扩散体制》，时事出版社2013年版，第128页。

③ 参见夏立平著：《冷战后美国核战略与国际核不扩散体制》，时事出版社2013年版，第149页。

料，或破坏民用核设施造成核辐射事件，而后者则属于国际核安保机制需要应对的问题。换句话说，冷战结束后，不仅核武器等大规模杀伤性武器可以制造核恐怖主义，而且通过盗窃核材料、人为地非法利用或破坏核材料或核设施也可以达到恐怖主义目的。因此，国际核不扩散机制与核安保机制在应对核恐怖主义问题上存在交集之处，核恐怖主义成为核不扩散机制和核安保机制共同规制的新问题。

针对国际核扩散的新形态，美国转而把"阻止他国制造核武器以及恐怖组织获得核弹或用于制造核弹的原料置于优先考虑的地位"[1]，美国核战略也相应地从传统的防扩散转向防扩散和反扩散并举的战略[2]。为此，美国不断加强国内立法并通过双边和多边合作推进其国际核不扩散战略。在美国的主导下，国际社会针对核恐怖主义威胁这一问题领域形成了多层次、多管道、多类型共存的国际防范核恐怖主义机制。首先，在国内层面，美国通过国内立法防范和应对核恐怖主义。例如，1995年第39号总统令、1996年美国国会通过的《大规模杀伤性武器防卫法》以及"9·11"事件之后美国推出多项防范核恐怖主义计划，包括"集装箱安全倡议"、"大港口倡议"、"防扩散安全倡议"、"海关贸易伙伴反恐战略计划"，并将"防扩散安全倡议"扩充为70多个国家参与的多边协作机制。其次，在双边合作层面，美国的重点是推进美俄核裁军计

---

① U. S. Department of Defense, "Report of Nuclear Posture Review" (April 6, 2010), available at http://www.defense.gov/npr/docs/2010% 20Nuclear% 20Posture%20Review%20Report. pdf (last visited on June 6, 2015).

② 防扩散和反扩散是两个不同的概念。防扩散是指在双边和多边框架内积极采取外交手段，劝阻供应国不再与扩散国合作，促使扩散国中止其大规模杀伤性武器与导弹计划，寻求增加对不扩散和合作减少威胁计划的支持，以及开展核材料控制、出口控制、不扩散制裁等，具体政策由美国国务院负责制定。而反扩散是指美国对某些使用或威胁使用大规模杀伤性武器国家及恐怖分子采取制止、威慑、防御和减灾措施，并在适当情况下采取先发制人的措施，具体反扩散策略由美国国防部负责制定。参见夏立平著：《冷战后美国核战略与国际核不扩散体制》，时事出版社2013年版，第81~82页。

划。美俄在 20 世纪 90 年代达成并开始实施《第一阶段削减战略武器条约》（1991 年）和《第二阶段削减战略武器条约》（1993 年）。美俄在 2011 年又签署了新的《削减战略武器条约》。此外，1993 年美国推出"合作减少威胁计划"（The Cooperative Threat Reduction Program），帮助俄罗斯加速裁减战略核武器、帮助乌克兰和白俄罗斯及哈萨克斯坦成为无核武器国家，防止核扩散。[1]

更重要的是，无论是克林顿政府、小布什政府，还是奥巴马政府，美国都致力于通过多边合作加强《核不扩散条约》、国际原子能机构安全保障制度以及"核出口国俱乐部"的作用，推动国际社会增强核不扩散机制。例如，早在 1994 年克林顿政府时期，美国国会就通过《核扩散防止法》（The Nuclear Proliferation Prevention Act），切断对任何可能导致核扩散的国家的一切经济和军事援助。另外，还有 2002 年美国在八国峰会上提出的"全球反大规模杀伤性武器与材料扩散伙伴计划"（The Global Partnership Against the Spread of Weapons and Materials of Mass Destruction）和 2006 年 1 月美国首倡的"全球核能伙伴计划"（The Global Nuclear Energy Partnership）、2006 年 7 月美国和俄罗斯提出的"全球应对核恐怖主义倡议"（The Global Initiative to Combat Nuclear Terrorism）（包括 5 个核大国在内的 12 个国家成为其创始伙伴国）。值得一提的是，2003 年 5 月，小布什政府提出"防扩散安全倡议"（Proliferation Security Initiative），其目的是通过国际情报交流、执法合作等措施防止核扩散，从而把其"反扩散行动的范围推向全球，并企图实现其国际机制化"[2]，而"防扩散安全倡议"本身也被认为是一种"没有国际法约束力的非正式机制"[3]。现任奥巴马政府也曾提出防止核扩散及核恐怖主义的三点策略：（1）通过加

---

① 参见夏立平著：《冷战后美国核战略与国际核不扩散体制》，时事出版社 2013 年版，第 151~154 页。

② 夏立平著：《冷战后美国核战略与国际核不扩散体制》，时事出版社 2013 年版，第 86 页。

③ 刘宏松著：《国际防扩散体系中的非正式机制》，上海人民出版社 2011 年版，第 7 页。

强国际原子能机构的监督机制及其实施效力等措施巩固国际核不扩散机制;(2)实施确保国际核材料安全的措施;(3)通过推进核裁军谈判争取国际社会对前两项措施的支持。①

由此可以看出,美国国际核政策的战略重心一直是推行核不扩散和防止核扩散,而不是加强国际核安全。美国不遗余力地推动非正式的国际协作机制,其目的是为了增强以国际原子能机构和《核不扩散条约》为主体的、具有法律约束力的正式机制的有效性。

3. 美国核不扩散政策的两面性

美国的核不扩散政策具有两面性。美国采用双重标准②,"以它所定义的美国国家利益为准绳,根据自身需要区别对待国际核不扩散机制",对于那些对自己有利的国际机制,美国"不仅遵守这些机制,而且还要努力提高其效能"③,甚至试图建立由美国主导的新机制。例如,美国国会1999年拒绝批准《全面禁止核试验条约》,小布什政府在日内瓦裁军谈判会议上不支持《禁止生产武器用裂变材料公约》,但是美国却非常积极地推动加强国际原子能机构的核查权:美国推动缔约国批准《核不扩散条约》关于国际原子能机构保障协定附加议定书④,并推动国际原子能机构理事会成立一个特别委员会,专门负责研究加强机构执行安全保障及核查权的能力。再如,2005年7月,美国推动对《核材料实物保护公约》进行修订,大幅扩大了公约的适用范围,不仅保护在国际运输中的

---

① See U. S. Department of Defense, "Report of Nuclear Posture Review" (April 6, 2010), available at http://www.defense.gov/npr/docs/2010% 20Nuclear%20Posture%20Review%20Report.pdf (last visited on June 6, 2015).

② 参见吴莼思:《核安全峰会、全球核秩序建设与中国角色》,载《国际安全研究》2015年第2期,第40~60页。

③ U. S. President, "National Strategy to Combat Weapons of Mass Destruction" (December 2002), p.6, available on U. S. Department of State Official website, available at http://www.state.gov/documents/organization/ 16092.pdf (last visited on June 5, 2015).

④ 美国国会于2004年批准该附加议定书。

用于和平目的的核材料，而且还保护"任何使用、贮存和运输中用于和平目的的核材料和用于和平目的的核设施"，这无疑加强了公约应对核恐怖主义的能力；2006年7月美国和俄罗斯共同提出的"全球应对核恐怖主义倡议"，通过构建新的机制要求其他八国集团成员国作出政治承诺，加强针对核恐怖主义的集体行动。①

综上所述，美国长期以来的国际核战略目标一直是核不扩散，其核战略的总体特征是侧重于防止核扩散而对核能和平利用重视不够；侧重于核安保而对核安全重视不够。美国曾通过核垄断政策、国际核不扩散机制、核裁军等方式来达到核不扩散的目的。冷战后，核不扩散出现了新的形态，核恐怖主义成为核不扩散机制的主要威胁。在这一时期，美国参与国际核安保机制的主要目的是为了防止恐怖组织利用核材料或核设施制造核恐怖主义袭击。美国凭借其先进的核技术和监管理念在国际核安全法律制度建设中处于主导地位，掌握国际核安全议题的制定权和话语权。美国参与国际核安全机制的主要目的是用核能和平利用为条件诱使其他国家放弃核武器研发，同时防止其他国家通过核燃料循环获得武器级的高纯度核材料，从而达到防扩散的战略目标。结果造成国际核安全机制的地位和完善程度都远不如国际核不扩散机制和国际核安保机制。

事实上，核能安全利用是核不扩散机制的基础，核不扩散不应牺牲无核武器国家与广大发展中国家的正当权益②。根据《核不扩散条约》的规定，国家不发展核武器的前提是拥有核武器的国家进行核裁军，并帮助无核武器的国家和平利用核能。但是，"美国在处理国际事务时的单边主义、'双重标准'和'零和'思维模式、保持庞大核武库和发展新型核武器，以及极少数'核门槛'国家开发核武企图，成为加强国际核不扩散体制的主要障碍"。③

① 参见夏立平著：《冷战后美国核战略与国际核不扩散体制》，时事出版社2013年版，第88~90页。
② 参见吴莼思：《核安全峰会、全球核秩序建设与中国角色》，载《国际安全研究》2015年第2期，第40~60页。
③ 夏立平著：《冷战后美国核战略与国际核不扩散体制》，时事出版社2013年版，第3页。

因此，目前加强国际核不扩散体制①的有效措施之一就是确保所有缔约国享有"为和平目的而研究、生产和使用核能的不容剥夺的权利"（《核不扩散条约》第4条），通过促进核能和平利用的国际协作来防止核扩散。这就需要在"所有缔约国承诺促进并有权参加在最大可能范围内为和平利用核能而交换设备、材料和科学技术情报"（《核不扩散条约》第4条），促进国际核能发展并确保国际核安全。

（三）美国在国际核安全协作中的战略目标

美国是核安全法律制度建设的先行者，它创制或发展的法律原则和制度对国际核安全法律制度产生了深远影响。同时，美国又是国际核安全法律制度建设的推动者，它把完善的核安全法律体系和监管体制推广到全世界，通过国际原子能机构等国际协作机制牢牢把握国际核安全立法的话语权。

美国首倡建立国际原子能机构，并在其制度设计、谈判进程和核心规则拟定中占据主导地位，此后美国利用它的主导地位推动国际原子能机构构建国际核安全法律制度框架，从而确立并不断巩固其在国际核安全立法中的主导地位，决定国际核安全标准及其发展趋势。除此之外，美国还善于构建新的国际核安全协作平台，补充并完善国际原子能机构的职能，维持其在国际核安全协作中的领导地位。美国召集核安全峰会，拟定峰会议题，设定峰会宗旨和框架性机制，规划国际核安全工作安排以及国际立法进程。国际核安全峰会已经成为在美国主导下进行国际核安全治理的最高多边磋商和对话机制，成为美国防范核恐怖主义的战略工具。

美国积极参与国际核安全协作机制的战略目标是维持其在国际核安全立法以及国际核不扩散机制中的主导地位。作为国际核安全法律制度建设的主导者，美国确保现有国际核安全法律制度朝着有

---

①　美国新保守派甚至认为《核不扩散条约》已经不起作用，应该被抛弃，但主流观点仍认为应当对该条约进行修改完善，从而加强国际核不扩散体制。参见夏立平著：《冷战后美国核战略与国际核不扩散体制》，时事出版社2013年版，第6页。

利于其安全利益和经济利益的方向发展，更重要的是，推行美国的核不扩散和防范核恐怖主义战略。核不扩散是美国国家安全战略的重要组成部分①。美国参与国际核安全协作机制的根本战略目标是推行核不扩散，是用核能和平利用为条件诱使其他国家放弃核武器研发，同时防止其他国家通过核燃料循环获得武器级的高纯度核材料，从而实现防止核扩散与核恐怖主义的战略目标，维护美国的"相对权力优势和绝对安全"。但是，美国却陷入权力与安全的内生困境——"获得权力的大小与安全实现的程度呈反比例变化"，这正是美国"核困境"的症结所在。②

本 章 小 结

美国是核安全法律制度建设的先行者，创制或发展了众多法律原则和制度，为国际核安全法律制度的建立和发展做出了许多不可磨灭的贡献。美国首倡建立国际原子能机构，并在其制度设计、谈判进程和核心规则拟定中占据主导地位。此后美国利用它的主导地位牢牢把握国际核安全法律制度的话语权。美国推动国际原子能机构构建国际核安全法律制度框架，坚持其鼓励性质，决定国际核安全标准及其发展趋势。目前，国际核安全领域已经形成以《核安全公约》、《联合公约》、《核事故或辐射紧急情况援助公约》和《及早通报核事故公约》等多边公约和国际标准为主体的国际核安全法律制度框架。美国还推动其核安全法律制度的国际化，把诸如独立核监管机构原则、核应急规划制度以及环境影响评价制度等法律制度转化成国际核安全法律制度的核心内容，并通过缔约方审议大会保证其在国际社会的贯彻实施。

国际核安全法律制度对美国的影响却相当有限。虽然美国明确

---

① 参见夏立平：《论美国反核扩散战略与防核扩散政策》，载《国际问题研究》2008 年第 1 期，第 7~14 页。

② 参见杨林坡：《论美国的"核困境"—寻求权力与安全的悖论》，载《太平洋学报》2014 年第 10 期，第 61~69 页。

国际核安全公约在国内的法律效力，保障国际公约在美国的实施，承诺履行其国内治理和国际协作等公约义务，但是美国却坚持《核安全公约》的鼓励性质，拒绝承担强制性公约义务。福岛核事故发生后，俄罗斯、瑞士等国家提议修正《核安全公约》，赋予国际原子能机构在核安全方面的强制执行权、赋予核安全标准强制性以及加强国际原子能机构同行评审职能，但是这些修正案提议都因美国的反对而以失败告终。由此可以看出，美国对国际核安全法律制度的态度具有两面性：美国主导国际核安全立法、制定国际核安全标准、享受国际原子能机构同行评审服务，但反对任何赋予其强制性的修正提议。究其原因主要有二：其一，从历史角度来看，美国根本无意切实履行公约义务，更不愿受公约的约束，只是把它当做政策工具；其二，从现实角度而言，提高核安全标准、增加公约强制性的修正提议不符合美国经济利益。

美国对国际核安全协作机制的态度却一如既往地保持积极态度。美国通过建立并主导国际原子能机构、核安全峰会等协作平台，推动国际共同愿望的形成，确立并不断巩固其在国际核安全协作机制中的领导地位。美国主导国际核安全协作机制的战略目标既是为了掌握国际核安全法律制度建设的主导权，更是为了维持美国在国际核不扩散机制中的主导权。长期以来，美国最根本的国际核战略目标是核不扩散，是用核能和平利用为条件诱使其他国家放弃核武器研发，同时防止其他国家通过核燃料循环获得武器级的高纯度核材料，从而实现防止核扩散与核恐怖主义的战略目标。

第四章　美国核安全法律制度对中国的启示

第一节　中国核安全法律制度的现状和挑战

一、中国核能政策

在水力、风能、太阳能和生物能还不能满足现有清洁能源需求的情况下，核电仍堪称一项最安全、高效的清洁能源。因此，大力发展核电是解决中国能源问题的重要途径之一。

中国核电建设始于 20 世纪 80 年代。1991 年，我国自主设计建设了第一座核电厂——秦山核电站；1994 年，中法合作建成投产大亚湾核电站，开创了中外合作建设核电厂的成功范例。自 1996 年开始，中国通过自主设计建设与中外合作建设相结合，陆续建设了秦山核电站二、三期、岭澳核电站和田湾核电站等。中国核电发展进入黄金期。2011 年，中国已有 15 座在运核电机组，装机容量达到 1254 万千瓦；在建核反应堆 26 座，装机容量达到 2924 万千瓦，同时我国已基本具备百万千瓦级压水堆核电厂自主设计、建造和运行能力，并在高温气冷堆和快堆技术研发方面取得重大突破。[1]

目前（截至 2015 年 8 月），中国一共有 14 个在建和建成的核电基地（参见图一），在运核反应堆 26 座[2]，总装机容量 2314.4

---

① 参见《中国的能源政策（2012）》白皮书，载中国能源法律网，网址 http：//www.energylaw.org.cn/_d275856867.htm（最后访问日期 2015 年 2 月 2 日）。

② 除此之外，我国台湾地区还有 6 座核反应堆，总装机容量 4927MW。2014 年，台湾地区的核发电量为 408 亿千瓦时，约占当年总发电量的 18.9%。

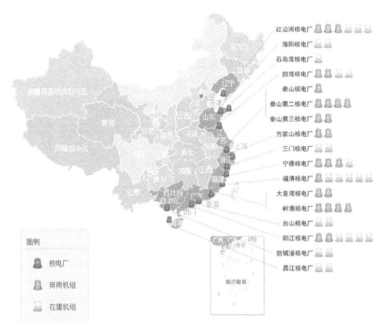

图一　我国核电厂分布图（截—2015 年 9 月 30 日）①

万千瓦；在建核反应堆 25 座，总装机容量 2739.3 万千瓦；计划建设核反应堆 43 座，总装机容量 4997 万千瓦。② 中国核电发展30 多年来，所有在运核反应堆都"持续保持着良好的安全运行记录"。③

---

① 图片来源于《全国核电厂分布图（截止至 2014 年 12 月 11 日）》，载国家核安全局官方网站，网址：http：//nnsa. mep. gov. cn/hdcfbt/（最后访问日期 2015 年 10 月 26 日）。

② See World Nuclear Association, "World Nuclear Power Reactors & Uranium Requirements", available on World Nuclear Association official website（July 31, 2015）, available on http：//www. world-nuclear. org/info/Facts-and-Figures/World-Nuclear-Power-Reactors-and-Uranium-Requirements/（last visited on October 26, 2015）.

③ 《环保部：核电发展 30 年保持良好安全运行纪录》，载核能信息实时网（2013 年 3 月 9 日），网址 http：//realtime. xmuenergy. com/newsdetail. aspx? newsid＝107557（最后访问日期 2015 年 2 月 2 日）。

2011 年，中国核电仅占总发电量的 1.8%，2014 年增长到 2.4%。虽然 2014 年中国核电比例仅仅略高于伊朗，在世界上排第 28 位，而且世界上有 20 个国家的核电比例都超过 15%，但是，中国核电总装机容量却仅次于美国、法国、日本和俄罗斯，居世界第 5 位；此外，中国 25 座在建核反应堆的总装机容量达 2739.3 万千瓦，占世界在建核反应堆总装机容量的 39%，居世界首位（参见图二）。①

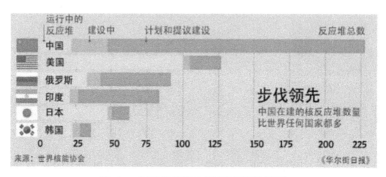

图二　中国在建核电站反应堆数量②

目前，中国正在实施大力发展核电战略，核电处于高速发展阶段。2007 年 10 月中国国家发展与改革委员会（以下简称"国家发改委"）公布的《核电中长期发展规划（2005—2020 年）》显示，我国将在运行和在建 1696.8 万千瓦（见下表 1）的基础上，新投产核电 2300 万千瓦。到 2020 年，核电运行装机容量争取达到

① See World Nuclear Association, "World Nuclear Power Reactors & Uranium Requirements", available on World Nuclear Association official website (July 31, 2015), available on http://www.world-nuclear.org/info/Facts-and-Figures/World-Nuclear-Power-Reactors-and-Uranium-Requirements/ (last visited on October 26, 2015).

② 图片来源于《中国在建核电站反应堆数世界第一占全球 37%》，载中国核电网（2014 年 12 月 22 日），网址：http://np.chinapower.com.cn/201412/22/0043538.html（最后访问日期 2015 年 2 月 6 日）。

4000 万千瓦（后增加到 5800 万千瓦①），增长 235.8%；核电年发电量达到 2600-2800 亿千瓦时（见下表 2）。预计到 2030 年，中国核电总装机容量将达到 15000 万千瓦。

表1　　**我国投运和在建核电机组情况（单位：万千瓦）**

序号	机组名称	容量	投运时间
1	秦山一期#1	30	1991.4
2	秦山二期#1	65	2002.4
3	秦山二期#2	65	2004.5
4	秦山三期#1	70	2002.12
5	秦山三期#2	70	2003.11
6	大亚湾#1	98.4	1994.2
7	大亚湾#2	98.4	1994.5
8	岭澳#1	99	2002.5
9	岭澳#2	99	2003.1
10	田湾#1	106	2007.5
11	田湾#2	106	2007.8
12	岭澳二期#1	108	在建
13	岭澳二期#2	108	在建
14	秦山二期扩建#1	65	在建
15	秦山二期扩建#2	65	在建
16	红沿河一期	4×111	在建
合计		1696.8	

来源：《核电中长期发展规划》（2005~2020 年）

---

① 国家发改委在 2007 年 10 月发布的《核电中长期发展规划（2005-2020》中提出的目标是，到 2020 年核电运行装机容量争取达到 4000 万千瓦，在建核电装机容量达到 1800 万千瓦。

表2　中国核电建设项目进度政策规划（单位：万千瓦）

	五年内新开工规模	五年内投产规模	结转下个五年规模	五年末核电运行总规模
2000 年前规模				226.8
"十五" 期间	346	468	558	694.8
"十一五" 期间	1244	558	1244	1252.8
"十二五" 期间	2000	1244	2000	2496.8
"十三五" 期间	1800	2000	1800	4496.8

来源：《核电中长期发展规划》（2005—2020 年）

2011 年 3 月，《中华人民共和国国民经济和社会发展第十二个五年（2011—2015 年）规划纲要》明确提出中国将重点培育发展核能、太阳能等战略性新兴产业，"推动能源生产和利用方式变革"，"调整优化能源结构，构建安全、稳定、经济、清洁的现代能源产业体系"，"在确保安全的基础上高效发展核电"；优化能源开发布局，"重点在东部沿海和中部部分地区发展核电"，形成东部沿海核电开发带（见图三：国家综合能源基地示意图）；同时加大环境保护力度，"强化核与辐射监管能力，确保核与辐射安全"。[1]

2012 年 5 月 30 日，国务院《"十二五"国家战略性新兴产业发展规划》进一步要求加快发展核电和风电等新能源，提出 2015

---

[1] 《中华人民共和国国民经济和社会发展第十二个五年（2011—2015 年）规划纲要》（2011 年 3 月 16 日）是根据《中共中央关于制定国民经济和社会发展第十二个五年规划的建议》编制，主要阐明国家战略意图，明确政府工作重点，引导市场主体行为，是未来五年我国经济社会发展的宏伟蓝图，是全国各族人民共同的行动纲领，是政府履行经济调节、市场监管、社会管理和公共服务职责的重要依据。参见《中华人民共和国国民经济和社会发展第十二个五年（2011—2015 年）规划纲要》，载中央政府门户网站（2011 年 3 月 16 日），网址 http://www.gov.cn/2011lh/content_1825838_2.htm（最后访问日期 2015 年 2 月 2 日）。

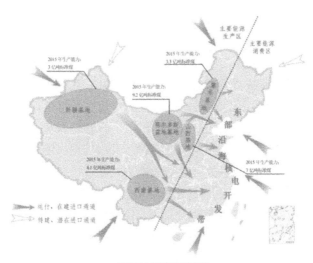

国家综合能源基地示意图

图三　国家综合能源基地示意图

年"新能源占能源消费总量的比例提高到 4.5%，减少二氧化碳年排放量 4 亿吨以上"的战略目标。为此，中国将大力发展核电技术产业：加强核安全、核燃料后处理与核废物处置等技术研发，开发在运二代核反应堆延寿技术，加快三代核电技术创新与核反应堆建设，推进大型先进压水堆、高温气冷堆、快中子堆和小型堆技术的示范工程项目；到 2015 年，中国建立起核电装备制造和核燃料产业链，提高成套装备制造能力，实现核电发展的自主化；到 2020 年，中国将形成百万千瓦级核电技术的设计和装备制造能力。①

在推进大力发展核电战略的同时，中国不断加强核安全法律制度建设，确保核安全。2012 年 8 月 21 日，国务院发布《〈国家环

①　参见《"十二五"国家战略性新兴产业发展规划》，载中国网（2012 年 7 月 20 日），网址 http：//www.china.com.cn/policy/txt/2012-07/20/content_25968625_7.htm（最后访问日期 2015 年 2 月 2 日）。

境保护"十二五"规划〉重点工作部门分工方案》①，进一步明确了环境保护部等部门在核与辐射安全监管方面的职责，具体涉及提高核能与核技术利用安全水平、加强核与辐射安全监管、加强放射性污染防治、健全核与辐射环境监测体系以及事故应急响应机制建设、加强核损害赔偿等法律体系建设。2013 年 1 月 1 日，国务院《能源发展"十二五"规划》把安全高效地发展核电作为中国能源发展的主要任务之一。把"安全第一"的方针落实到核电规划、建设、运行、退役以及相关产业，持续开展核电机组安全改造，加强安全管理，提高核事故应急响应能力；在核电建设方面，坚持热堆、快堆、聚变堆"三步走"技术路线，以百万千瓦级先进压水堆为主，积极发展高温气冷堆、商业快堆和小型堆等新技术；全面复核新建厂址，"十二五"时期只安排沿海厂址（见图三：国家综合能源基地示意图）；提高技术准入门槛，新建机组必须符合三代安全标准。同时，完善核燃料供应体系、实现核电装备自主化，完善现代核电产业体系。到 2015 年，运行核电装机达到 4000 万千瓦，在建规模 1800 万千瓦（见表 3："十二五"时期电力发展目标）。②

事实胜于雄辩，中国核电产业自 20 世纪 80 年代以来迅速发展却从未发生二级以上核事件，主要运行参数好于世界平均值，部分指标进入国际先进行列或达到国际领先水平。中国核工业界和监管机构坚持科学理性的核安全理念，把"安全第一"严格落实到核电规划、选址、研发、设计、建造、运行、退役全过程；中国制定和完善核电法规体系，健全和优化核安全监管体制，加强在建和在运核反应堆的安全监督检查和辐射环境监督管理；中国不断建立健

---

① 《〈国家环境保护"十二五"规划〉重点工作部门分工方案》，载中国国家能源局官方网站（2012 年 10 月 22 日），网址 http：//www. nea. gov. cn/2012-10/22/c_131921820. htm（最后访问日期 2015 年 2 月 2 日）。

② 参见国务院于 2013 年 1 月 1 日印发的《能源发展"十二五"规划》，载中国国务院官方网站，网址 http：//www. gov. cn/zwgk/2013-01/23/content_2318554. htm（最后访问日期 2014 年 11 月 8 日）。

全国家核事故应急机制，提高应急能力。① 这些都是我国实施大力
发展核电战略的重要保障。

表3　　　　　　　"十二五"时期电力发展目标

类别	指标	单位	2010 年	2015 年	年均增长	属性
电力发展	电力装机容量	亿千瓦	9.7	14.9	9.0%	预期性
	煤电	亿千瓦	6.6	9.6	7.8%	预期性
	水电	亿千瓦	2.2	2.9	5.7%	预期性
	核电	万千瓦	1082	4000	29.9%	预期性
	天然气发电	万千瓦	2642	5600	16.2%	预期性
	风电	万千瓦	3100	10000	26.4%	预期性
	太阳能发电	万千瓦	86	2100	89.5%	预期性

（来源自中国《能源发展"十二五"规划》）

福岛核事故凸显核事故的严重性以及核安全的重要性。中国所
有核电建设项目都随之暂停，核电发展陷入停滞。2011 年 3 月起，
环保部国家核安全局会同有关部门对全国民用核设施进行了全面的
综合安全检查，并制定有针对性的短期、中期、长期民用核设施安
全改进计划，以确保中国核电厂的安全性。随着《关于全国民用
核设施综合安全检查情况的报告》、《核安全与放射性污染防治
"十二五"规划及 2020 年远景目标》、《核电安全规划》和《核电
中长期发展调整规划》的出台，标志着中国再次确认核电发展目
标，重启核电建设。②

总之，核电是安全能源，有利于改善中国能源供应结构，有利

---

① 《中国的能源政策（2012）》白皮书，载中国能源法律网，网址
http：//www. energylaw. org. cn/_d275856867. htm（最后访问日期 2015 年 2 月 2
日）。

② 参见《专家解读核安全规划：中国核电进入半开禁状态》，载核能信
息实时网（2013 年 2 月 20 日），网址 http：//realtime. xmuenergy. com/
newsdetail. aspx？newsid＝107351（最后访问日期 2014 年 11 月 8 日）。

于保障能源安全和经济安全；核电是清洁能源，有利于调整中国能源消费结构，减少温室气体排放，改善大气环境；核电也是高科技能源，有利于提高中国装备制造水平，促进科技创新。大力发展核电战略对中国和国际能源安全都具有重要价值。

二、中国核安全法律制度的现状

中国核安全立法起步于 20 世纪 80 年代，目前已经初步建立了以法律、行政法规、部门规章、地方性法规与规章以及国际公约和双边协定为主、以核安全导则和技术性文件为辅的核安全法律体系。现有立法内容涵盖核设施监管、核事故应急、核进出口、放射性物质运输、核材料实物保护、放射性废物管理和污染防治等绝大部分核能利用环节，建立了相对完整的核安全监管体制，核安全保障工作基本实现有法可依。如图四①所示，中国核安全法律体系②主要由五个部分组成：

第一，《中华人民共和国放射性污染防治法》（以下称《放射性污染防治法》）是全国人大常委会在核安全领域通过的唯一一部法律。该法确立了"预防为主、防治结合、严格管理、安全第一"的放射性污染防治方针，涵盖放射性污染防治的监督管理体制、核设施、核技术和铀矿开发利用安全以及放射性废物管理等内容，规定了许可证制度、环境影响评价制度、"三同时"制度等基本制度，是目前中国核安全保障工作的主要法律依据。

第二，随着核技术及安全标准的提高，国务院不断完善核材料

①　图片来源自环境保护部核与辐射安全中心官方网站，网址：http：//chinansc. cn/web/static/articles/catalog ＿ 252600/article ＿ ff80808136048d080136 f1cc10520227/ff80808136048d080136f1cc10520227. html（最后访问日期 2015 年 2 月 2 日）。

②　截止到 2014 年 12 月，中国现行核与辐射安全领域的法律法规共计 126 部，其中包括法律 1 部，行政法规 7 部，部门规章 29 部，导则 89 个。参见中国国家核安全局：《核与辐射安全法规状态报告》，网址：http：//nnsa. mep. gov. cn/zcfg ＿ 8964/fg/fgztbg/201501/P020150711440790582466. pdf（最后访问日期：2015 年 9 月 15 日）。

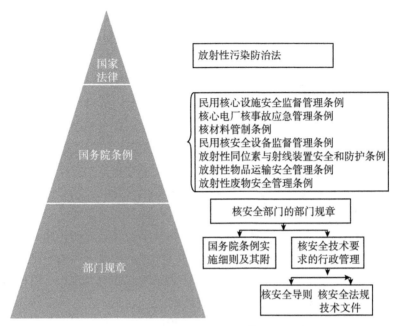

图四 中国核安全法律体系

管制、核设施安全、核应急等方面的行政法规。行政法规主要有：
《中华人民共和国民用核设施安全监督管理条例》（1986）、《中华
人民共和国核材料管制条例》（1987）（以下简称《核材料管制条
例》）、《核电厂核事故应急管理条例》（1993）、《危险化学品安
全管理条例》（2002）、《放射性同位素与射线装置安全和防护条
例》（2005）、《国家核应急预案》（2006）、《中华人民共和国核出
口管制条例》（2006）、《中华人民共和国核两用品及相关技术出口
管制条例》（2007）、《国务院关于核事故损害赔偿责任问题的批
复》（2007）①、《民用核安全设备监督管理条例》（2007）、《特种

---

① 国务院及有关部门出台的规范性文件事实上也成为法律渊源之一。
《关于核事故损害赔偿责任问题的批复》是国务院在 2007 年 6 月向国家原子
能机构下发的规范性法律文件，是中国核损害赔偿制度的主要法律渊源，其
法律性质存在争议，本文根据其发布主体暂归类为行政法规。

设备安全监察条例》（2009）、《放射性物品运输安全管理条例》（2009）、《放射性废物安全管理条例》（2011）等。

第三，国家核安全监管机构、国家环保部门及相关部委制定了诸多部门规章，内容涉及核电项目审评、核设施建设及运营、核燃料和核废物管理、核应急、核材料进出口、环境保护等业务活动，基本覆盖核能安全利用的所有活动领域。例如，在核电厂建设及运营方面，国家核安全局颁布实施了《核电厂厂址选择安全规定》（1991）、《核电厂安全许可证件的申请和颁发》（1993）、《核设施的安全监督》（1995）、《核动力厂设计安全规定》（2004）、《核动力厂运行安全规定》（2004）、《民用核安全设备设计制造安装和无损检验监督管理规定》（2007）和《核与辐射安全监督检查人员证件管理办法》（2013）等；在核燃料和核废物管理方面的部门规章有《城市放射性废物管理办法》（1987）、《民用核燃料循环设施安全规定》（1993）、《核燃料循环设施营运单位报告制度》（1995）、《核反应堆乏燃料道路运输管理暂行规定》（2003）和《放射性固体废物贮存和处置许可管理办法》（2013）等；在核应急方面的部门规章有《核电厂核事故应急报告制度》（2001）、《核事故辐射影响越境应急管理规定》（2002）、《核应急管理导则——放射源和辐射技术应用应急准备与响应》（2003）和《核电厂核事故应急演习管理规定》（2003）等；在核材料进出口、环境保护和设备安全方面，相关部门也制定了一些部门规章，如国家核安全局、能源部和国防科工委联合发布的《核材料管制条例实施细则》（1990）、国防科工委、外经贸部和海关总署联合发布的《核产品转运及过境运输审批管理办法（试行）》（2000）、国防科工委和外交部颁布的《核进出口及对外核合作保障监督管理规定》（2002）以及国家环保总局印发的《环境影响评价公众参与暂行办法》（2006）等。

此外，部分核电厂所在地的省市还通过了一些地方性法规和规章，也是中国核安全法律体系的组成部分。例如，《大亚湾核电厂周围限制区安全保障与环境管理条例》（1994）、《广东省放射性废物管理办法》（2001）、《浙江省核电厂辐射环境保护条例》（2002）、《山东省辐射环境管理办法》（2003）和《江苏省辐射污染防治条例》

（2007）等。

　　根据涉及的技术领域不同，核安全法规被划分为 8 个系列，以 HAFxxx/yy/zz 为编号格式。其中，HAF 是"核安全法规"汉语拼音缩写；"xxx"的第 1 位为各系列的代码，第 2、3 位为顺序号。HAF0xx—HAF7xx 分别为通用系列、核动力厂系列、研究堆系列、核燃料循环设施系列、放射性废物管理系列、核材料管制系列、民用核承压设备监督管理系列和放射性物质运输管理系列。"yy/zz"为核安全条例或规定的实施细则及其附件的代码。例如，质量保证安全规定编号为 HAF003、核电厂厂址选择安全规定编号为 HAF101、核电厂设计安全规定编号为 HAF102、核电厂运行安全规定编号为 HAF103；再如，HAF001/02 是中华人民共和国民用核设施安全监督管理条例实施细则之二——《核设施的安全监督》、HAF001/02/01 是中华人民共和国民用核设施安全监督管理条例实施细则之二的附件一《核电厂营运单位报告制度》。

　　第四，国家核安全局发布的数百份核安全导则及技术文件。

　　第五，中国政府已经批准加入了 8 部与原子能安全利用相关的国际条约①，包括《国际原子能机构规约》、《及早通报核事故公约》、《核事故或辐射紧急情况援助公约》、《核材料实物保护公约》及其修正案、《核不扩散条约》、《核安全公约》、《制止核恐怖行为国际公约》和《联合公约》。同时，中国与国际原子能机构保持全方位的技术合作和人员交流。中国与德国、巴西、阿根廷、比利时、英国、美国、日本、巴基斯坦、瑞士、伊朗、韩国、加拿大、法国、俄罗斯、越南、澳大利亚等国家签订了双边核能和平利用合作协定，开展合作交流活动，加强核安全。

　　中国所有的涉核活动都必须在上述五类核安全法律法规的框架内开展。例如，中国从美国西屋公司引进的第三代核电技术非能动性压水堆（AP1000）是我国目前规模化发展的主流，它必须严格执行所有环境保护和核电厂安全相关的现行法律和行政法规、强制

---

　　①　参见郑玉辉：《〈原子能法〉，应顺势而生》，载《中国核工业》2011年第 10 期，第 30~31 页。

性国家标准以及国家核安全局发布的或与国务院其他部门联合发布的部门规章；国家核安全局或与其他部门联合发布的核安全导则属于指导性文件，应参照执行。对于与依托项目保持一致的那些设计，需要参照执行国家核安全局认可的美国的法规、管理导则、规范、标准和政策性文件；对于常规岛和 BOP① 的设计原则上应采用中国现行标准，必要时可适当补充适用国际/国外标准。适用于 AP1000 的美国法规标准体系②内容广泛，包括（1）与厂址相关的标准：例如 ANSI/ANS-2.8 核动力堆厂址设计基准洪水的确定等；（2）核岛系统设计、建造标准：美国核学会的 ANS 51、56、57、58、59 系列，如 ANSI/ANS 58.9 轻水堆安全相关流体系统的单一故障准则应用；（3）核岛机械设备标准：美国机械工程师学会（ASME）的 BPVC-III、AG-1、NOG-1、NUM-1、QME-1 等；（4）仪控系统标准：美国电子电气工程师学会（IEEE）标准和美国仪表学会（ISA）标准等；（5）土建结构标准：美国混凝土协会（ACI）、美国钢结构学会（AISC）、和美国土木工程师协会（ASCE）标准等；（6）燃料标准：美国核学会 ANS 57 系列；（7）

---

①　BOP 是 Balance of Plant 的缩写，是指核电厂成套设备以外的技术性或非技术性辅助设施。

②　美国核电法规标准体系的基础是数量巨大、品种繁多的各行业核电标准，包括美国国家标准和行业协会标准。它们是经过试验和工程实践考验过的规范，是具体贯彻法规和导则的文件。美国国家标准学会（ANSI）通过其核标准管理委员会领导核标准的研究和编制。例如通过美国核学会（ANS）下设的标准委员会（按照不同的专业内容，设置了 16 个分委员会，分委员会又分成更多的工作组）进行核标准的研究、编制并经 ANSI 审查认可后作为美国标准，如：《固定式压水堆电厂设计核安全准则》（ANSI/ANS-51.1）和《压水堆安全壳通风系统（ANSI/ANS-56.6）。其次是美国工业界行业协会或学会制定的标准，如美国机械工程师学会（ASME）、美国电子电气工程师学会（IEEE）、美国材料与试验学会标准（ASTM）、MSS（美国阀门及配件制造商协会标准）等编制的核电标准。标准下层主要是各个电力公司为核电厂建设而编写的公司内部标准和技术规格书。另外，还引用了大量的工业标准，它们也是核电标准的基础，支持着核电的发展。美国标准能够全面指导核电工程，覆盖范围比较全面，内容完整，在世界范围内具有技术权威。

在役检查和试验方面：美国机械工程师学会（ASME）BPVC-XI OM、OM S/G、N511 等标准；（8）核电厂运行及应急方面：美国核学会 ANS 3 系列标准；（9）暖通、制冷和空调相关标准：美国暖通、制冷和空调工程师学会（ASHRAE）、美国空气动力和调节协会（AMCA）、金属散热与空气调节承包商协会（SMACNA）等制定的标准；（10）消防及其设备相关标准：如美国国家防火协会（NFPA）和美国保险商试验室（UL）标准等。美国的这些技术性标准经中国国家核安全局认可后可以作为核电厂设计、建造和运行的标准。

成就固然可喜，问题也不容忽视。从根本上看，中国核安全立法没有贯彻系统性的核安全管理思想，缺乏体系化的制度设计。一方面，中国尚未真正建立由基本法、支撑法律和配套法规规章构成的核安全法律体系，不同层级的立法不能形成制度合力。另一方面，核安全的事前预防、事中控制和事后救济等方面的法律法规仍然"存在制度内容过于原则，未能及时修改，法律责任规定有失偏颇且强度过轻，对信息公开与公众参与制度重视不够，核损害赔偿制度空白等不足之处，既不能完全防患于未然，又不能有效应对核事故、减轻事故损害，也无法及时充分地提供赔偿、做好善后工作。[①] 宏观体系和微观制度两方面的缺陷都可能导致严重核事故的发生。因此，中国核安全法律体系必须完善宏观体系，同时加强微观制度建设。

美国是世界上核电利用规模最大、历史最长的国家，既在 20 世纪 60—70 年代经历过核电腾飞时代，又在三里岛核事故后经历 30 多年的停滞期，在核安全监管方面积累了丰富的经验和教训，特别是其完善的法律体系和高效的监管体制已经成为国际核安全治理的模板。因此，中国可以借鉴美国核安全治理经验，完善国内治理机制和国际协作机制，提升中国的核安全水平。

---

① 参见邓禾、夏梓耀：《中国核能安全保障法律制度与体系研究》，载《重庆大学学报（社会科学版）》2012 年第 2 期，第 26~32 页。

三、中国核安全法律制度面临的挑战

（一）中国核安全监管面临的现实挑战

从技术角度而言，核电厂厂址的自然条件、核电厂设计的历史阶段、堆型、安全屏障和安全设计是确保核电厂安全的关键因素。如下图五所示，世界三代核电技术的安全性已经大大提高。首先，三代核电采用新型"大干式"安全壳。例如百万千瓦级 AP1000 的安全壳自由体积为 58000 立方米，其容积是 Mark I 型和 Mark II 型抑压式安全壳的十几倍，滞留能力和防氢爆能力远远大于后者，大大降低放射性废水和气体外逸的机率。其次，"大干式"安全壳底部是厚厚的钢筋混凝土，所有贯穿安全壳的管道都从上部穿出，其下有巨大的内部容积，而"沸水堆抑压式安全壳的抑压水池位于安全壳的底部，其上连接有诸如抑压水池冷却、安注再循环等众多的辅助管道。多年的核电厂抗震研究表明，这些直径较小的管道是核电厂抗震的薄弱环节"①，因而，第三代核电厂的抗震能力也远大于后者。

总之，第三代核电技术日臻成熟，安全性更高，预防和缓解严重事故的能力更强，经济性更优越，目前已经进入全面产业化时代。2013 年 2 月 22 日，中核集团成功实现铀浓缩离心机工业化应用，标志着我国已具备核燃料生产的自主化工业能力，形成完整的铀浓缩研发和产业体系，对保障我国核电的可持续发展有着重大战略意义。② 中国在引进、消化、吸收 AP1000 技术的基础上开发出先进的 CAP1400 非能动性压水堆核电技术。其中，"华龙一号"是中国拥有核心技术的自主知识产权、可以自主出口的第三代核电机型。

---

① 李跃群：《我国内陆核电站厂址优先候选名单已初步确定》，载《东方早报》2013 年 6 月 4 日第 A32 版，网址：http：//realtime. xmuenergy. com/newsdetail. aspx？newsid＝108485（最后访问日期 2014 年 10 月 4 日）。

② 参见《形成完整铀浓缩研发和产业体系》，载核能信息实时网（2013 年 2 月 25 日），网址 http：//realtime. xmuenergy. com/newsdetail. aspx？newsid＝107393（最后访问日期 2014 年 11 月 8 日）。

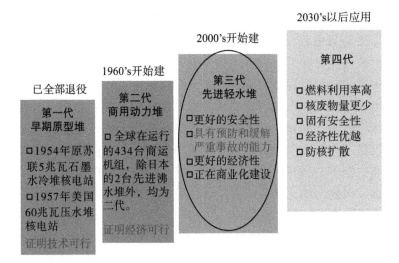

图五　三代核电技术进入全面产业化时代

"2011—2020年中国的核电高速发展，在世界核电发展历史中，也仅有此例。随着经济和社会发展的需要，核能将得到更广泛的利用。但与之相应的设计可靠性、建设单位资质、设备制造质量和运行管理人员资格的审核等都远远落后于核电的高速发展，核安全监管急需加强。"[①]中国必须加强核安全监管，构建并完善中国乃至国际核安全法律制度。但是，中国核安全监管仍面临诸多现实挑战。首先，中国核安全监管要面对一个不容忽视的事实：中国核反应堆类型众多，既有从法国、俄罗斯、加拿大、美国等国引进的核电技术，也有在引进基础上自主开发或创新的核电技术，具有各种技术和安全标准并存和二代、三代、四代技术并存等特点。这在客观上增加了核安全监管的难度。

其次，内陆核电站给中国核安全监管带来前所未有的挑战。内陆核电项目有利于解决内陆地区资源禀赋差、能源对外依存度

①　李晶晶、林明彻、杨富强、Jason Portner：《中国核安全监管体制改革建议》，载《中国能源》2012年第4期，第9~14页。

高的不利条件，减少修路运煤发电或特高压输电产生的巨大能
耗，满足其日益增长的电力需求。国家实施中西部大开发战略，
湘鄂赣等省份经济快速发展，面临严重的电力、能源和环境压
力，核电具有明显的成本优势，不失为破解难题的方法之一。随
着中国核电装机容量的不断扩大，沿海核电厂厂址必然不能满足
核电战略规划，在内陆建设核电厂也是必然趋势。然而，因为福
岛核事故的不利影响，国务院虽然决定恢复正常核电建设，但却
决定在"十二五"期间不安排内陆核电项目，这就意味着 2016
年前中国不会批准在内陆建设核电厂。那么，2008 年国家发改
委批准的湖南桃花江、江西彭泽、湖北大畈三个内陆核电项目①
将无限期推迟，甚至取消。②

　　导致这种结果的主要原因是公众担心内陆核电的安全性问题。
事实上，全世界核电机组有一半以上都建在内陆地区，其中，法国
内陆核电厂占 69%，美国占 61.5%，而瑞士、乌克兰、比利时等
国核电机组全部位于内陆。美国密西西比河流域建有 32 座核电机
组；法国罗纳河沿岸建有 4 个核电厂，共 14 座机组，总装机容量
达 1340 万千瓦。相比之下，中国目前规划的内陆核电项目采用第
三代核电技术，核安全标准更高，安全更有保障。既然如此，民众
为何还"恐核"、"反核"呢？这就需要深入研究内陆核电厂选址、
用水、散热、辐射影响、核事故及其应急机制等，进一步完善对
策。内陆是否可以建设核电厂，不仅需要考察地质、水文、人口、
气象和环境承载能力等客观因素，更要考察公众可接受度等主观因
素。"内陆核电现在面临的主要问题，已不是技术问题、安全保障

---

　　① 截至 2011 年年底，中国广东核电集团有限公司控股、湖北省能源集
团有限公司参股组建咸宁核电有限公司开发建设的湖北咸宁核电项目累计完
成投资约 34 亿元；中国核工业集团公司控股建设的湖南桃花江核电项目前期
工作投入已达 38 亿元；中电投控股建设的江西彭泽核电项目累计投资已经高
达 34 亿元，前期准备工作已经结束。

　　② 参见《三个内陆项目投资上百亿被叫停》，载核能信息实时网（2012
年 10 月 25 日），网址 http：//realtime. xmuenergy. com/newsdetail. aspx? newsid
= 106362（最后访问日期 2014 年 11 月 8 日）。

问题，而是认识问题，是公众的接受度问题"。① 核安全监管体制需要进一步完善，保证核电项目透明公开，保障公众的知情权和民主参与权。

（二）中国核安全监管面临的法律挑战

中国核电发展进入快速增长期，但核安全法律体系仍不完善。中国仅有 1 部法律——《放射性污染防治法》和 7 部行政法规，核安全法律体系的主体仍是核安全监管机构及相关部门制定的 20 多部部门规章、80 多部安全导则以及 8 部与核安全相关的国际公约。

首先，从宏观层面来看，中国核安全法律体系存在基本法缺位、体系不健全的严重问题。"从我国目前情况来看，除了 2003 年《放射性污染防治法》外，不论是和平利用原子能、核安全、核损害赔偿责任，还是核不扩散和实物保护等方面，我国都没有制定专门性法律。因此，'无法可依'是目前我国核能行业与科学研究以及核安全发展面临的首要法律问题。"② 原子能基本法缺位，使原子能发展的方针、指导思想和基本原则等核心问题都缺乏坚实的法律基础。

单项支撑法律也存在空白之处，有待进一步完善。例如，在放射性物质运输领域，需要制定一部综合性法规，明确各部门的具体职责；在放射性废物管理方面，《放射性污染防治法》（2003）只做了原则性的规定，需要制定具体管理办法；在实物保护领域，虽然《核材料管制条例实施细则》（1990）和《核材料国际运输实物保护规定》（1994）都对核材料的实物保护进行了规定，但核设施的实物保护尚未制定具体的规定；在核设施退役监管方面，虽然《中华人民共和国民用核设施安全监督管理条例》（1986）第 15 条规定退役必须向国家核安全局提出申请，但是，退役方法、申请程

---

① 《我国内陆核电站厂址优先候选名单已初步确定》，载核能信息实时网（2013 年 6 月 5 日），网址 http：//realtime. xmuenergy. com/newsdetail. aspx？newsid＝108485（最后访问日期 2014 年 11 月 8 日）。

② 汪劲：《论〈核安全法〉与〈原子能法〉的关系》，载《科技与法律》2014 年第 2 期，第 168~182 页。

序及审批标准等尚需完善；此外，乏燃料管理及后处理的监管法规也应提上议事日程。

总之，从宏观上看，由于基本法缺位、单项支撑法律存在空白、配套法规和规章不完善，中国核安全法律体系尚未形成一个由核能基本法、支撑法律法规和配套性规章、规范性文件组成的完整法律体系。

其次，从微观层面来看，中国核安全法律存在制度落后、修订不及时的问题。核安全监管体制已经发生重大变化，但是法律却没有进行及时的调整。例如，《核材料管制条例》（1987年）① 规定核工业部负责全国的核材料管制，国家核安全局负责民用核设施的安全监督，国防科工委负责涉及国防核材料的安全监督和核准核材料许可证（第7条）；国家核安全局吊销许可证的处罚须经核工业部同意（第19条）。《核材料管制条例实施细则》（1990年）又规定能源部委托中国核工业总公司负责全国核材料的管制工作。实际上，核工业部早在1988年就已经被撤销，原能源部在1993年被撤销，中国核工业总公司也在1999年被撤销，目前，负责核材料使用许可的是国家原子能机构。然而，上述条例及实施细则却仍未调整。这就说明核材料管制法律制度存在缺陷，中国的核材料管制仍属于己法自律状态，严重影响核材料管理安全。

另外，其他行政法规和规章也存在这种情况。例如，《中华人民共和国核出口管制条例》（1997）、《中华人民共和国核两用品及相关技术出口管制条例》（1998）、《核产品转运及过境运输审批管理办法》（2000）、《核进出口及对外核合作保障监督管理规定》（2002）中的"对外贸易经济合作部"都应改为"商务部"。然而，目前为止，国务院只对《中华人民共和国核出口管制条例》进行了修改。凡此种种与现实脱节的法律规定都应及时修订，消除核安全监管中的隐患。

核能基本法——《原子能法》以及核安全领域的专门法——

---

① 参见中国广东核电集团公司法律事务部编：《核电相关法律法规汇编（上卷）》，法律出版社2009年版，第143页。

《核安全法》的立法进程却一再陷入停滞。中国尚未在法律层面对核安全的基本原则、基本制度和监管体制等根本性问题作出明确规定，核安全监管只能依靠《放射性污染防治法》、行政法规和部门规章等针对某些具体管理内容的规定，核安全法律内容缺乏体系性和统一性，这些成为阻碍核能利用安全的制度性缺陷。因此，完善核安全宏观法律体系和微观法律制度已经成为当务之急。

（三）中国核安全监管面临的国际协作压力

中国从核电发展之初就特别注重参与国际协作、共享先进的核安全监管理念、方法和技术，不断提高核安全水平。中国曾参照国际安全标准进行过三次大规模核电标准编写工作。第一次编写（1986—1988年）①主要参考美国机械工程师学会（ASME）"锅炉和压力容器规范"的第 III 卷《核动力装置设备》，结合我国反应堆设计建造经验制定了核电厂主要系统和关键设备设计的 36 项《设计准则》。第二次编写（1988—1990年）仍然参照美国标准，制定了适用于 30 万千瓦机组设备设计、制造、安装、检验等方面的 107 项标准，初步建立中国标准体系。第三次编写始于 1991 年前后，主要参考法国 RCC 系列标准②编制了核电厂核岛建造的国家标准，例如以 RCC-P 为基础编制了《2×600MW 压水堆核电厂核岛系统设计建造规范》（GB/T15761-1995）、以 RCC-M 的设计部分为基础编制了《压水堆核电厂核岛机械设备设计规范》 （GB/T16702-1996）。③

---

①　编制工作主要依托全国核能标准化技术委员会（主要是反应堆技术分委会、辐射防护分委会、核燃料技术分委会）和全国核仪器仪表标准化技术委员会（主要是反应堆仪表分委会、辐射防护仪器分委会）。标准的编制以核工业设计院（核动力院、核二院、728 院）为主，并有其他相关单位共同参与，重点针对秦山一期和秦山二期 2 个核电国产化工程设计建造的需要。

②　法国 RCC-M 规则是在借鉴美国机械工程师学会（ASME）"锅炉和压力容器规范"的第 III 卷《核动力装置设备》内容的基础上，吸收了法国实践经验和成果而制订的。

③　参见李小燕、濮继龙：《我国核电标准体系存在的问题及可能的解决方案》，载《核动力工程》，2008 年第 2 期，第 119~123 页。

中国还通过国际原子能机构协作机制不断提升核安全水平。2011 年 10 月之前，中国就曾 12 次邀请国际原子能机构运行安全评审组（OSART）会审中国核电安全；通过国际原子能机构运行安全评审组、世界核电营运者协会同行评审和中国核能行业协会同行评审，每个核电厂每年至少进行一次全面的安全审查。1994 年《核安全公约》签署以来，中国先后 4 次邀请国际原子能机构提供核与辐射安全综合监管评审服务（IRRS），利用国际同行评审机制发现并改进监管体制的不足之处。

目前，国际协作机制出现了新的变化，主要体现在国际气候变化和后福岛时代核安全治理这两个领域。一方面，中国需要面对来自于国际气候变化应对机制的压力。1994 年 3 月《联合国气候变化框架公约》生效，气候变化国际法正式形成。虽然中国不需要承担公约及其《京都议定书》规定的具体减排义务，但是应对气候变化、促进经济低碳转型已经成为一种价值追求[1]，"所有缔约方，考虑到它们共同但有区别的责任，以及各自具体的国家和区域发展优先顺序、目标和情况，应制定、执行、公布和经常更新国家的以及在适当情况下区域的计划"以及"适应气候变化的措施"。[2]因此，在具有经济和社会效益的条件下一般地控制温室气体排放是所有缔约方的一般性法律义务，中国虽无强制减排义务，但仍负有采取适当减排措施的国际法律义务。为了减少温室气体排放，履行应对气候变化的义务，中国必须实施大力发展核电战略。另一方面，面对后福岛时代"谈核色变"的国际形势，中国必须在大力发展核电的同时积极参与国际核安全治理，促进中国乃至世界核安全水平，提升国际社会对核电的信心。在国际原子能机构的主导下，国际社会正在对核与辐射安全标准进行修订，对核设施的安全性与可靠性、监管体制的有效性与透明度都提出更高要求。中国需要积极参与并提出自己的主张，完善国际核安全法律制度，这也是中国实现"走出去"战略的必备条件之一。然而，事实却并

---

　　[1]　参见杨泽伟：《国际能源秩序的变革：国际法的作用与中国的角色定位》，载《东方法学》2013 年第 4 期，第 86~94 页。

　　[2]　《联合国气候变化框架公约》第四条第 1 款（b）项。

不尽如人意，"中国核设施在极端外部事件应对、新堆设计验证、严重事故管理、多堆厂址应急等领域仍有很大改进空间；在核与辐射事故响应与紧急救援、辐射环境监测与评价、乏燃料与放射性废物安全管理、核设施退役与延寿安全管理等领域还有许多尚待开发的课题；监管队伍的整体素质和监管能力相对于中国多种堆型、多国技术以及核电发展规模而言，仍难以满足监管需求"。①

　　在当今的国际核安全协作机制中，没有国际标准的制定权，中国就没有核电技术话语权；不参与国际核安全治理，中国就没有国际立法话语权。因此，面对国际气候变化应对机制和国际核安全治理的双重挑战，中国必须尽快调整国际核安全协作战略：把"接受援助为主"转变为"接受援助与对外支持并重"，把"被动应对"转变为"主动参与"，把"请进来为主"转变"请进来、走出去并重"②；同时，中国应当提出有利于维护中国利益的国际规则动议③，提高在国际核安全立法中的话语权，全面参与并推进国际法律制度建设。

第二节　美国核安全法律制度对完善中国核安全法律制度的启示

一、美国核安全法律制度对完善中国核安全法律体系的启示

（一）中国完善核安全法律体系的总体思路

"原子能事业具有系统性特点，从开发到利用拥有一个完整的产业链，从铀矿地质开始，历经铀矿地质勘查、铀矿开采、选冶、同位素分离、转化、浓缩、元件制造、发电、乏燃料后处理、放射

---

①　付杰：《中国核安全国际合作现状及发展趋势》，载《中国环境报》2014年3月27日第2版。

②　付杰：《中国核安全国际合作现状及发展趋势》，载《中国环境报》2014年3月27日第2版。

③　参见杨泽伟：《"中国梦"的国际法解读》，载《武大国际法评论》第17卷第1期，武汉大学出版社2014年版，第1~20页。

性废物的处置，直至核设施退役等所有环节形成了一个封闭而又开放的大系统。"①每一个环节都涉及许可、安全监管、应急准备与响应、事故损害赔偿等主要制度性问题。美国核安全监管的经验表明，"系统、稳定、相互协调的立法是做好核电安全管理工作的基础和保障"②。美国制定一系列核能安全利用的法律法规，最终形成以原子能基本法为主体、涵盖监管体制、核设施与核材料安全管理、核废物辐射安全管理、核损害赔偿责任等重要法律制度的系统而完善的核安全法律体系。美国核安全法律制度为有效实施核安全监管提供了充分的法律依据，为确保美国核能利用安全发挥了积极的规范和引导作用，值得中国借鉴。

中国核安全法律体系应当覆盖整个产业链的所有环节，形成一个以基本法为统领、以专门法律法规和规章为支撑、以技术标准和安全导则等技术性规范为配套的系统而协调的法律体系。这就需要完成原子能基本法及配套法规的立法工作，完善民用核能利用、核与辐射安全监管、核燃料循环、核废物处置、核应急准备与响应、核损害赔偿等方面的法律制度，建立符合中国国情并与国际接轨的核安全法律体系。

（二）中国完善核安全法律体系的具体措施

1. 中国应及早制定原子能基本法

（1）制定原子能基本法的必要性。目前，世界上共有 35 个核电国家，绝大部分国家都制定了原子能基本法，如美国《1954 年原子能法》、日本 1955 年《原子能基本法》、韩国 1958 年《原子能法》③、德国《1959 年原子能法》（《和平利用原子能和防止其

---

① 王少华：《论核能监管领域的法律缺失》，载《中国能源法研究报告（2012）》，立信会计出版社 2013 年版，第 138~146 页。

② 曹霞：《美国核电安全与法律规制》，载《政法论丛》2012 年第 1 期，第 103~110 页。

③ 韩国《原子能法》经 1982、1986、1993、1995、1996、1997、1999、2001、2003 和 2008 年多次修订，其中，最终要的一次修订是 1982 年，整合了韩国在原子能领域所有的立法。参见陈刚主编：《世界原子能法律解析与编译》，法律出版社 2011 年版，第 67 页。

危害法》）①、印度 1962 年《原子能法》②、英国《1989 年原子能法》③ 和 1995 年《俄罗斯联邦原子能利用法》④ 等。目前，尚未进行原子能立法的国家很少。即使像泰国、马来西亚、印尼、越南等这些仅有研究堆而无核电厂的国家，也已制定原子能基本法。由此可见，制定以加强安全监管、增加透明度为核心的原子能基本法已是大势所趋。

原子能基本法是统领法律、行政法规、部门规章的顶层法律。原子能基本法的缺失使中国"难以对一些综合性、全局性问题进行有效调整，同时也存在效力层级偏低、尚有立法空白、缺少实施细则、以行政文件代替法律规范等问题"⑤。中国核能发展仍面临诸多瓶颈：管理机构众多，权责不清，效率低下；缺乏针对放射性废物和乏燃料处置场选址的相关规定，放射性废物处置无法可依；核安全、核安保、核应急、核损害赔偿等基本法律制度尚不完善；无法确立核安全局作为独立监管机构的法律地位；国家核安全局、

---

　　① 德国《1959 年原子能法》制定于 1959 年 12 月 23 日，在 1985、1989、1990、1992、1998、2000、2001 和最后的 2002 年 4 月 22 日经过多次修订，仅 2001 年就修订四次，这反映着德国原子能法随着核电发展变化而不断调整。参见陈刚主编：《世界原子能法律解析与编译》，法律出版社 2011 年版，第 45 页。

　　② 印度《原子能法》在 1986 年和 1987 年进行了修正。

　　③ 从其立法内容来看，英国《原子能法》与原子能基本法仍有一定差距：英国原子能的相关法规散见于不同法律文件中，其中，包括以保护人员为目的的法律法规，如 1993 年《放射性物质法》、1974 年《劳动卫生与安全法》和 1985 年《电离辐射法》等；也包括与核设施相关的法律法规，如 1965 年《核装置法》和 2004 年《能源法》。参见陈刚主编：《世界原子能法律解析与编译》，法律出版社 2011 年版，第 24 页。

　　④ 1995 年 10 月 20 日俄罗斯国家杜马通过《俄罗斯联邦原子能利用法》，于 1997 年 2 月、2001 年 7 月、2001 年 12 月、2002 年 3 月、2003 年 11 月和 2004 年 8 月经过 5 次修订。参见陈刚主编：《世界原子能法律解析与编译》，法律出版社 2011 年版，第 52 页。

　　⑤ 郑玉辉：《〈原子能法〉，应顺势而生》，载《中国核工业》2011 年第 10 期，第 30~31 页。

卫生、公安部门等部门多头管理模式不利于保障我国的核安全。①
原子能基本法可以从根本上统筹安排各项法律法规，完善核安全法
律体系及核安全监管体制，确保中国的核能利用安全。

（2）原子能基本法的主要内容。"《原子能法》是中国境内所
进行的核能研究、开发和利用活动的基本法律，其主要调整对象是
在中国境内进行原子能研究、开发、利用过程中所形成的各种各样
的社会关系。"②原子能基本法是制定下位法的基础，在事前预防、
事中控制、事后补救等各方面确立核能安全利用的基本原则和制
度，为核安全单项法律、行政法规和部门规章等下位法提供依托，
避免它们之间产生冲突。

相对而言，《放射性污染防治法》侧重于放射性污染防治的监
督管理，主要针对核设施、核技术利用、铀（钍）矿和伴生放射
性矿开发、废物管理的放射性污染防治③，其立法目的是防治放射
性污染，保护人身和环境安全。因此，它并不能发挥原子能基本法
统领全局的作用，无法以核能最高法的地位为核安全提供充分而全
面的法律依据，无法明确各监管机构的职责并协调各级政府部门之
间的关系。④

《原子能法》应对基本概念、立法目的、基本原则、核安全监
管机构、核燃料循环、核设施的建造、运行和退役、放射性物质安
全管理、乏燃料和核废物处理和处置、核事故应急和响应、核技术
研发、核材料及核技术进出口管制、核损害赔偿责任保险、法律责

① 参见《我国核安全立法箭在弦上》，载核能信息实时网（2013 年 3
月 1 日），网址 http://realtime.xmuenergy.com/newsdetail.aspx? newsid =
107469（最后访问日期 2015 年 2 月 2 日）。

② 邓禾、夏梓耀：《中国核能安全保障法律制度与体系研究》，载《重
庆大学学报（社会科学版）》2012 年第 2 期，第 26~32 页。

③ 参见彭峰：《我国原子能立法之思考》，载《上海大学学报（社会科
学版）》2011 年第 6 期，第 69~83 页。

④ 参见李晶晶、林明彻、杨富强、Jason Portner：《中国核安全监管体
制改革建议》，载《中国能源》2012 年第 4 期，第 9~14 页。

任等作出系统而全面的规定。①从立法整体思路上来讲，一方面《原子能法》应对现有法律法规进行整合，避免重复立法。例如，对于核燃料前端过程涉及的法律问题，《矿产资源法》已经作出相关规定；而核燃料后端过程涉及的法律问题，《放射性污染防治法》及部分法规和规章也在一定程度上进行了规定。另一方面，原子能基本法还应确保其综合性和体系性，而不宜规定过细，可多采用授权立法，或另行制定专门法律法规，或授权相关部门制定规章或地方性法规。

（3）原子能基本法的立法进程。原子能基本法的立法进程曲折漫长。1984 年，原国家科委主导成立原子能立法的领导小组和起草小组，后来核工业部也加入起草工作，但因历史和体制原因，双方无法达成一致意见。《原子能法（草案）》及其修改稿先后在1988 年、1992 年、1995 年三次上报国务院法制局，曾被列入第八届全国人大常委会立法计划，但《原子能法》最终都没能出台。1998 年，核能产业主管部门国防科工委开始第二次立法尝试。中国核工业经济研究中心承担立法的研究工作，并在 2006 年完成了文本的起草和征求意见工作。但是 2008 年国务院机构改革撤销了国防科工委，立法工作再次搁置。机构调整后，原国防科工委的核电管理职责被划给了新成立的国家能源局，而其他（包括核燃料）职责则纳入新成立的国家国防科技工业局（以下简称"国防科工局"），后者由工业和信息化部管理。②"中国核工业的多头管理也在这期间开始显现，由于部门利益难以平衡，只好搁置下来。"③

　　"日本福岛核事故的发生，加速了我国《原子能法》立法的脚

---

　　①　参见彭峰：《我国原子能立法之思考》，载《上海大学学报（社会科学版）》2011 年第 6 期，第 69~83 页。

　　②　参见王硕：《〈原子能法〉拟年底征求意见 27 年立法两次夭折》，载人民网，网址 http://env.people.com.cn/GB/14470177.html（最后访问日期2014 年 12 月 10 日）。

　　③　彭峰：《我国原子能立法之思考》，载《上海大学学报（社会科学版）》2011 年第 6 期，第 69~83 页。

步。完善国家核法律法规体系，运用法律手段进一步规范和调整政府行政管理关系和企业利益关系，实现法制化管理，不仅是核能业界的期盼，也是我国核能事业发展的当务之急。"① 2011 年 6 月，工业和信息化部（以下简称"工信部"）委托中国核能行业协会成立《原子能法》立法起草工作组，原子能立法工作第三次重启。《原子能法》曾被国务院列入 2011 年的立法计划，但只属于第三类立法计划——"抓紧研究起草"②，最终也并未提交全国人大常委会审议。③ 2012 年 12 月，起草工作组形成了《原子能法（草案）》征求意见稿；2013 年起草工作组将调整后的《原子能法（草案）》征求意见稿发送国务院有关部门征求意见，并在 2014 年初完成征求有关部委意见的工作。④

（4）原子能基本法空白的替代方案。《原子能法》作为核能领域的最高法和基本法，对核能安全利用发挥着至关重要的作用。然而，因涉及面广、体系庞杂，其中存在根本性的利益冲突，再加上核工业主管部门调整不断、缺乏国家层面的统一组织协调，所以，立法工作从 1984 年启动至今已达 30 多年，而原子能基本法的制定和审定依然遥遥无期。

从法律内容来看，通过一部原子能法来规范所有核能利用与核安全问题，或许也并不太现实。仅就国际原子能机构出版的《安全标准系列》而言，就包括《基本安全原则》、《安全要求》和

---

① 丰雪：《完善国家核法律法规体系迫在眉睫》，载《中国核工业报》（2014 年 1 月 29 日），转引自中国核工业集团官方网站：http://www.cnnc.com.cn/tabid/283/InfoID/79957/frtid/446/Default.aspx（最后访问日期：2015 年 1 月 19 日）。

② 第一类立法计划是"安排审议"；第二类立法计划是"条件成熟时安排审议"。

③ 参见王硕：《〈原子能法〉拟年底征求意见 27 年立法两次夭折》，载人民网，网址 http://env.people.com.cn/GB/14470177.html（最后访问日期 2014 年 12 月 10 日）。

④ 参见郑玉辉：《〈原子能法〉立法 30 年》，载《中国核工业》2014 年第 5 期，第 36~39 页。

《安全导则》三个层次，其中《安全要求》又包括对辐射源、（核）设施和活动、核废物、核应急等问题的一般安全要求，以及对核设施选址、核电厂设计、建造和运行、核燃料循环设施、核废物处理设施和辐射材料运输等事项的具体安全要求。现有《原子能法（草案）》仅设有12章70条，不可能对核安全问题作出全面而细致的规定。①

　　鉴此，当务之急是重点推动专门针对核能利用安全的《核安全法》②，制定核安全保障的"母法"，为核安全监管提供法律依据。③这并不会与原子能基本法的立法产生冲突。因为，从立法目的来看，《原子能法》主要定位于促进核能产业的发展，规范和促进原子能的研究、开发和利用，保障国家安全、公众安全与健康，保护资源和环境；而《核安全法》则立足于核安全监管，预防或者控制核事故，保护工作人员和公众健康。《核安全法》并不必然以《原子能法》为前提，二者可以同时进行。④

　　2. 中国应完善专门性法律法规和部门规章

　　核安全法律体系不仅需要基本法统领⑤，而且在专门领域还需要单项法律支撑。目前，中国仅在放射性污染防治领域有一部法律，在核燃料循环、核设施设计、建造和运行、核应急准备与响应、核损害赔偿等重要领域还尚未制定单项法律。中国核安全法律体系主要由少数几部行政法规以及大量部门规章、地方性法规和规

---

　　① 参见汪劲：《论〈核安全法〉与〈原子能法〉的关系》，载《科技与法律》2014年第2期，第168~182页。

　　② 参见李晶晶、林明彻、杨富强、Jason Portner：《中国核安全监管体制改革建议》，载《中国能源》2012年第4期，第9~14页。

　　③ 参见《核专家：中国应尽早制定核安全法》，载核能信息实时网（2013年3月7日），网址 http://realtime.xmuenergy.com/newsdetail.aspx?newsid=107530（最后访问日期2015年2月2日）。

　　④ 参见汪劲：《论〈核安全法〉与〈原子能法〉的关系》，载《科技与法律》2014年第2期，第168~182页。

　　⑤ 参见汪劲、耿保江：《核能快速发展背景下加速〈核安全法〉制定的思考与建议》，载《环境保护》2015年第7期，第25~29页。

章构成，致使中国核安全法律体系的整体层次较低、缺乏权威性，不利于维持高水平的核安全。①

在专门性支撑法律当中，首先应当推动《核安全法》的立法工作，出台核安全保障的"母法"。《核安全法》作为一部规定核安全管理基本制度的顶层法律，主要内容包括安全目标、安全原则、监管体制、部门分工、行政许可、公众参与和信息公开、核安全监督、核事故应急与响应、核损害赔偿等基本法律制度。②《核安全法》从国家立法层面协调现有的安全法规和标准体系，有助于国家核安全监管机构对核电进行全方位、全过程的安全监管，有助于国家核安全局的六个地区监督站对核电厂的建造资质、设备制造质量、人员资质、运行安全和环境影响等进行监管，对中国实施核电战略无疑具有重大意义。③

"中国核安全法的制度构建受国际、国内的双重'约束'。"④一方面，《核安全法》担负着履行国际公约义务的责任；另一方面，还担负着整合大量的现有法律法规、部门规章等规范性法律文件的责任。中国的众多法律法规都涉及核与辐射安全，其中包括《放射性污染防治法》、《民用核设施安全监督管理条例》（1986）及其《许可证颁发》（1993）和《报告制度》（1995）两个实施细则、《核电厂运行安全规定》（1991）、《民用核安全设备监督管理条例》（2007）以及其他核事故应急和放射性废物管理等方面的法规和规章等。然而，现有核安全监管制度分散在法律法规和部门规章之中，不利于维护高水平的核安全，因此，《核安全法》是把分

---

①　参见邓禾、夏梓耀：《中国核能安全保障法律制度与体系研究》，载《重庆大学学报（社会科学版）》2012 年第 2 期，第 26~32 页。

②　参见刘风景：《核安全法》的功能定位与立法策略》，载《北京联合大学学报（人文社会科学版）》2015 年第 2 期，第 111~116 页。

③　参见王璐、杨烨：《核电监管升级，〈核安全法〉有望 2016 年出台》，载中国网（2014 年 11 月 5 日，网址：http://finance.china.com.cn/news/gnjj/20141105/2772445.shtml（最后访问日期 2014 年 11 月 16 日）。

④　胡帮达：《中国核安全法制度构建的定位》，载《重庆大学学报（社会科学版）》2014 年第 4 期，第 129~134 页。

散的法律法规整合起来，上升到法律层面，其立法工作相对比较容易，可以在原子能基本法出台之前为核安全监管提供充分的法律依据。①2014年，《核安全法》已列入十二届人大常委会立法规划，初稿已进入征求意见和修改阶段，预计将于2016年送交全国人大讨论②。

除此之外，"中国需由全国人大常委会在事前预防、事中控制、事后补救等方面制定一批专项法律，向上支撑核能安全基本法，向下统领现有法规、规章及其他规范性文件，以提升核能安全立法的整体层次。"③ 具体言之，中国可在修订《核材料管制条例》（1987）、《核电厂放射性废物管理安全规定》（1991）和《核出口管制条例》（1997年）等现有规定的基础上，考虑出台《核物料法》，重新界定核材料监管职责及核材料许可审核程序。④中国还可以在修订《核电厂核事故应急管理条例》（1993）和《国家核应急预案》（2006）等的基础上出台《核应急法》；同时，适时推出《核损害赔偿法》，在保障核事故受害者得到充分赔偿的同时推动核能发展。如果上述立法条件仍不成熟，可先制定行政法规，待时机成熟再把行政法规上升为法律。⑤⑥

---

① 参见《核专家：中国应尽早制定核安全法》，载核能信息实时网（2013年3月7日），网址 http：//realtime. xmuenergy. com/newsdetail. aspx？newsid＝107530（最后访问日期2015年2月2日）。

② 参见索寒雪：《"公众意见决定核电站去留"将入〈核安全法〉》，载《中国经营报》2015年8月10日第A02版。

③ 邓禾、夏梓耀：《中国核能安全保障法律制度与体系研究》，载《重庆大学学报（社会科学版）》2012年第2期，第26~32页。

④ 参见丰雪：《完善国家核法律法规体系迫在眉睫》，载《中国核工业报》（2014年1月29日），转引自中国核工业集团官方网站：http：//www. cnnc. com. cn/tabid/283/InfoID/79957/frtid/446/Default. aspx（最后访问日期：2015年1月19日）。

⑤ 参见邓禾、夏梓耀：《中国核能安全保障法律制度与体系研究》，载《重庆大学学报（社会科学版）》2012年第2期，第26~32页。

⑥ 参见丰雪：《完善国家核法律法规体系迫在眉睫》，载《中国核工业报》（2014年1月29日），转引自中国核工业集团官方网站：http：//www. cnnc. com. cn/tabid/283/InfoID/79957/frtid/446/Default. aspx（最后访问日期：2015年1月19日）。

3. 中国应完善配套性法规和技术规范

原子能基本法和单项支撑法律相对比较抽象，需要另行制定具体的实施细则，才能付诸实施。例如，《放射性污染防治法》第 9 条规定"国家放射性污染防治标准由国务院环境保护行政主管部门根据环境安全要求、国家经济技术条件制定。国家放射性污染防治标准由国务院环境保护行政主管部门和国务院标准化行政主管部门联合发布"。目前，相关部门已经发布多种放射性污染防治标准和技术规范，其中主要包括：①放射环境保护通用标准，如国家环保局 1988 年 6 月 1 日实施的《辐射防护规定》；②核设施安全标准；③放射性污染物排放标准；④放射环境监测标准和技术规范等。[1]

中国应当更好地发挥授权立法的作用，完善配套性法规和技术规范。全国人大及其常委制定的法律一般为原则性规定，法律实施的具体规定则需要授权给下位法律法规处理，由国务院及有关政府部门进行配套性立法。例如，《放射性污染防治法》授权国务院对规划限制区的划定和管理办法（第 23 条）、对放射性固体废物贮存、处置资质许可证制度（第 46 条）作出规定；该法还授权国务院财政部门、价格主管部门会同环保行政主管部门，对放射性固体废物处置费用收取和使用管理办法作出规定（第 45 条）。但这些具体规定却仍未出台。[2]中国应当明确授权立法的要求，要求有关

---

①　2001 年 3 月 27 日国家环保总局和国家质检总局《关于环境标准管理的协调意见》及其附件《对环保、技监两部门已发布的环境标准处理方案》规定，"环境监测分析方法类国家标准由国家环保总局提出计划，组织制订，国家质检总局下达计划、审批、编号，两局联合发布。"因此，本条才规定国家放射性污染防治标准的制定机关为国务院环境保护行政主管部门，而发布机关为国务院环境保护行政主管部门和国务院标准化行政主管部门（国家标准化行政主管部门是国家质检总局管理的中国国家标准化管理委员会。）。参见《中华人民共和国放射性污染防治法释义》，载中国人大网，网址 http://www. npc. gov. cn/npc/flsyywd/xingzheng/node_2192. htm（最后访问日期 2014 年 11 月 29 日）。

②　参见邓禾、夏梓耀：《中国核能安全保障法律制度与体系研究》，载《重庆大学学报（社会科学版）》2012 年第 2 期，第 26~32 页。

部门从本部门具体职能或地方特色出发，以实施上位法为目的、以详细规定技术规范为重点，编制立法规划，及时制定具有可执行性的具体实施办法，完善配套性立法，构建全面的核安全法律制度体系①。"如核设施外围规划限制区制度，其实施必然是考虑当地的人口布局、地理环境等具体情况而因地制宜的，因而地方性立法应当就该制度的实施作出具有地方特色的规定"②，不能照搬上位法的有关规定，更不能无故拖延、甚至不作为，使授权立法失去实际价值。

二、美国核安全法律制度对完善中国核安全监管制度的启示

（一）中国核安全监管制度的主要内容

《放射性污染防治法》确立了"预防为主、防治结合、严格管理、安全第一"③的核心原则，建立和完善了核设施（选址、建造、装料、运行、退役等）许可制度、环境影响评价制度、"三同时"制度、环境保护责任制度、放射性废物排放量申请和报告制度、事故应急制度等放射性污染防治的基本监管制度。

国家对核能安全利用实行严格的许可证制度。"许可证制度是指在放射环境领域，凡从事可能造成放射性污染活动的单位和个人，必须事先按照法律的规定向有关部门提出申请，获得许可证。"④具体而言，拟建造、运行核设施、利用核技术与核材料的

① 参见耿保江：《我国核安全地方立法：沿革、特点及走向》，载《广东行政学院学报》2015 年第 1 期，第 63~68 页。

② 邓禾、夏梓耀：《中国核能安全保障法律制度与体系研究》，载《重庆大学学报（社会科学版）》2012 年第 2 期，第 26~32 页。

③ 该原则是对 1986 年《中华人民共和国民用核设施安全监督管理条例》第三条的继承和发展，该条规定："民用核设施的选址、设计、建造、运行和退役必须贯彻安全第一的方针；必须有足够的措施保证质量，保证安全运行，预防核事故，限制可能产生的有害影响；必须保障工作人员、群众和环境不致遭到超过国家规定限值的辐射照射和污染，并将辐射照射和污染减至可以合理达到的尽量低的水平。"

④ 李晶晶、屈植：《如何建立我国核能安全立法体系》，载《科教文汇》2006 年第 8 期，第 157~158 页。

单位，必须依法提出申请，并获得核设施安全许可、核技术利用许可、开发利用放射性矿许可以及贮存、处置放射性固体废物许可等。以核设施安全许可为例，核设施营运单位在进行核设施建造、装料、运行、退役等活动前，必须按照《民用核设施安全监督管理条例》和《核电厂安全许可证件的申请和颁发》之规定申领建造许可证、首次装料批准文件、运行许可证和退役批准书。

　　环境影响评价制度和"三同时"制度源自环境法，后被引入核安全领域，以此来细化核安全监管法规。"环境影响评价制度是指对环境有影响的人类活动进行预先评估，或者对拟议中的人类活动可能产生的环境后果进行分析，即对于拟议中可能对环境产生不良影响的活动进行环境影响评价。"① 按照《民用核设施安全监督管理条例》、《核电厂安全许可证件的申请和颁发》和《放射性污染防治法》（第18条）的规定，核设施选址必须取得国务院环境保护部门（核安全主管部门）批准的环境影响报告书以及选址审查意见书之后，申请者才能申请厂址可行性研究报告的审批。此外，该法第12条、第20条、第29条、第34条进一步细化了针对其他主体的环境影响评价制度。例如，第20条要求核设施营运单位在申领核设施建造、运行许可证以及办理退役审批手续前必须编制环境影响报告书，并报国务院环境保护行政主管部门审批；第29条和第34条分别针对"生产、销售、使用放射性同位素和加速器、中子发生器以及含放射源的射线装置的单位"、"开发利用或者关闭铀（钍）矿的单位"规定了环境影响报告审批制度。

　　"'三同时'制度是指新建、改建、扩建项目和技术改造项目以及区域性开发建设项目的污染治理设施必须与主体工程同时设计、同时施工、同时投产的制度。它与环境影响评价制度相辅相成，是污染防治的两大'法宝'，是我国预防为主方针的具体化、

----

　　①　李晶晶、屈植：《我国核能安全立法体系的建设》，载2006年全国环境资源法学研讨会（年会）（2006.8.10~12·北京）论文集，第1518~1525页。

制度化。"① 核设施营运单位、核技术利用单位、铀（钍）矿和伴生放射性矿开发利用单位应当在核设施选址、建造、装料、运行、退役及核技术、铀矿开发过程中，严格执行"三同时"制度（第21、30、34 条），将对人体健康和环境造成的辐射危害降低到可以接受的水平，否则就要承担相应的行政、民事甚至刑事责任（如第 50、51、54、58、59 条等）。

《放射性污染防治法》以法律的形式建立了放射性污染防治管理体制，明确各监管机构的职责。（1）国务院环境保护行政主管部门对全国放射性污染防治工作依法实施统一监督管理。具体而言，国家环境保护总局负责制定并发布国家放射性污染防治标准；对放射性污染实施监测管理；对核设施、铀（钍）矿开发利用中的放射性污染进行监督检查；审批核设施营运单位、核技术利用单位、铀（钍）矿开发利用单位环境影响评价文件；监督管理放射性废物。②（2）结合《放射性同位素与射线装置放射防护条例》、《民用核设施安全监督管理条例》、《核电厂核事故应急管理条例》和《核材料管制条例》等行政法规，国务院卫生行政部门和其他有关部门依法实施放射性污染防治监管职责：卫生部门负责对使用辐射源核发许可证；公安部门负责安全保卫工作；环境保护部门主要负责对辐射源造成的环境污染进行监督、查处；交通运输主管部门负责放射性物质运输的管理；工信部管理的国家国防科工局负责民用核设施和铀（钍）矿的行业管理和核事故应急管理。③

总之，《放射性污染防治法》在环境法及国际核与辐射安全法律制度的基础上制定了中国放射性污染防治的总体原则和一系列具体制度，但是，中国核安全立法并不完善，还存在诸如"法律渊

---

①　李晶晶、屈植：《如何建立我国核能安全立法体系》，载《科教文汇》2006 年第 8 期，第 157~158 页。

②　详见《国务院办公厅关于印发国家环境保护总局职能配置内设机构和人员编制规定的通知》（国办发［1998］80 号）。

③　参见《中华人民共和国放射性污染防治法释义》，载中国人大网，网址：http://www.npc.gov.cn/npc/flsyywd/xingzheng/node_2192.htm（最后访问日期 2014 年 11 月 29 日）。

源体系结构不合理"、"监督管理职能分配过于分散"、"对于奖励制度不够重视"等①严重问题。

（二）中国核安全监管制度的不足之处

中国核安全保障立法虽然已经涉及事前预防、事中控制、事后补救各方面的制度，并且有的制度如环境影响评价制度、资质管理与许可制度已经在实践中发挥重要作用，但是很多问题同样也不容忽视。例如，核安全制度的内容过于原则，未能及时修改，法律责任规定有失偏颇且强度过轻，对信息公开与公众参与制度重视不够，核损害赔偿制度空白等。

1. 核安全法律制度缺乏可操作性

中国的微观核安全法律制度的内容存在原则性强但缺乏可操作性的普遍问题。例如，2005 年 5 月发布的《国家核应急预案》规定"定期举行不同类型的应急演习，以检验、改善和强化应急准备和应急响应能力"（第 4.1.5 条第（2）项）。然而，对定期举行应急演习的组织主体、参与人员、期限、地域范围以及资金保障等具体问题都缺乏明确规定，无法发挥行动指南作用。②直到 2013 年 6 月 30 日，修订后的《国家核应急预案》第 6.6.2 条才进一步细化定期应急演习机制，提出"国家级核事故应急联合演习由国家核应急协调委组织实施，一般 3 至 5 年举行一次；国家核应急协调委成员单位根据需要分别组织单项演练。省级核应急联合演习，一般 2 至 4 年举行一次，由省核应急委组织，核设施营运单位参加。核设施营运单位综合演习每 2 年组织 1 次，拥有 3 座以上在运机组的，综合演习频度适当增加。核电厂首次装投料前，由省核应急委组织场内外联合演习，核设施营运单位参加"。同时要求中央财政和地方财政安排国家和省核应急准备资金、核电厂自行筹措其核应急准备资金（第 6.4 条）。即使如此，相关法律责任的规定仍略显

① 李晶晶、屈植：《如何建立我国核能安全立法体系》，载《科教文汇》2006 年第 8 期，第 157~158 页。

② 邓禾、夏梓耀：《中国核能安全保障法律制度与体系研究》，载《重庆大学学报（社会科学版）》2012 年第 2 期，第 26~32 页。

不足。

同样，地方性立法也存在原则性过强的问题。如《江苏省辐射污染防治条例》第4条规定："县级以上人民政府环境保护行政主管部门按照监管权限分工，对本辖区辐射污染防治工作实施统一监督管理。"该条与《放射性污染防治法》第11条的措辞基本相同，而没有针对江苏省的具体情况，因地制宜，细化江苏省、市、县三级环境保护行政主管部门各自权限，也没有建立部门间分工协作机制。下位法内容过于原则，缺乏可操作性，不利于地方政府开展核安全保障工作。

2. 核安全法律制度修订缺乏及时性

中国核安全法律法规未能及时修订，内容呈现出一定的滞后性，与中国国情出现脱节现象。[1]首先，这体现在核安全立法与核能利用技术之间存在脱节现象。例如，《核电厂设计安全规定》（1991）、《核电厂运行安全规定》（1991）等大量部门规章主要是针对二代核电技术制定的，随着三代、四代核电技术的发展与应用，必然要求不断修订这些规定。其次，这体现在核安全立法与国家行政管理体制、财政体制改革的不同步性。例如，在国务院体制改革的过程中，核工业部和国防科工委早已被撤销，而《核材料管制条例》（1987）等法规的有关规定却未及时修订。再如，1994年国家实施"分税制"改革，彻底改变中央与地方"财政包干"的财政体制，但《核电厂事故应急管理条例》（1993）仍规定核电厂和地方人民政府共同负担场外核事故应急准备资金（第34条），而没有及时相应地进行修订，结果极易造成地方政府核应急准备资金出现不足，影响核应急准备与响应的有效性。[2] 因此，完善中国核安全法律制度需要提高法律修订的及时性，加强法律制度可操作性。

---

① 参见邓禾、夏梓耀：《中国核能安全保障法律制度与体系研究》，载《重庆大学学报（社会科学版）》2012年第2期，第26~32页。

② 参见邓禾、夏梓耀：《中国核能安全保障法律制度与体系研究》，载《重庆大学学报（社会科学版）》2012年第2期，第26~32页。

对此，我们可以具体采取以下两种策略：其一是完善立法技术。为了避免因国家行政管理体制的变化而频繁修订法律，在立法表述中应采用国家核工业主管部门、国家核安全主管部门等一般性术语，这样，即使机构名称及职责变更，也不需修订法律。其二是由国家核安全主管部门定期评估核安全法规的实施情况，及时提请立法机关审查和修订相关立法，以适应国务院机构改革以及国家财政体制的变化。例如，"在进行'分税制'改革后，应确立中央通过转移支付、低息贷款、税收优惠等方式对地方在核能安全保障方面的开支予以支持的规则，以使核能安全保障工作的开展有充足的资金保障"。①

3. 核安全法律制度缺乏完整性

中国的核安全法律制度缺乏必要的完整性。首先，事前预防方面的相关立法对法律责任的规定大多针对许可证持有者，而对于核安全监管部门及其工作人员玩忽职守、滥用职权的责任涉及甚少，甚至是空白。因此，相关法律应当明确监管部门及其工作人员的法律责任，确保其依法履行职责。

其次，事后补救相关内容存在立法空白。核损害赔偿中的相关概念、赔偿范围、赔偿责任限额、赔偿顺序和方式、损害赔偿责任保险及财务保证等问题有待进一步明确。相关立法对法律责任的规定普遍过轻，与违法行为的社会危害性不成比例。②例如，《放射性污染防治法》第52条对核设施营运单位擅自进行核设施的建造、装料、运行、退役等活动的行为规定了最高额为50万元罚款，除此之外，对所有许可证持有者违法行为的罚款数额都不超过20万元，这显然缺乏威慑力。对此，应适当增加民事、行政和刑事处罚的力度，提高罚款限额。2007年颁布的《民用核安全设备监督管理条例》已经大幅提高了对民用核安全设备设计、制造、安装和

① 邓禾、夏梓耀：《中国核能安全保障法律制度与体系研究》，载《重庆大学学报（社会科学版）》2012年第2期，第26~32页。
② 参见邓禾、夏梓耀：《中国核能安全保障法律制度与体系研究》，载《重庆大学学报（社会科学版）》2012年第2期，第26~32页。

无损检验单位的处罚力度，把违法行为的最高罚款限额提高到50万元①。相对而言，《放射性污染防治法》对核设施营运单位的处罚力度就显得过轻，需进一步提高以增加对违法行为的震慑力。

再次，核安全监管机构的独立性和统一性有待加强。目前，中国核安全监管属于典型的多头管理模式，环保部国家核安全局、工信部国防科工局和发改委国家能源局都拥有一定监管职能。为了应对日本福岛核事故的不利影响，各个机构大幅度扩大，但其监管职能并未改变，核安全多头监管模式并未改变。"为了提高核安全局的监管权威，应该将现有的核安全局从环保部剥离，成为国务院直属的事业机构，并将分散在其他部委的某些重要的核安全监管职能，也一并划归给新的且命名为国家核安全监管委员会。"②总之，由一个独立的核安全监管机构统一行使核安全监管职责势在必行。

最后，核安全领域的刑法治理机制有待完善。有学者建议加强核安全生产的法律规制，强化核事故的刑法治理机制。例如，根据《政府信息公开条例》第35条和第37条之规定追究未及时公开核安全生产事故信息的刑事责任③；根据《放射性污染防治法》、《民用核设施安全监督管理条例》、《核电厂核事故应急管理条例》

---

① 仅有第44条和第56条分别规定了100万元和500万元的最高罚款数额。

② 江海波：《江门核电"惊鸿一瞥"核能监管机制权威性缺失》，载《中国联合商报》2013年7月22日第D02版。

③ 《中华人民共和国政府信息公开条例》第35条规定，行政机关违反本条例的规定，有下列情形之一的，由监察机关、上一级行政机关责令改正；情节严重的，对行政机关直接负责的主管人员和其他直接责任人员依法给予处分；构成犯罪的，依法追究刑事责任：（一）不依法履行政府信息公开义务的；（二）不及时更新公开的政府信息内容、政府信息公开指南和政府信息公开目录的；第37条规定，教育、医疗卫生、计划生育、供水、供电、供气、供热、环保、公共交通等与人民群众利益密切相关的公共企事业单位在提供社会公共服务过程中制作、获取的信息的公开，参照本条例执行，具体办法由国务院有关主管部门或者机构制定。

等国务院行政法规以及最高人民检察院《关于渎职侵权犯罪案件立案标准的规定》和最高人民法院《关于审理环境污染刑事案件具体应用法律若干问题的解释》，追究核安全生产事故的刑事责任。[1]

（三）中国完善核安全监管制度的总体思路

中国不仅要通过完善法律法规及其配套规范、依法行政和国家调控政策等措施完善宏观核安全治理体系，同时，还需要从微观层面不断完善核安全监管制度，从宏观法律体系和微观监管制度两个层面着手，促使它们互补互利[2]，以期为维护核安全提供坚实的法律基础。

构建公开透明而又具有可操作性的核安全监管制度是实现核电安全管理的保证。[3] 中国完善微观核安全法律制度的总体思路是使"事前预防，事中控制，事后补救"的各项法律制度有机结合并形成制度合力。其中，事前预防法律制度包括规划制度、环境影响评价制度、"三同时"制度、资质管理与许可制度、登记与安全保卫制度等；事中控制法律制度主要包括预警监测制度、应急预案制度、应急准备与响应制度、信息公开与公众参与制度等；而事后补救法律制度则主要是指核损害赔偿制度和强制责任保险制度。[4]

（四）中国完善核安全监管制度的具体措施

美国核安全治理经验和教训以及国际原子能机构核安全系列法律文件为中国进一步完善微观核安全监管法律制度提供了许多启

---

① 参见《要强化核安全生产事故的刑法治理》，载核能信息实时网（2012 年 6 月 17 日），网址 http：//realtime. xmuenergy. com/newsdetail. aspx？newsid＝105038（最后访问日期 2015 年 2 月 2 日）。

② 参见邓禾、夏梓耀：《中国核能安全保障法律制度与体系研究》，载《重庆大学学报（社会科学版）》，2012 年第 2 期，第 26~32 页。

③ 参见曹霞：《美国核电安全与法律规制》，载《政法论丛》2012 年第 1 期，第 103~110 页。

④ 参见邓禾、夏梓耀：《中国核能安全保障法律制度与体系研究》，载《重庆大学学报（社会科学版）》2012 年第 2 期，第 26~32 页。

示。目前，中国至少可以在以下六个方面继续努力：（1）核安全监管机构；（2）信息公开和公众参与制度；（3）核安全文化；（4）核事故应急准备和响应制度；（5）核损害赔偿制度；（6）国际协作制度。

1. 中国应加强核安全监管机构的独立性、权威性和专业性

"高效、权威的管理部门是有效实现核电安全管理的手段。美国的经验表明，实现核电有效安全管理，重要的手段之一莫过于有一个权威胜任、高效运作的管理机构。"① 美国核管会具有高度的机构独立性和职权统一性，这有利于提高核安全监管的效率，避免各部门职责的重叠、缺位或相互扯皮。切尔诺贝利核事故以及福岛核事故也从反面证明独立核安全监管机构的重要性。中国目前已初步建立核安全法律体系和监管体制，但中国核安全监管中仍存在多头管理问题，监管机构缺乏独立性、权威性和统一性，不利于维持高水平的核安全。

（1）中国核能监管的多头管理模式。中国核电自起步之初就通过制定法律法规、组建监管机构等措施建立了与国际接轨的安全监管体系和核安全标准，并在国家、地方和核设施营运单位建立了三级核事故应急管理体系。②但是，事实上中国核安全监管体制中存在多头管理、职责不明的问题。目前，中国主要有国家能源局、国家国防科工局和国家核安全局三个机构承担核能利用安全监管职责。

国家发改委负责中国能源的总体规划与重大建设项目的审批，其管理的国家能源局具体承担核电管理职能，主要负责民用核电发展、核电产业规划和项目审批等工作。

---

① 曹霞：《美国核电安全与法律规制》，载《政法论丛》2012 年第 1期，第 103~110 页。

② 参见国防科工委：《中国和平利用核能的现状和未来发展》，载中国国家原子能机构官方网站（2004 年 9 月 1 日），网址：http://www.caea.gov.cn/n16/n1100/n1298/33463.html（最后访问日期：2014 年 11月 12 日）。

　　工信部管理的国家国防科工局①内设"系统工程二司"（国家原子能机构、国家核事故应急办公室、核电办公室），主要负责"组织核电建设；组织实施核、兵器工业军转民发展规划和重大民品项目；承办国家核事故应急协调委员会的日常工作"。其中，国家原子能机构是中国核行业的主管部门，负责制定行业管理规章，拟定核能产业政策、技术政策和发展规划；实施核材料管制，实施核出口审查和管理；负责重大核能科技开发项目的组织和实施。国家原子能机构经国务院授权，负责核能领域的对外交流和合作，并代表中国政府参加国际原子能机构及其有关活动，承办核进出口许可审查及政府保证。另外，国家原子能机构还负责组织国家核事故协调委员会，研究制定国家核事故应急计划并组织实施。

　　环保部国家核安全局是民用核设施核安全与辐射安全的主管部门。国家核安全局有权拟定核安全、辐射安全、电磁辐射、辐射环境保护、核与辐射事故应急有关的政策、规划、法律、行政法规、部门规章、制度、标准和规范，并负责具体组织实施；依法对我国民用核设施核安全与辐射环境保护工作实施独立的监督管理，主要负责核设施及操作人员的资质审批、许可证审核以及核安全监督检查、核材料管制与实物保护、核安全设备生产、放射性废物处理和处置安全、放射性物品运输安全以及核与辐射应急响应和调查处理等。

　　国家核安全局成立于 1984 年 10 月，起初由国家科委代管，国

---

　　①　2008 年 3 月 11 日，第十一届全国人大一次会议第四次全体会议通过的《国务院机构改革方案》提出组建工业和信息化部，撤销"国防科学技术工业委员会"，其核电管理以外的职责被转移给工业和信息化部；同时，组建"国家国防科技工业局"，由工业和信息化部管理。根据 2008 年《国务院办公厅关于印发工业和信息化部主要职责内设机构和人员编制规定的通知》（国办发〔2008〕72 号）文件，工业和信息化部对外保留"国家原子能机构"牌子，代表国家参加国际原子能机构及有关活动，履行有关职责；委托国家国防科技工业局承办国务院中央军委专门委员会的有关工作。国防科工局的职责之一是拟定核工业的产业和技术政策、发展规划，实施行业管理；负责国家核电建设、同位素生产的行政管理。

家科委副主任任国家核安全局局长，具有独立的人事、外事、财务权以及机关行政管理、基建后勤职能。1998 年国务院政府机构改革后，国家核安全局并入国家环保总局，设立核安全与辐射环境管理司（国家核安全局），负责全国的核安全与辐射环境保护的监管工作。2003 年以后，国家核安全局是国家环保总局（2008 年 3 月起改为国家环境保护部）下设的核安全主管部门，由环保部副部长任国家核安全局局长。①虽然中国核安全监管机构与日本核安全监管机构都是环保部下设的局级单位，但二者却存在本质差别。日本原子能规制委员会依据《原子能规制委员会设置法》设立，依法统一行使核安全、核安保、辐射监测等核安全监管职能；原子能规制委员会拥有独立人事权和财政预算，"作为外局，基本上不受环境省的指挥和监督"②。我国核安全局依据国务院规范性文件—《国务院关于部委管理的国家局设置的通知》（2008 年）—而非法律设立，既非独立实体，又不能统一行使核安全监管职责，因此，相比之下，无论是权威性还是独立性都与日本核安全监管机构不可同日而语。

除此之外，核工业管理还涉及诸多部门，包括科技部、公安部、卫生部、交通部、国土资源部、军队等，这些部门都承担一定的核安全监管职责，需要协调处理。中国在国家、地方政府和核设施营运单位设立了三级核事故应急管理体系，负责应急准备和响应工作。2002 年成立的核电厂运行评估和运行经验交流委员会以及2007 年成立的中国核能行业协会在核安全检查和评估方面也具有一定的职责。③

2011 年福岛核事故之后，多个相关部门都开展了核与辐射安

---

① 参见国家核安全局：《历史沿革》，载国家核安全局官方网站，网址：http：//nnsa.mep.gov.cn/lsyg/200910/t20091028_180280.htm（最后访问日期2014 年 11 月 12 日）。

② 崔健、肖美伊：《福岛核事故后日本核安全管理制度的变化及启示》，载《环境保护》2015 年第 7 期，第 35~39 页。

③ 参见官慧：《核安全进化论—世界历次核事故给核能发展带来的启示》，载《中国核工业》2011 年第 4 期，第 14~19 页。

全监管活动。环境保护部、国家核安全局负责向公众发布部分城市和在运核电厂周边的核辐射监测数据；国家海洋局和中国气象局启动应急方案，不断更新核污染物扩散的情况；国家核事故应急协调委员会负责协调组织工作，开展全方位的环境核辐射监测、核设施安全检查，实时公布核辐射监测结果。此后，为了更好地处理核应急问题，"国家核安全局在原来1个司的基础上拆分为3个司，包括核与辐射安全中心和6个辐射安全监督站；国防科工局也增设核应急司"。①由此可见，中国核安全监管机构设置复杂，政出多门，这种多头管理模式不利于核安全监管。

（2）中国核安全监管机构的统一性、权威性和独立性。中国的核能监管体制在三个方面存在不足之处，亟需完善。

第一，中国核安全监管机构设置复杂，责权不清，监管资源分散，缺乏统一性，不利于核安全水平的提高。例如，1999年国防科学技术工业委员会颁布的《国防科技工业军用核设施安全监督管理规定》以部门规章的形式规定国防科工委负责对军用核设施实行统一的安全监督管理，有权制定安全法规、组织安全评审、实施许可证管理和日常安全监督检查工作等，但《民用核设施安全监督管理条例》规定国家核安全局负责全国核设施的安全监管，二者在核安全授权立法等职能上存在重合之处。为此，中国可以设立一个直属国务院的部级核安全监管机构，统一行使核安全监管职责。事实上，早在1995年，中国曾成立一个国务院非常设部际协调机构-国家核事故应急协调委员会，统一领导全国核应急准备和响应的政策制定和组织协调，其成员单位包括信息产业部、国防科工局、环保部等24个部门。这无疑能为成立部级核安全监管机构提供一定的借鉴②。

第二，核能促进机构和核安全监管机构职责划分不明确，国家

①　袁达松：《核安全管理国际经验及启示》，载《环境保护》2013年第Z1期，第44~47页。

②　参见吴瑶、王殿学等：《请给中国一部核安全法》，载《南方都市报》2013年3月16日AA14版。

核安全局的权威性不足。国家能源局和国防科工局在核电技术研发和铀资源管理等方面存在职责不清问题；国防科工局和国家核安全局在核材料和放射性废物的监管方面存在重复许可问题，前者对非军用的军工核设施存在监管职责不清的问题①；国家能源局和国家核安全局在核安全立法与核反应堆操纵人员的资质管理等方面存在重合之处。"中国政府的核行业发展主管部门，因其强势，有可能拿国家的政策决策去保证以速度和规模为表征的核能发展规划，而忽视安全的重要性以及其他保障条件。"②因此，中国应进一步理顺核能促进机构与核安全监管机构的具体职责范围，理顺两个机构的关系，确保"促"、"管"职能分离，两个机构实现相互独立，各司其职，相互制衡。其中，最关键的就是，以法律形式确认核安全监管职权的统一性和权威性。

第三，国家核安全局的独立性存在不足之处。在环境安全监管职能方面，环保部负责制定并实施一般的放射性污染防治标准，而且环保部还负有确保国家核安全局制定和实施的核设施放射性污染防治标准符合国家环保法律的法定义务。然而，国家核安全局在行政上隶属于国家环保部，环保部副部长兼任国家核安全局局长，国家核安全局的行政、人事、财务权都归环保部。这样，无论是国家核安全局的核安全监管权的独立性，还是环保部对国家核安全局放射性污染防治的监管权的独立性，都广受质疑。

核安全监管体制的不完善导致监管措施存在不足之处。"核与辐射安全监管落后，20世纪80年代中期建立起来的核安全监管体制和手段，没有得到明显的发展和改进，难以适应将来核电发展的需要。主要表现在繁杂、机械的审批程序，缺乏技术判断的经验和手段，效率低下。"③例如，核安全信息的透明度和公众的参与度有

---

① 参见汪劲、耿保江：《核能快速发展背景下加速〈核安全法〉制定的思考与建议》，载《环境保护》2015年第7期，第25~29页。

② 李晶晶、林明彻、杨富强、Jason Portner：《中国核安全监管体制改革建议》，载《中国能源》2012年第4期，第9~14页。

③ 马成辉：《美国核能政策的分析与借鉴》，载《核安全》2007年第3期，第46~54页。

待提高，已经影响到公众对核安全的信心。①总之，中国核安全监管机构的统一性、权威性和独立性都存在严重不足，无法应对核能飞速发展所带来的严峻挑战，中国迫切需要建立一个统一、独立、权威而又专业的国家核安全监管机构，进一步完善核安全监管体制。②

　　（3）中国核安全监管体制的完善。首先，中国应加强核安全监管机构的统一性、独立性和权威性。所有核安全监管职责都交给国家核安全局统一行使，彻底杜绝多头管理模式。在机构设置方面，国家核安全局可以升格成为一个直属国务院的部级监管机构③——它实行委员会制，委员依法任免、委员会主席依法享有人事任免权，以确保其统一行使核安全监管职责④。核安全监管机构的独立性主要包括结构独立、职权独立和文化独立。结构独立是指核安全监管机构和核能发展促进机构独立并行，各司其职，互相监督。职权独立是指核安全监管机构拥有充足的人力资源、独立预算和专业技术能力，全权负责所有涉及民用核安全的事务，包括早期厂址审批、设计批准证书、建造和运行许可证、核安全监管、核设施退役、从业人员资格认定等。文化独立是指核安全监管机构的管理层和工作人员崇尚"安全第一"的核安全文化，不受核产业政策的影响。而权威性主要是指"核安全监管机构在安全监管领域具备绝对的话语权和决策权，由其颁发的安全许可证是涉核活动的必要条件。在涉及安全的问题上，核安全监管机构应具有一票否决

---

　　①　参见袁达松：《核安全管理国际经验及启示》，载《环境保护》2013年第 Z1 期，第 44~47 页。

　　②　参见李晶晶、林明彻、杨富强、Jason Portner：《中国核安全监管体制改革建议》，载《中国能源》2012 年第 4 期，第 9~14 页。

　　③　把国家核安全局从环保部分离出来，成立一个直属于国务院的国家核安全监管委员会或国家核安全局。

　　④　参见刘画洁：《法律视野下核安全监管机构独立性探析》，载《理论与改革》2015 年第 1 期，第 62~65 页。

权"①。马克斯·韦伯认为，现代社会组织的法理型权威来源于法律授权②，而授权法律规范的位阶越高，它的权威性就越大，受到其他组织的限制就越少③。国家核安全局的授权应当来自《核安全法》，这样，无论是国家发改委制定核电发展规划和核电促进政策，还是环保部制定放射性环保标准或进行辐射监测，都必须尊重核安全监管机构在核安全问题上的绝对权威。新的核安全监管机构是国务院领导下拥有独立人事权和财政预算的法人，是负责核安全监管的唯一主体，拥有核安全的授权立法权，有权对存在安全问题的核设施或核活动采取监管措施，有权对违规违法行为进行制裁。

其次，中国应加强核安全监管机构的专业能力建设，确保其专业性。据中国国务院研究室（SCRO）于 2011 年 1 月发布的报告称，在建的二代核反应堆可以运行 50～60 年，这就意味着二代核反应堆将与三代、四代核反应堆甚至核聚变反应堆并存，因此，在 21 世纪中期以后，其他国家的二代核反应堆退役，而中国仍有大量二代核反应堆在运行之中，届时要想达到国际核安全标准，核安全监管的难度将进一步增加。④ 这种情况将进一步凸显中国核安全监管人员的严重不足。一般情况下，每个核反应堆需要 30～40 个监管人员，但是国家核安全局目前只有 1000 名工作人员，这就意味着中国核安全监管机构的工作人员在 2020 年需要增加 4 倍。"人力资源不足和专业的核电安全管理人员的缺乏是中国核安全监管面

---

① 李晶晶、林明彻、杨富强、Jason Portner：《中国核安全监管体制改革建议》，载《中国能源》2012 年第 4 期，第 9～14 页。

② 参见［德］马克斯·韦伯著：《经济与社会》，林荣远译，商务印书馆 1998 年版，前言。

③ 参见刘画洁：《法律视野下核安全监管机构独立性探析》，载《理论与改革》2015 年第 1 期，第 62～65 页。

④ See World Nuclear Association, "Nuclear Power in China", available on World Nuclear Association official website, available at http://www.world-nuclear.org/info/Country-Profiles/Countries-A-F/China--Nuclear-Power/ （last visited on Feburary 17, 2015）.

临的最大挑战之一。"①为此，借鉴美国的经验，可以从两个方面着手：第一，加强核安全监管机构的组织体系建设。根据核电发展的规模，相应地增加专业核安全监管人员的数量，确保日常工作顺利进行。与此同时，针对核设施、核燃料循环、核应急准备与响应、乏燃料及废物管理等专门领域，成立常设或非常设的专家组，提供专家咨询意见。第二，加强核安全监管方面的专业人才培养。"由于核设施的安全标准、监管技术体系和硬件设备的专业性，对监管人员的专业素养和工程经验要求严格，一个新人需要经过相当长的培训才能具备履行安全监管的能力。"②中国核安全监管机构需要探索吸引人才、培养人才和留住人才的新模式，提高其专业性。

2. 中国应完善信息公开与公众参与制度

（1）核安全监督主体的多元性。核安全离不开健全的法律法规和高效的监管机构，但是"监管机构不是权力的终点，依然需要被监督。当核监管机构作为一个独立的行政机构时，本身有很大的自主性和自由度"。③ 核安全监管机构也需要制衡机制，需要多元主体广泛参与监督核能安全利用的决策过程，需要协调平衡多元利益关系。

核安全监管机构要确保国内外相关领域的专家参与决策过程，提供专业意见。中国可以定期邀请国际原子能机构专家组对中国核安全监管体制进行同行评审，利用其科学知识和专家系统提升中国核安全监管的有效性和专业性。同样重要的是，核安全监管机构还要确保民众的广泛参与。"由于现代风险的高度不确定性和不可预测性，专家往往也难以做出准确的说明与预测。同时，现代科技风险扩散到社会的各个方面，公众对了解可能影响他们生命财产安全

---

① 李晶晶、林明彻、杨富强、Jason Portner：《中国核安全监管体制改革建议》，载《中国能源》2012 年第 4 期，第 9~14 页。

② 李晶晶、林明彻、杨富强、Jason Portner：《中国核安全监管体制改革建议》，载《中国能源》2012 年第 4 期，第 9~14 页。

③ 李晶晶、林明彻、杨富强、Jason Portner：《中国核安全监管体制改革建议》，载《中国能源》2012 年第 4 期，第 9~14 页。

的风险有强烈的愿望和利益需求。"①公众、民间组织等其他主体也应发挥重要的监督作用。

公众参与监督的基础是信息公开制度。"核安全监管机制应该设计平台与公众进行良好的沟通,保障工作的透明度,自觉接受社会公众的监督。"② 在日常工作中,核安全监管机构应该及时向民众公开核能利用、核与辐射安全等方面的信息,主动征求公众意见,获得公众支持;对于核设施规划、建造和运行等重大问题的决策过程要保证民众享有知情权、参与决策权甚至项目否决权;在发生核应急事件时向公众通报事件的严重程度、具体进展及应对措施等信息。同样,核设施的建造或营运单位也要拓宽信息公开渠道,开展核电厂开放日等活动,保持透明度和公开性。

现有的国际核安全公约已把信息公开确立为一项重要的核安全制度。《核安全公约》和《联合公约》虽然承认缔约方有保密的权利和义务,特别是针对国家报告进行辩论的内容应当予以保密,但是,公约明确提倡信息公开制度,并要求缔约方应该经协商一致后向公众提供一个文件,介绍缔约方会议讨论过的问题及其结论。"主权国家应该更多地吸纳普通公众等多元主体的参与,以获得更准确的信息和更强大的推动力量,并将普通公众等多元主体的利益需求纳入到利益平衡的过程中,使核能风险得到真正有效的治理。"③ 很多国家甚至把国家报告、缔约方会议讨论的问题及其答复、本国监管机构采取的对策等内容向公众公开,最大限度地顾及多元主体的利益诉求,接受本国公众乃至国际社会的监督。

信息公开、公众参与既是为了共享核安全监管的权利,也是为了分担核安全监管的责任。对此,中国核安全法律制度仍存有待完

---

① 赵洲:《国际法视野下核能风险的全球治理》,载《现代法学》2011年第 4 期,第 149~161 页。

② 李晶晶、林明彻、杨富强、Jason Portner:《中国核安全监管体制改革建议》,载《中国能源》2012 年第 4 期,第 9~14 页。

③ 赵洲:《国际法视野下核能风险的全球治理》,载《现代法学》2011 年第 4 期,第 149~161 页。

善之处。例如，《放射性污染防治法》、《核电厂事故应急管理条例》和《国家核应急预案》虽然要求相关部门要将必要的信息及时告知当地公众，但并未明确规定信息公开的范围、方式、程序等具体内容，也未建立具有可操作性的公众参与制度或措施。在核应急准备和响应过程中，政府组织公众开展核应急演习，掌握应急方法，提高应急响应的效果，发挥专家、公众、社会组织等多元主体的监督作用，可以有效提高处理核事故的效率，减轻监管机构的压力。因此，中国应当进一步完善信息公开、公众参与的法律制度，制定以核安全监管机构为主导的多元主体参与机制，接受公众监督，全面维护核安全。①

（2）信息公开和公众参与制度的完善。"公众参与和核安全信息公开是衡量核安全文化成熟的一个主要标志。"②随着中国核电规模的急剧膨胀，内陆核设施建设及其安全问题日益受到公众关注。福岛核事故发生后，在运、在建乃至拟建核电厂、核燃料加工厂等核设施周边的居民，对核安全信息的知情权及决策权提出了更高的要求。根据 2008 年 5 月 1 日起施行的《中华人民共和国政府信息公开条例》，行政机关应当主动公开涉及公民、法人或者其他组织切身利益的政府信息以及需要社会公众广泛知晓或者参与的政府信息。③ 目前，国家核安全局负责建立与健全政府核安全信息发布协调机制，确保及时、准确地向公众发布核安全方面的信息。但是，"由于目前国家核安全局并非实体机构，没有自己的网站，只是环

---

① 参见邓禾、夏梓耀：《中国核能安全保障法律制度与体系研究》，载《重庆大学学报（社会科学版）》2012 年第 2 期，第 26～32 页。

② 李晶晶、林明彻、杨富强、Jason Portner：《中国核安全监管体制改革建议》，载《中国能源》2012 年第 4 期，第 9～14 页。

③ 核电厂周边居民对核电厂的批准、建造、运营各阶段都应有知情权和参与权。美国《信息自由法案》规定，除非涉及国家安全，公众可以通过有效途径获得核电厂的相关信息。参见李晶晶、林明彻、杨富强、Jason Portner：《中国核安全监管体制改革建议》，载《中国能源》2012 年第 4 期，第 9～14 页。

保部下属的一个司的页面，没有信息公开的自主权"。① 《国家核应急预案》也规定核设施营运单位、国家核应急协调委、核事故发生地省级人民政府负有报告义务以及核事故信息公开义务（第3.1.8条），但是，具体信息发布办法由国家核应急协调委另行制订，报国务院批准后实施。

正在制定中的《核安全法》也确认核安全信息公开和公众参与权，如果获得通过，它将弥补中国核安全法律制度的一大空白。②但是，中国更应当尽快制定核应急信息发布办法，并在此基础上完善核安全信息公开制度、核安全档案信息管理制度以及核安全监管部门与核电企业之间的沟通机制③，明确核安全信息公开的主管机构及其职权、信息公开的主体、方式、程序、范围、要求和法律责任等事项，从而确保公众、核安全监管部门和核电企业及时掌握相关核安全信息。在信息公开的基础上建立有效的公众参与机制，例如，核设施选址、建造、运营等重大决策过程中的听证制度、公众开放日制度、当地居民参与核安全监管机制、核应急动员和演习制度等。④

"公众参与制度是美国实现核电安全有效管理的法宝之一。公众是核电事故最直接的受害者，也是政府核电安全管理成效的直接受益者。"⑤有效的公众参与是确保核安全的重要条件之一。通过法律法规确保公众的参与权并构建具体的参与机制，使公众能够获取

① 李晶晶、林明彻、杨富强、Jason Portner：《中国核安全监管体制改革建议》，载自然资源保护协会官方网站（2012年3月2日），网址 http://www.nrdc.cn/news_center_flag.php?id=1428&cid=104（最后访问日期2015年10月19日）。

② 参见索寒雪：《"公众意见决定核电站去留"将入〈核安全法〉》，载《中国经营报》2015年8月10日第A02版。

③ 参见李晶晶、林明彻、杨富强、Jason Portner：《中国核安全监管体制改革建议》，载《中国能源》2012年第4期，第9~14页。

④ 参见邓禾、夏梓耀：《中国核能安全保障法律制度与体系研究》，载《重庆大学学报（社会科学版）》2012年第2期，第26~32页。

⑤ 曹霞：《美国核电安全与法律规制》，载《政法论丛》2012年第1期，第103~110页。

核安全的相关信息，鼓励公众参与许可审批过程，从而监督和补充核安全监管机构以及核电运营企业的工作。①

3. 中国应加强核安全文化建设

从三里岛到切尔诺贝利再到福岛，历史一再证明缺乏核安全文化必将带来血的教训。国际原子能机构推出核安全文化系列文件，在核安全文化的概念、特征、基本原则及发展阶段等方面形成广泛共识，使其成为国际核安全不可或缺的内容。然而，核安全文化长期处于国际原子能机构倡导、核电企业建设的二元结构，缺乏国家层面的规范引导。美国核管会《核安全文化政策声明》的出台使美国成为世界上第一个从国家层面规范核安全文化的国家，标志着国际核安全文化建设出现了两个新的发展趋势：其一，在国内外"恐核"、"弃核"的声浪中，国家认识到单靠企业自律不能保障核安全，开始采取积极的干预政策，专门发布官方核安全文化政策声明，澄清概念，强调核安全文化的价值。其二，国家不仅提出抽象的政策声明，而且制定详细实施方案，明确各部门的职责，修订监管法律法规和监管措施，开展评估活动，推进核安全文化建设的具体化。

随着中国核电的迅速发展，现有核安全文化问题日益严峻。中国《核安全与放射性污染防治"十二五"规划及2020年远景目标》提出把培育安全文化作为核安全保障措施，"建立核安全文化评价体系，开展核安全文化评价活动；强化核能与核技术利用相关企事业单位的安全主体责任；大力培育核安全文化，提高全员责任意识，使各部门和单位的决策层、管理层、执行层都能将确保核安全作为自觉的行动。"可喜的是，2015年1月14日，中国国家核安全局、国家能源局和国防科工局发布了中国的《核安全文化政策声明》，作为核安全文化建设的重要举措，这无疑具有重大的意义。

---

① 参见《江门核电"惊鸿一瞥"核能监管机制权威性缺失》，载核能信息实时网（2013年7月18日），网址 http：//realtime. xmuenergy. com/ newsdetail. aspx？newsid＝108882（最后访问日期2015年2月2日）。

核安全文化政策声明固然可以从国家层面提倡核安全文化的价值，然而这显然远远不够，还需出台实施细则，把核安全文化建设融入核安全法律体系和监管体制，融入核安全监管部门的监管制度，把核安全文化建设具体化、制度化。"核安全监管机构的角色是规定一个最低的安全标准，并督促被监管者重视和履行安全要求。在符合最低安全标准的基础上，被监管者对更高安全标准的追求才是实现核安全的保证。"① 优秀的核安全文化就是核电企业应该追求的更高安全标准。

中国的核安全文化建设至少应包括两个方面的内容：第一，我国应加强核安全文化法制建设。中国历来重视安全文化建设。为了促进一般工业企业的安全文化建设，2008 年国家安全生产监督管理总局就颁布了两个涉及安全文化建设的文件：《企业安全文化建设导则》和《企业安全文化建设评价准则》。然而，这两个文件并不能体现核工业的特殊性、核事故的严重性和核安全的重要性。随着中国《核安全与放射性污染防治"十二五"规划及 2020 年远景目标》、《核电安全规划（2011—2020）》和《核电中长期发展规划（2011—2020 年）》的出台，核安全文化开始在国家政策层面受到重视。在 2012 年核能与核技术应用质量保证和核安全文化研讨会上，国家核安全局曾经提出《中国特色先进核安全文化建设纲要》供业界讨论②。2015 年，中国发布《核安全文化政策声明》，从国家层面提出中国的核安全文化政策，把核安全文化纳入国家核安全局的监管体制。然而，中国核安全文化的法制环境先天不足。《放射性污染防治法》是中国唯一的核安全法律，且并未覆盖核安全管理的所有方面；《原子能法》和《核安全法》的立法进程屡陷停滞，遥遥无期；位阶更低的行政法规和部门规章也鲜见对

---

① 李晶晶、林明彻、杨富强、Jason Portner：《中国核安全监管体制改革建议》，载《中国能源》2012 年第 4 期，第 9~14 页。

② 参见马文军《我国将建设中国特色先进核安全文化》，载中国核能行业协会网站（2012 年 10 月 29 日），网址 http://www.china-nea.cn/html/2012-10/24629.html（最后访问日期 2015 年 2 月 3 日）。

核安全文化建设的规定。中国核安全保障法规层次低、效力弱，核安全管理缺乏统一性、独立性、权威性，核安全法律体系在核安全文化建设和监管方面存在立法空白，已是不争的事实。① 因此，中国应加强核安全文化法制建设。

第二，我国应构建核安全文化监管制度。中国核安全文化政策声明固然可以从国家层面提倡核安全文化的价值，但作为我国核安全管理体系的重要内容，这显然远远不够。核安全文化需要融入核安全法律体系和监管体制，融入核安全监管制度。更重要的是，必须把核安全文化的精神贯穿于《原子能法》和《核安全法》之中。

中国核工业的迅速发展使核安全文化建设面临的形势日益严峻。始于切尔诺贝利核事故之后的中国核工业，一直致力于核安全文化建设，成效卓著。我国所有核电机组，都"未发生国际核事故分级表（INES）二级或以上事件，整体业绩也在全世界436个核电机组中成不断上升趋势"。②但是，随着中国核电进入快速增长期，中国成为世界上在建核电规模最大的国家，核安全文化暴露出以下几个问题：（1）大量非核领域人员加入核电专业人员队伍，稀释了核电企业原有的核安全文化；（2）大量运行机组有经验的工作人员转岗到核电机组建设企业，造成核安全文化中坚人员流失；（3）随着非核人员的加入和核电骨干人员的流失，原有核安全文化和常规电厂安全文化之间产生文化冲突；（4）随着核电设备国产化，核电设备制造企业的核安全文化差距日益凸显。③中国

---

① 不可否认的是，我国已经制定相对完整的核安全监督管理体系，成立了核安全监管机构，建立了与国际接轨的核安全法规标准体系，实施安全许可制度，并对核电站的设计、建造、运行实施全程安全监督。参见周涛、陆道纲、李悠然：《核安全文化与中国核电发展》，载《现代电力》2006年第5期，第16~23页。

② 柴建设著：《核安全文化理论与实践》，化学工业出版社2012年版，第148页。

③ 参见柴建设著：《核安全文化理论与实践》，化学工业出版社2012年版，第148~149页。

大力发展核电战略势必会进一步加剧核安全文化建设的严峻形势。

这些严峻问题既会影响中国核电战略规划，也会影响国家整体核安全形势。因此，在核电企业自律的同时，国家核安全局有必要加强对核安全文化的监管，设计"一套量化的考核指标体系来监测和控制安全管理的过程、考核安全管理活动的效率和效果"①。目前主要有三种方法：（1）结合现有核安全文化建设的成功实践，提出一套具体而明确的标准，以核电企业是否达标作为监管标准，这是最直接、最基础的方法。（2）建立安全文化指标评价体系，追踪重点安全指标，当指标下降时再对企业的安全文化进行调查，这种办法侧重于结果，但对问题可能难以及早干预。（3）采取以过程为基础的监管方法，考察组织过程的有效性、逻辑性和灵活性，因为核安全文化是一个不断发展变化的过程，只有有效的组织体系，才能维持强势的核安全文化。根据核电企业核安全文化所处的发展阶段，这三种方法可单独使用也可组合使用。总之，国家核安全局应完善核安全文化监管制度，构建量化考核指标体系和过程评价体系，加强对核安全文化的监管。

4. 中国应完善核事故应急准备和响应制度

中国一贯重视核事故应急管理，在《及早通报核事故公约》和《核事故或辐射紧急情况援助公约》的基础上制定了《核电厂核事故应急管理条例》、《核电厂核事故应急报告制度》、《核事故辐射影响越境应急管理规定》等行政法规和部门规章，初步建立核事故应急管理体系。

2011年修订的《核电厂核事故应急管理条例》规定，针对核电厂可能发生的核事故，核电厂的核事故应急机构、省级人民政府指定的部门和国务院指定的部门应当预先制定核事故应急计划。核事故应急计划主要包括场内、场外和国家核事故应急计划。场内核事故应急计划由核电厂核事故应急机构制订，经主管部门审查后，送国务院核安全部门审评并报国务院指定的部门备案。场外应急计

① 陆玮、唐炎钊：《大亚湾核电站的核安全文化建设探讨》，载《核科学与工程》2004年第3期，第205～210页。

划由核电厂所在地的省级人民政府指定的部门组织制订，报国家核事故应急机构审批。国家核应急计划由国务院指定的部门制订。新建核电厂必须在其场内和场外核事故应急计划审查批准之后，方可装料。

为了及时有效地应对核事故，减轻人员伤亡和财产损失，2013年6月30日修订的《国家核应急预案》规定：（1）在国家层面，国家核应急协调委负责组织协调全国核事故应急准备和应急处置工作，其日常工作则由国家核事故应急办公室承担。必要时成立国家核事故应急指挥部，统一领导、组织、协调全国的核事故应对工作。（2）省级人民政府成立省（自治区、直辖市）核应急委员会，负责本行政区内核事故应急准备与应急处置工作，统一指挥本行政区域的核事故场外应急响应行动。其日常工作由省核事故应急办公室承担。（3）核设施营运单位核应急指挥部负责组织场内核应急准备与应急处置工作，统一指挥本单位的核应急响应行动，配合和协助做好场外核应急准备与响应工作，及时提出进入场外应急状态和采取场外应急防护措施的建议。

现行核事故应急和响应制度并不完善。目前，国家核应急协调委主任委员由工信部部长担任，日常工作则由工信部管理的国家国防科工局"系统工程二司"下的国家核事故应急办公室承担。无论是工信部国防科工局，还是省级政府指定的部门，既不是核电厂的主管部门，也非核安全监管部门，"平时对核电厂的设计要求、运行状况并不了解，也不具备监测手段和技术评估能力，一旦出现核事故，不可能进行技术判断和决定技术措施，无法有效防止核事故的扩散。省级相关政府部门由于人员和专业性的限制，承担场外核安全应急计划的制定的能力有限"①。而国家核安全监管机构是核安全事务的主管部门，具有足够的核电知识、人力资源以及安全检测和评估的技术能力，全程监管核电厂设计、建造和运行等各流程的安全，熟悉核电厂的应急准备和响应工作。因此，中国应当改

---

① 李晶晶、林明彻、杨富强、Jason Portner：《中国核安全监管体制改革建议》，载《中国能源》2012年第4期，第9~14页。

革现有的核事故应急和响应制度，由国家核安全主管部门负责国家核应急协调工作①，审查场外核应急计划和核设施营运单位的场内核应急方案。这有助于在发生核紧急情况时及时采取有效的应对措施，减轻人身和财产损失以及环境影响。

5. 中国应完善核损害赔偿制度

（1）中国现有核损害赔偿制度的不足之处。中国现有法律对核损害赔偿制度的规定过于原则，缺乏相关实施细则。目前，中国核损害赔偿的主要法律依据是《侵权责任法》第 70 条："民用核设施发生核事故造成他人损害的，民用核设施的经营者应当承担侵权责任，但能够证明损害是因战争等情形或者受害人故意造成的，不承担责任。"但是，该条只是一般性规定，对于核损害赔偿的众多特殊问题并未给出答案，例如核损害赔偿的相关法律概念、核损害范围的界定、责任限额、赔偿顺序、核设施营运单位的责任保险与财务保证等问题都有待明确。

1986 年国务院《关于处理第三方核责任问题的批复》（国函〔1986〕44 号）根据国际条约确立了中国的核损害责任制度，明确营运人核损害赔偿的最高责任限额为 1800 万元人民币，对于超出最高限额的核损害赔偿，由中国政府提供财政补偿，最高限额为 3 亿元人民币。2007 年 6 月 30 日国务院向国际原子能机构递交的《国务院关于核事故损害赔偿责任问题的批复》（国函〔2007〕64 号）对中国境内的核损害赔偿责任做出了进一步规定。但是，该批复是否属于行政法规、能否被人民法院在审判时援引，仍然存在争议。除了法律属性不明确，该批复仍过于原则，并没有明确相关法律概念、赔偿范围、赔偿顺序等具体问题，损害赔偿数额太少，缺乏对民用核设施商业保险行为的明确规定，也未把责任保险界定为许可证审核的必要条件②，根本无法保障或倒逼监管机构和核电

---

① 参见汪劲、耿保江：《核能快速发展背景下加速〈核安全法〉制定的思考与建议》，载《环境保护》2015 年第 7 期，第 25~29 页。

② 参见邓禾、夏梓耀：《中国核能安全保障法律制度与体系研究》，载《重庆大学学报（社会科学版）》2012 年第 2 期，第 26~32 页。

企业防范核事故①。

如前文所述，美国在核电发展之初就构建了相对完善的核损害赔偿法律体系。日本也在核电发展初期就通过了1961年《原子能损害赔偿法》、《原子能损害赔偿协议法》和1962年《原子能损害赔偿法实行令》、《原子能损害赔偿协议法实行令》，建立核损害赔偿制度。即使如此，2011年福岛核事故发生后，日本又通过《原子能损害赔偿支援机构法》和《原子能灾害对策特别措施法》进一步细化核损害赔付问题。美国和日本的核损害法律体系建设无疑为中国提供了良好的借鉴。反观中国，核电发展已逾30年，却至今未制定核损害赔偿法律。

（2）中国核损害赔偿制度的完善。中国应参照美国和国际公约，在国务院1986年和2007年两个批复的基础上出台核损害赔偿的法律或行政法规，完善核损害赔偿法律制度。

首先，营运者是核事故损害赔偿的唯一责任主体。中国境内依法取得法人资格、负责营运民用核电厂、研究堆和实验堆的单位或者从事民用核燃料生产、运输和乏燃料贮存、运输、后处理且拥有核设施的单位，是该核电厂或核设施的营运者②，是核损害赔偿的唯一责任主体。营运者应当对核事故造成的人身伤亡、财产损失和环境损害承担赔偿责任，而营运者以外的任何人不承担赔偿责任。同一营运者在同一场址所设数个核设施视为一个核设施。核事故损害涉及2个以上营运者、且不能明确区分各营运者所应承担的责任的，相关营运者应当承担连带责任。

其次，营运者承担严格责任。无论是否存在过失，营运者都要承担赔偿责任。如果营运者与他人签订的书面合同对追索权有约定

---

① 参见汪劲、耿保江：《核能快速发展背景下加速〈核安全法〉制定的思考与建议》，载《环境保护》2015年第7期，第25~29页。

② 营运者（Operator）是指申请批准或已被批准从事某些活动或与任何核设施或电离辐射源有关的工作和（或）在其从事这些活动或与任何核设施或电离辐射源有关的工作时负责核安全、辐射安全、放射性废物安全或运输安全的任何组织或法人。国际原子能机构：《国际原子能机构安全术语—核安全和辐射防护系列》（2007年版）（STI/PUB/1290）。

的，营运者向受害人赔偿后，按照合同约定可以对他人行使追索权；如果核事故损害是由自然人的故意作为或不作为造成的，营运者向受害人赔偿后，对该自然人行使追索权。

再次，核损害赔偿遵守平等待遇原则和对等原则。一方面，受到核事故损害的自然人、法人以及其他组织无论国籍都有权请求核事故损害赔偿，获得公平的赔偿机会，避免受害者受到歧视待遇。另一方面，对核事故造成的跨境核损害，依照中国与相关国家签订的条约或者协定办理，没有签订条约或者协定的，按照对等原则处理。

另外，核损害赔偿还应实行特殊的诉讼规则。①特殊时效原则：国际条约考虑到辐射损伤可能潜伏很长时间，所以可将核损害造成人身伤害的诉讼时效定为30年。②事故发生国法院管辖原则：有关核损害责任公约一般都规定只有核损害发生地国的法院具有管辖权，每个缔约方必须确保任何一起核事件只有一个法院对其具有管辖权。中国可以参照公约出台相关核损害赔偿法规。

最后，新的核损害赔偿制度还应完善责任豁免原则。对直接由武装冲突、敌对行动、战争或者暴乱所引起的核事故造成的核事故损害，营运者不承担赔偿责任。但是，对于重大自然灾害能否成为核损害赔偿的免责事由，需要进一步研究。《1963年关于核损害民事责任的维也纳公约》规定如核事故是重大异常自然灾害所导致，经营者免除赔偿责任。然而，公约1997年议定书并未把重大自然灾害作为核损害赔偿的免责事由。我国《侵权责任法》第70条规定，民用核设施的经营者如果"能够证明损害是因战争等情形或者受害人故意造成的"，就不承担赔偿责任，却并未明确重大自然灾害是否属于免责事由，因此，需要进一步明确相关规定。

截止到2014年2月28日，日本福岛核事故的损害赔偿总额已达3.5万亿日元（约合2110亿人民币），预计总赔偿金额将高达5万亿日元（约合3000亿人民币）。"核事故带来的巨大损失，即使仅从核损害赔偿方面看，也是任何单一核电企业甚至整个核电行业所无法承受的。国家应从立法层面进行顶层设计，建立起一套核保险共同体、国家财政等多方共担核电行业损害赔偿责任的制度体系。"① 对于重大核事故所导致的天文数字的损害赔偿，中国可以通过立法建立巨灾风险管理制度。

第一，该制度应设置核损害赔偿责任的合理限额。修订后的《1963 年关于核损害民事责任的维也纳公约》规定责任金额是 3 亿国际货币基金组织特别提款权。2007 年国务院《关于核事故损害赔偿责任问题的批复》规定，中国核电厂的营运者和乏燃料贮存、运输、后处理的营运者，对一次核事故所造成的核事故损害的最高赔偿额为 3 亿元人民币；其他营运者对一次核事故所造成的核事故损害的最高赔偿额为 1 亿元人民币。这显然与美国 94 亿美元的核事故赔偿责任限额相比有很大差距，更无法与日本的无限赔偿责任相提并论。因此，中国应适当提高赔偿责任限额，保障受害人得到充分救济。

第二，中国应当确立核损害赔偿强制责任保险制度，并作为相关许可证的审批条件。鉴于核事故风险是一种概率极低、损失极大的特殊风险，不符合保险市场的常规承保理念，因此，中国可以根据国际通行模式以及美国的成功经验，构建巨灾风险管理制度，"最大限度地运用核保险共同体的力量来提供商业保险保障，在商业力量不能达到的领域由政府提供支援"②。营运者应当作出适当的财务保证安排，以确保发生核事故损害时能够及时、有效地履行核事故损害赔偿责任。在核电厂运行之前或者乏燃料贮存、运输、后处理之前，营运者必须购买足以履行其责任限额的保险。核事故损害的应赔总额超过最高赔偿额时，国家再按照《国务院关于核

---

① 中再集团中国核保险共同体执行机构：《福岛核事故三周年—史无前例的核损害巨额赔偿及其启示》，载《中国保险报》2014 年 3 月 11 日第 008 版，网址 http://zn.sinoins.com/2014-03/11/content_101265.htm（最后访问日期 2015 年 2 月 2 日）。

② 中再集团中国核保险共同体执行机构：《福岛核事故三周年—史无前例的核损害巨额赔偿及其启示》，载《中国保险报》2014 年 3 月 11 日第 008 版，网址 http://zn.sinoins.com/2014-03/11/content_101265.htm（最后访问日期 2015 年 2 月 2 日）。

事故损害赔偿责任问题的批复》提供最高限额为 8 亿元的财政补偿。对重大核事故造成的核事故损害赔偿，需要国家增加财政补偿金额的由国务院评估后决定。这有利于维护核电营运者的利益，避免因核事故而破产。

第三，中国应建立核损害赔偿基金征收和管理制度。2010 年 7 月，财政部、国家发改委、工信部共同制定了《核电站乏燃料处理处置基金征收使用管理暂行办法》，要求全部拥有已投入商业运行 5 年以上压水堆核电机组的核电厂缴纳乏燃料处理和处置基金，具体按照实际上网销售电量征收，征收标准为 0.026 元/千瓦时。"通过这样强制性、低费率、长期性的征收机制来支持应对核事故发生时的资金问题。核安全基金的使用范围、活动、限额以及批准权限要有严格的规定，核安全基金应由第三方管理，实行审批、支出两条线。第三方管理机构要保证用于赔偿的基金部份的保值和升值。基金的其余一部分可用于行业安全技术的研发和安全管理办法的更新。核安全文化教育也可由核安全基金支出。"① 因此，除了营运者赔偿、商业保险和国家财政补偿之外，还可参照乏燃料处置基金征收和管理制度，建立核损害赔偿基金征收和管理制度，作为补充措施。

6. 中国应完善国际核安全协作制度

中国在核安全国际合作方面不乏政策性规定。例如，《核安全规划》提出中国要"加强国际合作，借鉴先进经验"，"优化核安全国际合作体系，实现国际国内工作的协调统一，进一步加强和深化核安全领域与国际组织的交流与合作"。《国家核应急预案》（第3.1.9 条）也规定，"国家核应急协调委统筹协调核应急国际通报与国际援助工作"。国家核应急协调委按照《及早通报核事故公约》向国际原子能机构通报。外交部按照双边或多边核应急合作协议向周边国家和地区通报；如需请求国际援助，首先由国家核应急协调委提出建议，报国务院批准后，由国家原子能机构会同外交

---

① 李晶晶、林明彻、杨富强、Jason Portner：《中国核安全监管体制改革建议》，载《中国能源》2012 年第 4 期，第 9~14 页。

部按照《核事故或辐射紧急情况援助公约》向相关国家和国际组织提出。

　　虽然中国积极出台相关政策性文件、参与国际核安全协作机制，但中国的国际协作制度却先天不足。中国原子能基本法缺位，使中国履行国际公约义务"只能停留在政府行政层面上或反映在国务院相关法规中"①，"核安全监管机构独立性和权威性不足"，"国内核安全监管与核安全国际合作格局不相适应"，"影响了我国核安全国际合作的效率和效力"②。在核安全领域，一般由各国核安全监管部门负责参与制定国际标准、交流经验、进行国际合作。但是，中国却是由工信部国防科工局下设的国家原子能机构负责，其中包括与国际原子能机构的协调沟通，而核安全监管机构——国家核安全局既"不是中国参加国际原子能机构大会的常驻代表团成员，也不是各类谈判预案的共同制定和会签单位，没有自己的途径代表中国在核安全国际事务中发挥作用"③。这既不符合国际通行做法，也对中国核安全监管机构的独立性、权威性和专业性带来负面影响，不利于核安全监管机构通过国际协作与交流机制提升中国的核安全水平。因此，国家核安全监管机构应统一负责核安全领域的国际协作，其中包括它与国际原子能机构以及其他国家核安全监管机构的直接协调与沟通机制。④

三、美国核安全法律制度对加强中国国际核安全协作的启示

（一）中国亟需加强国际核安全协作

2013年11月中国国家能源局发布《服务核电企业科学发展协

---

　　①　郑玉辉：《〈原子能法〉，应顺势而生》，载《中国核工业》2011年第10期，第30~31页。

　　②　袁达松：《核安全管理国际经验及启示》，载《环境保护》2013年第Z1期，第44~47页。

　　③　李晶晶、林明彻、杨富强、Jason Portner：《中国核安全监管体制改革建议》，载《中国能源》2012年第4期，第9~14页。

　　④　参见李晶晶、林明彻、杨富强、Jason Portner：《中国核安全监管体制改革建议》，载《中国能源》2012年第4期，第9~14页。

调工作机制实施方案》，首次把核电"走出去"上升为国家战略：把服务核电"走出去"战略作为其主要任务之一，为核电"走出去"战略提供保障。2014 年政府工作报告进而提出推动核电等技术装备走出国门，从而正式拉开中国核电"走出去"战略的大幕，核电出口迎来战略机遇期。

　　在政府与产业界的共同努力下，核电"走出去"战略迅速付诸实施，推广力度和范围均创新高（参见表 4）。2014 年 1 月 15 日，中国核工业集团公司、国家核电技术公司、中国广核集团有限公司（以下称中广核）等核电企业发起成立中国核电技术装备"走出去"产业联盟，为我国核电企业开展海外核电开发项目提供一个协调与合作机制。2015 年 10 月，中广核与法国电力公司共同投资建造和运行英国欣克利角、塞兹韦尔和布拉德韦尔三大核电项目①；中广核还与罗马尼亚国家核电公司就共建切尔纳沃德（Cernavoda）核电站 3、4 号机组达成合作协议②。此外，中国与南非③、意大利、西班牙、加拿大、捷克、哈萨克斯坦等国家签署合作文件，中国核电"走出去"战略已经初见成效。

　　核电"走出去"的核心是中国的三代核电技术。2015 年 2 月，中国与阿根廷签署《关于在阿根廷合作建设压水堆核电站的协议》，中国将把拥有自主知识产权的"华龙一号"三代核电技术出

---

　　①　2014 年 3 月 26 日，中广核与法国电力公司签署了关于英国新建核电项目工业合作协议和关于核能领域研发、设计、采购及运营合作协议，在核电领域打造示范性"旗舰项目"。2015 年 10 月 21 日，双方就共同修建和运营英国萨默塞特郡的欣克利角 C 核电站达成战略投资协议。

　　②　切尔纳沃德（Cernavoda）核电站位于罗马尼亚康斯坦察县，规划建设 5 台核电机组，其中 1、2 号机组已建成投产。3、4 号机组在 2010 年 12 月 5 日获得欧盟委员会（EC）的认可，计划在 2019 年和 2020 年建成投产。早在 2013 年 11 月 25 日，中广核与罗马尼亚国家核电公司已签署关于建设罗马尼亚切尔纳沃德核电站 3、4 号机组的合作意向书。

　　③　2014 年 11 月 7 日，中国和南非能源部门签署了《中南两国核能合作政府间框架协议》；12 月 4 日，国家核电技术公司与南非核能集团签署了《南非核能项目培训协议》，国家核电同时还与中国工商银行、南非标准银行签署了《南非核电项目融资框架协议》，为中南推进核电合作奠定坚实基础。

口阿根廷，标志着中国核电"走出去"战略迈出实质性的步伐。①
2015 年 3 月 24 日，法国阿海珐集团通过来料加工的方式向上海电
气核电设备有限公司分包 6 台蒸汽发生器的制造业务，这 6 台蒸汽
发生器将安装在南非的库贝赫（Koeberg）核电站，标志着中国的
核岛主设备继巴基斯坦恰西玛核电项目②之后再次走出国门。2015
年 8 月，"华龙一号"第一次走出国门，落地巴基斯坦卡拉奇核电
项目，而且双方还就采用"华龙一号"技术启动恰西玛核电站 5
期项目达成框架协议。③ 泰国、印尼、肯尼亚、土耳其、哈萨克斯
坦等国家也对"华龙一号"核电技术产生强烈兴趣。先进的三代
核电技术为中国核电"走出去"战略奠定了坚实的基础。

随着中国核电"走出去"战略的实施，中国在国际核安全法
律制度建设方面也承担着越来越大的责任。国际核安全立法的背后
不仅是核技术和经济竞争，更是国际话语权的博弈。中国是联合国
安理会常任理事国，也是核能大国，既要承担大国的国际义务，也
要发挥大国的国际影响力，这是中国外交的根本任务。④中国需要
完善国内核安全法律体系和监管制度，加强国内核安全治理，还需
要参与国际核安全立法与国际协作机制，为中国核电"走出去"
战略营造有利的国际法律环境。因此，中国迫切需要明确现阶段的

---

①　阿根廷有三座在运核电站，总装机容量为 175.5 万千瓦，核电占总
发电量的 5.5%。根据阿根廷第 26.566 号法令，阿根廷将于 2020 年前新建第
四座核电站。参见新华网："我国核电'走出去'迈出实质性步伐"，网址
http：//www.fj.xinhuanet.com/xhs/2015-02/06/c_1114280251.htm（最后访问
日期 2015 年 5 月 11 日）。

②　20 世纪 90 年代由中核集团总承包、中国核工业建设集团公司承建的
巴基斯坦恰希玛核电站（一期）是中国自行设计、建造的第一座出口商用核
电站，是中国最大的高科技成套出口项目，自 2000 年投产运营以来，各项安
全指标和运行业绩良好，受到了巴方和国际原子能机构的好评。

③　参见杨漾：《自主三代核电华龙一号走出国门，正式在巴基斯坦卡拉
奇开建》，载澎湃网（2015 年 8 月 21 日），网址 http：//www.thepaper.cn/
newsDetail_forward_1366807（最后访问日期 2015 年 11 月 9 日）。

④　参见陈刚著：《国际原子能法》，中国原子能出版社 2012 年版，第
93 页。

国际核战略。具体而言，需要回答以下三个问题：（1）中国国际核战略的指导思想是什么？（2）中国在国际核安全法律制度建设中的立场是什么？（3）中国如何通过国际核安全协作机制扩大自己的话语权？

表4　中国核电"走出去"战略阶段性成果（截至 2015 年 11 月）

国家	核电厂	堆型	项目进展及中国投资份额
英国	欣克利角（HPC）	EPR	签署投资协议；中方持股33.5%
	塞兹韦尔（SZC）	EPR	签署投资协议；中方持股33.5%
	布拉德韦尔（BRB）	华龙一号	签署投资协议；中方持股66.5%
罗马尼亚	切尔纳沃德 3、4 号反应堆	Candu 6	签署投资协议；中方持股51%
巴基斯坦	恰西玛 3、4 号反应堆	CNP-300	建造中；中方投资占 82%
	卡拉奇 2、3 号反应堆	华龙一号	建造中；中方投资占 82%
阿根廷	阿图查 3 号反应堆	Candu 6	计划建设；中方投资占85%
	阿图查 4 号反应堆	华龙一号	计划建设

（二）中国国际核安全协作的政策目标

中国国际核战略的指导思想是什么？在和平利用核能语境下，这个问题的实质是确定核安全、核安保与核不扩散问题在国家战略中的优先顺序。换句话说，现阶段中国国际核战略最优先的政策目标到底是什么？基于以下三方面的原因，中国应以维护核安全为首要政策目标，参与国际立法和国际协作机制。

首先，确保核安全是核能和平利用的应有之义。和平利用核能是各国的权利。1946 年 1 月 24 日联合国第一届大会通过了美国政府关于成立联合国原子能委员会的提案，其初衷就是通过该委员会研究并制定国际核能法律，防止核能军事应用。① 1956 年 10 月通过的《国际原子能机构规约》开启了通过国际法律和国际原子能机构推动核能和平利用以及核安全治理的新时代。该法明确国际核公约和国际原子能机构的根本宗旨都是促进核能和平利用（第 2条）。《核不扩散条约》规定缔约方承担不扩散核武器的义务，但这并不影响其和平利用核能的权利以及"交换设备、材料和科学技术情报"的权利和义务（第 4 条）。由此可见，所有国家都有和平利用核能的权利，同时，承担不扩散核武器与维护核安全的义务。但是，二者的地位并不平等，和平利用核能不必然导致核扩散，但却与核安全问题如影相随。从法律逻辑上讲，核安全是核能和平利用的应有之义，也是国家在行使和平利用核能的权利时需要承担的首要法律义务，优先于核不扩散。同时，《核安全公约》开宗明义指出其目的是通过国家措施与国际协作在世界范围内实现高水平的核安全、防止核事故及减轻事故损害。因此，包括中国在内的所有缔约国拥有和平利用核能的权利，也有义务履行核不扩散、核安保以及核安全的条约义务，然而，在和平利用核能的语境下，核安全义务处于优先地位。

其次，加强核安全是国际社会的共同愿望。和平利用核能是各国的权利，而核安全是核能利用过程中至高无上的原则②，是国际社会的共同愿望。虽然国际原子能机构有义务促进核能和平利用、确保其援助计划不致用于推进任何军事目的③，但美国和前苏联却利用国际原子能机构进行核控制和核垄断，并没有充分发挥其促进核能和平利用的国际交流作用④，结果就造成"重扩散、轻安

---

① 参见陈刚著：《国际原子能法》，中国原子能出版社 2012 年版，第38 页。

② 参见陈刚著：《国际原子能法》，中国原子能出版社 2012 年版，第62 页。

③ 《国际原子能机构规约》第二条。

④ 参见陈刚著：《国际原子能法》，中国原子能出版社 2012 年版，第93 页。

全"——国际核不扩散机制比较完善、而国际核安全机制却先天不足的局面。

国际社会已经形成多元化、多层次的核不扩散和核安保机制。其一，国际法律体系比较完善。联合国在核裁军、核安保、禁止核试验以及反对核恐怖主义等方面的国际立法中发挥了关键作用。联合国先后推动通过《部分禁止核试验条约》（1963）、《核不扩散条约》（1968 年）、《全面禁止核试验条约》（1996）和《制止核恐怖主义行为国际公约》（2005 年）等。其二，国际公约义务比较具体，可操作性强。国家承担不扩散核武器的国际公约义务，同时还需与国际原子能机构签署保障协定，详细约定国际原子能机构有权实施的衡算措施、封隔措施、核查措施以及保障措施的具体范围。其三，核不扩散的实施机制比较完善。国际原子能机构负责实施核保障措施，保障核不扩散，防止核恐怖主义。国际原子能机构发现缔约方存在违约行为，可以报告全体成员国、联合国安理会甚至联合国大会。"核能利用国际关系中维护世界和平的责任是《联合国宪章》第七章调整的重要范畴"[1]，根据《联合国宪章》、《国际原子能机构规约》和其他国际法律文书，安理会有权调查核扩散问题，有权判定相关核能利用活动是否威胁和平、破坏和平或具有侵略行为，并可提出采取强制措施的建议或决定。总之，国际核不扩散机制和核安保机制具有较大的强制性和实效性。

然而，国际核安全这一问题领域仍处于无政府状态。如前文所述，国际核安全法律制度仍是鼓励性质，缺乏基本的强制力；而国际核安全协作机制仍然重扩散而轻安全，不利于国际共识的形成。历次重大核事故又从反面证明完善核安全法律制度的重要性。因此，作为一个负责任的核能大国，中国应当推动国际核安全法律制度的完善，维护世界核能安全利用。

最后，完善国际核安全机制是中国核电"走出去"战略的迫切现实需求。美国国际核政策的目标是通过国际核安保机制和国际

---

① 陈刚著：《国际原子能法》，中国原子能出版社 2012 年版，第 84~85页。

原子能机构保障措施不断构建并完善核不扩散机制，其重点是防止核扩散（传统目标）和核恐怖主义（新形态）。美国的国际话语有其深刻的历史背景和现实需求。但与美国不同，中国的现实需求是推行核电"走出去"战略，这就需要中国提出服务于中国战略的话语体系：国际社会拥有和平利用核能的权利，而核安全是核能的应有之义；中国应主张完善国际核安全法律制度和协作机制，推动核能和平利用以及核安全能力建设，为中国实施"走出去"战略提供有利的国际法律环境。

概言之，现阶段中国国际核战略最优先的政策目标是完善国际核安全机制。中国需要围绕以核安全为中心的话语体系，主动推进国际社会对核安全议题的期望趋同共存，改变"重扩散、轻安全"的国际现实。在对国际核安全机制相关的所有国内和国际法律规范、国际机构、国际协作机制进行全面分析的基础之上，中国可以主张国际核法律体系实现军民分离、促管分立；主张把核安全置于优先地位，重点加强国际核安全机制，完善国际核安全法律制度和核安全协作机制，这是现阶段中国国际核战略的指导思想。

（三）中国国际核安全协作的修约主张

根据优先完善国际核安全机制的指导思想，中国应该如何完善国际核安全法律制度呢？中国在国际核安全法律制度改革中的立场是什么？这个问题的实质是中国在《核安全公约》和安全标准修订过程中的利益诉求是什么。具体而言，为了推行核电"走出去"战略，中国是否应该支持增加《核安全公约》的强制性？是否应该支持提高国际核安全标准？

1. 《核安全公约》的强制性

福岛核事故之后，国际社会认识到核安全法律体系的不足，提议对《核安全公约》进行修订，以增加其强制性。2011年6月俄罗斯修正案提议缔约方根据国际原子能机构核安全标准对所有核设施进行安全审查、定期评估、并采取改进措施，以弥补国际核安全标准的不足。2012年4月瑞士修正案提议缔约国定期接受同行评审、按照最新科技发展水平重新考虑危害假设并更新安全资料、提高核安全工作的透明度；2013年12月瑞士提议防止核电厂厂外污染。这些提议是国际社会在汲取历次核事故经验教训的基础上提出的具体改进建议,有助于提高国际核安全法律的实施。对此,中国应当支持。

然而,中国应反对任何增加公约强制性的修正案提议。例如,2011 年 6 月提出的关于国际原子能机构专家组随机挑选 10% 在运核电厂进行突击安全检查的提议、任何赋予国际原子能机构核安全标准强制性的提议等。这些提议不仅是对缔约国主权的严重侵犯,而且也会过分增加新兴核电国家的核电厂建设成本,阻碍核电发展。更重要的是,这些试图增加强制性的提议与核安全法律制度的鼓励性质产生根本矛盾。

国际法的强制性是对违法或不法行为的反应,体现在国际法可以对国际社会成员的行为进行规范、对违法成员施加制裁。① 因此,国际法是否应该具有强制性取决于国家行为的性质:如果国家涉核行为是违反国际法的行为或者国际不法行为,则有必要引入制裁措施;反之,则不必然需要施加制裁措施。

国家违反核不扩散与核安保义务属于严重的国际不法行为,是对国际集体安全机制的挑战,需要靠强制力实施制裁,确保国家履行国际义务。为此,核不扩散与核安保领域的国际公约大多要求建立相关实施机制、监督流程、争端处理程序,甚至还附设检查清单,通过强制执行程序确保相关公约得到实施。以《核不扩散条约》为例,国际原子能机构核保障制度是强有力的核查监督机制,对于违反公约及附加议定书的行为,国际原子能机构有权通报全体成员、联合国安理会甚至大会。从理论上讲,联合国安理会有权采取包括授权使用武力在内的所有制裁措施,以确保核不扩散法律得到切实履行。在核安保方面,2005 年联合国大会通过《制止核恐怖主义行为国际公约》把"非法拥有放射性材料或制造放射性装置,利用或破坏核设施"实施核恐怖主义的行为界定为国际罪行,缔约国有义务加强国内立法和国际合作进

---

① 参见吴嘉生著:《国际法与国内法关系之研析》,台湾地区五南图书出版公司 1998 年版,第 16 页。

行打击。

　　然而，国际核安全法律制度是一种鼓励机制，从本质上不同于核不扩散与核安保义务。首先，核能利用活动本质上属于国际法不加禁止的行为，即使发生重大核事故并导致跨界损害，国家责任充其量不过是国际法不加禁止的行为所导致的损害赔偿责任。这种责任与国际不法行为根本不同。其次，核事故所造成的跨界损害并不可归因于国家。营运者是核电厂安全管理以及损害赔偿的首要责任主体，而非国家。国家承担建立核安全法律体系和监管机制、并在一定条件下承担兜底赔偿责任的公约义务，其根本目的是为了确保营运者履行核安全管理义务。因此，中国不应当支持增加《核安全公约》强制性的提议，反对授予国际原子能机构拒绝向违约国家提供同行评审服务的权利。[①]中国应当坚持公约的鼓励性质，在维护国家主权的基础上帮助缔约国进行核安全能力建设，推进中国核电"走出去"战略。

　　2. 国际核安全标准的提高

　　国际核安全标准对维护国际核安全具有重要价值。有法律约束力的国际公约和没有法律约束力的核安全标准和导则，都是国际核安全法律制度的有机组成部分。后者不仅有助于增加前者的可执行性，而且还可以转化为有约束力的承诺。国际核安全标准和导则是国家法规的基础，国家自愿承诺遵守这些建议性质的国际准则。早在核能研究之初，人们就着手建立一套国际公认的技术标准。1928年成立的国际放射协会是第一个制定放射性国际技术标准文件的组织。1950年该协会更名为国际放射防护委员会（International Commission on Radiological Protection），并沿用至今。它研究并制定的国际辐射防护标准和导则后来成为国际核能立法的重要依据，被众多国际法律文件和国家立法所采纳，通过国家立法转化成为具有法律效力的国家标准。国家核安全法律制度应当与国际核安全法律

---

　　① 国际原子能机构有权拒绝援助建设核电项目，但是，一旦核电厂建成投产，它就必须履行其应邀提供同行评审服务的公约义务。

制度相衔接，共同规范和确保核安全。①

国际核安全标准的提高，有利于中国实施核电"走出去"战略。原因有二：

第一，更高的核安全标准有利于保障核安全。核电项目从立项、设计、建造、运行、延寿直至安全退役历时近百年，是名副其实的百年大计。中国实施核电"走出去"战略，重点是出口整套核电机组及核电厂建造服务。中国固然可以保证出口核电机组及核电厂达到国际核安全标准，但倘若以后国际核安全标准提高而进口国未及时更新安全防护措施并因此导致核事故的话，相关责任该如何分担呢？所以，中国应当推动缔约国采用国际最高核安全标准并及时按照最新标准更新安全防护措施，一方面可以明确双方责任范围，另一方面，还可以避免中国与核电进口国之间纠纷的政治化，维持长期合作关系。

第二，更高的核安全标准更有利于中国掌握国际话语权。首先，更高的核安全标准不会增加中国核电企业的负担，不需要采取额外改进措施。中国核电建设始于20世纪80—90年代，第一座核电站—秦山核电站在1991年才建成投产。中国核电产业具有后发优势，大多为二代、三代核反应堆②，安全标准本身就比美国、法国的在运核电站高。更高的国际核安全标准恰恰可以体现中国核电的优势，有助于"走出去"战略的实施。其次，较高的核安全标准是新兴核电国家的共同愿望。中国出口核电机组为三代或四代核反应堆，安全标准更高，确保核安全是核电出口国和进口国的底线。因此，更高的核安全标准容易获得进口国的认可，有利于促进协议达成。最后，更高的核安全标准是大多数核电国家的共同愿望，具有广泛的社会基础。除了新兴核电国家，很多老牌核电国家也支持提高核安全标准。俄罗斯2012年《核安全公约》修正案提

---

① 参见陈刚著：《国际原子能法》，中国原子能出版社2012年版，第38~40页。

② 2013年国务院《能源发展"十二五"规划》要求新建机组必须符合三代安全标准。

议的目的就是为了弥补核安全标准的不足；瑞士修正案提议也得到欧盟成员国的广泛支持；国际原子能机构一直把国际核安全标准作为其提供国际援助和同行评审服务的基础。因此，中国主张更高的核安全标准可以获得更多国家的支持，扩大中国话语权。

综上所述，提高核安全标准既有利于保障核安全，又有利于提高中国话语权，因此，中国可以提议缔约国主动作出遵守国际原子能机构核安全标准的政治承诺：缔约方承诺采取一切合理可行的措施把国际原子能机构的最新核安全标准纳入本国核安全法律体系和监管制度，并据此对所有核设施——包括新建和在运核反应堆——进行许可、安全审查和定期评估；缔约方应当定期接受国际同行评审以确保达到最新的国际核安全标准。

（四）中国国际核安全协作的机制路径

中国需要充分利用国际核安全协作机制，把核安全优先的国际核战略和国际立法主张推广到全世界。那么，中国应该如何通过国际核安全协作机制扩大自己的话语权，为核电"走出去"战略创造有利的国际环境？

"核安全是核工业发展的基础和生命线，是核事业健康有序发展的重要保证。"[1] 中国一直积极参与国际核安全协作机制，加强国际合作与交流，提高核安全水平。中国是国际原子能机构 13 个理事国之一，是亚太经合组织能源工作组、二十国集团、上海合作组织、世界能源理事会、国际能源论坛等组织和机制的正式成员或重要参与方，是能源宪章的观察员国，与国际能源署、石油输出国组织等机构保持着密切联系。2013 年中国国家原子能机构与经合组织核能署签署合作协议，成为经合组织的"重要伙伴"。此外，中国与美国、俄罗斯、哈萨克斯坦、巴西、阿根廷、委内瑞拉等国建立了双边对话与合作机制。例如，中国与美国于 1981 年签订《中华人民共和国国家科学技术委员会和美利坚合众国核管制委员会关于核安全合作议定书》，并多次修订和续签核安全合作议定

---

[1] 张明、白云生：《国外核安全立法实践及对我国的启示》，载《中国核工业》2014 年第 5 期，第 43~45 页。

书，不断深化两国在核安全领域的双边合作。这些多边和双边机制为核电"走出去"战略奠定了坚实基础。中国需要把自己的核安全观及主张融入现有的协作机制，通过国际协作推动国际共识的形成和发展。

1. 中国应通过核安全峰会提倡中国核安全观

中国对核安全峰会的利益诉求不同于美国，政策主张也不同于美国。中国的根本目的是通过国际多边协作机制提高全球核材料及核设施的安全水平，促进核能开发利用。① 中国应通过核安全峰会机制提出中国核安全观，强调核安全议题，扩大中国话语权。

在 2010 年第一届核安全峰会上，中国政府主张，国家应当切实履行国家核安全承诺和责任，加强国内立法和监督管理；巩固现有国际核安全法律框架；加强核安全国际合作；帮助发展中国家提高核安全治理能力，并妥善处理核安全与和平利用核能的关系，从而实现普遍核安全。② 在 2012 年第二届核安全峰会上，中国政府进一步完善了国内治理和国际协作相结合的核安全理念，在强调各国必须加强能力建设、承担国家治理责任的同时，丰富了国际协作主张：国际核安全协作必须以国际原子能机构为中心，推进核安全国际法律文书的普遍性，确保其得到严格遵守和切实履行，推广核安全标准和良好实践，提供核安全援助，重点帮助发展中国家建立和完善核安全基础架构，提高核安全技术水平。③

特别值得一提的是，2014 年第三届荷兰海牙核安全峰会。中

① 参见储信艳：《参加核安全峰会中国谈什么》，人民网（2014 年 03 月 24 日），网址：http：//world. people. com. cn/n/2014/0324/c1002-24720737. html（最后访问日期：2015 年 3 月 13 日）。

② 参见胡锦涛在华盛顿核安全峰会上的讲话——《携手应对核安全挑战 共同促进和平与发展》（2012 年 4 月 13 日），网址：http：//news. xinhuanet. com/2010-04/14/c_1231344. htm（最后访问日期：2014 年 8 月 13 日）。

③ 参见胡锦涛在首尔核安全峰会上的讲话——《深化合作提高核安全水平》（2012 年 3 月 27 日），网址：http：//politics. gmw. cn/2012-03-27/content_3843610. htm（最后访问日期：2015 年 8 月 13 日）。

国系统阐述了"四个并重"的核安全观，提出中国核能安全利用应坚持发展和安全并重、权利和义务并重、自主和协作并重、治标和治本并重；核安全的首要责任主体是各国政府：各国有权根据本国国情采取最适合自己的核安全政策和措施，有权保护核安全敏感信息。各国政府也有责任强化核安全意识，培育核安全文化，加强机制建设，提升技术水平。同时，核安全也离不开国际协作：各国要切实履行核安全国际法律文书规定的义务，巩固和发展现有核安全法律框架，为国际核安全提供制度保障和普遍遵循的指导原则；而且，各国还要以尊重各国权益为基础参与合作交流、互鉴共享，有关多边机制和倡议要统筹协调、协同努力，以互利共赢为途径寻求普遍核安全。①

由中美在核安全峰会上的主张可以看出，中国和美国对峰会有不同的利益诉求。美国高举核安全的大旗，但却要达到防止核扩散以及核恐怖主义的战略目标；而中国的战略目标只有一个，那就是核安全。中国利用三次核安全峰会，成功地提出并完善了国际核安全观，推动峰会关注国际核安全，促进国际社会更多地开展核安全协作活动。在 2014 年 5 月 15 日举行的中央国家安全委员会第一次会议上，中国首次将核安全纳入国家安全体系②，核安全问题受到史无前例的重视。为此，中国可以申办一次核安全峰会，设定更加具体的议题，推动国际核安全协作机制的进一步发展。

2. 中国应当把核安全观具体化并纳入其他国际协作机制

除了核安全峰会，中国还应当把核安全议题纳入其他国际协作机制，进一步扩大自己的话语权，这就要求中国仔细梳理核电"走出去"战略与相关协作机制的关系，把中国核战略目标具体

---

① 参见习近平：《在荷兰海牙核安全峰会上的讲话》（2014 年 3 月 24 日），网址：http://news.xinhuanet.com/politics/2014-03/25/c_126310117.htm（最后访问日期 2015 年 10 月 10 日）。

② 2014 年 5 月 15 日，习近平主持召开中央国家安全委员会第一次会议时提出，我国需要构建集政治安全、国土安全、军事安全、经济安全、文化安全、社会安全、科技安全、信息安全、生态安全、资源安全、核安全等于一体的国家安全体系。

化。概以为，中国应重点推进以下六个具体目标，助力中国核电"走出去"战略。

第一，通过国际原子能机构协作机制推动国际核安全立法。作为负责国际核安全的专门机构，国际原子能机构应当发挥主导作用，减少西方大国的不利影响，推进多边主义，促进核能在世界范围内的安全利用。中国可以在国际原子能机构部长级会议、《联合公约》审议会议、《核安全公约》审议会议等国际会议上，提出中国的核安全主张和立法提议，改变"重扩散、轻安全"的国际协作现状，强调主权国家拥有和平利用核能的权利、也有核安全治理的义务，同时国际社会也应承担协助义务。

核安全领域的国际公约数量较少，而且缺乏广泛性和普遍性。目前，《核安全公约》有 78 个缔约方[1]；《及早通报核事故公约》有 119 个缔约方[2]；《联合公约》有 69 个缔约方[3]；《维也纳公约》只有 40 个缔约方[4]，而且中美法都不是缔约国；最糟糕的是《核损害补充赔偿公约》只有 7 个缔约方[5]，安理会五大常任理事国中只有美国在 2008 年批准加入该公约。事实上，《核损害补充赔偿公约》旨在建立全球性的核损害补充赔偿制度，是对《巴黎公约》和《维也纳公约》的完善。它设定了营运者的赔偿责任限额和免责条件，规定事故发生地国的法院享有核损害赔偿诉讼的专属管辖权，有权适用本国法律审理案件。这些有助于解决跨界核损害争端，降低核电营运者的风险，消除进口国对巨额损害赔偿责任的担忧，从而为中国核电"走出去"战略提供有利的社会基础。

维护核安全是国际社会的共同利益。然而，"即使在共同利益

---

① 缔约方的数量以截止到 2015 年 4 月 23 日批准生效的国家为准。
② 缔约方的数量以截止到 2014 年 9 月 22 日批准生效的国家为准。
③ 缔约方的数量以截止到 2013 年 10 月 9 日批准生效的国家为准。
④ 缔约方的数量以截止到 2014 年 1 月 27 日批准生效的国家为准。
⑤ 缔约方的数量以截止到 2015 年 4 月 17 日批准生效的国家为准。

存在的情况下，合作常常也会失败的"①，因此需要通过国际法律制度进行规范引导。中国应当通过国际协作机制推动更多的国家加入《核安全公约》、《核损害补充赔偿公约》等国际公约，实施《核安全行动计划》，构建国际核损害赔偿制度，增加公约的广泛性和普遍性，不断完善核安全法律制度。

第二，通过国际同行评审机制提高核安全标准的适用性。制定和推广核安全标准是国际原子能机构的法定职责。它有义务组织各国核专家制定国际核安全标准，建议世界各国采用；在实施援助项目或提供同行评审服务时，它有权采用这些标准。国际原子能机构提供综合监管评审服务（IRRS）、安全运行评审服务（OSART）和应急准备审查（EPREV）等同行评审服务，都是根据核安全标准进行的。

中国应当积极参与核安全标准委员会和秘书处评估、修订核安全标准的工作，同时，通过同行评审服务、国际援助等方式推动成员国广泛而有效地使用国际原子能机构核安全标准，为秘书处执行安全标准提供协助。

第三，通过国际原子能机构构建帮助缔约国加强核安全能力建设的国际协作机制。帮助缔约国加强能力建设事关国际共同利益。世界核安全水平是由核安全能力最低的国家决定的，一国发生核事故，整个地区乃至全世界都将受到影响。因此，中国应当帮助缔约国加强核安全能力建设，实现普遍核安全。同时，这也是国际原子能机构的义务。国际原子能机构的职责是维护核能安全利用，支持成员国、提供技术援助是国际原子能机构实施保障过程中需要协调履行的国际义务，也是那些承诺放弃发展核武器的国家所享有的权利。

缔约国核安全能力建设不可能一蹴而就，需要较长时间、大量投资、持续进行，需要各方在人员、资料、技术和经济等方面积极配合。这就需要通过国际原子能机构建立国际协作框架，制

① ［美］罗伯特·基欧汉著：《霸权之后——世界政治经济中的合作与纷争》，苏长和、信强、何曜译，上海人民出版社2001年版，第4页。

定相关法律文件进行规制。目前，中国可以国际原子能机构《核安全行动计划》为基础，帮助核电出口对象国发展人力资源和专业技术，构建核安全能力建设长效机制。重点开展安全运行、应急准备与响应、核废物管理等方面的能力建设项目，保证监管机构配备充足的人力资源并有能力持续高效地使用国际原子能机构辅助工具。

第四，通过国际核能合作框架机制提高国际核燃料及核废物处理安全。中国、美国、法国、日本和俄罗斯五国在 2007 年 5 月发起成立"全球核能合作伙伴"计划（Global Nuclear Energy Partnership），2010 年 6 月更名为"国际核能合作框架"（International Framework for Nuclear Energy Cooperation）。该框架重点关注的领域包括核燃料循环、核燃料全球供应、乏燃料管理和处置等①，其宗旨是通过多边合作推动核技术联合研发，降低核废物，防止核扩散。新的"国际核能合作框架"在两方面发生重大变化：其一是成员国数量激增，从最初的 5 个发起国增加到现在的 32 个会员国、31 个观察员国以及 3 个政府间国际组织观察员；其二是职能范围的扩大，其宗旨从单纯的核能合作伙伴计划扩展到在核能的各个领域开展互惠互利的国际合作，保证核能安全利用，同时保证它对核不扩散与核安保发挥更为积极的作用。

国际核能合作框架为各国开展核能合作提供一个平台，其宗旨正从核不扩散和核安保向商业化与核安全转变，这就为中国争取话语权提供了契机。首先，作为五个创始会员国之一，中国在其创立及制度建设方面发挥了重要作用，中国应当继续完善这一机制，推进国际核能合作。其次，国际核能合作框架的重点合作领域之一是"全程燃料管理"，即核燃料供应商负责提供包括燃料供应、乏燃料管理和处置在内的一整套商业服务。而核燃料生产与加工、核废物管理与处置又是核安全管理的重要组成部分，

---

① See IFNEC, "Membership", available on International Framework for Nuclear Energy Cooperation official website, available at http：//www. ifnec. org/About/Membership. aspx（last visited on Feb. 1 2015）.

因此，国际核能合作框架应当在实现燃料供应多元化的同时加强核废物安全管理。最后，国际核能合作框架的性质目前仍属合作论坛，活动范围广泛，尚未对具体工作范围进行明确界定。中国可以利用这个机会注入核安全议题、争取发言权，借助国际核能合作框架机制促进双边和多边核安全合作、推进核电走出去战略，发挥中国的影响力。

第五，以中日韩核安全合作框架为基础构建东亚核安全协作机制。核安全既是全球性问题，更是地区性问题。一旦发生垮界核事件，首当其冲的必然是邻国及地区的安全。鉴于核事故的地域性特点，中国可以借鉴美国国际核安全协作实践和经验，加强区域核安全合作，构建东亚核安全协作机制，保障地区核安全。

中日韩已经在核安全合作方面取得一定进展。早在2008年，三国就启动了中日韩核安全监管高官会议机制。在2011年11月第四次会议上，三国共同签署《中日韩核安全合作倡议》，共同建立核安全合作框架，在地区核安全标准、区域应急响应机制和监管能力等领域开展合作行动，加强核安全交流与合作，促进东北亚地区核安全。《中日韩核安全合作倡议》是三国加强核安全合作的指南，也是地区及国际核安全协作的典范。

除了中日韩，东盟国家近年来也积极发展核电。其中，越南、印尼、泰国、菲律宾、马来西亚正在发展核电，柬埔寨、缅甸和新加坡也拟发展核电。这些国家都是初次建设核电站，亟需通过国际协作机制帮助它们完善法律体系和监管制度，进行核安全监管能力建设。2013年9月，东盟核安全监管框架首次会议召开，制订了2014—2015年的工作计划，为东盟核安全合作奠定良好基础。2013年12月，中国国家核安全局与日本、韩国的核安全监管机构决定构建核安全合作框架，及时交流核紧急情况的信息；中国国家核安全局还积极参与"东盟+3"核安全论坛，这些无疑具有建设性意义，但还远远不够。中国应该以中日韩核安全合作框架为基础，构建东亚核安全协作机制，特别要加强核与辐射紧急情况时的信息交流与通报、紧急救援、应急响应、能力建设、经验共享等方面的合作。

344

第六，核电企业应当发挥在非政府国际组织中的作用。除了政府间国际组织，非政府组织在核能和平利用领域，特别是核电管理领域也发挥着举足轻重的作用。其中，世界核电营运者协会①是一个专注于国际核安全合作的非政府组织，它通过开展四项基本活动——同行评估、运行经验反馈、技术支持以及职业和技术拓展——为成员提供一个相互学习良好核安全实践的平台。② 世界核协会（World Nuclear Association）的成员更加广泛，几乎包括世界上所有的核燃料制造企业、核反应堆供应商、核工程设计和建设公司、核废物管理公司以及核电站营运者，其核心宗旨是推广核能的安全利用。而国际放射防护委员会是由各国知名辐射防护专家组成的国际性学术组织，其主要职责是研究制定一般辐射防护标准、辐射剂量限值等。它于1990年发布的第60号建议书是目前国际辐射防护的基本标准，被世界各国广泛采纳。

中国核电企业，例如中国核工业集团公司、中国广东核电集团有限公司、大亚湾核电运营管理有限责任公司等，已经积累丰富的研究、设计、建造、运营和管理经验。中国应利用非政府组织分享中国的核安全实践，推广中国的核安全标准，扩大中国话语权。福岛核事故后，中国作为主席国承办了世界核电营运者协会第十一届大会，会议决定在深圳设立机组启动同行评估办公室，开展核电厂机组首次临界前安全建设和评估通报工作③。这对扩大中国核电企业的国际影响具有重大意义。

总之，中国在国际核安全协作机制中既承担着广泛的国际义务，又发挥着积极的建设性作用。中国不仅要保障核安全以及核能发展，而且还要为推动世界核安全、促进可持续发展以及应对全球

---

① 目前，全世界包括中国在内的所有核电站都加入了世界核电营运者协会。参见官慧：《核安全进化论—世界历次核事故给核能发展带来的启示》，载《中国核工业》2011年第4期，第14~19页。

② 参见陈刚著：《国际原子能法》，中国原子能出版社2012年版，第104页。

③ 参见环境保护部核与辐射安全监管二司、环境保护部核与辐射安全中心编：《日本福岛核事故》，中国原子能出版社2014年版，第357页。

气候变化作出应有的贡献。中国需要构建一个重视核安全、强调国际共同责任的国际协作机制。因此，中国应当在各种协作机制中提倡自己的核安全主张，增加核安全议题在各个协作机制中的分量，目标是强化国家利用核能的权利、加强国际核安全协作的义务以及扩大中国在国际核安全立法中的话语权，为中国实施核电"走出去"战略营造有利的国际法律环境。

本 章 小 结

随着核能产业的飞速发展，中国已初步建立以法律法规、部门规章、地方性法规与规章以及国际公约为主、以核安全导则和技术性文件为辅的核安全法律体系。现有立法内容涵盖大部分核能利用环节，建立了相对完整的核安全监管体制，中国核安全保障工作基本实现有法可依。

目前，中国正在实施大力发展核电战略和核电"走出去"战略，为核能产业带来前所未有的发展机遇，同时也给核安全治理提出新的挑战。美国在核安全监管方面积累了丰富的经验，特别是其完善的法律体系和高效的监管体制已经成为国际核安全治理的模板。因此，中国可以借鉴美国核安全治理经验，完善国内治理机制和国际协作机制，提升中国的核安全水平。

在宏观法律体系方面，中国应尽早完成原子能基本法及其配套法规的立法工作，完善核与辐射安全、核燃料循环、核废物处置、核应急准备与响应、核损害赔偿等方面的法律制度，建立符合中国国情且与国际接轨的核安全法律体系。

在微观法律制度方面，中国应完善"事前预防，事中控制，事后补救"的各项监管制度，形成制度合力。其中，事前预防方面需要完善规划制度、环境影响评价制度、"三同时"制度、许可制度等；事中控制应加强应急预案制度、应急准备与响应制度、信息公开与公众参与制度等；而事后补救则需重点完善核损害赔偿制度和强制责任保险制度。

为了推行核电"走出去"战略，中国应围绕以核安全为中心的话语体系，主动推进国际社会对核安全议题的期望趋同共存，改变"重扩散、轻安全"的国际现实。首先，现阶段中国国际核战略最优先的政策目标应当是确保核安全。中国可以主张国际核法律体系实现军民分离、促管分立；主张把核安全置于优先地位，重点完善国际核安全法律制度和核安全协作机制，这是中国国际核战略的指导思想。其次，中国应积极参与国际核安全立法，坚持国际核安全公约的鼓励性质，反对赋予《核安全公约》强制性；但中国应支持提高国际核安全标准。最后，中国应当充分利用各种国际协作机制，扩大中国话语权，开展国际核安全协作活动，推动国际共同愿望的形成，全面推进中国的核电战略。

结　论

　　"在当今世界高度融合和发展的形势下，国际社会利益和国内社会利益虽各自独立存在，但不可避免地存在着融合、转化、相互影响和冲突。这种国际社会利益和国家自身利益的互动关系，即是国际法与国内法关系的本质所在。"① 国际核安全立法与国家核安全立法的目的都是为了促进核与辐射安全，二者具有天然同源性和政治中立性。首先，国际核安全法律制度是在美国、法国和前苏联（俄罗斯）等核能大国的主导下建立起来的，而核安全法律制度的内容也大多来自这些核能大国。可以说，国家核安全法是国际核安全法律制度的重要渊源之一。其次，在国际原子能机构的推动下，国际核安全领域的公约日益增多，国际核安全法律制度不断完善。为了履行国际核安全公约义务、提高核安全水平，无论是新兴核电国家，还是老牌核能大国，都会主动参照国际核安全法律制度不断完善国内核安全法律体系和监管体制。国际法与国内法的这种互相借鉴、互相补充、互相交流关系正是核安全法律制度的最大特征。因此，在核安全领域，把国内法与国际法割裂甚至对立起来的做法，既不符合国际核安全立法的现实，也无法满足国际核安全治理的迫切需要。

一、美国核安全法律制度是国际核安全法律制度的先驱

　　经过半个多世纪的历史演变，美国核安全法已经发展成为一个从核能基本法到法律法规再到授权立法有机结合的完备法律体系，

---

　　① 万鄂湘主编：《国际法与国内法关系研究：以国际法在国内的适用为视角》，北京大学出版社 2011 年版，第 499 页。

它既可以保证监管机构各司其职、"立法—行政"相互制约，又能保证核安全立法及实施机构的专业性、独立性和权威性，从而形成一个相对稳定而又充满活力的法律体系。

美国核安全法的演变历史也是核安全监管体制不断合理化的过程，其核心集中在机构设置及其监管职能和程序的转变。经过几十年调整、完善，最终确立军民分离、"促""管"分立的独立监管机构原则。美国国会通过立法设置独立的国家职能机构，明确其法定职责，确保核安全监管机构的独立性，同时，授权其统一行使监管职责，确保核安全监管的统一性。随着监管主体及其职责的变化，监管程序也随之发生变化，监管体制最终发展成为"立法—行政"相互制约模式。美国核管会与能源部等政府机构地位平等，各司其职，相互监督，体现了美国三权分立的法制精神。

作为核安全法制建设的先行者，美国创制或发展了很多核安全法律原则和制度，其中很多成为《核安全公约》等国际法律规范的基本制度，为国际核安全法律制度的建立和发展做出了不可磨灭的贡献。作为国际法律制度的践行者，美国明确国际核安全法律规范的国内效力，保障其在美国的实施，在履行其核安全国内治理和国际协作义务的同时，把完善的法律体系和监管体制推广到国际社会，从而掌握国际核安全立法的话语权。

二、国际核安全法律制度为国际核安全治理提供了框架性机制

在核安全领域的《核安全公约》、《及早通报核事故公约》和《核事故或辐射紧急情况援助公约》等多边国际公约，为国际核安全治理提供了必要的鼓励机制。国际原子能机构依据国际公约制定大量国际法律文书、安全标准和导则，开展同行评审，提供指导服务，构建核安全知识网络，通过其职能活动实施和推进国际核安全治理。目前，核安全领域已初步形成国际核安全治理的框架性机制。这个框架性机制对国际核安全治理的许多方面都做出了制度性安排，内容涉及健全的法律体系、独立有效的监管机构、核设施安全、辐射安全、运输安全以及乏燃料和核废物安全管理制度、核应急制度以及核损害赔偿制度等。

　　然而，从本质上讲，国际核安全法律制度是鼓励性的国际协作法，而不是一套强制性国际法律规范。国际核安全法律制度需要与主权国家的国内治理相结合，需要依靠主权国家主动按照国际核安全法律制度完善国内法律体系，建立"促"、"管"分立的监管机构，采取自我监督与公众监督等治理机制付诸实施。

　　事实表明，鼓励性的国际核安全法律制度具有天然的强制力。国内治理与国际协作相结合的模式正是国际核安全法律制度的基础，也是国际核安全治理的最大特点。当然，这并不能改变国际核安全法律制度的弱法性质，它的法律规范数量有限，内容也以框架性法律原则和义务为主，缺乏强制执行力。因此，主权国家应当在加强国内治理的同时，建立一种多元主体参与的国际协作机制，提高国际核安全法律制度的实效。

三、美国与国际核安全法律制度的互动体现国际法与国内法的融合趋势

　　国际法和国内法的相互关系，一方面表现为国际法对国内法的影响日益增加，另一方面表现为欧美发达国家的国内法对国际法的影响也越来越大。① 国际核安全法律制度的技术性和政治中立性使其容易被主权国家所接受，从而转化为本国法律制度。

　　然而，核安全法的背后是核技术、经济竞争以及国际话语权的博弈。美国首倡建立国际原子能机构，并利用在国际原子能机构中的主导地位掌握国际核安全立法的话语权，决定国际核安全标准及其发展趋势；美国还召集国际核安全峰会，构建新的协作机制补充国际原子能机构的职能，利用其召集人身份主导峰会议题，决定峰会框架和工作安排，掌握新机制的话语权，使核安全峰会成为美国控制下的另一个战略工具。此外，美国在国际核安全文化建设中展

---

　　① 参见杨泽伟：《当代国际法的新发展与价值追求》，载《法学研究》2010 年第 3 期，第 175~185 页。

现出来的软实力也不容小觑，它的《安全文化政策声明》是世界上第一个规范核安全文化的官方文件，引领国际核安全文化向具体化和制度化方向发展。美国与国际核安全法律制度的互动关系，体现了国际核安全治理的最大特色：主权国家的国内法与国际法不断融合，国内治理与国际协作紧密结合而又互为补充。

四、美国核安全法律制度及其与国际核安全法律制度的交互影响对中国加强国内核安全治理和国际协作具有重要借鉴意义

美国核安全法律制度对中国核安全法律制度建设而言无疑具有借鉴意义。"从历史发展的角度看，核安全法律制度的构建具有高度的国际性。"① 中国的核安全法律法规、部门规章及规范性文件大多是参照国际原子能机构相关文件制定出来的。因此，中国可以继续参照新的国际法律规范以及各国核安全法律制度，建立并不断完善符合中国国情并与国际接轨的法律体系。从宏观上讲，中国核安全法律体系应当是一个以基本法为统领、以专门法律法规和规章为支撑、以技术标准和导则等技术性规范为配套的系统而协调的法律体系；从微观上讲，中国应当要建立和完善公开透明、行之有效的核安全监管制度，覆盖核能利用的各个环节。宏观法律体系与微观法律制度相结合，不断提高核安全治理水平。

美国核安全法律制度与国际核安全法律制度的交互影响为中国开展国际核安全协作提供了重要启示。美国参与国际核安全协作机制的战略目标是防止核扩散与核恐怖主义，但中国的战略目标是推进核能的和平利用，二者存在本质差异。因此，中国应围绕以核安全为中心的话语体系，主动推进国际社会对核安全议题的期望趋同共存，改变"重扩散、轻安全"的国际现实。目前，为了加快核电"走出去"战略的实施，中国应当加强与国际核安全法律制度的互动。这不仅是为了履行国际核安全公约义务，吸收国际核安全

---

① 胡帮达：《中国核安全法制度构建的定位》，载《重庆大学学报（社会科学版）》2014 年第 4 期，第 129～134 页。

治理经验，而且是为国际核安全治理发挥积极的建设作用。中国应确立核安全优先的国际核战略和国际立法主张，积极参与或创设国际核安全协作机制，掌握国际核安全立法的话语权，为国际核安全治理作出应有的贡献。

附录　美国国会原子能立法列表

Volume I（第一卷）①

（1）*Atomic Energy Act of 1954*，as Amended《1954 年原子能法》及其修正案（美国公共法 83-703）

（2）*Energy Reorganization Act of 1974*，As Amended《1974 年能源重组法》及其修正案（美国公共法 93-438）

（3）*Reorganization Plan of 1980* and Other Documents Pertaining to NRC Jurisdiction《1980 年重组计划》及其他与核管会职权相关的文件

A. *Reorganization Plan No. 1 of 1980*《1980 年第 1 号重组计划》（核管会）

B. *Reorganization Plan No. 3 of 1970*《1970 年第 3 号重组计划》（环保局）

C. *Executive Order 11834—Activation of the Energy Research and Development Administration and the Nuclear Regulatory Commission*《第 11834 号行政命令》

D. *OMB Memorandum Regarding Responsibility for Setting Radiation Protection Standards*《预算管理局关于制定放射物保护标准责任的备忘录》

---

① 根据美国核管会 2012 年 12 月发布的 Nuclear Regulatory Legislation：112th Congress（NUREG-0980）整理而成，详见美国核管会官方网站 http：//www. nrc. gov/reading-rm/doc-collections/nuregs/staff/sr0980/（最后访问日期 2015 年 2 月 3 日）。

E. *President's Commission on the Accident at Three Mile Island*《三里岛事故总统委员会》

（4） Low-Level Radioactive Waste 低水平放射性废物

A. *Low-Level Radioactive Waste Policy Act of 1985*（Title 1），As Amended《1985 年低水平核废物政策法》及其修正案（1）

B. *Low-Level Radioactive Waste Policy Amendments Act of 1985*（Title ii，Includes：NW，Central，SE，Central Midwest，MW，Rocky Mountain，NE Interstate Compacts）《1985 年低水平核废物政策法》及其修正案（2）

C. *Appalachian States Low-Level Radioactive Waste Compact Consent Act*①《批准阿巴拉契亚地区四州签署低放射性废物处置协议的法案》

D. *Southwestern Low-Level Radioactive Waste Disposal Compact Consent Act*②《批准西南地区各州签署低放射性废物处置协议的法案》

E. *Texas Low-Level Radioactive Waste Disposal Compact Consent Act*《批准德克萨斯州签署低放射性废物处置协议的法案》

（5） High-Level Radioactive Waste 高水平放射性废物

A. *Nuclear Waste Policy Act of 1982*，As Amended《1982 年核废物政策法》及其修正案（美国公共法 97-425）

B. *Pertinent Provisions of the Energy Policy Act of 1992—*（Environmental Protection Standards）《1992 年能源政策法》"环保标准"相关条款

C. *Pertinent Provisions of the Ronald W. Reagan National Defense Authorization Act for Fiscal Year 2005—*（Waste Incidental to

---

① 国会通过法案，同意宾夕法尼亚，西弗吉尼亚州，特拉华州和马里兰州四个阿巴拉契亚地区的州有权与核管会订立低放射性废物处置协议。（作者注）

② 国会通过法案，同意亚利桑那州，北达科他州，南达科他州和其他符合本法第七条所列条件的州有权与核管会订立低放射性废物处置协议。（作者注）

Reprocessing)《2005 财年国防授权法》"后处理废物"相关条款

D. *Pertinent Provisions of the Energy Policy Act of 2005*——（Greater-Than-Class C Waste）《2005 年能源政策法》"C 级以上废物"相关条款

（6）Uranium Mill Tailings 铀尾矿

A. *Uranium Mill Tailings Radiation Control Act of 1978*，As Amended《1978 年铀尾矿辐射控制法》及其修正案

B. *Pertinent Provisions of the Energy Policy Act of 1992*——（Remedial Action and Uranium Revitalization）《1992 年能源政策法》"救济行动和铀振兴"相关条款

C. *National Defense Authorization Fiscal Year 2001*——（Provisions Pertaining to Remedial Action at Moab Site）《2001 财年国防授权法》"摩押地区救济行动"相关条款

Volume II（第二卷）

Part I：Domestic Legislation 第一部分 国内立法

（1）Transportation of Hazardous Materials 危险物质的运输

A. *Hazardous Materials Transportation Uniform Safety Act of 1990*，As Amended《1990 年危险材料运输统一安全法》及其修正案

B. *Air Transportation of Plutonium*——（Public Law 94-79）《钚元素的空运》

C. *Air Transportation of Plutonium*——（Public Law 94-187）《钚元素的空运》

D. Section 5062 of Omnibus Budget Reconciliation *Act of 1987 Regarding Air Transportation of Plutonium*《1987 年统括预算调整法》第 5062 条"钚元素的空运"相关条款

E. *Shipments of Plutonium by Sea*《钚元素的海运》

F. *Section 411 of Rail Safety Improvement Act of 2008*《2008 年轨道安全改善法》（第 411 条）

（2）User Fees 使用者的费用

A. Title V *of the Independent Offices Appropriations Act of 1952*

《1952 年独立机构拨款法》第五部分

B. *Pertinent Provisions of the Omnibus Budget Reconciliation Act of 1990*，As Amended《1990 年统括预算调整法》及其修正案

（3）*Administrative Law Statutes* 行政法规

A. *Administrative Procedures*（5 U. S. C. 551-559）《行政程序》

B. *Negotiated Rulemaking Act of 1990*（5 U. S. C. 561-570）《1990 年协商性规则制定法》

C. *Administrative Dispute Resolution Act*，As Amended《行政争议解决法》及其修正案

D. *Regulatory Flexibility Act*，As Amended（5 U. S. C. 601-612）《灵活监管法》及其修正案

E. *Judicial Review*（5 U. S. C. 701-706）《司法审查》

F. *Congressional Review*（5 U. S. C. 801-808）《国会审查》

G. *Federal Advisory Committee Act*，As Amended《联邦咨询委员会法》及其修正案

H. *Alternative Dispute Resolution Act of 1998*《1998 年替代争议解决法》

I. *Federal Civil Penalties Inflation Adjustment Act of 1990*，As Amended《1990 年联邦民事处罚缩减法》及其修正案

（4）*NRC Appropriation Acts*《核管会拨款法》

Table：Annual NRC Appropriation Acts Through Fiscal Year 2012 列表：1975-2012 年核管会拨款法

（5）NRC Authorization Acts 历年《核管会授权法》

A. *NRC Authorization Actfor Fiscal Year, 1984-1985*

B. *NRC Authorization Actfor Fiscal Year, 1982-1983*

C. *NRC Authorization Actfor Fiscal Year 1980*

D. *NRC Authorization Actfor Fiscal Year 1979*

E. *NRC Authorization Actfor Fiscal Year 1978*

F. *NRC Authorization Actfor Fiscal Year 1977*

G. *NRC Authorization Actfor Fiscal Year 1976*

H. *NRC Fiscal Year 1975 Supplemental Authorization Act*

I. *AEC Fiscal Year 1975 Supplemental Authorization Act*

J. *AEC Authorization Act for Fiscal Year 1975*

K. *AEC Authorization Act for Fiscal Year 1974*

（6）Chief Financial officers Legislation 首席财务官立法

A. *Chief Financial officers Act of 1990*，As Amended《1990 年首席财务官法》及其修正案

B. *Reports Consolidation Act of 2000*《2000 年报告合并法》

C. *Government Performance and Results Act of 1993*《1993 年政府绩效与结果法》

D. *GPRA Modernization Act of 2010*《2000 年政府绩效与结果法修订案》

（7）Inspector General Legislation 总监察长立法

A. *Inspector General Act of 1978*，As Amended《1978 年总监察长法》及其修正案

（8）Information Management Legislation 信息管理立法

A. *Information Technology Management Reform Act of 1996*《1996 年信息技术管理改革法》

B. *Paperwork Reduction Act of 1995*，As Amended《1995 年纸质材料减少法》及其修正案

C. *Government Paperwork Elimination Act*《政府纸质材料消除法》

D. *Consolidated Appropriations Act*, *2001*（Data Quality）《2001 年强化拨款法》

E. *Electronic Records and Signatures in Commerce*《商业电子记录和签名》

F. *Plain Writing Act of 2010*《2010 年白话写作法》

（9）Environmental Legislation 环境立法

A. *Pertinent Sections of the Clean Air Act of 1977*，As Amended《1977 年清洁空气法》及其修正案

B. Section 511 of *the Federal Water Pollution Control Act of 1972*《1972 年联邦水污染控制法》（第 511 部分）

C. *National Environmental Policy Act of 1969*，As Amended《1969

年美国环境政策法》及其修正案

D. *West Valley Demonstration Project Act*《西谷示范项目法》

（10）Miscellaneous Domestic Legislation and Executive Orders 其他国内立法和行政命令

A. *Uniting and Strengthening America by Providing Appropriate Tools Required to Intercept and Obstruct Terrorism（USA Patriot Act）Act of 2001*《使用适当之手段阻止或避免恐怖主义以团结并强化美国的法案》（《爱国者法案》）

B. *National Defense Authorization Act for Fiscal Year 2002*（Homeland Security）《2002 财年国防授权法》（国土安全）

C. *Pertinent Sections of the Intelligence Reform and Terrorism Prevention Act of 2004*《2004 年情报改革与预防恐怖主义法》

D. *National Defense Authorization Act for Fiscal Year 2000*（Tritium Production）《2000 财年国防授权法》（氚的生产）

E. *Strom Thurmond National Defense Authorization Act for Fiscal Year 1999*（Licensing Mox Fuel Facilities）《1999 财年国防授权法》（混合燃料设施的许可）

F. *National Defense Authorization Act For Fiscal Year 2002*（Mox Fuel）《2002 财年国防授权法》（混合燃料）

G. Miscellaneous Department of Energy Nuclear Provisions，Enacted by Public Law 109-58，*The Energy Policy Act of 2005*《2005 年能源政策法》（能源部核能部分条款）

H. *Executive Order 12656-Assignment of Emergency Preparedness Responsibilities*《美国 12656 号行政命令》（应急职责分工）

I. *Executive Order 12657*-Department of Homeland Security Assistance in Emergency Preparedness Planning at Commercial Nuclear Power Plants《美国 12657 号行政命令》（关于美国国土安全部对商业核电厂应急计划的援助）

Volume III（第三卷）

Part Ⅱ. Nonproliferation and Other International Materials 第二部

分 核不扩散及其他国际材料

（1）Nuclear Nonproliferation and Export Licensing Statutes 核不扩散和出口许可法规

A. *Nuclear Nonproliferation Act of 1978*《1978 年核不扩散法》

B. *Foreign Relations Authorization Act*，*Fiscal Years 1994 and 1995*《外国关系授权法（1994 和 1995 财年）》

C. *International Security Assistance and Arms Export Control Act of 1976*《1976 年国际安全协助和武器出口控制法》

D. *International Security and Development Cooperation Act of 1980*《1980 年国际安全和发展合作法》

E. *International Security and Development Cooperation Act of 1981*《1981 年国际安全和发展合作法》

F. *Foreign Operations Appropriations*（Iraq Sanctions）《国外行动拨款（制裁伊拉克）》

G. *Emergency Wartime Supplemental Appropriations Act*，*2003*（Iraq Sanctions）《2003 年紧急战时补充拨款法（制裁伊拉克）》

H. *Memorandum for the Secretary of State Suspending the Iraq Sanctions Act*《国务卿中止制裁伊拉克法的备忘录》

I. *National Defense Authorization Act for Fiscal Year 1993*（Iran-Iraq Arms Non-Proliferation of 1992）《1993 财年国防授权法（1992 年防止伊朗—伊拉克武器扩散）》

J. *North Korea Threat Reduction*（Subtitle B）《减少朝鲜威胁》

K. *Iran Nonproliferation Act of 2000*《2000 年伊朗不扩散法》

L. *Henry J. Hyde United States-India Peaceful Atomic Energy Cooperation Act of 2006*（Title 1）《2006 年亨利 J. 海德美国—印度原子能和平合作法》

M. *United States-India Nuclear Cooperation Approval and Nonproliferation Enhancement Act*《美国—印度核合作批准和不扩散强化法》

（2）Selected Treaties，Agreements，and Implementing Legislation 节选国际条约、国际协定及其实施法规

A. *Nuclear Nonproliferation Treaty*《核不扩散条约》

Table：Signature，Ratification，Acceptance，Approval，or Accession by States or Organizations 附表：签署、批准、接受、同意或加入国家或国际组织名单

B. *The Convention on the Physical Protection of Nuclear Material* 《核材料实物保护公约》及附表

Table：Convention on the Physical Protection of Nuclear Material

C. *Convention on the Physical Protection of Nuclear Material Implementation Act of 1982*《1982 年〈核材料实物保护公约〉实施法》

D. *Convention on Early Notification of a Nuclear Accident*《及早通报核事故公约》及附表

Table：Convention on Early Notification of a Nuclear Accident

E. *Convention on Nuclear Safety*《核安全公约》及附表

Table：Signatories and Parties on the Convention on Nuclear Safety

F. *Convention on Assistance in the Case of a Nuclear Accident or Radiological Emergency*《核事故或辐射紧急情况援助公约》及附表

Table：Convention on Assistance in the Case of a Nuclear Accident or Radiological Emergency

G. Additional Protocol I to the *Treaty for the Prohibition of Nuclear Weapons in Latin America*《拉丁美洲禁止核武器条约第一附加议定书》及附表

H. Additional Protocol II to the *Treaty for the Prohibition of Nuclear Weapons in Latin America*《拉丁美洲禁止核武器条约第二附加议定书》及附表

I. *Treaty for the Prohibition of Nuclear Weapons in Latin America* 《拉丁美洲禁止核武器条约》及附表

Table：Treaty for the Prohibition of Nuclear Weapons in Latin America

Table：Additional Protocol I to the Treaty for the Prohibition of Nuclear Weapons in Latin America

Table：Additional Protocol II to the Treaty for the Prohibition of Nuclear Weapons in Latin America

J. *International Atomic Energy Agency Participation Act of 1957* 《1957 年加入国际原子能机构法》

K. *Statute of the International Atomic Energy Agency* 《国际原子能机构规约》

L. *Agreement between the United States of America and the International Atomic Energy Agency for the Application of Safeguards in the United States of America* 《美利坚合众国和国际原子能机构关于在美国实施保障的协定》

M. *U. S. Senate Resolution Consenting to the Ratification of the Agreement between the U. S. and the IAEA for the Application of Safeguards* 《美国参议院同意批准〈美利坚合众国和国际原子能机构关于在美国实施保障的协定〉的决议》

N. *Protocol Additional to the Agreement Between the United States of America and the International Atomic Energy Agency for the Application of Safeguards in the United States of America* 《〈美利坚合众国和国际原子能机构关于在美国实施保障的协定〉附加议定书》

O. *United States Additional Protocol Implementation Act* 《美国附加议定书实施法》

P. *Status With Regard to Conclusion of Safeguards Agreements and Additional Protocols and Small Quantities Protocols* 《保障协定及其附加议定书的缔结》

Q. Table：*IAEA Supply Agreements* 附表：《国际原子能机构供给协定》

R. Table：*United States Agreements for Peaceful Nuclear Cooperation* 附表：《美国和平核合作协定》

S. Table：*Trilaterals between the United States, the International Atomic Energy Agency and Other Countries for the Application of Safeguards by the International Atomic Energy Agency to Equipment Concerning Civil Uses of Atomic Energy* 附表：《美国、国际原子能机

构和其他国家关于国际原子能机构对民用核能设备实施保障的三边
协议》

T. Table：*Trilaterals between the United States, the International Atomic Energy Agency and Other Countries for the Application of Safeguards Pursuant to the Nonproliferation Treaty* 附表：《美国、国际原子能机构和其他国家根据〈核不扩散条约〉实施保障的三边协议》

U. *Convention on the Prevention of Marine Pollution by Dumping of Wastes and Other Matters* 《防止倾倒废物及其他物质污染海洋的公约》

Table：*Parties to the Convention on the Prevention of Marine Pollution by Dumping of Wastes and Other Matter*, With Annexes 附表：《防止倾倒废物及其他物质污染海洋的公约》缔约国名单

V. *Joint Convention on the Safety of Spent Fuel Management and on the Safety of Radioactive Waste Management* 《乏燃料管理安全和放射性废物管理安全联合公约》

Table：*Joint Convention on the Safety of Spent Fuel Management and on the Safety of Radioactive Waste Management* 附表：《乏燃料管理安全和放射性废物管理安全联合公约》

W. *Code of Conduct on the Safety and Security of Radioactive Sources* 《放射源安全和保安行为准则》

（3）Miscellaneous International Legislation and Executive Orders 其他国际法和行政命令

A. *Executive Order 10841—Providing for the Carrying out of Certain Provisions of the Atomic Energy Act of 1954*, as Amended, Relating to International Cooperation 《美国 10841 号行政命令》（为了执行《1954 年原子能法》及其修正案中有关国际合作的条款）

B. *Executive Order 10956—Amendment of Executive Order 10841* 《美国 10956 号行政命令》（《美国 10841 号行政命令》的修订）

C. *Executive Order 12058—Functions Relating to Nuclear Non-Proliferation* 《美国 12058 号行政命令》（核不扩散的相关功能）

D. *Executive Order 12730*—Continuation of Export Control Regulations《美国 12730 号行政命令》（延长关于出口控制的法规）

E. *Executive Order 12114*—Environmental Effects Abroad of Major Federal Actions《美国 12114 号行政命令》（重大联邦行动对国外环境的影响）

参 考 文 献

一、中文

（一）译著

［1］［德］赫尔曼·希尔著：《能源变革最终的挑战》，王乾坤译，人民邮电出版社 2013 年版。

［2］［德］乌尔里希·贝克、约翰内斯·威尔姆斯著：《自由与资本主义——与著名社会学家乌尔里希·贝克对话》，路国林译，浙江人民出版社 2001 年版。

［3］［德］乌尔里希·贝克著：《世界风险社会》，吴英姿、孙淑敏译，南京大学出版社 2004 年版。

［4］［法］亚历山大·基斯著：《国际环境法》，张若思编译，法律出版社 2000 年版。

［5］［美］查尔斯·E.林布隆著：《政策制定过程》，朱国斌译，华夏出版社 1988 年版。

［6］［美］霍华德·格尔勒著：《能源革命——通向可持续未来的政策》，中国环境科学出版社 2006 年版。

［7］［美］理查德·拉撒路斯、奥利弗·哈克著：《环境法故事》，曹明德等译，中国人民大学出版社 2013 年版。

［8］［美］罗伯特·布莱特著：《能源独立之路》，陆妍译，清华大学出版社 2010 年版。

［9］［美］M.B.麦克尔罗伊著：《能源展望、挑战与机遇》，王聿绚等译，科学出版社 2011 年版。

［10］［美］维托·斯泰格利埃诺著：《美国能源政策：历史、过程与博弈》，刘世高等译，石油工业出版社 2009 年版。

［11］［美］约翰·塔巴克著：《核能与安全》，王辉、胡云志译，商务印书馆 2011 年版。

［12］［美］约瑟夫·P. 托梅因、理查德·D. 卡达希著：《美国能源法》，万少廷译，法律出版社 2008 年版。

［13］［英］戴维·赫尔德著：《民主的模式》，燕继荣译，中央编译出版社 1998 年版。

（二）中文著作

［1］蔡先凤著：《核损害民事责任研究》，原子能出版社 2005 年版。

［2］曹康泰、解振华、李飞著：《中华人民共和国放射性污染防治法释义》，法律出版社 2003 年版。

［3］柴建设著：《核安全文化理论与实践》，化学工业出版社 2012 年版。

［4］陈春生著：《核能利用与法之规制》，台湾月旦出版社股份有限公司 1995 年版。

［5］陈刚编：《国际原子能法汇编》，中国原子能出版社 2012 年版。

［6］陈刚著：《国际原子能法》，中国原子能出版社 2012 年版。

［7］丁玉佩主编：《中国电力百科全书（核能及新能源发电卷）》，中国电力出版社 2001 年版。

［8］方芗著：《中国核电风险的社会建构》，社会科学文献出版社 2014 年版。

［9］高宁著：《国际原子能机构与核能利用的国际法律控制》，中国政法大学出版社 2009 年版。

［10］龚向前著：《气候变化背景下能源法的变革》，中国民主法制出版社 2008 年版。

［11］国际原子能机构编：《国际原子能机构安全标准丛书：安全导则—在核设施监管过程中使用的文件》（GS-G-1.4 号）2002 年版。

［12］国际原子能机构编：《国际原子能机构安全术语——核安全和辐射防护系列》（2007 年版）（STI/PUB/1290）。

［13］何家弘主编：《当代美国法律》，社会科学文献出版社 2011 年版。

［14］胡德胜编著：《美国能源法律与政策》，郑州大学出版社 2010 年版。

［15］环境保护部核与辐射安全监管二司、环境保护部核与辐射安全中心编：《日本福岛核事故》，中国原子能出版社 2014 年版。

［16］林灿铃著：《国际环境法》（修订版），人民出版社 2011 年版。

［17］吕江著：《英国新能源法律与政策研究》，武汉大学出版社 2012 年版。

［18］王斌著：《切尔诺贝利和福岛核事故的传播比较研究》，河北大学，2012 年 6 月。

［19］王曦主编：《国际环境法与比较环境法评论》，法律出版社 2002 年版。

［20］肖国兴、叶荣泗主编：《中国能源法研究报告》，法律出版社 2009 年版。

［21］肖乾刚、魏宗琪主编：《能源法教程》，法律出版社 1988 年版。

［22］陈刚主编：《世界原子能法律解析与编译》，法律出版社 2011 年版。

［23］阎政著：《美国核法律与国家能源政策》，北京大学出版社 2006 年版。

［24］杨国华、胡雪著：《国际环境保护公约概述》，人民法院出版社 2000 年版。

［25］杨泽伟主编：《从产业到革命：发达国家新能源法律政策与中国的战略选择》，武汉大学出版社 2015 年版。

［26］杨泽伟主编：《发达国家新能源法律与政策研究》，武汉大学出版社 2011 年版。

［27］杨泽伟著：《中国能源安全法律保障研究》，中国政法大学出版社 2009 年版。

［28］ 杨泽伟著：《主权论》，北京大学出版社 2006 年版。

［29］ 叶荣泗、吴钟瑚主编：《中国能源法律体系研究——能源立法：战略安全可持续发展》，中国电力出版社 2006 年版。

［30］ 张红卫著：《核能安全利用的法律制度研究》，中国海洋大学，2006 年 4 月。

［31］ 张铭著：《民用核能安全利用的国际法规制——以福岛核事故为例》，山东大学威海分校，2012 年 5 月。

［32］ 郑文娟著：《我国核能安全使用立法研究——以核能发电为视角》，天津大学，2012 年 5 月。

［33］ 中国工程院编著：《我国核能发展的再研讨》，高等教育出版社 2013 年版。

［34］ 中国广东核电集团公司编：《核电相关法律法规汇编》（上下卷），法律出版社 2009 年版。

［35］ 周云亨著：《中国能源安全中的美国因素》，上海人民出版社 2012 年版。

［36］ 朱继洲、单建强主编：《核电厂安全》，中国电力出版社 2010 年版。

［37］ 朱继洲著：《核反应堆安全分析》，西安交通大学出版社 2004 年版。

（三）中文期刊论文

［1］ 安太星：《核电厂核安全事故法律问题分析》，载《边疆经济与文化》2012 年第 5 期。

［2］ 安文：《我国核安全体系该如何完善》，载《中国核工业》2010 年第 4 期。

［3］ 蔡先凤：《核损害民事责任的国际法基础》，载《郑州大学学报（哲学社会科学版）》2008 年第 3 期。

［4］ 曹霞：《美国核电安全与法律规制》，载《政法论丛》2012 年第 1 期。

［5］ 陈达：《核能与核安全：日本福岛核事故分析与思考》，载《南京航空航天大学学报》2012 年第 5 期。

［6］ 陈金元、李洪训：《对我国核安全监管工作的思考》，载《核

安全》2007 年第 1 期。

[7] 陈俊：《我国核法律制度研究基本问题初探》，载《中国法学》1998 年第 6 期。

[8] 陈伟：《核安全法的指导思想、体系与内容》，载《沈阳工程学院学报（社会科学版）》2011 年第 3 期。

[9] 邓禾、夏梓耀：《中国核能安全保障法律制度与体系研究》，载《重庆大学学报（社会科学版）》2012 年第 2 期。

[10] 范纯：《简析日本核电安全的法律控制体系》，载《日本学刊》2011 年第 5 期。

[11] 甘继刚：《核能安全的国际法规制》，载《湖南警察学院学报》2012 年第 2 期。

[12] 高宁：《国际核安全合作法律机制研究》，载《河北法学》2009 年第 1 期。

[13] 官慧：《核安全进化论——世界历次核事故给核能发展带来的启示》，载《中国核工业》2011 年第 4 期。

[14] 胡帮达：《中国核安全法制度构建的定位》，载《重庆大学学报（社会科学版）》2014 年第 4 期。

[15] 黄钟：《2020 年美国核能发展计划》，载《核电站》2003 年第 3 期。

[16] 冷瑞平：《核安全公约的主要内容及其含义》，载《辐射防护通讯》1995 年第 2 期。

[17] 李晶晶、林明彻、杨富强、Jason Portner：《中国核安全监管体制改革建议》，载《中国能源》2012 年第 4 期。

[18] 李晶晶、屈 植：《如何建立我国核能安全立法体系》，载《科教文汇》2006 年第 8 期。

[19] 李奇伟、彭本利：《放射性废物管理的国际法制度—〈乏燃料管理安全和放射性废物管理安全联合公约〉的视角》，载《中国公共安全·学术版》第 5 期。

[20] 李奇伟：《略论我国环境知情权》，载《巢湖学院学报》2004 年第 1 期。

[21] 罗超：《美国核能监管法律制度与政策及其对中国的启示》，

载《东南大学学报（哲学社会科学版）》2012 年第 14 卷增刊。

［22］马成辉：《美国核能政策的分析与借鉴》，载《核安全》2007年第 3 期。

［23］彭峰：《我国原子能立法之思考》，载《上海大学学报（社会科学版）》2011 年第 6 期。

［24］汪劲：《论〈核安全法〉与〈原子能法〉的关系》，载《科技与法律》2014 年第 2 期。

［25］王晓丹：《浅谈国际核安全立法现状》，载《中国核工业》2003 年 4 期。

［26］夏立平：《论国际核安全体系的构建与巩固》，载《现代国际关系》2012 年第 10 期。

［27］薛澜、彭志国、［美］Keith Florig：《美国核能工业管制体系的演变及其借鉴分析》，载《清华大学学报（哲学社会科学版）》2000 年第 6 期。

［28］杨泽伟：《〈2009 年美国清洁能源与安全法〉及其对中国的启示》，载《中国石油大学学报（社会科学版）》2010 年第1 期。

［29］杨泽伟：《发达国家新能源法律与政策：特点、趋势及其启示》，载《湖南师范大学社会科学学报》2012 年第 4 期。

［30］杨泽伟：《国际能源法——国际法的新分支（英文）》，载《武大国际法评论》2009 年第 2 期。

［31］杨泽伟：《国际能源机构法律制度初探——兼论国际能源机构对维护我国能源安全的作用》，载《法学评论》2006 年第6 期。

［32］杨泽伟：《国际能源秩序的变革：国际法的作用与中国的角色定位》，载《东方法学》2013 年第 4 期。

［33］杨泽伟：《我国能源安全保障的法律问题研究》，载《法商研究》2005 年第 4 期。

［34］杨泽伟：《中国能源安全问题：挑战与应对》，载《世界经济与政治》2008 年第 8 期。

［35］ 袁达松：《核安全管理国际经验及启示》，载《环境保护》
2013 年第 Z1 期。

［36］ 岳树梅：《中国民用核能安全保障法律制度的困境与重构》，
载《中外法学》2012 年第 6 期。

［37］ 赵洲：《国际法视野下核能风险的全球治理》，载《现代法
学》2011 年 7 月第 4 期。

［38］ 周晓玲：《国际核安全法律制度评析》，载《西安政治学院学
报》2010 年第 4 期。

二、英文

（一）英文著作

［1］ Bernard Leonard Cohen, *The Nuclear Energy Option*: *An Alternative for the 90's*, Plenum Publishing Corporation, 1990.

［2］ Daniel Barstow Magraw, ed., *International Law and Pollution*, University of Pennsylvania Press, 1991.

［3］ David Elliott, *Fukushima*: *Impacts and Implications*, Palgrave Macmillan, 2013.

［4］ David Shea Teeple, *Atomic Energy, a Constructive Proposal*, Little, Brown, and Co., 1995.

［5］ Emily S. Fisher ed., *Nuclear Regulation in the U.S.*: *A Short History*, Nova Science Publishers, Inc., 2012.

［6］ Gabriel A. Oliveira ed., *U. S. Nuclear Cooperation with Other Countries*, Nova Science Publishers, Inc., 2011.

［7］ George T. Mazuzan, J. Samuel Walker, *Controlling the Atom*: *The Beginnings of Nuclear Regulation*, University of California Press, 1985.

［8］ H. C. L. Merilatt (ed.), *Legal Advisers and International Organizations*, Oceana Publications, 1966.

［9］ Helen Cook, *The Law of Nuclear Energy*, Sweet & Maxwell, 2013.

［10］ *IAEA Action Plan on Nuclear Safety*, approved by the IAEA Board of Governors on 13 September 2011, as endorsed by the IAEA General Conference during its 55th regular session on 22 September 2011.

[11] International Nuclear Safety Advisory Group, *Safety Culture*, IAEA Safety Series 75-INSAG-4.

[12] J. Samuel Walker, *Containing the Atom: Nuclear Regulation in a Changing Environment* (1963-1971), University of California Press, 1992.

[13] James Crawford, ed., *The International Law Commission's Articles on State Responsibility: Introduction, Text, and Commentaries*, Cambridge University Press, 2002.

[14] John Byrne, Steven M. Hoffman, *Governing the Atom: The Politics of Risk*, Transaction Publishers, 1996.

[15] Joseph G. Morone, Edward J. Woodhouse, *The Demise of Nuclear Energy?*, Yale University Press, 1989.

[16] Kenneth A. Vellis ed., *Rethinking Nuclear Power In The United States*, Nova Science Publishers, Inc., 2010.

[17] Lance Oliver, Mathew T. Weber ed., *Nuclear Oversight, Planning and Safety Efforts*, Nova Science Publishers, Inc., 2013.

[18] Maryann K. Cusimano, *Beyond Sovereignty: Issues for a Global Agenda*, Bedford/St. Martin's, 2000.

[19] Michelle Adato, James Mackenzie Robert Pollard, Ellyn Weiss, *Safety Second, the NRC and American's Nuclear Power Plants*, Indiana University Press, 1987.

[20] Mycle Schneider, Antony Froggatt et al., *The World Nuclear Industry Status Report* 2014, Mycle Schneider Consulting, 2014.

[21] OECD Nuclear Energy Agency, *The Safety of the Nuclear Fuel Cycle*, OECD Publications, 1993.

[22] P. R. Chari ed., *Indo-US Nuclear Deal Seeking Synergy in Bilateralism*, Tourledge, 2009.

[23] Peter Cameron, Leigh Hancher, Wolfgang Kuhn ed. , *Nuclear Energy Law After Chernobyl*, Graham & Trotman, 1988.

[24] Robert Cushman, *Independent Regulatory Commissions*, Oxford Press, 1941.

[25] Robert J. Duffy, *Nuclear Politics in America: A History and Theory of Government Regulation*, University Press of Kansas, 1997.

[26] Samuel A. Apikyan, David J. Diamond ed. , *Nuclear Power and Energy Security*, Springer, 2009.

[27] The Blue Ribbon Commission on America's Nuclear Future (BRC), *Final Report to the Secretary of Energy*, January 2012, available at www. brc. gov (Last visited on May 1, 2014).

[28] Trevor Findlay, *Nuclear Energy and Global Governance*, Routledge, 2011.

[29] U. S. Congress Office of Technology Assessment, *Aging Nuclear Power Plants: Managing Plant Life and Decommissioning* (OTA-E-575), U. S. Government Printing Office, September 1993.

[30] U. S. NRC & INPO, *The United States of America Sixth National Report For The Convention On Nuclear Safety*, NUREG-1650, Rev. 5, October 2013.

[31] U. S. NRC, 2013-2014 *Information Digest*, NUREG-1350, Vol. 25, August 2013.

[32] U. S. NRC, *Answers to Questions from the Peer Review by Contracting Parties on the United States of America Fifth National Report for the Convention on Nuclear Safety*, NUREG-1650, Addendum 4, December 2011.

[33] U. S. NRC, *FY* 2015 *Congressional Budge Justification*, NUREG-1100, Vol. 30, March 2014.

[34] U. S. NRC, *The United States of America Fifth National Report For The Convention On Nuclear Safety*, NUREG-1650, Rev. 3, September 2010.

［35］ Vaughan Lowe, *International Law*, Oxford University Press, 2007.

［36］ Xu Yi-Chong, *The Politics Of Nuclear Energy In China*, Palgrave Macmillan, 2010.

（二）英文期刊论文

［1］ A. E. Boyle, "Globalizing Environmental Liability: The Interplay of National and International Law", *Journal of Environmental Law*, No. 1, 2005.

［2］ Alexandre Kiss, "State Responsibility and Liability for Nuclear Damage", *Denver Journal of International Law and Policy*, No. 35, 2006.

［3］ Arjun Makhijani, "Post-Tsunami Situation at Fukushima Daiichi Nuclear Power Plant in Japan: Facts, Analysis, and Some Potential Outcomes", *Institute for Energy and Environment Research*, No. 3, 2011.

［4］ Benjamin K. Sovacool. "A Critical Evaluation of Nuclear Power and Renewable Electricity in Asia", *Journal of Contemporary Asia*, Vol. 40, No. 3, 2010.

［5］ Charney Jonathan I, "Universal International Law", *The American Journal of International Law*, Vol. 87, 1993.

［6］ Elena Molodstova, "Nuclear Energy and Environmental Protection: Responses of International Law", *Pace Environmental Law Review*, No. 12, 1994.

［7］ Elena Molodstova, "Nuclear Energy and Environmental Protection: Responses of International Law", *Pace Environmental Law Review*, Vol. 11, No. 2, 1994.

［8］ Elizabeth R. DeSombre, "Global Environmental Governance for a New GreenEconomy", *Review of Policy Studies*, Vol. 28, No. 5, 2011.

［9］ Elizabeth R. DeSombre, "The Evolution of International

Environmental Cooperation", *Journal of International Law & International Relations*, Winter 2004/Spring 2005.

[10] Frank von Hippel, "A Comprehensive Approach to Elimination of Highly-Enriched-Uranium from All Nuclear Fuel Cycles", *Science and Global Security*, Vol. 12, 2004.

[11] Graham Allison, "The Will To Prevent: Global Chanllenges Of Nuclear Proliferation", *Harvard International Review*, Fall 2006.

[12] Hans-HolgerRogner, Ferenc L. Toth and Alan McDonald, "Judge Nuclear on Its Merits", *IAEA BULLETIN*, Vol. 51, 2010.

[13] Jack Barkenbus, "Nuclear Power Safety and the Role of International Organization", *International Organization*, Vol. 41, No. 2, 1987.

[14] John C. Dernbach, Seema Kakade, "Climate Change Law: An Introduction", *Energy Law Journal*, Vol. 29, No. 1, 2008.

[15] John Ikenberry, "America's Imperial Ambition", *Foreign Affairs*, September/October 2002.

[16] John Y. Gotanda, "Punitive Damages: A Comparative Analysis", *Columbia Journal of Transnational Law*, Vol. 42, 2004.

[17] Jon Sterna, Stuart Holder, "Regulatory Governance: Criteria for Assessing the Performance of Regulatory Systems—An Application to Infrastructure Industries in the Developing Countries of Asia", *Utilities Policy*, No. 8, 1999.

[18] Joseph P. Tomain, "Nuclear Futures", *Duke Environmental Law and Policy Forum*, Vol. 15, No. 3, 2005.

[19] Joseph P. Tomain, "The Dominant Model of United States Energy Policy", *University of Colorado Law Review*, Vol. 61, 1990.

[20] Joyner and Parkhouse, "Nuclear Terrorism in a Globalizing World: Assessing the Threat and the Emerging Management Regime", *Stanford Journal of International Law*, No. 45, 2009.

[21] Karen Mcmillan, "Strengthening The International Legal Framework for Nuclear Energy", *Georgetown International Environmental Law Review*, Vol. 13, No. 1, 2001.

[22] Koren Geer, "Regulatory Concern: The Nuclear Regulatory Commission's Solution for Radioactive Waste Managemen", *Fordham Environmental Law Review*, No. 2, 2011.

[23] M. Lenzen et al., "Life Cycle Energy and Greenhouse Gas Emissions of Nuclear Energy: A Review", *Energy Conversion and Management*, Vol. 49, No. 8, 2008.

[24] Michael J. Glennon, "Raising The Paquete Habana: Is Violation of Customary International Law by the Exective Unconstitutional?", *Northwestern University Law Review*, Vol. 80, 1985.

[25] Mohamed El Baradei, Edwin Nwogugu and John Rames, "International Law and Nuclear Energy: Overview of the Legal Framework", *IAEA BULLETIN*, No. 3, 1995.

[26] Nathalie L. J. T. Horbach and Patrick Blanchard, "Nuclear Civil Liability For International Transport: New Queries And Proposals", *International Business Law Journal*, No. 5, 2006.

[27] Noah D. Hall, "Transboundary Pollution: Harmonizing International and Demestic Law", *University of Michigan Journal of Law Reform*, Vol. 40, 2007.

[28] Patrick Moore, "The Reflection of Nuclear Power", *IAEA BULLETIN*, No. 2, 2006.

[29] Richard M. Temple, Chritina P. Mary, Anne Sullivan, "Liability for Nuclear Incidents: Should the UK Follow the US Approach?", *Journal of Environmental Law*, No. 3, 2006.

[30] Robert V. Percival, "Liability for Environmental Harm and Emerging Global Environmental Law", *Maryland Journal of International Law*, Vol. 25, 2010.

[31] Robert W. Schaaf, "New Convention on Nuclear Safety",

International Journal of Legal Information, Vol. 22, No. 2, 1994.

[32] Roger E. Kasperson, "Public Opposition to Nuclear Energy: Retrospect and Prospect", *Science*, No. 4, 2005.

[33] Stephen Brooks, William Wolfforth, "American Primacy in Perspective", *Foreign Affairs*, July/August 2002.

[34] Stephen Chu, "America's New Nuclear Option", *Wall Street Journal*, Mar 23, 2010.

[35] Steve Charnovitz, "A World Environment Organization", *Columbia Journal of Environmental Law*, Vol. 27, 2002.

三、重要网址

[1] Environmental Treaties and Resource Indicators (ENTRI): http://sedac. ciesin. columbia. edu/entri/index. jsp.

[2] Global environmental law resources: http://www. hg. org/environ. html#supranational.

[3] International Atomic Energy Agency: http://www. iaea. org.

[4] International Energy Agency: http://www. iea. org.

[5] International Nuclear Information System INIS: http://www. iaea. org/programmes/inis.

[6] International Nuclear Law Association: http://www. aidn-inla. be.

[7] Texts and status of conventions adopted under IAEA auspices: http://www. iaea. org/Publications/Documents/Conventions/ index. html.

[8] U. S. Energy Department: www. energy. gov.

[9] U. S. Energy Information Administration: http://www. eia. gov.

[10] U. S. Nuclear Regulatory Commission: www. nrc. gov.

[11] United Nations Treaty Collection: http://untreaty. un. org.

[12] US Department of Energy International Nuclear Safety Center: http://www. insc. anl. gov/index. php.

［13］ World Nuclear Association：http：//www. world-nuclear. org.

［14］ 中国核安全局：http：//nnsa. mep. gov. cn.

［15］ 中国环保部华北核与辐射安全监督站：http：//nro. mep. gov. cn.

后　记

　　多数人的法学之路始于大学，而我的法学生涯却始于大学毕业。2003 年 5 月，我怀揣着天津外国语学院英语语言文学硕士学位走进华东师范大学，成为一名英语教师。长久以来在内心深处涌动的法学情怀促使我重新踏上新的法律学习之路——不为生计，只为理想！有理想，就有动力，就能坚持！法学科班出身需要四年本科，我历经五年苦读自学。无论是平时工作之余，还是暑假寒假，我都是和学生们一起坐在通宵教室里挑灯夜战。勤能补拙，2008 年第四次参加国家司法考试时终于高分通过，获得法律职业从业资格，成为一名法律人。多年夙愿，一朝实现，兴奋不已，更加坚定我的法学之路。此去又三年，2011 年我有幸考入武汉大学国际法研究所杨君泽伟先生门下。

　　武大四年，省身求学，孜孜以求。入学后，身处樱园宿舍，朝夕与民国历史建筑相伴，日夜受古典和现代之滋养，举手抬足之间都遵循天地玄黄宇宙洪荒的自然法理。每每伫立窗前，巍巍珞珈，参天梧桐，尽收眼底。漫步校园，一步一景，移步换景，春樱、夏荷、秋桂、冬梅，无不赏心悦目、沁人心扉。身在校园，远离尘嚣，时时回首半生，常常躬身自省，深悟一草一木一世界、一枯一荣皆人生。细品禅意，猛学国法，竟感学有所得。

　　大学之大，在于大师，武汉大学大师云集，国际法所尤其如此。曾令良教授主讲欧盟法，英文法条和案例信手拈来，深入浅出，形象生动。余敏友教授讲国际法基本理论，纵谈古今中外、各门各派，时事论坛鞭辟入里、纵横捭阖，谈笑间樯橹灰飞烟灭，畅快淋漓。万鄂湘教授、易显河教授、黄德明教授、黄志雄教授、聂建强教授、冯洁菡教授、罗国强教授、石磊老师，无论课上课下，还是学术沙龙，无不谆谆教诲，给我启迪、教我思辨，使我受益颇深。你们都是我心目中的大师！谢谢你们！

最幸运的是，我能遇见恩师杨泽伟教授。杨老师授课认真：每一节课都像做一篇论文，篇章布局，一丝不苟，起承转合，顺理成章；杨老师工作勤奋：数十年来，笔耕不辍，成果颇丰，即使如此，每次学术报告，仍要提前试讲多遍，务求精益求精；杨老师治学严谨：每每批改我的论文，从题目大纲到文献索引，从逻辑结构到遣词造句，无不细致入微，一一修改完善；杨老师为人和善：对学生要求严格而又平易近人，性格温和而又严厉，同门都满怀敬畏之情。四年来，杨老师待我亦师亦友，言传身教，传道授业解惑。杨老师帮助我一遍又一遍地修改论文，一次又一次地鼓励我申请国家社科项目，为我整理思路、提炼观点，带我走入国际法的殿堂。四年来，我成功申请并主持完成中国法学会部级课题、上海市社科项目等 4 个科研项目，先后发表 5 篇中文论文和 2 篇英语论文（含一篇 SSCI 论文），并参与编写 7 本教材和专著。每一个项目、每一篇论著，都离不开杨老师的鼓励和帮助。谢谢您，我会继续努力的！

我还要感谢我的师兄吕江、谭民、李化、康丹，谢谢你们的督促和指导；谢谢同门兄弟刘亮、杨珍华，你们总是在我需要帮助的时候伸出双手，给予我最大的支持。谢谢，我的好兄弟们！

我也要感谢我的工作单位华东师范大学大英部主任魏葆霖教授和周小勇副主任，谢谢你们为我的教学工作、博士学习和论文写作提供了诸多帮助和便利。四年来，你们帮助我克服重重困难，顺利完成各项教学和科研任务，陪我走过人生最艰难的时刻，谢谢你们！

一路走来，最重要的还是家人。父母生我养我，无论生活多艰难都坚定地支持我读书求学，支持我的工作；弟弟多年来悉心照顾父母，替我分忧解难，承受太多辛劳。谢谢你们，我爱你们！

这不是结束，这才刚刚开始……

郭 冉

2015 年 10 月